전염병의
지리학

전염병의
지리학

병은 어떻게 세계를 습격하는가

박선미 지음

갈라파고스

들어가는 말

우리가 직면하고 있는 코로나바이러스 감염증-19(이하 코로나19) 위기
는 전염병이 우리의 삶과 공동체, 정치와 경제, 국가 간의 관계, 그리고
세계 전체를 어떻게 변화시키는지를 잘 보여 준다. 새로운 기술의 발전
이나 비즈니스 기회의 창출 등 일부 긍정적인 변화도 있지만, 대부분은
부정적인 변화이다. 무엇보다도 코로나19는 경제를 위축시켰고 기존의
계층 간, 지역 간, 국가 간 소득 불평등을 심화시켰으며 전 세계 곳곳에
서 편견과 차별, 혐오를 양산했다. 이 변화 앞에서는 그 누구도 완벽한
승자가 될 수 없다. 이미 보아 왔듯 글로벌 백신 불평등은 백신에 접근
하기 힘든 국가뿐만 아니라 백신 풍요국마저도 바이러스 변종 확산의
위기에 계속 시달리게 한다. 만약 코로나19 위기를 통해서 그간 추구해
온 발전과 번영이 얼마나 허약하고 위태로운 것인지 깨닫고 이 문제를
해결하기 위해 강자와 약자가 연대하지 않으면 안 된다는 사실을 알게
된다면 그것은 이 기회를 통해 우리가 우리에게 줄 수 있는 가장 큰 선
물일지도 모른다.

이 책은 전염병이라는 현상을 통해 지역의 정치, 경제, 사회적 특
성을 이해하고 지역 간의 관계를 분석하는 것을 목적으로 한다. 즉 전
염병을 지리학적 관점에서 접근하고 해석하는 것이 이 책의 주 연구 내
용이다. 지리학은 특정 지역에서 다양한 행위자들 사이에서 발생하는
정치, 경제, 사회, 문화적 상호작용을 분석 대상으로 한다. 이론상 전염
병은 특정 개체가 속한 특정한 환경에서 발생하여 다른 개체로 전파되

고 확산한다고 할 수 있지만, 실제 이 과정은 결코 단선적이지 않다. 한 지역에서의 전염병 발생과 확산 과정에는 수많은 요인이 개입되며 전염병의 역사적 기원과 전개 과정은 다층적이며 복잡하다. 지역은 전염병이 발생하고 전파되는 공간이기도 하지만, 그것이 재생산되고 가공되고 상상되는 공간이기도 하다. 지역이라는 장소에서 벌어지는 이러한 전염병의 복잡한 동학을 이해하는 것이 어떤 의미에서는 전염병의 원인과 치료법을 찾아내는 것만큼 중요하다. 우리의 정치적, 경제적, 지적 욕망 혹은 헛된 신념이나 선입견이 전염병과 그로 인한 위기를 증폭시킬 수도 있기 때문이다.

사실 전염병을 포함한 모든 질병은 고통과 치료 그 이상을 포함하고 있다. 질병은 지역에서 삶의 질이 어떠한지, 지역 내에서 행위자들 간의 권력관계가 어떻게 이루어지는지 알려 주는 지표다. 같은 질병이라도 그 질병에 걸린 사람이 언제, 어디에서, 누구로 사느냐에 따라 위협 정도가 다를 수 있다. 사람들은 지역 간 건강 불평등이 존재한다는 사실에는 대체로 동의한다. 그러나 그 원인에 대해서는 의견이 분분하다. 건강 불평등의 원인을 개인적 행동 습관으로 보느냐, 지역의 환경으로 보느냐, 혹은 사회경제적 구조로 보느냐에 따라 원인 파악이 달라지고 해결 방안도 달라진다.

사람들은 질병 발생이 개인의 특성에 의해 좌우된다고 생각하는 경향이 있다. 예컨대 동성애자가 에이즈에 걸리기 쉽다거나 무절제한 식습관을 가진 사람이 비만과 고혈압에 시달린다는 것이다. 이주민이나 빈민들이 거주하는 지역의 건강 수준이 상대적으로 낮은 이유도 그들의 문화나 생활 습관에서 찾는다. 이러한 관점은 특정 개인이나 집단에 대한 편견을 형성하거나 강화하기 쉽다. 한편으로는 질병 발생의 지역적 차이를 특정 장소의 환경적 요인에 집중하여 설명하기도 한다. 그

전염병의 지리학

경우, 건강 불평등의 지리적 분포 패턴을 환경적 특성으로 환원하여 판단하는 위험이 있다.

이러한 편견에서 완전히 벗어나는 것은 불가능할 수도 있다. 그러나 편견 없이 생각하려 노력할 수는 있다. 이를 위해서 우선 건강 불평등은 한두 가지 요인으로 설명하기 어려울 정도로 다양한 요인이 복잡하게 얽혀 있는 문제라는 것을 인정해야 한다. 질병 발생 분포의 지역적 차이는 지역이 주는 삶의 기회와 그 기회에 영향을 미치는 시장, 제도, 정치 규범, 문화 자산을 포괄적으로 고려할 때 해석될 수 있다.

시대와 장소를 불문하고 질병은 빈곤과 밀접하게 연결되어 있다. 일반적으로 나쁜 건강 상태는 빈곤과 관련된다. 흔히 사람들은 빈곤을 소득, 기술, 사회적 자본을 얻기 위해 충분히 노력하지 않고 나태하게 생활한 결과로 생각한다. 그러나 빈곤은 개인의 나태로 설명할 수 없는 경제적·사회문화적 구조의 어쩔 수 없는 산물이기 쉽다. 선진국보다 저개발국에 사는 사람들이 빈곤하기 쉽다. 질병에 걸릴 확률도 높다. 예를 들어 말라리아는 의료 과학과 제약 기술의 발달로 부유한 국가에서는 사라지거나 대수롭지 않은 질병이 되었지만, 빈곤한 지역에서는 여전히 치명적이다. 그리고 말라리아에 시달리는 사회는 빈곤에 더더욱 빠져들며 악순환이 지속된다.

세계화는 특정 개인이나 국가가 통제하기 어려울 정도로 건강 불평등의 문제를 더욱 복잡하게 만들었다. 신자유주의는 세계화 담론과 정책을 주도했다. 그것은 생산 체제와 규모를 바꾸고, 고용 구조를 유연화하고, 국가의 역할과 개입 및 통제를 최소화함으로써 자유로운 경쟁을 촉진하고 시장의 자율성을 회복시키는 것을 최우선 가치로 내세웠다. 이를 위해서는 정부의 경제 개입 축소와 노동의 유연화뿐만 아니라 자유무역, 직접투자, 그리고 금융자본을 위한 더 넓은 세계 시장이 필요했다. 신자유주의자들은 공산주의의 몰락 이후 상품, 노동, 자본의 이동을 저해하는 기술적·제도적 장벽을 과감하게 제거해 나갔다. 세계 여러 지역 간 자본과 인구 이동은 빠르게 증가했다.

세계화 이후 빈곤한 지역과 부유한 지역 간 질병의 지리적 경계는 점차 희미해졌다. 마을, 도시, 국가, 세계에서 다양한 사회 집단이 이동하고 연결되고 부딪치는 과정에서 질병의 확산 속도는 빨라졌고 그 양상을 포착하기 어려울 정도로 복잡해졌다. 특정 지역의 질병은 전 세계로 급속도로 확산하여 세계 보건 거버넌스에 영향을 미쳤다. 예를 들어, 러시아의 변방 지역에서 발생한 다제내성결핵은 세계보건기구(WHO)의 정책에 영향을 미쳤고, 주요 선진국의 이민 정책을 변화시켰다. 한편, 세계무역기구(WTO)의 지식재산권 보호 정책이 남아프리카공화국의 에이즈 문제와 빈곤 문제를 악화시킨 사례에서 볼 수 있듯이 세계적 수준에서의 정책은 특정 지역의 질병에 영향을 미치기도 하였다. 건강 불평등은 세계화 시대에도 여전히 존재하는 가장 심각한 보건 관련 문제 중 하나이다.

이 책은 질병의 불균등한 지리적 분포에 대한 이해를 넘어 질병 이면의 권력관계와 체제, 이질적인 관습과 문화 등 다양한 양상을 파악하도록 구성되었다. 이 책은 크게 네 가지 주제를 포함하고 있다. 첫 번째는 전염병과 혐오 및 편견과의 관계이다. 1장과 2장에서는 전염병이 어떻게 기존의 사회적, 정치적, 문화적 편견이나 혐오 그리고 차별을 증폭시키는지 그리고 반대로 이러한 기존의 문제들이 전염병에 어떤 영향을 미치는지를 보여 준다. 두 번째 주제는 전염병과 서구/비서구의 구분이다. 3장과 4장 그리고 5장에서는 전염병이 어떻게 서구와 비서구를 구분 짓는 허위의식을 만들어 내는지 그리고 반대로 오리엔탈리즘과 같은 편견과 갈등이 전염병에 대한 인간의 인식을 어떻게 왜곡하는지를 보여 준다. 세 번째 주제는 전염병과 세계화이다. 6장과 7장에서는 냉전의 해체와 급속히 전개된 세계화가 특정 지역에서의 전염병 발생을 초래하며 이에 대한 다른 국가들의 개입 방식과 정도에 영향을 미침을 보여 준다. 마지막으로 네 번째 주제는 전염병의 대응 과정에서 시민 사회와 국가의 역할이다. 8장과 9장은 세계 여러 국가에서 전염병에 대응하는 과정에서 시민 단체와 그들 간의 초국적 연대가 어떻게 힘을 발휘하는지 그리고 정부의 정책 선택 및 집행 능력 그리고 정부에 대한 시민의 신뢰가 얼마나 중요한지를 보여 준다.

이 책을 처음 구상한 것은 2017년경이다. 당시 필자는 우연한 기회에 질병, 특히 전염병에 대한 여러 흥미로운 정보를 접하게 되면서 전염병이 지리학의 중요한 분석 대상이 될 수 있으며 지리학이 이 분석에서 강점을 가진다는 것을 확신했다. 물론 당시에는 필자뿐 아니라 그누구도 코로나19와 같은 장기적인 위기가 올 것을 예상하지 못했다. 불행인지 다행인지 필자가 실제로 코로나19 시대를 살아오면서 이러한 확신은 더욱 강해졌고 지난 몇 년 동안 우리 눈앞에서 전개된 다양한 변화들이 이 책을 집필하는 데 많은 영감과 자극을 주었다. 물론 코로나19로 인해 발생한 제약도 있었다. 원래는 중국의 암 마을*을 답사하여 현지 조사를 수행하고 이를 바탕으로 한 장을 집필하려고 했으나 해외여행이 불가능해지면서 이 조사와 해당 장 자체가 무산되었다.

집필 기간이 길어지면서 여러 차례 기획안을 수정하였고 이제야 드디어 탈고하게 되었다. 오랜 기간 자료 수집과 집필에서 도움을 준 한국연구재단과 인하대학교에 감사하다. 정치학자로서 이 주제에 대해

---

* 암 환자가 유난히 많이 발생하는 마을을 통칭하여 일컫는 말.

함께 대화하고 항상 격려해 준 남편이자 친구인 신상범 교수에게 고마움을 전한다. 누구보다도 필자의 원고를 처음부터 끝까지 읽고 꼼꼼하게 교정해 준 아들 신동현 사무관에게도 감사를 표한다. 그는 나의 가장 거칠고 신랄한 비판자이자 예리한 통찰력과 풍부한 지식으로 조언해 준 든든한 지원자다. 그리고 필자의 원고를 흔쾌히 받아 주신 임병삼 대표님과 거친 원고를 깔끔하게 다듬어 주신 김지하 님께 감사하다.

2022년 8월
박선미

차례

제1장

제국주의와 함께 온 콜레라,
콜레라가 만든 근대 도시

19세기는 콜레라의 시대였다. 갠지스강 유역 벵골 지역의 풍토병이었던 콜레라는 대영제국의 군대와 상선이 가는 곳이면 어디든 따라가 세계 여러 지역에서 무섭게 맹위를 떨치며 사람들을 공포로 몰아넣었다. 콜레라균에 감염된 사람들은 고열과 더불어 구토와 설사를 통해 몸 안의 액체를 모두 쏟아내며 몇 시간 안에 피부가 검고 푸르죽죽하게 변한 채 빠르게 죽었다. 순식간에 육체가 붕괴하는 과정을 본 사람들은 죽음의 공포에 빠졌다. 유럽과 북미의 도시들은 수인성 전염병인 콜레라를 통제하는 과정에서 근대 도시의 공중위생이나 상하수도 시스템을 갖추게 되었다. 현재 콜레라는 적절한 치료를 할 경우 사망률이 1퍼센트 미만으로 떨어지는 가벼운 질병이 되었지만, 하수처리 시설이 없고 깨끗한 식수를 구하기 어려운 지역에서는 여전히 치명적이다. 1장에서는 유럽과 북미의 도시들이 수인성 전염병인 콜레라를 통제하는 과정에서 근대적인 공중위생이나 상하수도 시스템을 갖추게 되는 과정을 살펴본다. 이를 통해 질병, 근대화, 지역 인식 간의 관계를 파악한다.

1. 인도 갠지스강 유역의 풍토병, 콜레라

1830년대 유럽은 콜레라로 그야말로 공포에 싸여 있었다. 콜레라는 프
랑스 파리의 대중 앞에 매우 극적으로 등장했다. 1832년 3월 29일 오
페라하우스가 주최하는 가면무도회가 열렸다. 군중은 가면을 쓰고 거
리로 나왔다. 자정에 이르자 축제는 절정에 올랐다. 거리의 군중은 더
늘어났고, 흥에 들뜬 사람들은 길가의 찬물을 마셨다. 축제의 분위기를
이끌던 한 광대가 갑자기 다리를 절다가 바닥에 쓰러지듯 주저앉았다.
웃음이 그려진 가면을 벗자 열이 오른 푸른색의 병자 얼굴이 드러났다.
사람들이 잇달아 비명을 지르며 바닥에 쓰러졌고 군중의 웃음기는 사
라졌다. 곧 수십 명이 병원으로 실려 갔는데 치료를 받을 틈도 없이 사
망했다. 파리에 머물던 독일의 시인 하인리히 하이네는 그 축제에서 일
어난 공포 상황을 일기에 상세하게 기록해 두었다.[1] 마치 저속 촬영한
영화처럼 신속하게 진행되는 육체의 붕괴 과정을 본 사람들은 공포에
빠졌다.[2]

　콜레라는 물을 통해 전염되는 질병이다. 콜레라를 일으키는 세균
인 비브리오 콜레라균(Vibrio cholerae)은 몸 안에 들어와 위산에 의해 죽

지 않으면 소화기 내에서 급속하게 증식한다. 아침에 일어날 때만 해도 건강했던 사람이 해 질 무렵에 사망하는 일이 허다했다. 콜레라균에 감염된 사람들은 고열과 더불어 구토와 설사를 통해 몸 안의 액체를 모두 쏟아내며 몇 시간 안에 피부가 검고 푸르죽죽하게 변한 채 끔찍하고 비참한 몰골로 죽는다.

콜레라는 인도의 갠지스 삼각주에서 빈번하게 발병했던 수인성 전염병이다. 인도의 인더스* 문명은 히말라야산맥에서 발원하여 서쪽의 아라비아해로 흘러가는 인더스강 상류의 펀자브 지역에 자리 잡았던 드라비다인이 기원전 2500년경부터 건설한 것으로 추정된다. 이곳은 기름진 평야 지대이자 서아시아와 연결된 교통의 요충지로, 메소포타미아 지역과 해상 무역이 이루어지기도 했다. 인더스 문명이 남긴 모헨조다로 유적을 보면 놀라울 정도로 규칙적인 격자형 거리가 조성되어 있었고, 그물처럼 정교하게 깔린 송수관을 통해 깨끗한 물을 공급했을 뿐만 아니라 땅 밑으로 배수관을 깔았다.[3] 700여 개에 달하는 우물이 발견되었고 도시 중앙에는 커다란 공중목욕탕도 있었다.[4] 중산층 주택에는 목욕탕과 수세식 화장실이 있었다. 주민은 밀과 보리를 재배했고, 물소와 염소, 코끼리 등을 길렀다. 하지만 인더스강의 잦은 유로 변경과 사막화로 인더스 문명은 서서히 쇠퇴했다.

오늘날 인도의 주류를 이루는 아리아인은 기원전 1500년경에 중앙아시아에서 인더스강 유역으로 남하하여 정착했다가,** 인더스강

---

* 인더스는 산스크리트어로 하천이라는 뜻을 지닌다. 인도라는 국명이 인더스강 유역이라는 뜻의 인디아(India)에서 유래했다.

** 아리아인들이 인도에 정착하는 이 시기를 베다 시대(기원전 1500~기원전 600년)라고 부르는데, 베다(veda)는 아리아인이 작성한 성전(聖典) 또는 시로, 고대 산스트리

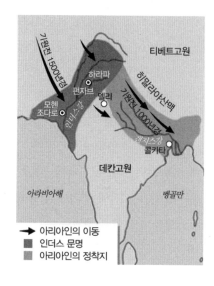

그림 1. 아리아인의 이동 경로

사막화 이후 동쪽으로 이주해 갠지스강* 가에 도달했다. 히말라야산맥에서 발원한 갠지스강은 델리 북쪽에 있는 광대한 힌두스탄 평원을 지나서 동쪽의 벵골만으로 흘러 들어간다. 갠지스강이 벵골만과 만나는 곳에 형성된 벵골 삼각주**는 갠지스강의 축복으로 토양이 비옥하다. 이곳의 기후는 북쪽에서 부는 찬바람을 히말라야산맥이 막아주고 벵골만에서 습기를 머금은 공기가 불어와 덥고 습하다.

　　　　벵골 지역은 고온다습한 아열대 기후로 작물을 재배하기 좋은 환경인 동시에 각종 병균이 증식하기에도 좋은 곳이었다. 농업화와 가축화가 이끈 고대문명은 세균과 바이러스의 진화도 이끌었다. 인구 밀도가 높아지면서 인간과 동물, 인간과 인간 사이에 세균과 바이러스의 전파가 빨라졌고 전염병도 잦아

어로는 '지식', '종교적 지식'을 뜻한다.

＊　힌두어와 산스크리트어로 강가(Gaṅgā)라 불리는 갠지스강(Ganges, Gaṅgā의 영어식 표기)은 힌두교에서 등장하는 동명의 강의 여신인 강가에서 유래한 지명이다.

＊＊　삼각주는 강물이 바다나 호수로 흘러가는 강 하구에 발달한 퇴적 지형으로, 강물에 떠내려온 토사가 하구에 쌓여 이루어진 충적평야다.

전염병의 지리학

졌다. 인류는 19세기 후반까지 세균이나 바이러스의 존재를 알지 못했지만, 인체는 자신의 몸에 침입한 세균이나 바이러스에 대항해 싸웠다. 싸움에서 패배하면 죽음에 이르렀고 승리하면 면역이 생기기도 했다.

콜레라는 벵골의 오랜 풍토병이었다. 2500년 전의 산스크리트어 문헌을 보면 비록 콜레라라는 병명을 사용하지는 않았지만, 심한 구토, 설사, 창백한 얼굴, 푸른 입술, 근육 경련 등을 동반한 질병이 벵골 지역에서 발생했다는 기록이 있다.[5] 콜레라는 갠지스강 유역에 국한하여 발생한 풍토병이었기 때문에 이 지역의 원주민들은 콜레라에 대한 면역력이 강했다. 일부 학자들은 아리아인(정복자)들이 갠지스강 유역의 풍토병으로부터 자신들을 보호하려고 드라비다인(원주민)과의 신체적 접촉을 금지하고 이를 범했을 때 몸을 깨끗이 하도록 하는 내용을 담은 카스트제도를 만들었다고 주장했다.[6]

콜레라는 종교 의식을 치르기 위해 갠지스강에 온 힌두교 순례자 중 콜레라균에 감염되고도 용케 살아남은 사람의 이동 경로를 따라 확산하여 인도의 벵골 이외에 인도네시아 등 다른 지역에서 발병하기도 했지만 19세기 이전에는 전 세계적으로 확산하지 않았다.

2. 콜레라, 대영제국의 군대와 상선을 따라 세계를 휩쓸다

19세기는 산업혁명과 수송혁명에 따른 제1차 세계화의 시대이자 콜레라의 시대였다. 콜레라는 당시 다른 전염병보다 더 빠르게 더 많은 사람을 죽음에 이르게 했다. 벵골 삼각주에 자리 잡은 인도 제1의 항구이자 영국령 인도의 수도였던 캘커타*에서 1817년에 콜레라가 대규모로 유행했다. 그런데 이전과 달리 당시 콜레라는 대영제국의 군대와 상선이 가는 곳이면 어디든 따라가 인도 전역뿐만 아니라 아시아에서 수천만 명의 목숨을 앗아갔고, 동아프리카와 지중해 연안까지 전파됐다. 인도의 콜레라는 1817년에 국제 무대에 처음 데뷔한 후 지리적 영역을 빠르게 넓혀 가면서 팬데믹**을 일곱 차례나 일으켰다.[7]

　　1817년부터 1824년까지 창궐한 콜레라를 제1차 콜레라 팬데믹이라고 한다. 이 시기에 발생한 정확한 사망자 수는 밝혀지지 않았지만 수천만 명이 사망했고,[8] 사망률도 50퍼센트 이상이었다.[9] 제1차 콜레라 팬데믹은 두 경로를 따라 퍼져 나갔다. 첫 번째는 육상 경로였다. 1816년부터 인도 북부 국경 지대에서 일련의 군사 활동을 전개하고 있었던 영국군이 벵골에서 콜레라를 적군인 네팔인과 아프간인에게 전파했는데, 그 범위는 넓지 않았다.

　　두 번째 경로는 해상 경로로 확산 범위가 넓었고 피해도 컸다. 콜레라는 배편을 통해 스리랑카, 인도네시아 등 동남아시아의 여러 국가, 중국과 일본으로 확산했다.[10] 이후 콜레라균은 영국군과 함께 아라비아반도 남부에 자리한 오만의 수도인 무스카트에 상륙했고, 노예 상인을

＊　캘커타는 1772년 영국령 인도의 수도가 되었고 19세기 독립 운동의 진원지이기도 하다. 1912년 수도가 캘커타에서 뉴델리로 옮겨 갔다. 현재는 콜카타(Kolkata)로 명칭이 변경되었다.

＊＊　엔데믹(endemic)은 특정 지역에 정착해 유행을 반복하는 풍토병을 뜻하고 팬데믹(pandemic)은 전 지구적으로 퍼지는 전염병을 말한다. '팬(pan)'은 그리스어로 '모두'를 뜻하고 '데믹(demic)'은 '사람'을 의미한다. 이 두 단어의 합성어인 팬데믹은 즉 '모든 사람이 질병에 걸린다'는 뜻이다.

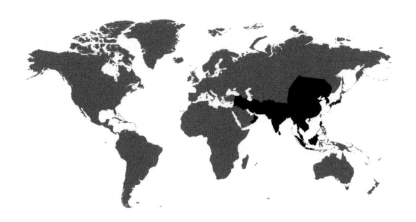

그림 2. 제1차 콜레라 팬데믹 분포(1817~1818)

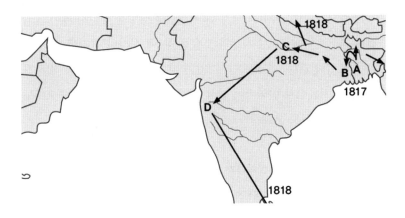

그림 3. 제1차 콜레라 확산 과정(1817~1818)
A: 제소르 B: 콜카타 C: 알라하바드 D: 뭄바이

따라 아프리카 대륙의 동남해안을 따라 남쪽으로 퍼져 나갔다. 한편 북서쪽으로는 메소포타미아와 이란을 침범하고 시리아, 아나톨리아, 카스피해 연안까지 거침없이 확산했다. 그러나 갑자기 추워진 날씨 때문에 러시아나 터키까지는 확산하지 않고 1824년에 멈췄다.[11]

조선도 1821년(순조 21년)에 '신사년 괴질'로 불린 콜레라에 시달렸다. 그해 6월 28일부터 8월 8일까지 하루도 그치지 않고 42일간 연속해서 비가 내렸고, 콜레라도 빠르게 번져 나갔다. 조선의 한양 주변에서만 콜레라로 13만 명이 사망했다. 이듬해에도 전국적으로 수십만 명이 콜레라에 걸려 세상을 떠났다. 당시 평안도에서 올라온 장계는 "설사와 구토를 한 후 몸이 비틀리면서 순식간에 죽어 버렸고, 열흘 안에 천여 명이 죽었는데, 병에 걸린 열 명 중 한둘을 빼고 모두 죽었다"라고 전하면서 "전염 속도가 불이 번지는 것과 같다"고 덧붙였다.[12]

「변강쇠전」에서 역병을 막기 위해 세웠던 장승을 공연히 베어 급작스럽게 죽은 변강쇠도 그 시신의 모습을 볼 때 신사년 괴질에 걸려 죽은 것으로 추정된다. 이름을 알 수 없는 이 병은 후에 콜레라로 밝혀졌지만, 당시 치료법과 면역력이 전혀 없었기 때문에 그 어떤 질병보다도 피해가 컸고 공포도 오래갔다.

> 신사년(1821년)에는 콜레라가 만연하여 …… 조선 사람들은 그 이야기를 할 때 지금도 벌벌 떤다. 어디를 가나 죽음이요, 약은 하나도 없었다. 어떤 가정이든지 초상이 나고 어떤 집에든지 시체가 있고 또 가끔 행길(보행로)에 송장이 즐비한 경우도 있었다.[13]

제1차 콜레라 팬데믹이 지나가고 2년 후인 1826년에 벵골에서 콜레라가 다시 발생했고, 1837년까지 전 세계를 휩쓸었다. 이를 제2차 콜레라 팬데믹이라고 한다. 인도 벵골에서 가까운 중국, 조선, 일본으로 퍼져 나간 콜레라균은 이후 이란과 아프가니스탄으로 전파되었다. 1830년 콜레라는 당시 러시아의 수도였던 상트페테르부르크를 덮쳤고 러시아의 다른 도시로 신속하게 확산했다.[14] 러시아의 차르 정부는 군대를 동원해서 콜레라가 발생한 마을에 차단선을 설치해 이동과 교역을 제한하였다. 그 결과 식료품 가격이 치솟았고 차르 정부가 취한 억압적인 콜레라 대응 조치에 반발해 저항과 폭동이 이어졌다.

러시아 군인들은 폴란드와 전쟁을 치르면서 반갑지 않은 콜레라를 폴란드의 바르샤바에 전해 줬다.[15] 폴란드에 들어온 콜레라균은 1831년에 영국과 프랑스로 건너갔고, 이듬해 여름에 미국 뉴욕과 캐나다 퀘벡까지 번졌다. 즉 콜레라가 유럽과 북미에 처음 등장한 것은 제1차 콜레라 팬데믹 때가 아닌 제2차 콜레라 팬데믹 때였다. 1832년 프랑스 파리의 가면무도회에서 콜레라가 극적으로 등장했던 것도 바로 이때였고, 독일의 철학자 헤겔도 이때 유행한 콜레라로 사망했다.

콜레라의 확산 속도는 놀라울 정도였고 사람들은 공포에 떨었다. 빈민들 사이에 콜레라가 질병이 아니라 과잉 인구를 제거하고 자신들의 신체를 해부용으로 얻기 위해 부자들이 퍼뜨린 독이라는 음모론이 퍼졌다.[16] 당시 콜레라가 전국을 휩쓴 프랑스를 배경으로 한 영화 〈지붕 위의 기병〉은 이런 상황을 잘 묘사하고 있다. 이탈리아 기병대 대령인 주인공 안젤로는 오스트리아 첩자에게 쫓기다가 콜레라가 창궐한 프로방스 지방의 마노스크로 도망갔다. 마노스크는 사방에 흩뿌려진 푸르죽죽한 얼굴의 시체들과 시체를 태우는 냄새, 그리고 산 사람에게까지 달려드는 식인귀 같은 까마귀 떼로 가득했다. 마을에서 만난 의사는 콜레라에 걸리자마자 온몸에 경련을 일으키면서 몇 시간 만에 죽었다. 빠르고 무자비하게 사람을 죽이는 질병에 대한 공포감에 휩싸인 마을 사람들은 안젤로가 우물물을 마시려는 순간, 그가 우물에 독을 타려 한다며 죽이려 한다.[17] 1831년 여름, 콜레라가 창궐한 유럽 여러 지역에서 의사들이 해부용 사체를 원활하게 공급받기 위해 일부러 콜레라균을 퍼뜨렸다는 소문에 분노한 사람들이 의사와 장교를 구타하고 살해한 사건들이 실제로 빈번하게 발생했다.

제2차 콜레라 팬데믹 여파로 유럽 사회는 커다란 변화를 겪었다. 헝가리의 부다페스트를 비롯한 주요 도시에서 약 25만여 명이 콜레라에 걸려 사망하자 농민들이 도시로 이주했다. 기존에는 체코나 헝가리의 농민들이 도시에 오면 자신들의 언어를 버리고 독일어를 배웠고, 2~3세대가 지나면 언어나 의식 모두 독일인이 되곤 했다. 그런데 당시 프라하나 부다페스트 같은 도시로 이주한 농민이 급증하자 이들은 일상어로 체코어나 헝가리어를 그대로 사용했다. 그 후 도시들에서 민족주의적 경향이 강해졌고 독일적인 것이 비애국적이라는 인식이 확산했다. 제2차 콜레라가 유럽을 휩쓴 지 반세기도 지나지 않아 프라하는 체코어를, 부다페스트는 헝가리어를 사용하는 도시로 바뀌었다.[18]

미국에서는 콜레라를 향한 두려움이 반(反)이민주의 정서를 부추겼다. 1830년대 이후 이민자가 급속하게 증가했는데,[19] 특히 아일랜드 이민자의 증가세가 두드러졌다. 이들은 뉴욕의 빈민가에 모여 살았다. 1832년에 뉴욕에서만 3500명 이상의 콜레라 환자가 발생했는데, 이 중 40퍼센트 이상이 아일랜드 이민자였다.[20] 1832년에 뉴욕에서 처음 콜레라가 발생했을 때 《이브닝 포스트》를 비롯한 당시 주요 신문들은 미국으로 입국한 아일랜드 이민자들 때문에 콜레라가 발생했다는 내용의 기사를 연일 보도했다.[21] 당시 많은 미국인은 아일랜드인의 무절제한 생활 때문에 콜레라와 같은 치명적인 전염병이 발생했다고 믿었고, 아일랜드 이민자의 누추한 거주 공간을 전염병의 온상지로 여겼으며

아일랜드 이민자를 혐오했다.[22]

　제2차 콜레라 팬데믹이 끝나기도 전에 인도에서 콜레라가 다시 유행하여 제3차 콜레라 팬데믹이 시작했다. 1837년에 시작된 콜레라는 인도 국경을 넘어 전 세계를 돌아다니며 1863년까지 지속됐다. 러시아에서는 제3차 콜레라 팬데믹 시기에 100만 명이 넘는 사람들이 콜레라로 사망했다.[23] 일곱 차례 발생했던 콜레라 팬데믹 중 제3차 콜레라 팬데믹 때 가장 많은 사람이 죽었다.

　콜레라가 가장 극성을 부렸던 1853~1854년 런던에서는 제2차 콜레라 팬데믹 때보다 두 배 이상 많은 사람이 콜레라로 죽었다.[24] 런던을 휩쓸던 콜레라는 당시 식민지였던 아일랜드로 건너가 대기근으로 쇠약해질 대로 쇠약해진 아일랜드인을 덮쳤고, 대기근과 콜레라에서 살아남은 이들은 살길을 찾아 미국행 배에 몸을 실었다. 아일랜드인이 가장 많이 정착한 뉴욕에서 수천 명이 사망하자,[25] 미국인들은 제2차 콜레라 팬데믹 때와 마찬가지로 아일랜드 이민자들이 콜레라를 가져왔다고 여겼다. 콜레라는 캘리포니아 골드러시를 타고 미 서부를 정복했고, 멕시코, 베네수엘라, 브라질을 통해 중남미까지 점령했다.

　제4차 콜레라 팬데믹은 1863년에 벵골에서 시작하여 이슬람교 순례 경로를 따라 서아시아와 북아프리카로, 이후 사하라 이남의 아프리카로 퍼졌다. 콜레라는 러시아와 유럽의 여러 도시에 도착했고, 영국 런던의 이스트엔드와 같은 빈민 거주 지역에서 더 빨리 확산했다. 1866년에 연재된 도스토옙스키의 「죄와 벌」 마지막 부분에서 주인공 라스콜리니코프가 죄수용 병동에 앓아누워 혼미한 상태에서 꾼 꿈은 당시 콜레라에 대한 러시아인의 공포를 잘 드러내고 있다. 제4차 콜레라 팬데믹은 1875년까지 지속됐다.

아시아 대륙에서 유럽을 향해 오는, 지금까지 듣도 보도 못한 어떤 가공할 만한 전염병 때문에 전 세계가 희생될 운명에 직면했다. 극히 소수의 선택된 몇 사람을 제외하고 인류는 죄다 멸망하지 않으면 안 되었다. 인체에 파고드는 현미경적 존재인 일종의 새로운 선모충이 출현한 것이다. 그런데 이 생물은 지능과 의지가 부여된 정령이었다. 그래서 그것에 걸린 사람들은 이내 귀신에 홀린 듯이 미쳐버리고 말았다. …… 마을이란 마을, 도시란 도시, 그리고 국민이란 국민이 차례차례 그것에 전염되어 미쳐버렸다. 모두가 불안한 마음에 사로잡혀 서로 이해하려 하지는 않고 저마다 번민하고 자기 가슴을 두드리고 손을 비비면서 울어댔다. 그리고 누구를 어떻게 재판해야 할지도 모르고, 무엇을 악으로 삼고 무엇을 선으로 삼아야 하는지에 대해서도 의견 일치를 보지 못했다. 사람들은 아무 까닭도 없는 증오에 사로잡혀서 서로 죽이고 또 죽였다. …… 모든 사람, 모든 것이 멸망해 갔다. 질병은 기세를 뻗쳐 점점 더 멀리 만연되어 갔다.[26]

이후에도 세계적인 대유행이 세 차례나 더 있었다. 예를 들어 20세기 초반에 유행한 제6차 콜레라 팬데믹은 토마스 만의 작품인 「베네치아에서의 죽음」에도 등장한다. 예술적 성취를 이룬 지적인 노작가 아셴바흐 교수는 제6차 콜레라 팬데믹이 한창이던 1911년, 베네치아 여행 중에 만난 소년 타치오의 아름다움에 반해 그곳을 떠나지 못하고 콜레라에 걸려 죽는다. 특히 이 소설은 인도 갠지스강에서 시작되어 모스크바를 거쳐 베네치아로 전파되는 콜레라의 경로를 구체적으로 기술하고 있다.

몇 해 전부터 인도 콜레라가 점점 확산하는 추세를 보였다. 갠지스강 삼각주 지역의 따뜻한 습지대에서 발생한 콜레라는 인간의 출입을 허락지 않는 밀림과 섬 지대 원시림의 악취 나는 숨결로 더욱 힘을 받아, 인도 북부를 엄청난 위력으로 장기간 휩쓸었다. 그러다 동쪽으로는 중국을, 서쪽으로는 아프가니스탄과 페르시아를 덮쳤고, 카라반의 주 교통로를 따라 아스트라한으로 세력을 넓히더니 급기야 모스크바까지 급습했다. 유럽은 이 유령이 거기에서 육로로 진입할까 봐 벌벌 떨었는데, 정작 병균은 시리아 상선에 의해 해로로 유입되어 지중해 항구들에서 거의 동시다발로 출몰했고, 툴롱과 말라가에서 슬며시 고개를 드는가 싶더니 팔레르모와 나폴리에서 여러 차례 가면을 벗어던졌으며, 이어 전 칼라브리아와 풀리아에서도 물러날 기미를 보이지 않았다. 그때까지만 해도 반도의 북부는 무풍지대였다. 그러나 그것도 올 5월 중순에 끝나고 말았다. 베네치아에서 같은 날에 부두 하인과 여자 채소 장수의 뼈만 남다시피 한 거무튀튀한 시신에서 그 끔찍한 병균*이 발견된 것이다.[27]

콜카타에 있는 인도의료관리청에서 활동했던 영국인 의사인 존 맥퍼슨과 찰스 맥나마라는 유럽을 강타한 콜레라에 아시아발이라는 수식어를 붙이면서[28] 유럽 제국의 아시아에 대한 식민 침략을 아시아가 유럽 문명을 침략한 것으로 전복시켰다. 신체적 불결, 문명화되지 못한, 도덕적 타락의 신호로 간주된 아시아의 콜레라가 공기의 흐름을 타고 문명화된 유럽을 침입했다는 프레임이 구성되었다.

---

* 인용한 국문판에는 "병균"이 아닌 "비브리오균"으로 옮겨져 있으나 비브리오균은 비브리오 콜레라균, 패혈증 비브리오균, 장염 비브리오균 등을 포함하는 개념으로 '비브리오 콜레라균'만을 가리키는 소설 원문의 맥락과는 일치하지 않아서, 오류가 있는 표현을 피해 저자가 단어를 수정하였다.

3. 콜레라가 만든 근대 도시

19세기 런던을 강타한 콜레라

콜레라 공포는 아시아에 대한 유럽의 적대감을 증폭시켰을 뿐만 아니라, 도시 문제를 적나라하게 드러냈다. 유럽에서 콜레라가 급속도로 확산한 19세기는 산업화에 따라 도시 인구가 급증했던 시기다. 특히 영국은 산업혁명과 식민 지배 구조를 통해 세계 어느 나라와도 비교할 수 없을 만큼의 부와 번영을 누렸고, 대영제국의 수도로서 런던은 세계 경제와 권력의 중심지였다. 인클로저 운동*으로 토지에서 쫓겨난 농민들은 런던으로 밀려와 대부분 도시 빈민이 되었다.

런던의 인구는 도시 기반 시설이 감당할 수 없을 정도로 빠르게 증가했다. 1800년 100만 명에 못 미쳤던 런던의 인구는 50년 만에 두 배 이상인 250만 명으로 늘었으나 런던의 기반 시설은 100년 동안 거의 변화가 없었다.[29] 일자리를 찾아 도시로 몰려든 사람들은 상하수도 등이 제대로 갖추어지지 못한 주택에서 비참하게 살아가야 했다. 도시 환경은 급속도로 오염되었다. 교회의 첨탑 대신 시커먼 매연을 뿜어 대는 공장 굴뚝이 하늘을 뒤덮었고, 쓰레기와 배설물은 부정기적으로 치워지거나 아예 치워지지 않았다.

당시 런던의 빈민가는 온갖 오물과 오염 물질로 찌들어 사람이 사는 공간이라고 할 수도 없을 정도로 처참한 상태였다. 빈민가는 도심에

---

* 인클로저(Enclosure)는 13세기 영국에서 시작된, 소규모 토지를 대규모 농장에 합병하는 법률적 절차를 말한다. 산업혁명 당시 영국에서 판매용 곡물 혹은 양을 키우기 위한 농지에 울타리를 세우자 농지를 몰수당한 농민들은 도시의 공장으로 내몰려 도시 하층 노동자로 전락하게 되었다.

있는 경우가 많았다. 런던의 경우, 템스강을 따라 시티오브런던과 시티
오브웨스트민스터라는 두 개의 핵심 지역을 중심으로 성장했는데 시
티오브런던의 동쪽을 가리키는 이스트엔드*는 불결하고 비좁은 건물
들과 범죄로 가득한 런던의 대표적인 빈민가로 자리 잡았다. 런던의 빈
민들은 감옥이나 구빈원(workhouse)**보다 더 좁은 공간에서 살았다.[30]
사람들은 석탄 매연 가득한 공기, 비좁은 방, 물이 새는 지하실, 환기
가 어려운 다락 할 것 없이 빽빽하게 몰려 살았다. 산업화 초기 대도시
빈민의 삶은 대부분 유사했다. 1850년대 말 미국 뉴욕주 입법위원회는
도시 내 공동주택의 불결한 상태와 악취에 대해 "배수도 되지 않은 마
당에서는 오염 물질이 새어 나오고 어둡고 좁은 계단은 오래되어 낡아
빠진 데다 해충으로 들끓어 악취가 나고 때가 덕지덕지 붙은 천장은 똑
바로 서지 못할 정도로 낮은 경우가 많다"라고 표현했다.[31]

　도시가 점점 과밀해지면서 중산층이나 상류층은 혼잡한 도심을 벗
어나 도시 근교로 빠져나가기 시작했다. 중세 봉건시대에는 유럽의 귀
족이 성안에 살고 농노가 성 밖에 살았다면, 산업혁명 이후에는 부유한
상류층과 가난한 노동자 계층이 도시 안에 섞여 살게 되었다. 빈민층과
함께 살게 된 프랑스의 부유한 파리지앵들이 가난한 사람들을 한쪽으
로 몰아넣고 파리 도심을 자신들이 차지했던 반면, 런던의 부유한 상류
층은 런던의 도심을 탈출하여 쾌적한 교외로 이주하는 전략을 선택했

＊　이곳은 1888년 8월 7일부터 11월 10일까지 3개월에 걸쳐 최소 다섯 명이 넘는 매춘부
　　를 극도로 잔인한 방식으로 잇따라 살해한 잭 더 리퍼(Jack the Ripper) 살인 사건 등 범
　　죄의 소굴로 유명하다.

＊＊　구빈원은 스스로를 부양할 수 없는 자들에게 거처와 일자리를 마련하는, 잉글랜드
　　와 웨일즈에 있었던 시설이다. '구빈원'이라는 표현이 최초로 사용된 것은 1631년이다.

다. 산업혁명에 필요한 노동력을 제공하던 빈민층의 거주 공간이었던 런던의 도심은 점점 더 더럽고 비위생적이며 위험해졌다.

찰스 디킨스는 『올리버 트위스트』에서 페이긴과 사이크스로 대표되는 악의 세력이 사는 런던 빈민가와 착하고 아름다운 로즈 메일리의 향내 나는 소박한 집이 있는 교외의 풍경을 대조적으로 묘사했다. 그는 런던 도심의 비위생적이고 비인간적인 삶을 악으로, 교외 전원에서 사는 중산층의 쾌적한 삶을 미덕으로 대비시키면서[32] 페이긴이 살던 빈민가를 다음과 같이 기술했다.

> 〔그곳보다〕 더 더럽고 더 끔찍한 곳을 본 적이 없었다. 거리는 매우 좁고 진흙투성이였으며 공기는 역겨운 냄새로 가득했다. …… 그는 페이긴에 이끌려 도둑질을 하러 갈 때 스미스필드를 거치게 되는데, 그곳은 "오물과 진흙이 발목까지 올라올 정도로 쌓여 있었고, …… 짙은 연기가 안개와 섞여, 공기 중에 흩어져 있었다.[33]

도시 빈민가는 인구 과밀, 배설물, 새어 나오는 오수 등으로 전염병이 퍼지는 데 더없이 좋은 장소였다. 1831년 콜레라 환자는 런던의 더러운 빈민가에서 특히 많이 발생했다. 깨끗한 물을 마실 수 없고 영양 상태가 취약하며, 선원, 가정부, 세탁부 등 콜레라에 쉽게 노출될 만한 일을 하는 빈민들은 근교의 쾌적한 주택에 머무르며 깨끗한 물을 마시고 콜레라에 노출될 만한 일을 거의 하지 않은 부유한 사람보다 콜레라에 더 잘 걸렸다.

시간이 지나면서 부자들의 거주지였던 근교 지역도 콜레라로부터 안전하지 않게 되었다. 콜레라는 런던 도심의 빈민가뿐만 아니라 런던 근교의 중상류층 주거지까지 확산했다. 가난한 이와 마찬가지로 부자

전염병의 지리학

에게도 콜레라를 효과적으로 막을 수 있는 처방이나 관습이 없었다. 산업화와 도시화로 인한 오염된 환경과 전염병은 도심의 빈민가뿐만 아니라 사회 전체의 문제로 확대됐다. 콜레라는 사회 계층의 공간적 구분마저도 흐릿하게 했다.

디킨스의 소설인 『황폐한 집』을 보면 중산층의 거주 지역인 런던 근교의 그리니치도 런던의 빈민가인 이스트엔드에서 불어오는 오염된 안개로 가득했고, 주인공인 에스더가 빈민 고아를 돕다가 전염병에 걸렸다는 내용이 나온다. 이는 전염병 앞에서 런던 근교 중산층의 삶과 도심 빈민의 삶이 분리되지 않았고, 빈민의 삶과 거주지가 중산층의 삶과 거주지를 위협한다고 인식했다는 것을 보여 준다.

> 안개 천지다. 푸른 섬과 초원을 흐르는 강 상류도 안개로 덮여있고, 선박들과 크고 더러운 도시의 강변 오염물들 사이를 탁하게 흐르는 강 하류도 안개로 덮여있다. 에섹스 지방의 늪지대도, 켄트 지방의 언덕도 마찬가지다. …… 자신들이 거주하는 병동의 벽난로 불 가에서 숨을 쌕쌕이며 쉬고 있는 나이 먹은 그리니치 연금 수령자의 눈과 목에도 안개가 가득했다.[34]

빈민 구제냐, 악취 제거냐

19세기 중반 영국의 노동 환경과 거주 환경은 열악했으며 환경오염은 심각했다. 노동자들은 병이나 사고로 죽어 나갔다. 열악한 주거와 노동 환경, 질병에 시달린 영국 노동자의 기대 수명은 1840년 기준 22세에 불과했다.[35] 한창 일할 나이의 수많은 노동자가 죽는다는 것은 생산에 투입될 저임금 노동력을 잃는다는 것을 의미했다.

도시 위생은 사회적·국가적 문제로 부각되었다. 저임금 노동력을 안정적으로 공급하고 전염병이 상류층 거주지로 확산하는 것을 막기 위해서라도 노동자들의 사회적 건강이 향상되어야 하는 절박한 상황이었다.[36] 여기에 대처한 방안은 빈곤 제거와 악취 제거였다.

빈곤 제거 방안은 건강 문제가 빈곤 문제와 밀접하게 관련된다는 점에 초점을 맞추었다. 1601년에 제정된 엘리자베스 구빈법은 주로 종교가 담당해 왔던 구빈 활동이 (지방)정부의 책임이라는 점을 공식화했다. 이 법은 당시 영주와 농노, 장인과 도제 간에 존재했던 전통적 구제 관례를 바탕으로 구빈 활동을 각 지역 교구*가 책임지게 했다. 그러나 구빈 활동을 수행할 재정 능력과 의지를 가진 교구가 거의 없었다. 교구 내 빈민에 비례해 구빈세를 부담해야 했던 교구 주민은 빈민이 자신의 교구로 들어오는 것을 적극적으로 막거나 새로운 부양자가 발생할 것을 꺼려 교구 내 빈민들의 결혼을 가능한 한 억제했다. 처우가 더 나은 교구를 찾아 유랑하는 부랑자가 증가했다.

작업장에 빈민을 수용하여 값싼 상품을 만들고 길거리에서 구걸하는 걸인을 없앤 네덜란드 정책에 감명받은 영국은 1772년 구빈원에 작업장을 건립하고 민간 업자가 일할 능력이 있는 빈민과 고용 계약을 맺을 수 있게 한 작업장법을 제정했다.

작업장법은 부랑자를 없애고, 값싸게 상품을 생산하며, 구빈세 지출도 절감하는 일석삼조의 효과를 노렸다. 그러나 구빈원 내 작업장 환경은 비참할 정도로 열악했고 규칙은 지나칠 정도로 엄격해서 빈민들은 작업장에 들어가길 거부했다. 몇 년 후, 이러한 문제를 개선하기 위해 일할 능력이 있는 빈민을 작업장에 보내는 대신 자기 집에서 일하게

---

* 가톨릭교회의 지역 분할 기본 단위.

하거나 인근의 적당한 직장에서 취업하도록 알선해 주고, 일터에서 받은 임금이 생활하기에 지나치게 적으면 부족분을 국가가 지원해 주는 길버트법을 제정했다.

그럼에도 계속된 흉작과 물가 상승으로 인해 저임금 농촌노동자의 생계 문제가 심각해지자 "일정한 품질을 가진 1갤런의 빵 가격이 1실링이라면 임금노동자인 빈민들은 본인 몫의 생활비로 주당 3실링을 보장받아야 하는데, 그 자신이나 가족이 노동하여 그 액수를 조달하든가 그렇지 못할 경우 구빈세로 보장받아야 한다"라는 내용을 담은 스피넘랜드법을 공표했다.

이 법은 '생존의 권리'를 처음 도입한 구빈법으로 시간이 지나면서 영국 대부분의 농촌 지역에서 국법처럼 인식되었고 도시 지역으로도 확대 적용되었다. 그렇지만 신흥 자본가들은 이 법이 개인의 빈곤 문제를 공공 재원으로 해결함으로써 노동 의욕을 떨어뜨리고 구빈세를 올린다며 비판했다.

영국을 강타한 제2차 콜레라 팬데믹에 대응하기 위해 영국 의회는 콜레라 예방법을 제정했다. 콜레라 예방법은 지방 보건 당국에 간호사와 약을 공급하고, 감염된 집을 소독하며, 감염자의 침구와 옷가지와 그 밖의 물건들을 소각 처리하고, 배수로와 오물 구덩이를 덮어씌우며, 배설물의 총량을 감소시킨다는 등의 내용이었다. 그리고 이에 필요한 모든 비용은 구빈세로 충당한다는 것을 골자로 했다.[37] 스피넘랜드법에 의해 이미 몇 배나 오른 구빈세에 콜레라 예방법이라는 새로운 지출명세서가 추가된 것이다.

영국의 구빈법위원회는 콜레라 예방을 위해 빈민 구제에 드는 비용을 줄이기로 했다. 구빈법위원회 감독관이었던 에드윈 채드윅은 구빈세 증가에 반대한 신흥 자본가계급의 요구를 반영하여 노동자에게 직접적인 금전 지원을 하는 스피넘랜드법을 폐지하고, 노동 능력을 상실한 빈민에게만 최저임금보다 적은 액수를 지원함으로써 빈민을 위한 지출을 최대한 아꼈다.

채드윅은 저임금 노동력을 꾸준히 공급하면서도 상류층으로의 콜레라 확산을 막기 위해서 빈곤을 구제하기보다 악취를 제거할 것을 주장했다. 콜레라 사망자의 특징과 위생 상태를 조사하고 질병으로 인한 사망률과 인구밀도의 관계를 분석한 결과 도시의 사망률이 농촌보다 높게 나타났는데, 그는 그 이유를 도시의 오염과 악취 때문이라고 믿었다. 당시 다른 사람들도 악취로 인해 콜레라에 걸린다고 생각해서 도시의 남녀노소 모두 담배 연기가 콜레라 확산을 막아 준다며 입에 시가를 물고 다니기도 했다.[38]

악취와 오염된 공기가 콜레라의 원인이라는 생각은 당시 보편적으로 믿었던 '미아즈마(Miasma)' 학설*에 따른 것이었다. 미아즈마는 쓰레기 더미나 하수에서 피어오르는 오염된 공기를 말한다. 당시 사람들은 미아즈마도 안개나 연기처럼 기류에 의해 이동하고 바람을 통해 확산한다고 생각했다. 미아즈마 학설은 히포크라테스 시대부터 세균의 존재를 알지 못했던 19세기까지 정설로 받아들여져 왔다.

미아즈마 학설에 따르면 전염병은 오염된 공기를 호흡하고 악취를 맡음으로써 발생한다. 악취는 예나 지금이나 빈곤의 상징이다. 영화 〈기생충〉에서도 냄새는 지하에 사는 하층민들의 몸에 밴 가난을 상징하는 메타포로 사용됐다. 부자들은 자신의 공간까지 스멀스멀 침범한 빈곤의 악취에 질색했다. 19세기 초 유럽에서는 오늘날 미세먼지 경보 문자

* 미아즈마는 고대 그리스어로 오염이라는 뜻으로 영어권에서는 나쁜 공기를 의미했다. 미아즈마 학설은 동양에서는 장기(瘴氣)설이라고 불렸다.

를 보내듯 안개가 생기면 해당 지역에 위험한 미아즈마가 발생했다고 생각해 '유해한 안개(unhealthy fog)' 경고문을 붙이기도 했다.[39]

가장 많은 사람을 죽인 제3차 콜레라 팬데믹 당시 영국은 공중보건법*을 제정하였고 중앙보건국을 한시적으로 운영하였다. 구빈법위원회 감독관이자 중앙보건국의 위원이었던 채드윅은 오물과 쓰레기가 부패하면서 생기는 불쾌한 악취를 풍기는 마을이나 도시의 위생 상태를 개선하는 것이 무엇보다도 중요하다고 강조하면서[40] 오물의 양을 줄이고 집과 거리를 소독하며 악취를 줄이기 위해 하수도 시스템을 정비할 것을 주장했다. 사람들은 콜레라가 미아즈마 때문에 발생한다고 생각해서 콜레라를 막기 위해서는 악취를 풍기는 것들을 없애야 한다는 채드윅의 주장에 동의했다.

세계를 제패한 대영제국이었지만, 런던은 인간과 동물의 배설물에 빠져 허우적거렸고 악취가 풍겼다. 인간 분뇨는 거주지 아래 지어진 오물 구덩이에 담아 두었다가 가득 찼을 때 몇 년에 한 번씩 청소했다. 원래 런던의 하수도는 빗물 처리용으로 비가 오지 않는 한 하수도의 흐름이 매우 느렸으며 물의 공급 자체가 많지 않았다.[41] 그 때문에 집마다 오물 구덩이가 가득 차서 넘치는 경우가 많았다. 분뇨를 퍼내는 데 돈이 들어 넘쳐흘러도 대부분 내버려 두었다. 넘쳐난 오물은 그대로 하수구에 흘러가거나 빈민가 길거리에 제멋대로 방치되었다. 오물은 개울과 시냇물을 뒤덮었고 템스강으로 흘러갔다.

＊　공중보건법은 도시 및 인구 밀접 지역의 위생 상태를 개선하고, 수도 공급, 하수 설비, 배수 설비, 시가지 청소 및 도로포장 등을 단일한 행정 체계로 관리하도록 규정했다 (Rosen, G. and Rosen, G., *A History of Public Health*, Johns Hopkins University Press, 1993).

템스강은 런던을 동서로 관통하여 북해로 흐르는 강으로 런던 대부분 지역의 상수원 역할을 했다. 강은 산업혁명 이후 철강, 화학, 석탄, 방직 산업 등의 폐수에 의하여 심하게 오염되었고, 인간과 동물의 분뇨, 도살장 폐기물, 병원과 가죽 공장의 악취 나는 오물, 때로는 시체 등의 도착지였다.[42] 런던의 빈약한 하수도는 각 가정에서 버린 오물로 가득한 긴 배관에 지나지 않았고, 오물이 자주 막혀 정기적으로 파내야 했다. 런던을 가로지르는 템스강은 구역질 날 정도로 악취가 심했다. 코를 찌르는 악취가 나는 템스강에서 런던 주민들은 빨래하고 목욕하며 식수를 얻었다.[43] 콜레라가 퍼져 나가는 데 최적의 조건이었다.

채드윅을 비롯한 미아즈마설 신봉자들은 런던 하수구에서 배출된 죽음의 냄새를 제거하면 콜레라도 사라질 것이라고 믿었다. 그는 도자기로 만든 가는 하수관을 새롭게 부설하고 충분한 양의 물도 흐르게 해서 오물을 사람의 거주 지역에서 멀리 떨어진 저장소로 보내고 이 오물을 처리해 농민에게 팔자고 했다. 런던시는 하수도 정비 사업 위원회를 설치하여 낡은 하수관을 철거하고 새로운 하수관을 부설하려고 했다.[44] 그렇지만 하수관을 부설하는 과정에서 재산권 침해 논란이 발생했고 공사 비용도 막대하여 하수도 정비 사업은 지지부진해졌다.

근대 도시를 만든 콜레라

의사였던 존 스노는 오염된 공기나 악취가 콜레라의 원인이라면 왜 도시 전체에서 콜레라 환자가 고르게 발생하지 않고 특정 지역에 사는 사람들이 유독 콜레라에 잘 걸리는지 의문을 품었다. 그는 오염된 공기가 아니라 오염된 물에 의해 콜레라에 전염된다는 견해를 내놓았지만, 당시 의학계에서 큰 호응을 얻지 못했다.

그림 4. 콜레라 발병 환자와 공용 펌프 위치를 표시한 지도
음영으로 강조 표시한 곳이 브로드가이다.
John Snow, 1854. 강조는 저자

1854년에 콜레라가 다시 런던을 강타했다. 존 스노는 소호 지역의
모든 가구를 방문하여 콜레라 환자가 있는지, 물을 어디서 길어 먹는지
등을 직접 물어본 후 콜레라 환자의 집과 공용 물 펌프의 위치를 지도에
표시해 보았다. 브로드가에 있는 물 펌프에서 방사형으로 콜레라 환자
가 퍼져 나간 모습이 지도에 분명하게 드러났다. 스노는 한 장의 지도를
통해 콜레라가 물에 의해 전염된다는 사실을 밝힌 최초의 인물이었다.

그는 이 지도를 근거로 공용 펌프의 우물이 소호 지역 콜레라 발병
의 원인이라고 교구회를 설득하였다. 교구회가 브로드가 40번지 앞의
오물 구덩이를 파내고 바로 그 옆 모퉁이에 있는 공용 우물을 폐쇄하자

놀랍게도 해당 지역에서 콜레라는 더 이상 확산하지 않았다. 그렇지만 소호의 교구회와 런던시 중앙보건국은 물이 콜레라 전염에 중요한 역할을 한 까닭이 물도 나쁜 공기에 쐬었기 때문이라고 생각했고, 콜레라가 오염된 물 자체에 의해 전염된다는 스노의 의견에 동의하지 않았다.

존 스노는 비교적 깨끗한 템즈강 상류의 물을 식수원으로 사용하는 램버스 식수 회사의 물을 마신 사람들이 하류 쪽 물을 끌어다 쓰는 사우스워크 식수 회사와 복스홀 식수 회사가 공급했던 물을 마신 사람들보다 콜레라 발병률이 현저히 낮다는 통계 자료를 근거로 콜레라 발병 원인이 인간의 배설물과 폐기물로 오염된 식수임을 계속 주장하였다. 존 스노의 연구는 오염된 공기가 아닌 오염된 물이 콜레라의 원인이라는 주장을 뒷받침하기에 충분했다.

그러나 기존 의료계는 미아즈마 학설을 뒤집을 정도의 의미 있는 발견이라고 보기 어렵다며 존 스노의 주장을 계속 일축했다. 템즈강 물을 식수원으로 끌어다 쓰던 식수 회사의 수원지를 바꾸거나 상수원의 정화 시스템을 도입한다면 비용이 매우 많이 들 것이기 때문에 일부러 스노의 주장을 무시했을 수도 있다.

런던이 반대 여론이나 비용 문제를 극복하고 상하수도 시스템을 정비하여 이전의 도시보다 깨끗하고 위생적인 도시로 탈바꿈한 것은 템즈강 대악취 사건 때문이었다. 1858년 영국 폭염으로 인해 6월 중순이 되자 템즈강에서 참을 수 없을 정도의 심한 악취가 났다. 템즈강 유역에 자리한 웨스트민스터 영국 의회는 라임 향 소독약을 적신 커튼을 치고 회의를 진행했지만, 구역질 나는 냄새를 견디지 못해 의원들은 손수건으로 코를 막고 의회를 뛰쳐나갔다. 냄새도 고약했지만, 공기를 통해 콜레라가 전염된다는 공포 때문에 의회는 돈이 아무리 많이 들더라도 런던 하수도를 정비하기로 결정했고, 관련 법안을 속전속결로 통과시켰다.

　런던시는 조지프 윌리프 바잘게트를 하수도망 구축 공사 책임자로 임명했다. 바잘게트는 하수가 템스강이 아닌 별도의 하수관을 통해 바다로 빠져나간다면 템스강의 수질이 개선될 수 있다고 판단했다. 그는 1859년부터 16년에 걸쳐 하수가 템스강으로 직접 유입되는 것을 막기 위한 132킬로미터의 하수관을 템스강과 평행하게 부설하였다. 여러 하수구에서 오수와 우수를 모아 하수처리장과 방류 지역까지 운반하기 위한 하수관을 템스강 북측에 3개, 남측에 2개 만들었다. 도랑을 파내 하수관을 설치하고 내부에 벽돌을 쌓아 다시 흙으로 덮었다. 템스강을 청소하는 작업도 같이 시작했는데, 비용이 엄청나게 든 대규모 공사였다. 런던시 전체가 공사판이 되었다. 3억 1800만 개의 벽돌이 사용되었고, 그 당시 선진적이었던 콘크리트 기법도 도입됐다. 하수관의 디자인은 달걀 모양의 아름다운 타원형으로 뾰족한 부분이 밑으로 향하게 하여 하수관이 건물의 무게를 견디게 했다.

　당시 런던 인구는 200만 명이었는데 하수관은 그 두 배의 인구를 기준으로 설계됐다. 바잘게트는 "어차피 이런 건 한 번밖에 못 하는 일이다. 항상 예상치 못한 상황이 있을 수 있으니 파이프 지름을 두 배로 하자"고 하며 사람 키 두 배 높이의 터널을 건설했다. 그의 예상은 적중했다. 런던은 그 후 100년 넘게 하수도 걱정을 덜었다.[45] 바잘게트의 하수도망 구축 공사가 끝나자 템스강이 깨끗해졌고 콜레라도 더는 기승을 부리지 못했으며 런던은 당대의 가장 위생적이고 모던한 도시로 재탄생했다.

　영국의 하수도 시스템은 다른 나라, 다른 도시로 급속히 퍼져 나갔다. 유럽과 북아메리카의 주요 도시들은 런던의 사례를 본받아 하수처리시설을 건설하였다. 이처럼 런던, 파리, 뉴욕 등 서구 근대 도시의 공중위생이나 하수도 시스템은 죽음의 병이었던 콜레라를 대가로 얻은 것이다.

이후 서구 여러 도시는 청결하고 위생적인 지역으로 인식되었다. 1800년대 중반 이후 청결과 위생은 문명의 진보를 위한 잣대로 이용되었고, 선진국과 후진국을 가르는 주요 준거가 되었다. 영국, 프랑스, 일본 등 주요 식민 제국들은 비위생적인 식민지의 공중위생을 향상해야 한다는 명분으로 그들의 식민 지배를 문명화의 사명이라고 정당화하였다. 콜레라는 농업 문명의 산물이자 근대 도시 문명을 완성한 질병이었고, 근대와 전근대를 가르는 질병이기도 했다.

전염병의 지리학

조선 극영화의 시발점이 된 '콜레라 위생 영화'

식민지 조선은 일제강점기 내내 콜레라에 시달렸다. 특히 1919년과 1920년에 유행한 콜레라는 감염 속도가 대단히 빨랐고, 병에 걸린 지 하루나 이틀 사이에 절반 이상이 사망할 정도로 맹위를 떨쳤다. 당시 경무총감부는 콜레라 예방을 위해 '콜레라 위생 영화'를 제작하여 상영했다. 이러한 사실은 동아일보 1920년 7월 14일 자 "원산 위생 활동사진"이라는 기사와 매일신보 1920년 7월 22일 자 "위생 대(大) 활동사진"이라는 기사를 통해 알 수 있다. 영화감독과 출연 배우에 관해서는 물론 다큐멘터리인지 극영화인지에 대해서조차 알려지지 않았지만, 이에 관한 언급이나 글을 종합해 보면 콜레라 활동사진은 다큐멘터리와 극영화가 혼합된 영화, 좀 더 정확하게 말하자면, 다큐멘터리처럼 보이는 극영화였을 가능성이 크다.

안종화의 『한국영화측면비사』에 따르면 영화 내용은 "갑(甲)과 을(乙)의 두 집안이 나란히 있었는데, 갑의 가정은 항상 깨끗하고 건실한 생활을 영위해 가며 위생 관념에 투철했기 때문에 명랑하고 행복한 데 비해서, 을의 가정은 이와는 대조적으로 언제나 집 안이 지저분하고 가족들의 위생 관념이 말이 아니었으므로 때마침 만연된 호열자(콜레라)에 걸려서 고생을 한다는 것이었다"는 수준으로 밋밋했다. 그렇지만 1920년에 상영된 콜레라 위생 영화가 조선 극영화의 시발점이 되었다는 점에서 의미가 있다.[46]

제2장

장티푸스보다 빠르게 번지는 혐오

장티푸스는 살모넬라균에 의한 급성 전신 감염 질환으로 콜레라와 더불어 대표적인 수인성·식품 매개 질병이다. 위생 상태와 안전한 물이 부족한 개발도상국에서 주로 발병하는 전염병으로, 한번 발생하면 전염 속도가 빠르고 사회적 파급력이 크다. 백신과 치료제가 개발되기 전에 장티푸스는 치사율이 매우 높은 질병이었다. 주로 가난한 사람들이 걸렸기 때문에 장티푸스가 유행할 때면 가난한 이주민들이 전파자로 낙인찍혔다. 19세기 중반 이후 감자 대기근을 피해 미국으로 이주한 아일랜드인에 대한 미국 사회의 부정적인 편견이 장티푸스 유행 이후에는 차별적 행동으로 폭발했다. 2장에서는 1900년대 초반 미국 뉴욕에서 장티푸스가 유행했을 때 아일랜드인이 맞닥뜨렸던 혐오와 반감을 소개하면서 특정 질병이 특정 지역의 이미지와 어떻게 결부되는지 살펴본다.

1. 전근대적 질병, 장티푸스

장티푸스는 수인성 전염병으로, 살모넬라 티피균(Salmonella typhi)*에 오염된 물 또는 보균자의 분변을 통해 감염된다. 몸에 들어온 세균, 즉 박테리아는 위와 장에서 증식하며, 대소변을 통해 몸 밖으로 빠져나간 후 다시 물을 오염시켜 다른 사람을 감염시킨다. 감염된 후 며칠 안에 두통, 고열, 설사, 위경련, 탈진과 같은 증상이 나타나고 심한 경우 사망으로 이어진다.[1] 세균에 의한 질병이라는 사실이 밝혀지지 않고 항생제가 개발되기 전까지 장티푸스는 10~15퍼센트의 사망률을 보인 무서운 질병이었다.

19세기 중반 무렵까지도 인간과 동물의 배설물 범벅이었던 유럽의 도시에서는 장티푸스가 빈번하게 유행했다. 특히 여러 사람이 공동으로 사용하는 물이 오염되면 환자가 폭발적으로 발생했다. 19세기 말 근대국가는 도시를 청결한 공간으로 탈바꿈시켰고, 수질을 관리하기

---

* 살모넬라 티피균은 인간에게만 사는 박테리아이다.

위해 상하수도 시설을 새롭게 정비했으며, 개인위생을 지키도록 통제함으로써 수인성 전염병의 공포에서 벗어났다. 그래서 근대 이후 콜레라·장티푸스와 같은 수인성 전염병은 전(前)근대성과 후진성을 상징하게 되었고, 문명과 미개를 구분하고 부유한 지역과 빈곤한 지역을 가르는 기준이 되었다. 철도나 전기와 같은 과학 기술의 발달은 근대의 상징이었고, 청결과 위생은 진보에 발맞춰 가는 문명의 척도였다. 아무 곳에나 널린 배설물만큼 후진성과 야만성을 드러내는 것도 없었고, 오물의 처리와 깨끗한 수질 관리는 문명 수준을 재는 잣대였다. 콜레라·장티푸스와 같은 수인성 전염병이 유행하는 곳은 미개하고 비위생적인 지역으로 인식됐다.

더러움과 악취는 빈곤과 쉽게 연결됐다. 근대 이후 서구에서는 '부르주아는 위생적이고 향기가 나는 반면, 빈민은 더럽고 악취가 풍긴다'라는 폭력적 이분법이 통용되었다. 육체의 청결함과 풍기는 냄새로 부르주아, 노동자, 농민, 빈민을 구분했다. 전근대적 질병으로 인식된 장티푸스가 1906년에 미국 뉴욕시에서 유행하여 3000여 명의 환자가 발생했고 600여 명이 사망했다.[2] 심지어 상류층 가족도 장티푸스에 걸렸다. 사라진 줄 알았던 장티푸스의 귀환으로 수인성 전염병에 대한 공포는 재현되었고 인류가 질병을 통제할 수 있으리라는 믿음은 흔들렸다.

전염병은 예나 지금이나 죽음을 떠올리게 하는 원초적인 공포의 대상이다. 질병의 발생은 생물학적 현상이지만 질병에 대한 반응은 사회적으로 만들어진다. 공포와 불안감을 느낀 대중은 "불안의 원인을 누가 제공했는가, 누가 책임져야 하는가?"를 묻고, 공포를 제공했다고 간주하는 개인이나 집단을 배척하며 단죄함으로써 위험과 공포에서 벗어날 수 있다고 착각한다. 사람들은 위험을 심각하게 인식할수록 문제를 선과 악으로 이분하고 타자를 악으로 규정하여 자아의 경계 밖에 위

전염병의 지리학

치시킨다. 위험이나 공포 상황은 타자에 대한 적대감과 혐오감을 증폭시키고 그들을 경멸하거나 공격하는 계기가 된다.

역사적 경험을 통해서 볼 때 경멸과 공격의 대상은 성별, 피부색 등으로 쉽게 식별되고 자신들보다 열등하다고 생각되는 이민자 집단이 지목되기 쉽다. 이민자 집단이 전염병을 퍼뜨렸다는 것을 입증할 증거가 한 가지라도 나오면 그 증거의 신뢰성 여부와 상관없이 그들이 전염병의 원인을 제공했다고 확신한다. 20세기 초반까지도 뉴욕에서 장티푸스나 콜레라, 이질과 같은 전염병이 돌 때마다 미국인들은 아일랜드인을 그 주범으로 지목했고 아일랜드인이 모여 사는 지역을 전염병의 온상지로 여겼다. 미국 사회에서 아일랜드인은 전염병의 공포뿐만 아니라 자신들을 향한 혐오 시선과 차별에 시달려야 했다.

2. 아일랜드 대기근과 떠나는 사람들

감자 대기근에 시달린 아일랜드

20세기 초반 미국인의 아일랜드인에 대한 편견은 당시 정치·경제 상황 속에서 형성되고 공고해졌다. 이 편견의 원인을 알기 위해서는 감자 이야기를 빼놓을 수 없다. 감자는 1600년대 전후에 남아메리카에서 스페인으로 들어왔다. 감자의 첫 이름은 백색 송로버섯이라는 의미인 타르투폴로(tartufolo)이었다.[3] 그러나 이름만 근사했을 뿐 유럽인들의 식탁에 쉽게 오르지 못했다. 미개한 아메리카 대륙에서 들어온 작물이며, 맛도 별로 없고 나병 환자를 연상시키는 생김새를 가진 감자는 영국에서 요리 재료로 환영받지 못했다. 상류층에서는 땅속에서 자라는 감자

그림 1. 감자가 항상 놓여 있는 프리드리히 2세 묘지

를 '악마의 맛없는 식물', '천한 식품'으로 여겼다. 감자는 스페인 용병
이 30년 전쟁(1618~1648년) 중에 말 사료로 가지고 다니다가 정 배고프
면 먹었던 음식이었다.[4]

　유럽에서 감자의 보급은 왕실로부터 시작되었다. 특히 프랑스의
루이 16세와 마리 앙투아네트가 베르사유 궁전의 텃밭에 감자를 심고,
감자 꽃을 모자에 꽂기 시작하면서 감자에 대한 이미지가 개선되었다.
감자 요리로 유명한 독일도 처음부터 감자를 환영한 것은 아니었다. 감
자의 이미지는 프로이센의 프리드리히 2세가 국민의 굶주림을 해결하
기 위해 감자 농장을 건설하고 적극적으로 전파하면서 확 달라졌다. 훗
날 독일인들은 감자를 주식으로 삼아 먹을거리 문제를 해결하려고 애
썼던 대왕을 향해 감사와 사랑을 바쳤다. 실제로 독일 브란덴부르크주
의 포츠담 상수시 궁전에 있는 프리드리히 2세의 묘지에는 항상 감자
가 놓여 있다.

　유럽에서 유독 감자 도입에 열광했던 국가는 아일랜드였다. 아일

　　　　　　　　　　　　　　　　　　　　전염병의 지리학

랜드는 바다에 둘러싸여 있고 멕시코만류의 영향이 강해 겨울에 눈이 거의 내리지 않을 정도로 온화하고, 여름에도 덥지 않다.* 이처럼 1년 내내 서늘하고 맑은 날보다 흐린 날이 많은 아일랜드의 기후는 농업에 불리하다. 또한 전반적으로 고도가 낮고 각지에 호소(湖沼)**와 이탄 습지(泥炭濕地)***가 펼쳐져 경작 가능한 토지도 전체 육지 면적의 8분의 1 미만에 불과하다.

감자는 햇빛을 많이 받을수록 분이 많이 생기는데, 햇빛이 풍부하지 않은 아일랜드나 영국의 감자는 분이 적어 맛이 없는 편이었다. 역설적으로 이런 특징은 영국의 식민 지배로 가난에 찌든 아일랜드의 농부들에게 장점으로 다가왔다. 감자는 척박한 땅에서도 잘 자라고 무엇보다 영국에서 탐내지 않았기 때문이다. 감자는 쌀쌀하고 습한 기후에서도 잘 자랐고 밀과 비교했을 때 단위 면적당 재배 비용도 낮았다. 또 생산량이 많으며 열량이 높았고, 비타민이 풍부하며 영양에 있어서 다른 작물에 뒤지지 않았다.

단위당 생산량이 많은 감자는 유럽의 빈곤한 사람들의 굶주림을 덜어 주는 매력적인 작물이었다. 18~19세기는 가난한 사람들이 매우 굶주린 시기였음에도 감자 덕분에 인구가 증가했다. 아일랜드 농부들은 밀 대신 감자를 심었고, 빵 대신 감자를 껍질째 소금이나 겨자, 때로는 버터와 함께 먹었다. 19세기 초반 아일랜드의 소작농과 노동자들은

---

* 수도인 더블린의 경우 1~2월은 평균기온이 5도씨 이상이고 7~8월은 15도씨 이하다.

** 호수(湖水)와 늪(沼)을 통틀어 가리키는 말.

*** 이탄은 완전히 탄화할 정도로 오래되지 않은 석탄의 일종으로 발열량이 적으며 연탄의 원료로 쓰인다. 이탄은 석탄 제조 공정 중 첫 번째 단계에서 만들어지는 것으로 이탄지는 이탄이 집적되는 습지를 말한다.

감자에 전적으로 의존하고 있었고, 이들의 1인당 하루 감자 소비량은 약 2킬로그램에 달했다.[5] 아일랜드는 감자 덕분에 굶주림에서 벗어나 인구 증가를 경험했다.*

19세기 중반 감자 역병이 발생하면서 아일랜드는 최악의 대기근에 시달리게 되었다. 감자 역병균은 섭씨 4~29도 사이 기온의 습기가 많은 지역에서 번성하는 진균의 일종으로 감자의 잎과 줄기, 뿌리를 통해 감염된다. 감자 역병에 걸린 감자는 땅속에서 썩고, 저장고에 있던 감자도 2주 이내에 녹아 없어지듯 썩는다. 감자 역병은 1843년 미국 동북부 지역에서 처음 발생했고, 곧이어 유럽의 감자밭까지 퍼졌다. 벨기에에서 유럽 최초로 발병했고, 얼마 지나지 않아 네덜란드, 북부 프랑스와 영국 남동부 지역을 거쳐 아일랜드로 넘어왔다.[6]

1845년 여름, 아일랜드에서는 유난히 비가 자주 내려 감자 역병균이 활동하기에 적합한 습한 환경이 만들어졌다. 감자 역병으로 아일랜드의 감자 수확량이 80퍼센트 이상 감소하면서 아일랜드 대기근이 시작됐다.[7] 대기근 당시 감자를 주식으로 삼았던 아일랜드가 받은 피해는 끔찍했다. 길거리에는 시체가 널려 있고 아직 살아 있는 사람들조차 유령처럼 거리를 배회했다. 먹을 것이 없어 나무껍질 등을 먹으며 버티던 사람들은 날마다 죽어 나갔다.

1845년부터 약 5년 동안 100만 명 이상이 죽었다.[8] 정확성 논란이 있지만, 영국 정부의 10년 주기 인구센서스 자료에 따르면 아일랜드 인

---

* 1500년대 인구는 200만 명이 채 되지 않았으나 대기근이 발생한 1845년 직전의 아일랜드 인구는 약 850만 명에 달했다. 2020년 기준 아일랜드 인구가 약 490만 명임을 고려하면 당시 인구가 얼마나 많았는지 알 수 있다(Langer, W. L., "Europe's Initial Population Explosion", *The American Historical Review*, 69(1), 1963, p. 14).

전염병의 지리학

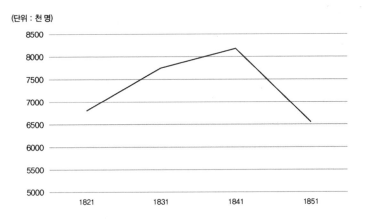

(단위 : 천 명)

8500
8000
7500
7000
6500
6000
5500
5000

1821   1831   1841   1851

그림 2. 아일랜드의 인구 변화(1821~1851)

Langer, W. L., 1963 자료를 토대로 재작성

구는 그림 2에서 볼 수 있듯 1840년대까지 꾸준히 증가하다 1850년대
에 급격히 줄었다. 한 영국 언론인은 당시 아일랜드의 모습을 "이 세상
에는 거지들이 득실거리는 가난한 나라가 많다. 그러나 한 명도 빠짐없
이 모든 국민이 거지인 나라는 아일랜드밖에 없을 것이다. 이들의 모습
은 인간의 살이 어떻게 뼈와 분리될 수 있는지를 적나라하게 보여 준다.
거리에 시체가 산을 이루고 마을은 황폐했다. 이곳은 지옥과 같았다"라
고 표현했다. 피터 그레이의 저서인 『아일랜드 대기근』에는 1847년에
아일랜드를 방문했던 한 미국인이 당시 아일랜드인의 모습에 대해 "지
금 당장 묘지에서 시체를 꺼내 새로이 피를 혈관에 돌게 만들어 되살려
낸다 해도 저렇게 창백하지 않을 것이다. 피가 물이 될 때까지 얼음 속
에 가두었다가 꺼내면 저렇게 될까 싶다"라고 쓴 글이 실려 있다.

떠나는 사람들

유럽 여러 지역에서 감자 역병이 돌았지만 아일랜드에서만 비극적 대기근으로 이어졌다. 이는 잉글랜드의 아일랜드에 대한 식민 지배와 떼어놓고 설명하기 어렵다. 아일랜드와 잉글랜드는 긴 악연의 역사로 얽혀 있다. 아일랜드와 잉글랜드의 악연은 1172년 잉글랜드의 헨리 2세가 아일랜드의 워터포드를 침공하여 왕의 도시로 선포하면서 시작되었다. 이후 800년 동안 잉글랜드는 아일랜드에게 지옥에서 온 이웃이었다.

16~17세기 잉글랜드가 성공회를 강요하자 인구 대부분이 가톨릭 신자였던 아일랜드는 저항했다. 잉글랜드는 이들의 저항을 철저하게 무력으로 억압했고, 특히 완강하게 저항하는 북부 얼스터 지방의 토지를 몰수하여 잉글랜드인의 정착지로 만들었다. 잉글랜드에서 청교도혁명으로 권력을 장악한 크롬웰은 1649년 가톨릭을 믿는 아일랜드인의 토지를 몰수해 잉글랜드인에게 나눠 줬다. 잉글랜드 의회는 1695년 형법을 공포하여 가톨릭교도들이 토지를 소유할 수 없고 공직에 진출할 수 없도록 제도화했다. 그 결과 잉글랜드계 신교도 지주나 잉글랜드인 부재지주*들이 아일랜드 농지 대부분을 소유했고, 가톨릭교도였던 아일랜드인들은 경제적·정치적 기반을 빼앗겨 소작농으로 전락했다.[9]

아일랜드는 급속하게 식민지화되었고 아일랜드 사람들은 노예로 전락했다. 『걸리버 여행기』의 작가인 조너선 스위프트의 표현에 따르면 아일랜드인은 잉글랜드 정복자를 위한 "나무꾼과 물 긷는 사람"이상이 될 수 없었다. 18세기 초 아일랜드 사람들에게 부과되는 모든 지대의 약 8분의 1을 불과 수십 명에 불과한 잉글랜드의 부재지주가 차지

---

* 이익이 나는 땅을 소유하고 있지만, 실질적으로 그곳에 거주하지 않는 지주를 말하다.

했고, 잉글랜드 지주들은 경작지와 황무지를 목양지로 편입시켜 목양
지에서 생산되는 양모와 육류 등을 잉글랜드에 수출했다.

아일랜드인들은 잉글랜드의 지배를 타도하고자 1798년에 봉기했
으나 잉글랜드에 의해 가혹하게 진압됐다. 잉글랜드는 아일랜드 의회
를 매수하여 1800년에 연합법을 통과시켜 아일랜드를 합병했다. 연합
법이 제정된 1800년부터 대기근이 발생하기 직전인 1840년대 중반까
지 매년 1만 5000명 정도의 아일랜드인이 가축처럼 배에 실려 영국으
로 왔다.[10] 아일랜드에서 온 이주 노동자들은 살인적인 노동과 공사 현
장의 감독관들이 휘두르는 채찍에 시달리며 받은 저임금으로 런던, 맨
체스터, 리버풀, 브리스틀, 글래스고에 정착하여 끔찍하게 고된 삶을
살아 냈다.* 특히 현대적인 토목 장비가 없어 모든 과정을 노동력에 의
존할 수밖에 없던 철도 건설은 아일랜드 노동자의 몫이었다.

아일랜드에 남은 사람들의 사정도 좋지 못했다. 아일랜드는 상품
을 잉글랜드로만 수출하도록 제한받았다. 이로 인해 아일랜드의 산업
은 완전히 몰락할 수밖에 없었다. 아일랜드 농민들은 비싼 소작료를 내
기 위해 밀과 귀리 등을 재배하여 영국 본토로 수출했지만 정작 자신들
은 감자로 연명했다. 유럽 여러 지역에서 감자 역병이 돌았지만 아일랜
드에서만 비극적 대기근이 발생한 이유였다.

영국은 아일랜드 대기근을 구제하기 위해 미국으로부터 옥수수를
수입하고, 공공사업을 통해 일자리를 제공했으며, 구빈원을 운영하는

---

* 프리드리히 엥겔스는 「영국 노동계급의 상황(The Condition of the Working-Class in
England)」(1845)중 '아일랜드인들의 이주'라는 장에서 아일랜드 이주 노동자와 잉글
랜드 노동자 간 갈등을 우려하면서, 잉글랜드 노동자와 아일랜드 노동자가 단결해야 한
다고 주장했다.

등 여러 정책을 시행했다. 영국인은 아일랜드인이 게으르고 후진적이어서 대기근이 발생했다고 인식하고 아일랜드인을 아무런 대가 없이 도와주면 기근이 반복될 수밖에 없다고 생각했다.[11]

이러한 인식 아래 구제 정책을 입안하고 시행했기 때문에 영국이 시행한 모든 정책은 기아 문제 해결에 도움이 되지 못했다. 도리어 영국은 군대를 동원해 강제로 아일랜드에서 생산한 밀을 본국으로 보내서 아일랜드의 기근 문제를 부채질했다. '아일랜드를 구제하려는 곡물을 실은 선박이 한 척 입항하면 아일랜드산 곡물을 적재한 선박 다섯 척이 항구를 빠져나가는 식'으로 곡물을 영국으로 내보낸 것이다.[12]

1845년 대기근 이후 식량이나 일자리를 찾아 빈민들이 몰려온 아일랜드의 도시나 구빈원은 매우 비위생적이고 열악한 환경이어서 전염병의 온상이 되었다. 당시 굶주려 죽는 사람보다 장티푸스, 콜레라, 발진티푸스 등 전염병으로 죽는 사람이 오히려 더 많을 정도였다.* 대기근 당시 요행히 뱃삯을 구한 사람들은 굶주림과 전염병이 만연한 아일랜드를 탈출하기 위해 북아메리카로 향하는 낡고 불결한 배에 몸을 실었다.

오늘날 아일랜드의 수도 더블린에서 19세기 대기근의 흔적을 찾아보기는 어렵다. 조너선 스위프트가 태어난 도시인 더블린은 20세기 모더니즘 문학을 이끈 아일랜드 출신의 소설가인 제임스 조이스와 「선데이 블러디 선데이」를 부른 U2 멤버의 고향이다. 더블린에는 리피강이 동서를 가로지르며 흐른다. 더블린을 배경으로 한 영화 〈원스〉는 남자

---

* 이 시기에 발병한 전염병 중 가장 대표적인 것이 발진티푸스였다. 발진티푸스는 세균이 퍼트리는 장티푸스와 달리 이를 숙주로 삼는 리케차(rickettsia)라는 미생물이 퍼트리는 전염병이다.

전염병의 지리학

주인공이 길거리 공연을 했던 그래프턴 거리와 여주인공에게 사랑을 고백하던 달키의 바닷가에 위치한 킬라이니 언덕 등 더블린 곳곳의 멋진 풍광을 보여 준다.

우리는 영화 혹은 텔레비전 화면 속 더블린의 아름다운 경관 뒤에 숨겨진 아일랜드의 비극적 역사와 비참했던 삶을 잘 알지 못한다. 그러나 자세히 보면 대기근으로 고향을 등져야 했던 아일랜드인들의 흔적이 현재 더블린에도 남아 있다. 더블린을 가로지르는 리피강에 놓여 있는 다리 중에서 가장 유명한 곳은 오코넬 다리다. 오코넬 다리는 잉글랜드와의 연합법 폐지 운동을 이끈 아일랜드의 민족 지도자인 다니엘 오코넬의 이름을 딴 것으로, 오코넬 거리와 맞닿아 있어 더블린에서 사람과 차량이 가장 많이 지나는 곳이다. 오코넬 다리에서 더블린 항구 방향으로 약 650미터 정도 걷다 보면 청동 기근상과 지니존스턴호를 볼 수 있다.

청동 기근상은 아일랜드 조각가 로완 길레스피가 대기근으로 고통받은 아일랜드인을 추모하기 위해 1997년에 완성한 작품이다. 길레스피는 뼈밖에 남지 않은 앙상한 몰골로 힘없이 걷는 사람들과 뱃가죽이 허리에 달라붙은 아버지가 죽은 아들의 시신을 어깨 위에 얹은 채 맨 뒤에서 걷는 모습으로 19세기 중반 아일랜드인의 처참한 삶을 표현했다.

청동 기근상 근처에 정박한 지니존스턴호는 아일랜드 대기근 당시의 이민선을 재현한 것이다. 지니존스턴호와 같은 이민선은 굶주림과 전염병을 피해 미국이나 캐나다로 살길을 찾아 도망치듯 떠날 수밖에 없었던 아일랜드 사람들을 실어 날랐다. 지니존스턴호의 객실 입구에는 '북아메리카로 가는 길, 1848년(This Way for Passage to North America, 1848)'이라고 쓴 종이가 붙어 있다. 현재 지니존스턴호는 1845년에 시작된 아일랜드 대기근을 소개하는 박물관으로 이용되고 있다.

그림 3. 청동 기근 조각상

아일랜드에서 대서양을 건너 북아메리카로 가는 과정은 순탄하지 못했다. 배가 좌초되기도 했고, 열악한 환경과 형편없는 음식, 콜레라나 장티푸스와 같은 전염병 등으로 항해 도중에 다섯 명 중 한 명은 죽었다. 그래서 사람들은 존스턴호를 '시체 담는 배'라는 의미에서 관선 (Coffin Ship)이라고 불렀다.

1845년부터 아일랜드 서부 지역에서 시작된 대기근은 1852년까지 지속되었다. 대기근 피해가 가장 큰 곳이 아일랜드 서부 지역이었던 데 반해, 이주가 가장 활발했던 곳은 북부 지역이었다. 심각한 굶주림에 직면했던 서부 지역 사람들이 죽거나 구빈원을 찾았다면, 그나마 피해가 덜했던 북부 지역 사람들은 대서양 너머로 이주한 것이다.[13] 1846년 겨울부터 1848년까지 미국과 캐나다 등으로 매년 25만 명 이상이 이주했고, 대기근이 끝난 후에도 아일랜드 사람들은 미국행 배를 타기 위짐을 꾸렸다.* 에드워드 랙스턴의 『기근선(The Famine Ships)』에 따르면 아일랜드 대기근 동안 모두 186척의 이민선이 아일랜드와 영국 등지에서 출항했다. 맨 처음 출항한 배는 북아일랜드 뉴리에서 출항한 '형제호'로, 1846년 4월 23일 두 달 만에 뉴욕항에 도착했다.**

3. 환영받지 못한 사람들

기근과 굶주림을 피해 미국으로 이주한 아일랜드 이민자들이 가장 많이 정착한 도시는 뉴욕이었다. 미국은 아일랜드인을 반기지 않았다. 상점 유리창에 붙여진 '아일랜드인, 흑인, 개 출입 금지(No Irish, No Blacks, No Dogs)' 안내문은 이런 분위기를 잘 드러낸 것이다. 뉴욕은 당시 미국에서도 가장 다양한 민족이 모인 도시였다. 1850년 뉴욕 인구 네 명 중 한 명이 아일랜드에서 건너온 이민자였다.[14]

아일랜드에서 온 이민자들은 다른 어떤 유럽 이민자보다도 가난했고, 특별한 기술도 없었으며 무엇보다도 가톨릭 신자였다. 당시 아일랜

---

* 미국의 대통령이었던 존 F. 케네디와 포드 자동차를 발명한 헨리 포드도 기근 때문에 아일랜드에서 배를 타고 이주한 사람의 후손이다.

** 100만 명 이상의 아일랜드인이 미국으로 이주했다. 미국에 살고 있는 맥도널드 (McDonald), 맥아더(McArthur), 맥그리거(McGregor) 같은 맥(Mc 또는 Mac), 오닐 (O'Neill), 오코너(O'Connor), 오브라이언(O'Brien) 같은 오(O')가 들어간 이름은 아일랜드에서 굶주리다 못해 신세계로 건너간 아일랜드 후손일 확률이 높다(더 자세한 내용은 다음을 참고하라. 주경철 지음, 『문화로 읽는 세계사』, 사계절, 2005, 299쪽).

드인들은 영국 식민 지배를 받아 대부분 교육받지 못한 농촌 출신이었다. 따라서 미국에서는 값싼 노동력을 제공하는 비숙련 노동자 계층을 이루었고, 19세기 중반 미국의 대륙횡단철도 건설이 시작되자 서부로 이동하여 철도 건설 노동자로 일했다.

또한 가톨릭을 믿는 아일랜드 이민자들이 급증함에 따라 개신교가 주류를 이루었던 미국 사회는 이들을 매우 위협적인 존재로 인식하였고 반(反)가톨릭 정서와 반이민주의가 확산했다. 당시 많은 미국인은 아일랜드 이주민들을 미국을 점령하기 위해 건너온 이방인으로 생각했고, 신문이나 잡지에서도 아일랜드 이주자가 마치 교황의 명령을 받아 미국 학교와 시장, 정치권을 접수하기 위해 온 것처럼 묘사했다.[15]

아일랜드인이 뉴욕에 몰렸듯이 이주민은 일반적으로 특정 도시의 특정 장소로 이주한다.[16] 이주민 중 특정 국가에서 가장 먼저 이주한 사람들을 '프론티어'라고 한다. 프론티어들은 아는 이가 없는 외국의 한 도시에 도착한다. 그 도시는 그가 탄 배의 종착지일 수도 있고 누군가에게 들은 적이 있는 도시일 수도 있다. 그는 도착한 후 처음 며칠간 낯선 곳에서 일자리를 찾아 헤맬 것이다. 몇 번 혹은 몇십 번의 용감한 도전 끝에 그는 도시의 식당이나 공사장, 청소 대행사 등에서 일자리를 얻게 되고, 조금씩 돈을 모아 싸구려 방을 마련한다.[17]

프론티어가 일자리와 숙소를 마련하여 정착한 후 고향에 이를 알리면 그의 형제, 친척, 친구들이 그를 찾아 이주한다. 이들 2차 이민자들은 프론티어 덕분에 비교적 수고를 덜 들여 일자리를 얻어 주로 프론티어와 동일한 지역에서 동종의 직업에 종사하게 된다. 또한 이들은 자신만의 숙소를 마련할 돈을 모을 때까지 프론티어의 숙소에 함께 기거한다. 2차 이민자들은 숙소를 얻어 독립해 나가면서 고향에 있던 형제, 친구, 친척들을 불러들인다. 이러한 연쇄적인 이주 과정을 통해 특정

전염병의 지리학

국가에서 이주해 온 사람들은 특정 지역에서 유사한 직업에 종사하면서 모여 사는 경향이 있다.[18]

아일랜드 이주민은 뉴욕시의 맨해튼 남동부에 위치한 파이브포인츠 지역에 모여들었다. 파이브포인츠는 현재 뉴욕 번화가의 한복판이다. 그러나 1800년대에는 질병과 범죄가 득실대는 뉴욕 빈민촌의 대명사였다. 자유민이 된 흑인들과 백인 이민자들은 파이브포인츠에서 에스닉 공동체를 이루며, 미국 '멜팅 팟(melting pot)'의 원조 지역을 형성했다.[19] 이 지역은 영화 〈갱스 오브 뉴욕〉의 배경이 된 곳이기도 했다. 뉴욕시는 상점과 공장의 하수 때문에 심하게 오염된 콜렉트폰드라는 호수를 1803년부터 1811년 사이에 매립하여 중산층을 위한 3~4층 높이의 아파트를 지었다. 파이브포인츠는 이 매립지 한가운데 크로스스트리트와 오렌지스트리트가 교차하는 지점에서 앤서니스트리트가 시작되어 오거리가 형성된 곳을 지칭한 것이다.*

파이브포인츠는 처음에는 중산층의 쾌적한 거주지였다. 그러나 콜렉트폰드를 부실하게 매립했기 때문에 시간이 흐르면서 지반이 침하하고 아파트와 건물들은 기울기 시작하였다. 그리고 매립한 땅 밑에 있던 오물과 하수 그리고 산업 폐기물로부터 메탄가스가 방출되어 심한 악취가 풍겼다. 파이브포인츠를 떠난 중산층은 그 지역에 남아 있는 집을 가난한 아일랜드계, 이탈리아계, 독일계 이민자에게 월세로 빌려주었다. 이민자들을 위한 공동주택도 그곳에 서둘러 지어졌는데, 이런 공동주택에는 수도가 연결되어 있지 않고 하수 처리 시설도 없었다.[20]

---

* 현재는 다섯 개의 거리가 만나 이루어졌다는 이름이 무색하게 세 개의 거리만 남게 되고, 포레이 스퀘어 연방법원 건물을 비롯한 대형 건물들이 들어섰다(Kieran, J., A *Natural History of New York*, Houghton Mifflin, 1959, p. 31).

파이브포인츠는 1820년대부터 빈민 주택, 술집, 사창가, 갱단이 모여드는 슬럼가로 변하기 시작했다. 어찌나 심한 우범 지역이 되었던지 경찰이 순찰을 포기할 정도였다. 1835년에는 이곳에서 보통 하루 두 건의 살인 사건이 일어났다. 이에 뉴욕 경찰은 파이브포인츠 지역에는 아일랜드인 경찰관을 두기도 했다.[21]

1842년 이곳을 방문한 찰스 디킨스는 "여기저기서 오물과 쓰레기로 악취가 진동한다. 추잡하고 찌든 얼굴들이 집마다 들어차 있고 ……. 이곳은 그런 돼지 같은 인간들이 사는 곳"이라고 묘사하였다. 파이브포인츠 지역은 인구 밀도가 높았고 위생 상태도 불결했다. 장티푸스와 콜레라 같은 수인성 전염병이 빈번하게 발생했으며 사망률도 매우 높았다. 이곳에서 빈번히 발생하는 전염병은 이주민, 특히 당시 급증한 아일랜드 이주민에 대한 반감을 부추겼다.

아일랜드인에 대한 미국 사회의 이미지는 아일랜드인들의 정치적 영향력이 커지기 전까지 점점 더 부정적으로 변해 갔다. 처음에는 감자 대기근 때문에 미국으로 이주한 아일랜드 이주자를 경멸조로 비하하는 말인 '포테이토 피플'이라고 불렀다. 이는 원래 아일랜드를 식민 통치하던 영국에서 아일랜드 농부들을 칭하던 용어로, 아일랜드 이민자와 그 후손에게 가난뱅이라는 편견 어린 시선을 씌우는 꼬리표가 되었다. '포테이토 피플'이라는 말에는 미국에 정착한 아일랜드 이민자들의 과거와 현재, 그리고 토착적 정체성과 외부의 편견 어린 시선이 만들어 낸 변형된 정체성이 중첩되어 있다.[22]

이후 질병과 범죄가 자주 발생하는 파이브포인츠에서 모여 살던 아일랜드 이주민에게 더럽고 게으르며, 무식하고 난폭한 집단이라는 편견이 덧붙여졌다. 아일랜드인들은 술주정뱅이, 싸움꾼, 더러운 행색, 사기꾼, 야수, '바우어리 보이(bowery boy)'*로 불렸다. 원숭이, 야수, 술주정뱅이라는 표현은 당시 흑인에게 적용되던 말이었다. 아일랜드 이주민은 영어를 사용하는 백인이었음에도 인종적으로 '흑인'과 마찬가지로 취급되었으며 '흰 검둥이(white nigger)'라는 경멸적인 호칭으로 불렸다. 그들은 결코 백인 인종의 범주에 속하지 못했다.

인종주의는 일반적으로 인간을 신체적 특징에 따라 우월한 인종과 열등한 인종으로 구분하고 인종 간의 불평등한 억압을 합리화하는 사고방식과 관련이 있다. 인종주의는 역사 속에서 크게 세 단계로 진화해 왔다. 먼저 인종 집단 간의 차이를 강조하고, 다음으로 그 차이가 인종 집단들 사이의 위계를 설정하는 우열의 정치학으로 변질되며, 마지막으로 이를 근거로 특정 인종 집단이 다른 인종 집단을 지배하고 착취하는 것을 정당화하는 사회 질서를 구축한다.

인간을 인종 집단으로 나누고 집단 사이의 우열을 설정하는 근본적인 이유는 자원, 부, 권력, 특권의 불평등한 분배 구조를 정당화하기 위해서이다.[23] 인간을 등급화해서 우열을 나눔으로써 특정 집단의 지배를 합리화한다는 점에서 인종주의는 권력 불균형에 근거해서 구현된 편견과 차별의 가장 극단적인 형태다.

사람들은 인종이 유전적·생물학적 요인에 의해 결정된다고 생각하고, 인종 분류 체계 역시 인위적인 것이 아니라 자연스러운 것이라고 여긴다. 인종에 생물학적 요인으로 분류되는 도저히 뛰어넘을 수 없는 고정적인 실체가 있다고 여기는 고정관념과 달리 인종은 비결정적이고 사회적으로 구성되는 것으로, 역사적으로 그 범주가 끝없이 변해 왔다.

---

* '바우어리 보이'는 아일랜드인 특유의 어투를 흉내 낸 호칭으로, 사회 질서를 혼탁하게 하는 '난폭하고 위험한 외국인'이라는 부정적인 뉘앙스를 함축한다.

예를 들어 19세기 중반까지도 백인 인종이 앵글로 색슨계로 국한 되었는데, 점차 독일계, 아일랜드계, 북유럽계로 확대되었고, 20세기 중반 이후에는 남동부 유럽계까지 확대되었다. 인종 개념의 가변성이 나 인종 경계의 모호성은 유대인에 대한 구분 설정 사례에서 쉽게 볼 수 있다. 미국에서 유대인은 1790년대에는 백인으로 인정되다가 이민 이 급증하기 시작한 1840년대에서 1920년대 사이에는 백인 타자로 취 급받았으며, 1920~1960년대에는 백인으로 다시 인정받았다.[24]

백인뿐만 아니라 흑인을 비롯하여 다른 인종의 경계선도 백인의 경계선 못지않게 자주 바뀌었다. 1900년대 초반까지 미국 사회에서는 떼거지로 이주해 온 아일랜드와 이탈리아 출신의 빈곤한 이민자를 '흰 검둥이'라고 부르며 백인의 범주가 아닌 흑인의 범주로 분류했다.

인종주의는 한 종족이 다른 종족보다 천성적으로 우월하다고 보면 서 소위 열등하다고 여겨지는 인종을 지속해서 배제하고 주변화하여 이들에 대한 차별과 불평등을 정당화하고, 자신들의 우월성과 지배 구 조를 재생산하는 일종의 이데올로기이다.[25] 또한, 지배 집단의 거대한 사회적 목표를 위해 인종에 근거한 법률을 제정하거나 사회적·경제적 통제 시스템을 구축하는 구체적 실행이기도 하다.

인종 이데올로기는 "유럽인은 하나님의 자녀이자 온전한 인간인 반면 인디언이나 흑인은 야만인으로 어쩌면 인간이 아닐지 모른다"라 는 종교적 독트린에 의해 뒷받침되었다. 그리고 법적·제도적으로 지원 받았다. 인간이 자의적으로 구분한 경계선 안쪽에 속한 백인은 지배 집 단의 일원이 되고 수많은 혜택과 이익, 권리를 누렸지만 경계선 바깥에 속한 인종은 배제되고 차별받았다. 백인 경계선 바깥에 범주화된 집단 은 지배(백인) 집단의 권력 유지 및 재생산의 역사와 긴밀한 관계를 맺 으며 공고화되었다. 그 결과 인종은 선명하게 구분되는 고유한 범주처럼 인식되었다. 인종 집단 간 차별과 불평등이 권력 구조에 의해 만들어진 것이 아니라 해당 인종의 선천적 기질이나 열등함에 기인한다는 주장은 당연시되었고, 일반인들은 인종이 사람들의 피부색과 같은 신체적 차이를 의미한다고 믿었다. 인류의 가장 위험한 신화 중 하나인 인종 이데올로기는 지금도 여전히 끈질기고 강하게 남아 있다.

사람을 종속시키는 인종 위계를 독단적으로 만들어 내고 강요하는 상황은 지배 집단이 압도적인 권력을 가지고 있을 때 가능하다. 지배 집단(또는 민족)은 사회 구조에서 가장 큰 힘과 자원을 소유하지만, 종속 집단은 신체적·문화적 특성으로 인해 소외되고 불평등한 처우를 받으며 광범위한 차별의 희생자가 된다. 권력 관계에서 우위에 있는 집단의 규범은 사회에서 정상적인 것으로 인식된다.

권력은 역사적으로 국가와 사회의 지배 집단이 다른 집단보다 신체적·정신적 그리고 문화적으로 더 우월하다고 여기면서 사회·정치적 위계 체계를 만들어 운영하는 힘을 말한다. 권력의 불균형은 국가와 국가, 국민과 국민이 아닌 자, 다수 집단과 소수 집단, 남성과 여성, 확고한 지위를 가진 자와 국외자 간에 존재하는 권력 및 지배의 관계로 작용하여 사회적 불평등을 발생시킨다. 사회·정치적 위계를 움직이는 권력은 차이를 차별로 의미화시키는 작동 원리에 개입함으로써 편견과 차별의 이데올로기를 만들어 낸다. 그래서 편견과 차별은 사회적·경제적·역사적 거시 구조 속에 놓인 사회 집단 간의 역학 관계와 특권의 불평등한 분배를 투영한 결과물이다.[26]

아일랜드 이주민에 대한 미국인의 부정적 편견은 아일랜드를 식민 통치했던 영국이 자신들의 지배를 정당화하기 위해 만든 식민지 아일랜드에 대한 부정적인 편견과 놀랍도록 일치한다.[27] 아일랜드 영토 강탈을 정당화하기 위해 영국이 내세운 논리는 아일랜드인이 '야만인'이라는 것이었다. 이들은 아일랜드인에게 수치심이 없고, 정부나 법이 없기에 무질서하며, 지적으로 열등하고, 미신을 숭배하며, 신체적으로는 원숭이 같고, 상습적으로 만취해 있다는 이미지를 뒤집어씌웠다. 또한 사유 재산에 대한 개념이 없으며, 기독교인이 될 수 있는 축복을 거절함으로써 신성모독의 죄를 범했다고 규정했다. 즉 아일랜드인은 하나님이 주신 땅을 가꾸지 않았기 때문에 이들의 땅을 빼앗는 것은 정당하다는 논리였다.[28]

앵글로 색슨계 미국인들은 아일랜드 이주민을 향해 "좋은 아일랜드인은 죽은 아일랜드인뿐"이라는 고압적인 태도를 보였고, 아일랜드인에 대한 부정적 편견은 혐오로 발전했다. 아일랜드 이주민을 겨냥한 폭동이 여러 번 발생했고, 성당들이 불탔으며 수많은 아일랜드인들이 폭행을 당했다.[29]

4. 장티푸스 유행, 편견에서 공포로

장티푸스 메리

장티푸스와 관련된 말 중 '장티푸스 메리(Typhoid Mary)'만큼 유명한 것도 없다. 1906년에 뉴욕시에서 장티푸스가 유행했고 아일랜드 출신인 메리 맬런은 뉴욕에 장티푸스를 퍼뜨린 주범으로 지목되었다. 그녀는 1869년에 북아일랜드에서 태어나 열다섯 살 때 미국 뉴욕으로 이주한 후 1900년부터 요리사로 일했다.

뉴욕의 롱아일랜드에는 북쪽 해안을 따라서 상류층의 호화스러운 저택들이 들어섰다. 특히 오이스터베이는 풍광이 아름다워 상류층의 여름 별장지로 유명했다. 장티푸스가 유행하던 1906년 여름, 롱아일랜드 오이스터베이의 고급 별장지에서 휴가를 즐기던 뉴욕 은행가인 찰스 워런의 아내와 딸들이 장티푸스에 걸렸다. 부유한 상류층 가족이 이민자, 하인, 노동자와 같이 가난한 사람들이나 걸리는 지저분한 병에 걸린 것이다.

불결함의 정도가 사회 계층을 구별하는 중요한 지표이던 당시에 상류층이 장티푸스에 걸린다는 것은 매우 수치스러운 일이었다. 별장의 위생 관리가 허술하여 상류층 손님이 장티푸스에 걸렸다는 소문이 날까 두려웠던 별장 주인은 위생공학자 조지 소퍼에게 발병 원인을 조사하도록 요청했다. 소퍼는 별장으로 가서 배관 설비와 오물 구덩이, 배달되는 우유 등을 모두 검사했지만, 별장의 어떤 것에서도 장티푸스 원인균을 찾을 수 없었다.

소퍼는 인터뷰를 통해 가족들이 장티푸스에 걸리기 전에 신선한 복숭아가 든 아이스크림을 먹었다는 사실을 알아냈다. 그는 그 아이스크림이 장티푸스의 원인이 될 수 있다고 생각하고 이를 만든 메리 맬런이라는 요리사를 찾기 시작했다. 그는 뉴욕의 부유한 가정에 인력을 소개하는 직업소개소를 찾아 메리에 대한 기록을 조사했다. 고용 기록에 따라 메리가 일했던 가정을 차례로 방문한 소퍼는 그녀가 일했던 집에서 모두 장티푸스가 발병했다는 사실을 알아냈다.

1900년에는 뉴욕 웨스트체스터군의 해안가 마을인 머매러넥에서 일했는데 그녀가 일을 시작한 지 2주 만에 마을 주민들이 장티푸스에 걸렸다. 또 1901년 그녀가 직속 요리사로 일하던 가정집에서는 가족들이 발열과 설사 증상을 보였고, 세탁부가 죽었다. 그리고 1906년 롱아일랜드 오이스터베이에서 은행가 가족들이 장티푸스에 걸렸다.[30] 메리가 다녀간 집에는 어김없이 장티푸스도 다녀갔던 것이다.

이러한 단서에도 불구하고 소퍼는 메리를 찾기는커녕, 그녀가 어디서 일하는지도 찾아내지 못했다. 그러던 중 1907년 3월 뉴욕시 파크애비뉴의 상류층 가정에서 장티푸스가 발생했다는 소식을 들은 소퍼는 결국 메리를 그 집 주방에서 발견하였지만, 그녀는 그를 피했다. 뉴욕시 보건 당국은 사라 조세핀 베이커 박사에게 메리가 장티푸스 보균자라는 사실을 확인하는 데 필요한 표본을 받아 내는 임무를 맡겼다. 베이커 박사는 1907년 3월 20일에 경찰력을 동원해 메리를 윌러드파커 병원으로 강제 이송하여 검사를 받게 했다. 그녀가 거칠게 저항했기 때문에 구급차에 태우기까지 세 시간이나 걸렸다.[31]

대소변과 혈액 표본을 채취한 결과 그녀는 장티푸스 무증상 보균자로 확인되었다. 무증상 보균자란 감염되었지만 어떠한 증상도 보이지 않는 사람으로 자신도 모르게 병균을 확산시키는 숙주 역할을 한다. 장티푸스 증상은 치료하지 않으면 3~4주 동안 지속된다. 환자의 약 10퍼센트는 발병 후 3개월까지 균을 배출하며, 2~5퍼센트는 평생 무증상 보균자가 된다.[32] 그녀는 아일랜드 출신의 가톨릭 신자였고, 가난한 여성이었으며, 심지어 보균자였다.

언론은 메리 맬런을 비위생적이고 무지하며 거칠고 타인을 돌보지 않는 이기적인 사람으로 그렸고, 더러운 병균으로 건강한 미국인들을 오염시키는 마녀로 묘사했다. 미국의 대표적인 일간지인《뉴욕타임스》를 비롯한 주요 언론은 그녀의 실명을 밝히면서 '장티푸스 메리'라는 모욕적인 표현으로 지칭했다.[33] 황색 저널리즘으로 유명한《뉴욕아메리칸》은 "미국에서 가장 위험한 여자, 장티푸스 메리"라는 제목과 함께 해골 모양의 장티푸스균을 달걀처럼 깨뜨려 프라이팬에 넣고 있는 혐오스러운 삽화를 내보냈다.[34]

사람들은 메리를 감금함으로써 장티푸스의 위험과 공포에서 벗어

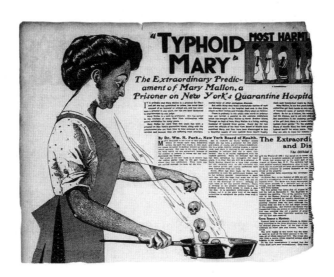

그림 4.《뉴욕아메리칸》에 실린 메리 기사와 삽화
The New York American, 1909.

날 수 있다고 생각했다. 메리는 1907년에 뉴욕의 이스트강 한가운데 있던 노스브라더섬*의 리버사이드병원에서 1910년까지 3년 동안 유폐당했다.[35] 그곳은 1850년대부터 천연두, 콜레라, 황열병, 결핵 등 극히 위험하거나 전염성이 높은 질환을 앓는 환자를 격리하던 곳이었다. 다시 말하면 환자를 치료하는 병원이라기보다 기존 질서의 경계 바깥

＊   노스브라더섬은 '슬로컴장군호 침몰 사건'이라는 대참사가 발생했던 곳이다. 그 사건
은 1904년 6월 어느 날 한 독일계 교회에서 슬로컴장군호를 대여하여 야유회를 가다가
배에서 화재가 발생하여 1021명이 불에 타 죽거나 물에 빠져 죽은 사건이다. 이 사건은
2001년 9·11 테러 이전에 뉴욕에서 벌어진 참사 중 인명 피해가 가장 컸다.

에 있는 사람들을 격리, 감금, 규제하기 위한 공간이었다. 푸코에 의하면 근대 사회는 사람들을 정상과 비정상으로 분류한 후 비정상으로 분류된 사람들을 사회로부터 격리하는 것이 마땅하다고 여겼다. 이에 따라 사회 일탈자를 격리하는 감옥, 정신병원 등 여러 종류의 수용소가 만들어졌다.[36] 실제로 이곳은 제2차 세계대전 이후, 참전 용사들을 수용하거나 청소년 마약 중독자 치료 센터로 이용되다가 1963년에 버려졌다. 현재 섬은 병원 건물 등이 무너져 내려 폐허가 된 채 무인도로 방치되고 있다.

메리는 몸에서 장티푸스 증상이 전혀 나타나지 않아 자신이 장티푸스를 전파하고 다녔다는 사실을 인정할 수 없었다. 그녀는 감금이 부당하다고 항의했다. 그렇지만 소퍼 박사와 달리 과학적 지식이나 전문성, 권위 또는 자원이 없었으므로 궁극적으로 할 수 있는 일이 없었다. 여론은 그녀를 계속 감금해야 한다고 주장했다.[37] 그렇지만 뉴욕 보건부는 1910년에 자신들의 조치가 지나쳤다고 인정하여 요리사로 일하지 않고 3개월마다 보건부에 보고한다는 약속을 전제로 그녀를 섬에서 나오도록 허용했다.[38] 메리는 자신의 이름이 언론에 공개되었기 때문에 메리 브라운으로 개명한 뒤 세탁부로 일했다. 그러나 세탁부는 그 당시 여성이 할 수 있는 일 중 가장 힘든 일이었고 시급도 낮았다. 생활고를 견디다 못해 그녀는 다시 요리사 일을 시작했다. 그러나 1915년, 뉴욕의 한 산부인과 병원에서 장티푸스가 발병하자 유행의 주범으로 지목된 메리는 노스브라더섬에 다시 갇혔다.

1932년 메리는 뇌졸중으로 불구가 되었고 6년 정도 투병 생활을 하다가 두 번째 감금이 시작된 지 23년이 지난 1938년 11월 11일에 69세의 나이로 조용히 사망했다. 그녀는 현재 뉴욕 브롱크스에 있는 세인트 레이먼드 묘지에 묻혀 있다.[39]

전염병의 지리학

장티푸스 전파자로서 메리 맬런의 이미지는 과장되었다. 1906년 뉴욕에서만 3467건의 장티푸스 사례가 보고되었고 639명이 사망했다.[40] 메리는 1906년에 단 7건의 사례와 관련되었다.[41] 소퍼 박사는 두 차례 장티푸스가 유행할 때 메리가 51~53명을 감염시켰고, 감염자 중 3명이 사망했다고 추정했다.[42] 이후 연구에 의하면 그녀는 47명을 전염시킨 것으로 밝혀졌다. 소퍼 박사는 미국에서 회복된 장티푸스 환자의 약 3퍼센트를 무증상 보균자로 가정했다.

그녀가 섬에 감금되어 있는 동안에도 뉴욕시에서 여러 차례 장티푸스 전염병이 돌았고, 당시 메리처럼 보건 당국의 감독을 받던 무증상 보균자도 200명이 넘었다. 그렇지만 메리를 제외한 다른 무증상 보균자 중 그 누구도 메리처럼 언론의 주목을 받지 않았고 대중의 분노와 비난의 대상이 되지도 않았다.[43] 온갖 비난을 받으며 죽을 때까지 격리된 사람은 메리가 유일했다. 당시 뉴욕시 관계자는 수백 명의 무증상 보균자 중 그녀만이 특별히 비협조적이고 난폭했기 때문에 격리할 수밖에 없었다고 주장했지만, 난폭하다는 그녀의 이미지는 당시 아일랜드인들에게 씌워진 부정적 편견과 일치했다.

메리는 아일랜드 이민자이면서 여성이었기에 미국에서 언론을 통해 지나치게 노출되었고 심각한 인권 침해에 시달렸다.[44] 편견은 어떤 집단에 소속된 사람들에 대한 부정적인 태도로, 차별적 행동으로 이어지기 쉽다. 차별은 정상과 일탈(비정상)의 경계를 설정하기 위한 일종의 권력적 기술로, 대부분 원칙적으로 편견을 가진 이와 차별받는 대상 간에 존재하는 권력의 불균형에서 기인한다. 특히 인종, 계급, 젠더와 같은 차별 요인이 독립적으로 존재할 때보다 서로 결합할 때 그들을 향한 편견과 차별은 더욱 부끄러움 없이 그 폭력성을 드러낸다. 예를 들어 '흑인' 혹은 '여성'이라는 단일한 차별 요소에 노출될 때보다 '흑인 여성'과 같이 두 요소가 결합하면 편견은 차별로 더 쉽게 이어지고 그 폭력성은 두 배가 아니라 그 이상으로 증폭되는 경향이 있다.

성차별은 인종 차별과 다르고, 이들 중 어느 것도 장애인 차별과는 다를 수 있다. 그러나 이러한 요인이 결합될 때는 언덕을 따라 내려가는 눈덩이에 모인 날카로운 얼음 조각처럼 서로 얽혀 오래된 억압적 신화와 같은 편견과 차별을 만들어 낸다. 이 신화는 사회 조직 내의 의사 결정에 노골적으로 혹은 은밀하게 영향을 미쳐 질적 차이를 만든다.[45] 직장 생활을 하는 유색 인종 여성이 업무에서 실수하면 무능하고 현명하지 못하다는 질책을 받지만, 일을 성공적으로 해내면 거칠고 억척스러우며 독한 슈퍼 우먼이라는 편견 어린 평가를 받는다. 유색인 여성에 대한 편견 어린 평가는 백인 여성 혹은 유색인 남성보다 더 혹독한 경우가 많다. 이처럼 여러 편견 요인을 지닌 사람들은 편견 요인이 상호 증폭되어 더 심각한 형태의 억압과 차별을 경험할 가능성이 크다.

당시 이탈리아 출신의 건강한 남성이었던 토니 라벨라도 무증상 장티푸스 보균자로 메리보다 더 많은 사람을 장티푸스에 감염시켰다. 메리는 47명을 감염시킨 것으로 드러났지만 토니 라벨라는 1922년에 122명을 감염시켰다고 밝혀졌다.[46] 토니는 이탈리아 이주민으로 농장 노동자였다. 당시 이탈리아 출신의 노동자에 대한 부정적 편견은 아일랜드 이주민보다 더했으면 더했지, 덜하지 않았다. 이탈리아 이주민은 사회적으로 백인과 분리되었고 흰 검둥이라는 의미의 '데고(Dago)'로 불렸다.[47] 그러나 그는 메리와 달리 남성이었다. 그는 '장티푸스 토니' 같은 모멸적인 별명으로 불리거나 신문 기사에 오르내리지 않았으며 메리처럼 섬에 감금당하지도 않았다. 토니 라벨라는 불과 2주일 동안만 격리 수용되었다.[48]

굶주림을 피해 아일랜드에서 미국으로 온 가난한 여성 이주자이자 장티푸스 보균자였던 메리는 가장 취약한 사회적 약자로서 언론의 조롱거리와 혐오의 대상이 되었으며 그녀의 인권은 너무나 쉽게 유린당했다. 20세기 초반만 해도 미국 사회에서 아일랜드인은 '흰 검둥이'라고 불리는 혐오와 차별의 상징이었다. 그렇지만 그 이후 아일랜드인의 정치적·경제적 영향력이 확대되면서 그들은 백인 범주에 포함되었다. 아일랜드 이민자 수가 증가하면서 미국 사회 내에서 영향력이 커지자 아일랜드인에 대한 미국 사회의 편견은 서서히 긍정적으로 변해 갔다. 1921년에 아일랜드는 영국으로부터 독립했고, 1995년부터 2007년까지 높은 경제성장률을 보였다. 2019년 구매력평가(PPP) 기준 아일랜드의 1인당 GDP는 세계 5위 안에 들 정도로 부유해졌고, 2020년 1인당 GDP도 영국과 미국을 앞질렀다.

경제 도약에 성공한 아일랜드에 대한 평판은 1900년대 초반과는 완전히 달라졌다. 누구도 아일랜드인을 백인이 아닌 흰 검둥이라고 부르지 않고 난폭한 술주정뱅이라고 조롱하지도 않는다. 만약 1906년의 아일랜드의 위상이 현재와 같았다면 메리는 '장티푸스 메리'라고 모욕당하면서 노스브라더섬에 평생 유폐되지 않았을 것이다. 그렇지만 아일랜드가 세계 정치·경제 권력의 사다리 위 칸으로 올라가지 못했다면 제2의 장티푸스 메리는 계속 생겨났을 것이다. 사회적 약자에 대한 차별과 멸시는 그 사회의 야만성을 드러내는 지표다. 야만은 문명의 반대가 아니라 그 속에 있는 광기이자 증오다. 광기와 증오는 불안과 공포를 양산하고, 궁극적으로 인간 존엄성을 훼손한다.[49] 야만이 활개치고 지속되는 사회는 희망이 없다.

제3장

코로나바이러스에서 오리엔탈리즘을 읽다

18세기 이후 서양을 문명의 중심지로 동양을 야만의 공간으로 이원화한 오리엔탈리즘은 서구인뿐 아니라 아시아인의 인식을 지배해 왔다. 20세기 중반 이후 오리엔탈리즘(orientalism)은 교육을 통해 희미해진 듯 보였지만 코로나19라는 위험과 공포 앞에서 너무나 쉽게 재현되었다. 중국 중부 지역 중심지 우한에서 발생한 코로나19는 촘촘하게 연결된 국제적 네트워크를 따라 3개월 만에 전 세계로 확산했다. 코로나19에 동반된 인포데믹(infodemic)＊은 코로나19에 대한 불안과 공포를 증폭시켰고, 중국인 나아가 아시아인에 대한 혐오를 부추겼다. 심지어 유럽 여러 국가와 미국은 코로나 인종주의를 정치적 프로파간다로 설정하기도 했다. 각국의 코로나 확진자와 사망자 수는 오리엔탈리즘을 부추기는 것이 바이러스 확산을 막는 데 도움이 되기는커녕 최악의 재난 상황으로 이끌었음을 보여 준다. 3장에서는 2020년 세계를 휩쓴 코로나바이러스의 전파 과정을 살펴보고 관련된 가짜 뉴스와 공포가 서구와 한국 사회에서 오리엔탈리즘을 어떻게 소환하고 있는지 알아본다.

＊ 정보(information)와 유행성 전염병(epidemic)의 합성어로 악성 루머나 잘못된 정보가 빠르게 확산되는 정보 전염 현상을 말한다.

1. 2020년을 강타한 코로나바이러스

반갑지 않은 손님, 코로나바이러스

2019년 마지막 날, 새해를 기다리던 사람들에게 중국 우한에서 정체불명의 폐렴이 발생했다는 반갑지 않은 소식이 들려왔다. 감염자 표본에서 바이러스를 분리해서 전체 게놈(genome) 서열을 분석한 결과 우한의 원인 미상의 폐렴은 이전에 발견된 적이 없는 신종 코로나바이러스인 SARS-CoV-2에 의한 전염병이었다. 세계보건기구는 신종 코로나바이러스 감염증의 공식 명칭을 'COVID-19'로 결정했고, 한국에서는 코로나19로 부르기로 했다.*

코로나바이러스는 전자 현미경을 통해서만 볼 수 있는 왕관(코로나) 모양의 뾰쪽한 스파이크가 있는 바이러스군을 가리킨다. 사람과 동물이 감염될 수 있는 인수공통감염병의 병원체인 코로나바이러스는 1960년대 처음 발견되었다. 코로나바이러스는 유전 정보를 가진 RNA

---

* 한국 정부는 세계보건기구의 결정을 반영하여 2020년 2월 12일부터 코로나19로 공식 명명하기로 했다. 이 장에서는 코로나19로 통일하여 사용하고자 한다.

를 캡시드라는 단백질 껍질이 싸고 있고, 다시 그 바깥쪽을 엔벨로프라는 지질막이 감싸고 있다. 엔벨로프의 표면에 세포 안으로 바이러스가 쉽게 침투하도록 붙잡는 역할을 하는 스파이크 단백질이 늘어서 있는데, 그 모양이 코로나 같다.

미국 질병통제예방센터(CDC)에 따르면 인간을 감염시킬 수 있는 코로나바이러스는 7종이다. 이 중에서 사스(SARS-CoV), 메르스(MERS-CoV), 코로나19(SARS-CoV-2)는 인간에게 큰 해를 입힐 수 있는 바이러스이고, 나머지 4종은 일반적인 감기의 원인이 되는 바이러스다.[1] 코로나바이러스에 감염되면 열과 기침, 근육통, 호흡 곤란 등의 증상이 나타나고, 고령의 기저 질환이 있는 환자들의 경우 폐렴을 유발한다.

코로나바이러스는 공기로 전파되는 인플루엔자바이러스와 달리 공기를 통해 전파되지 않는다는 것이 중론이다. 코로나바이러스는 주로 감염자가 기침 또는 재채기를 하거나 숨을 내쉴 때 발생하는 비말(미세 물방울)을 통해 전파된다. 비말이 무거워 공기 중에 머물지 못하고 바닥이나 표면으로 금방 떨어지기 때문에, 이미 감염된 사람이 말하거나 재채기할 때 나오는 비말 속 바이러스 미세 입자가 주변에 있는 사람들의 입, 코, 또는 눈의 점막에 들러붙어 전파된다. 이외에도 바이러스가 묻은 오염된 물체의 표면을 접촉한 손으로 입, 코 또는 눈을 만져도 감염될 수 있다.

코로나19 이전에 발생한 사스와 메르스도 코로나바이러스로 악명이 높았다. 사스(SARS)는 중증급성호흡기증후군(severe acute respiratory syndrome)을 줄인 말로 SARS-CoV라는 변종 코로나바이러스에 의해 유발되는 호흡기 질환이다. 사스는 2002년 11월 중국 광둥 지역에서 처음 보고된 후 저지할 틈도 없이 세계화의 네트워크를 따라 불과 몇

개월 사이에 북미, 남미, 유럽 및 아시아의 30개국으로 확산했다. 21세기 흑사병이라는 무시무시한 별칭과 달리 애초의 우려했던 것보다 훨씬 적은 피해를 입힌 후 일단락되었다.

2012년, 사우디아라비아에서 사스와 비슷한 호흡기 증후군이 발생했는데 이 질병의 원인도 신종 코로나바이러스였다. 세계보건기구는 이 바이러스를 중동호흡기증후군(middle east respiratory syndrome), 약자로 메르스(MERS)라고 이름 붙였다. 이 바이러스는 중동(서남아시아)을 중심으로 유럽, 아프리카, 아시아, 미국 등 26개국으로 퍼졌고, 2015년 5월에 우리나라에 도착해 대한민국을 여름 내내 긴장과 공포에 몰아넣은 후 그해 겨울에 종식되었다.

2019에 처음 발생해서 2020년 전 세계를 꼼짝하지 못하게 만든 코로나19는 사스나 메르스보다 영리했고 그 위력도 어마어마했다. 코로나19는 오래 살아남아 널리 전파되도록 치사율을 높이는 대신 전파력을 높이는 전략을 선택했다. 코로나19는 메르스나 사스에 비해 치사율이 높지 않았지만 전파력은 매우 강했다.

전파력을 높인 첫 번째 요인은 전염성을 갖는 기간이 잠복기에서 회복기까지 약 40일에 달할 정도로 길다는 것이다.[2] 감염 초기에는 발열이나 인후통과 같은 증상이 나타나지 않은 무증상 감염자가 자신도 모르게 여기저기 바이러스를 뿌리면서 다닐 수 있다.[3] 끝까지 증상이 나타나지 않은 무증상 감염자 비율도 국가마다 방역 방침이나 검사량에 따라 다르지만 약 20~30퍼센트 정도에 달한다.

두 번째 요인은 메르스나 사스보다 인후부와 같은 상부 호흡기 세포에서 잘 증식해 사람 간 전파가 쉽게 이루어진다는 것이다. 그래서 사스와 메르스의 경우 주로 병원과 같은 특정한 슈퍼 전파 지역에서 발생했다면, 코로나19는 인간이 밀집한 곳이면 어디서든 발생해서 그 범위가 넓었고 전파 속도도 빨랐다.

코로나19의 치사율은 약 2퍼센트로 사스와 메르스에 비하면 매우 낮다. 사스는 8096명의 감염자가 발생해 774명이 사망했고, 메르스는 2430명의 감염자가 발생해 838명이 사망했다. 그렇지만 치사율이 낮다고 덜 위험한 것은 아니다. 치사율과 전염력은 반비례 관계를 갖는 경향이 있다. 치사율이 높으면 숙주 역할을 하는 인간이 빨리 죽는다. 이는 바이러스 자신도 빨리 죽는다는 것을 뜻하기에 전파력이 그만큼 떨어질 수밖에 없다. 반면 치사율이 낮으면 숙주인 인간이 빨리 죽지 않기 때문에 많은 사람들에게 오랫동안 전파할 수 있고 감염자는 기하급수적으로 증가할 수 있다. 코로나19가 발생한 지 약 2년 정도 지난 후 확진자는 약 3억 명에 달했고 사망자도 약 550만 명에 육박했다. 이는 코로나19와 같이 치사율이 낮은 바이러스가 얼마나 위험한지를 잘 보여 준다.

세계화 네트워크를 따라 빠르게 확산한 바이러스

코로나바이러스는 세계를 연결하는 네트워크를 따라 유유히 전 세계로 빠르게 전파되었다. 코로나19의 첫 확진자가 발생한 우한은 후베이성의 성도로 중국 중부 지역의 정치·경제·금융·문화의 중심지다. 인구 1100만 명이 넘고 14개의 고속도로와 8개의 간선 철도가 합류하며, 53개의 국제 및 지역 항로가 개통되어 우한에서 항공으로 1시간 30분 이내로 중국 대부분 도시에 도착할 수 있고, 항공과 항만을 통해 세계 각지로 연결된다.[4]

우한시중심병원 의사였던 리원량이 2019년 12월 30일, 중증급성호흡기증후군인 사스와 유사한 증상을 보이는 환자 7명이 발생했다고

그림 1. 중국 후베이성 성도, 우한

알렸다. 우한에서 시작한 코로나19에 대한 최초 경고는 이렇게 시작됐지만 안타깝게도 중국 당국에 의해 철저히 무시됐다. 그리고 약 열흘이 지난 1월 11일, 중국에서 코로나19로 인한 첫 번째 사망자가 발생했다.

우한에서 코로나바이러스가 빠르게 확산하자 결국 중국은 2020년 1월 23일 발원지인 우한시를 전면 봉쇄하였고 후베이성의 도시 15곳을 전면 혹은 부분 폐쇄했으며 이틀 후 자국민의 해외 단체 여행을 금지했다. 중화인민공화국 건국 이후 성도급 대도시가 폐쇄된 것은 처음이었다. 그렇지만 이미 늦었다. 1월 24일부터 시작된 춘절 이후 태국, 일본, 한국, 미국, 프랑스 등에서 확진자가 발생했다. 중국이 코로나바이러스 발생 자체를 인정하지 않고 숨기는 사이 코로나바이러스는 촘촘하게 연결된 우한의 교통망을 따라 전 세계로 빠르게 스며든 것이다. 코로나 바이러스가 전 세계로 확산되기까지 3개월이 채 걸리지 않았다.

세계보건기구는 2020년 1월 30일 보건 비상사태를 선언했다. 2020년 3월부터는 확진자 수가 크게 증가하면서 팬데믹으로 발전할 징조를 보였다. 3월 5일, 중국 내 확진자 수는 8만 명 수준으로 급증했고 3월 첫 번째 주말을 지나면서 중국을 넘어 한국, 이탈리아, 이란 등 다른 나라에서도 1만 명 이상의 확진자가 발생했다.

특히 이탈리아의 북부 롬바르디아와 베네토 지역에서 코로나19 감염자가 집중적으로 발생했다. 이후 코로나바이러스는 이탈리아를 넘어 유럽 여러 지역으로 급속도로 퍼져 나갔다. 유럽에서 확진자가 급증하자 여러 국가가 코로나19 발생 지역으로의 이동 제한 조치를 취했고 해외 입국도 제한했다. 일부 마을을 폐쇄했으며 사람이 모이는 행사를 연기했다. 학교는 문을 닫았고 되도록 집 밖에 나오지 말 것을 권고했다.

의심할 수 없는 팬데믹 양상을 보인 것이다. 세계보건기구는 2020년 3월 11일에 코로나19에 대해 세계적 대유행, 즉 팬데믹을 선언했다. 세계보건기구에는 재정 기여금을 미국 다음으로 많이 낸 중국의 눈치를 보느라 팬데믹 선언이 너무 늦었다는 비판이 쏟아졌다. 이에 대해 세계보건기구는 팬데믹이란 단어를 일찍 쓸수록 불합리한 공포와 낙인이 증폭돼 각국의 시스템이 마비될 수 있고, 입국 제한 조치로 인한 국가 간 갈등이 우려됐기 때문에 팬데믹 선언을 더 일찍 할 수 없었다고 토로했다.

팬데믹이란 새로운 이름을 단 코로나19는 세계 곳곳을 질주했다. 미국에서는 2020년 1월 20일, 워싱턴주 스노호미시카운티에서 첫 코로나19 확진자가 발생한 이후 확진자와 사망자는 뉴욕주, 뉴저지주, 코네티컷주 등 동부 지역에서 집중적으로 발생하기 시작했다. 동부 지역을 초토화시킨 후에는 서부와 남부 지역으로 빠르게 확산했다. 미국은 첫 확진자가 발생한 지 약 3개월 만에 코로나19 확진자와 사망자가 세계에서 가장 많은 국가가 되었다. 2020년 4월 27일에 미국의 확진자는 100만 명을 기록했다. 한 국가에서 확진자가 100만 명을 넘은 것은 미국이 최초였다. 이어 6월 8일에는 확진자가 200만 명을 넘었고, 100만 명 단위로 증가하는 속도가 더욱 빨라졌다. 사망자도 5월에 이미 10만 명 이상 발생했다. 6월 15일에는 11만 6000명을 돌파해 제1차 세계대전 당시 미군 사망자 수를 넘었다. 6월 19일, 미국의 코로나19 확진자 수가 유럽 전체의 코로나19 확진자 수를 추월했다. 곧 미국 내 확진자와 사망자 수는 전 세계 확진자·사망자 수의 4분의 1를 차지하게 되었고, 2021년 1월 31일 미국 내 확진자 수는 약 2700만 명에 육박했다.[5]

브라질, 페루, 칠레, 멕시코 등 중남미 지역에서도 비슷한 상황이 전개되었다. 미국의 3월 대유행에 이어 5월 중순부터 브라질 등 중남미 국가에서 확진자가 급증했다. 특히 브라질의 증가세는 매우 가팔랐다. 2021년 1월 31일 기준 확진자는 약 1000만 명, 사망자는 약 23만 명 정도로 확진자와 사망자 모두 미국에 이어 세계에서 두 번째로 많았다.

아프리카 대륙에서는 2020년 2월 14일에 첫 번째 확진자가 발생했다고 보고되었다. 보건 의료 서비스가 취약한 아프리카 여러 국가들은 3월부터 엄격한 봉쇄 조치를 실시해 코로나19 감염자가 급증하지 않았지만 4월부터 점차 확산하기 시작했다. 6월부터는 아프리카 대륙에서도 코로나바이러스가 빠르게 확산되었다.[6]

2021년 1월 31일 기준, 통계가 잡히지 않는 북한과 투르크메니스탄을 제외하고 전 세계 모든 나라에서 코로나19 확진자와 사망자가 발생했다. 두 국가 모두 코로나19 환자가 발생했을 정황 증거가 많고 세계 언론자유지수에서 최하위를 기록하는 이들 국가의 정부 발표를 믿

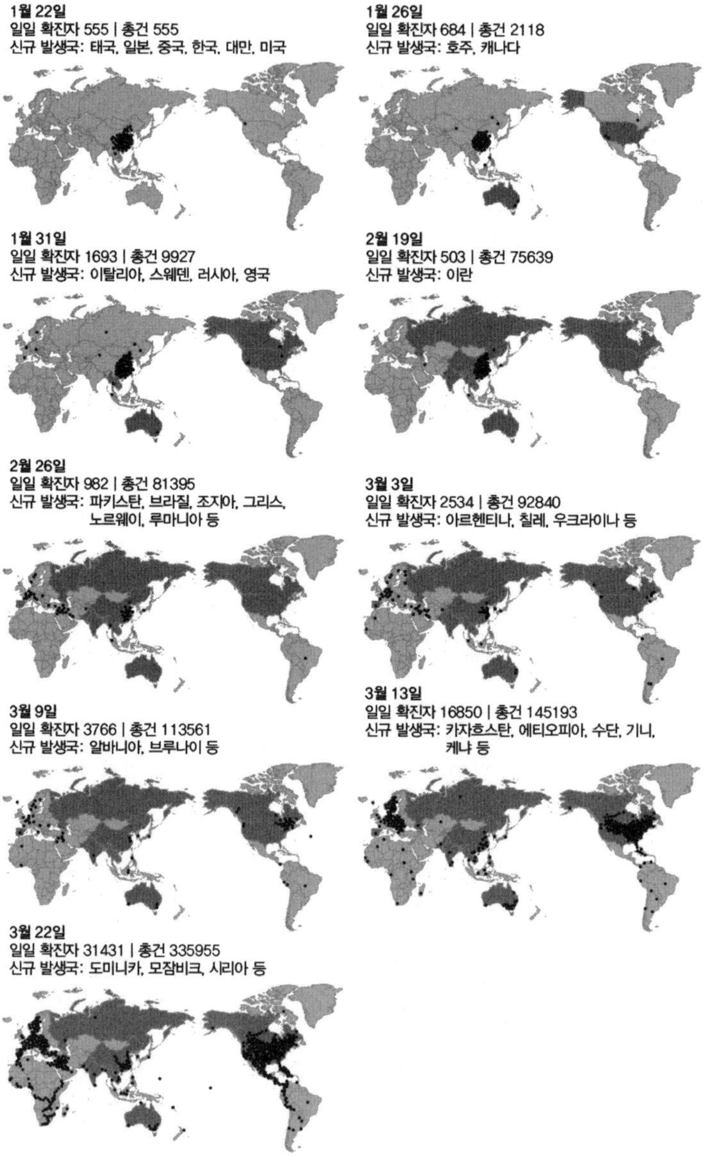

1월 22일
일일 확진자 555 | 총건 555
신규 발생국: 태국, 일본, 중국, 한국, 대만, 미국

1월 26일
일일 확진자 684 | 총건 2118
신규 발생국: 호주, 캐나다

1월 31일
일일 확진자 1693 | 총건 9927
신규 발생국: 이탈리아, 스웨덴, 러시아, 영국

2월 19일
일일 확진자 503 | 총건 75639
신규 발생국: 이란

2월 26일
일일 확진자 982 | 총건 81395
신규 발생국: 파키스탄, 브라질, 조지아, 그리스,
노르웨이, 루마니아 등

3월 3일
일일 확진자 2534 | 총건 92840
신규 발생국: 아르헨티나, 칠레, 우크라이나 등

3월 9일
일일 확진자 3766 | 총건 113561
신규 발생국: 알바니아, 브루나이 등

3월 13일
일일 확진자 16850 | 총건 145193
신규 발생국: 카자흐스탄, 에티오피아, 수단, 기니,
케냐 등

3월 22일
일일 확진자 31431 | 총건 335955
신규 발생국: 도미니카, 모잠비크, 시리아 등

그림 2. 코로나19의 전 세계로의 확산 과정
Johns Hopkins CSSE 자료를 토대로 재작성

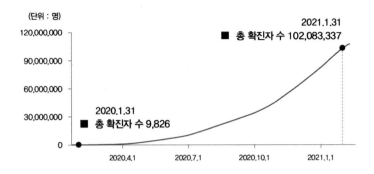

그림 3. 전 세계 코로나19 확진자 수 추이(2020.1~2021.1)
coronaboard 자료를 토대로 작성

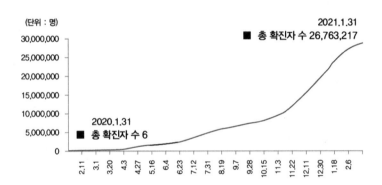

그림 4. 미국 코로나19 확진자 수 추이(2020.1~2021.1)
coronaboard 자료를 토대로 작성

기 어렵다는 점을 감안하면 전 세계 모든 국가에서 코로나19 감염자가 발생했다고 볼 수 있다. 2020년 1월 31일에 약 1만 명이었던 확진자 수는 딱 1년 후인 2021년 1월 31일에 1억 명이 넘었고, 사망자는 약 230만 명에 달했다.

2. 서양의 경멸적 시선과 위축된 동양

문명과 야만의 공간으로 나누어진 서양과 동양

세계화된 지구의 촘촘한 네트워크를 통해 빠르게 확산한 것은 코로나 19뿐만이 아니었다. 코로나바이러스의 진원지로 알려진 중국, 나아가 아시아에 대한 혐오 현상도 빠르게 퍼져 나갔다. 아시아는 광범위한 면적에 다양한 민족과 문화가 다원적으로 존재하는 콜라주라고 할 수 있다. 아마 아시아가 하나의 지역으로서 갖는 통일성이 있다면, 바로 다양성이라는 특징 하나뿐일 것이다.

그럼에도 유럽인들은 아시아에 속한 수많은 민족과 문화를 관통하는 공통의 속성이 있다고 믿고 있다. 유럽인은 아시아의 무한한 다양성을 언제나 법칙, 숫자, 관습, 기질, 심성으로 완벽하게 요약하고 유형화함으로써 "아시아에는 예언자가 있고 유럽에는 의사가 있다"와 같은 방식으로 유럽과 대비되는 압축적이고 총체적인 이미지를 만들어 냈다.

히포크라테스는 「공기, 물, 장소에 관하여」에서 기후가 혹독한 지역에서 사는 유럽인이 자유로운 기질을 가진 반면, 기후가 온화한 지역에 사는 아시아인은 유순한 성품을 지녔다고 했다. 아리스토텔레스는 자유와 유순함을 문명과 야만이라는 이분법으로 치환시켰다. 유럽의 정체성은 16세기 이후 자유에서 문명이라는 단어로 빠르게 대체되었고, 유럽 이외의 지역은 야만을 상징하게 되었다.[7] 18세기 후반에 이르면 유럽은 곧 문명이라는 등식이 통용되게 되었다.

근대 유럽의 탐험가들은 새로운 땅과 시장을 찾아 아시아 구석구석을 누볐다. 이들은 아시아 지역에서 겪은 경험을 자신도 모르게 익숙한 것과 낯선 것으로 구분하고 그 차이를 확대해서 전했다. 아시아에서 겪은 일을 과장해서 이야기했고, 자신들과 다른 낯선 풍습을 지나치게

전염병의 지리학

미개한 모습으로 혹은 순수성을 간직한 신비한 모습으로 들려줬다.

근대 유럽의 낭만주의 예술가들은 탐험가들이 들려주는 아시아 이야기에 호기심과 상상력을 더해 수많은 민족과 문화를 관통하는 '동양(orient)'이라는 총체적 이미지를 만들어 냈다. 그들은 중국, 인도, 페르시아 각각이 지닌 특수성을 뭉뚱그려 동양을 복종과 안정을 지향하는 정체된 지역이자 신비함이 가득한 곳으로 그렸다.

오리엔탈리즘(orientalism)은 본래 유럽의 문화와 예술 등에서 동양의 이국적인 풍물을 주된 소재로 사용하거나 표현하는 예술 양식을 일컫는 용어였다.[8] 프랑스의 화가인 외젠 들라크루아의 〈사르다나팔루스의 죽음〉(1827)은 동양을 전제 군주의 폭력성과 여인의 관능적 아름다움으로 인식한 당시 유럽인의 오리엔탈리즘을 잘 드러낸 작품이다.[9] 화폭은 혼란스럽게 휘몰아치는 비참한 학살 장면으로 가득하다. 왕이 누워 있는 침대에는 이미 죽은 여인이 두 팔을 벌린 채 침대에 기대어 있으며, 남자에게 죽임을 당하기 직전의 여인이 뒤틀어져 활처럼 꺾인 모습도 보인다. 죽거나 죽어 가는 여인의 모습은 더할 나위 없이 관능적이다. 여인들의 탄력 있는 하얀 살결은 침대의 붉은 색, 과장된 근육을 지닌 흑인 노예의 거칠고 검은 피부색과 대조를 이룬다. 고대 아시리아 제국의 마지막 왕 사르다나팔루스*는 장작더미 위 화려한 침상에 비스듬하게 누워 참혹한 학살의 장면을 느긋하게 관망하고 있다.

19세기 말부터 유럽의 탐험가, 상인, 예수회 선교사, 인류학자들은 탐험의 범위를 유럽과 가까운 근동(서남아시아)에서 보다 먼 극동(동아시아)까지 확장했다. 동양에 관한 관심도 예술적 영역을 넘어 정치·경

---

* 사르다나팔루스는 근동 지역(현재 서남아시아 지역)에서 성장했던 고대 아시리아 제국의 마지막 왕이었다.

그림 5. 들라크루아의 〈사르다나팔루스의 죽음〉

제·사회·문화로 확대되었다. 학계는 "동양은 폭군의 땅이고, 동양인
은 선천적으로 민주적인 의사 결정 과정이 결여된 전제 정치에 길들여
진 사람들"이라는 주장을 과학적 연구 대상으로 삼았다. 상상력이 낳
은 동양에 대한 예술적 이미지는 정치학, 문헌학, 철학 등 이성적이고
논리적인 학문 분야의 텍스트를 통해 현실성을 확보하면서 사실로 전
환되기 시작했다. 계몽주의 사상가인 몽테스키외는 프랑스의 절대 왕
정 체제를 경계하기 위해 중국을 전제 국가의 사례라고 하면서 중국 황
제들을 인민들의 노예적 복종을 강요하는 잔인한 존재라고 비판했다.[10]

유럽에서는 그것이 결코 존속할 수 없었으나 아시아에서는 언제나 대제국

전염병의 지리학

을 볼 수 있었다. 왜냐하면 아시아는 유럽에 비해 넓은 평야를 가지고 있기 때문이다. 유럽과 비교할 때, …… 남쪽에 위치하여 수원(水源)이 고갈되기 쉽고, 산은 눈으로 덮이는 일이 적으며, 하천의 물길이 흩어져 …… 아시아에서는 권력이 항상 전제적일 수밖에 없다. 유럽에서는 자연적 분할로 중간 크기의 나라들이 형성된다. …… 이것이 바로 자유의 정신을 만들고 …… 다른 세력이 이들 각 부분을 정복하고 복종하게 하는 일은 매우 어렵다. 반대로 아시아에서는 예속의 정신이 지배하고 있으며, 그것은 아직까지 그곳에 존재한다. 그리고 이 지방의 모든 역사에서 자유로운 정신을 특징지을 만한 표식을 단 한 가지도 찾을 수 없다. 거기서는 예속의 영웅주의밖에 없을 것이다.[11]

독일의 철학자인 프리드리히 헤겔도 동양과 서양을 불변적 대립 구도로 설정한 후 서양 근대성을 옹호했다. 그는 인류의 역사가 자유의지의 실현이라는 궁극적인 목적을 향해 동양, 그리스, 로마, 게르만의 세계로 발전해 왔다고 하면서 동양에서 인류의 서막이 열렸다면 서양에서 인류 역사의 성숙과 그 완성이 이루어졌다고 했다.

그는 "동양은 단지 한 사람만이 자유를 알고, 그리스와 로마의 세계는 약간의 사람이 자유를 아는 반면, 게르만의 세계는 모든 사람이 자유를 안다"고 주장했다.[12] 헤겔은 기원전 480년에 일어난 고대 그리스와 페르시아 제국 간 전쟁도 동양의 전제정과 서양의 민주정의 대립으로 해석했다. 그는 이 전쟁에서 그리스가 승리한 것을 자유로운 정신력이 막대한 물량을 지닌 전제정을 압도하고 찬란한 광휘를 발휘한 본보기라고 했다.[13] 고대 그리스와 페르시아 제국의 전쟁에 대한 이와 같은 해석은 2007년 봄에 개봉한 영화 〈300〉에서 자유를 수호하는 그리스의 레오니다스 왕과 야만적으로 그려진 페르시아의 크세르크세스 1

세 왕의 모습으로 재현됐다.

소설 『어머니』로 잘 알려진 러시아 진보주의 작가인 막심 고리키도 제정 러시아를 비판하기 위해 동양을 이용했다. 그는 동양이 종교와 문명의 발원지이지만 수동적 사상으로부터 벗어나지 못하고 종교적 관조와 신비주의를 좇는 "음울한 노예적 사상의 진원지"인데 반해, 서양은 이성과 과학에 기초하여 모든 미신과 편견을 극복함으로써 "자기 사상의 주인이자 영도자"가 되었다고 했다. 서양 문명의 발전 과정을 따라가지 못한 러시아 민족은 "잔혹함과 광신적 행동, 신비주의, 아나키즘, 운명주의와 수동적 나태함" 등을 기질적으로 지니고 있는데 이 모든 것이 동양으로부터 받은 문화적 유산이라고 하면서 발전을 위해서는 동양적 전통에서 탈피할 것을 주장했다.[14]

근대 이후 우수한 서구와 열등한 동양이라는 이분법적 인식 체계는 자연스러운 것으로 받아들여졌다. 부정성과 긍정성이 혼재되었던 동양에 대한 이미지는 경멸의 시선으로 바뀌었고 동양은 전제 군주제, 낙후성, 노예적 굴종을 상징하게 되었다. 유럽은 문명의 중심지이며, 서구 우월주의는 당연한 것이었다. 이러한 서구 우월주의는 유럽이 나머지 세계에 대한 식민 지배를 정당화하는 논리로 이용되었다. 에드워드 사이드는 이처럼 비서구 지역, 특히 동양을 열등하고 후진적이라고 평가하는 사유 방식이자 지식 체계를 '오리엔탈리즘'이라고 명명했다.[15]

사이드가 언급한 동양은 주로 근동 지역을 의미했다. 19세기 유럽은 아시아의 동쪽 끝까지 잠식해 가면서 동아시아, 특히 아시아 문명의 중심지였던 중국에 대한 경멸의 시선을 노골화했다. 서양은 동양에 대한 차별과 배제를 정당화하는 법과 제도도 만들어 1900년대 중반까지 유지했다. 미국의 경우 19세기 중반 중국인 이주 노동자가 증가하자, 1882년에 중국 노동자들의 이주를 금지하는 '중국인배척법'을 통과시

켰다. 이 법은 특정 민족 전체를 이
민에서 배제한 최초의 이민법으로
1943년에 폐지됐다.

　중국인배척법 이전(1875년)에도
확실한 근거도 없이 중국 여성들이
변종 매독균을 퍼트리고 있다면서
'중국, 일본 또는 다른 동양 국가'에
서 오는 여성의 이주를 방지하는 법
인 페이지법이 제정되었다. 이들 동
양 여성들이 미국 사회에서 주로 매
춘에 종사할 것으로 예상된다는 이
유에서였다.

　미국인은 중국인 노동자를 쿨
리(coolie)라고 불렀다. 1850년대부
터 1860년대 초반까지 중국계 이주
노동자의 상당수는 캘리포니아 금
광에서 일했고, 광산업이 점차 쇠퇴
하자 미국 횡단 철도 건설 현장에서
일했다. 철도 회사는 백인 노동자보

그림 6. 중국인배척법의
비준을 알리는 포스터

다 낮은 임금을 받고도 성실하게 일하는 중국인들을 선호했다.[16] 백인
노동자들은 적대감을 가지고 중국계 노동자들을 폭행하거나 심지어 살
해하기도 했다.[17] 그럼에도 중국인들은 법적 보호를 받을 수 없었다. 중
국인을 살해하는 백인들은 계속 증가했지만 캘리포니아주는 오히려 백
인을 중국인으로부터 보호한다며 중국인 1인당 매달 2.5달러의 세금을
내야 한다는 중국인보호관찰세금법을 통과시켰다.

미국 언론은 중국인 나아가 동양인들을 비위생적이고 위험한 인종으로 묘사했다. 언론은 '찢어진 눈, 낮은 코, 두꺼운 입술, 해괴한 턱 등 외모로 보아 쿨리는 지적(知的)이라고 여겨지는 어떤 모습과도 거리가 먼 종족'임에 의심할 여지가 없다는 내용을 거의 매일 실었다.[18]

예컨대, 1879년 캘리포니아의 신문인《산타크루즈센티넬》은 중국인들을 "반은 사람이고 반은 악마이며, 쥐를 먹고 누더기를 입으며, 법을 어기고 기독교 문명을 증오하며, 아편을 복용하며 내장을 빨아먹는다"고 묘사했다. 심지어 1899년 하와이에서 전염병이 발생하자 중국인이 원인이라고 하면서 하와이의 차이나타운을 불태워 버렸다.[19]

위축된 동양

서양의 근대 문물을 접하면서 아시아인조차 자신들이 동양인이라는 것을 부끄러워하게 되었다. 프랑스 작가인 마르그리트 뒤라스의 자전적 소설『연인』은 베트남에서 살게 된 15세 프랑스 소녀와 부유한 집안의 32세 중국인 청년의 사랑을 다룬 작품이다. 소설은 남자를 동양인으로 여자를 서양인으로 설정하여, 부유하고 능동적인 남자와 가난하고 수동적인 여자의 구조를 지닌 전형적인 신데렐라 동화가 갖는 플롯을 전복한다.『연인』의 중국인 청년은 부유한 남성이지만 매우 수동적이고 관능적인 반면, 궁핍한 15세 백인 소녀는 항상 당당하고 그들의 관계를 주도한다. 소설의 곳곳에서 중국인 남성의 열등의식을 엿볼 수 있다.

점잖은 남자는 리무진에서 내려 영국제 담배를 피운다. 남자용 소프트 모자를 쓰고 금실로 수놓은 구두를 신은 아가씨를 지그시 바라본다. 그리고 아가씨 쪽으로 천천히 다가온다. 두려워하는 빛이 엿보인다. 처음에는 미소를 짓지 않는다. 우선 아가씨에게 담배를 권한다. 손을 떨고 있다. 인종이 다르기 때문이다. 그 남자는 백인이 아니다.[20]

소설은 세월이 흐른 후 프랑스에서 꽤 성공한 작가가 된 여자에게 남자가 전화를 걸어 죽을 때까지 사랑할 것이라고 고백하는 장면을 보여 준다. 자신을 진심으로 사랑한 적 없는 서양 소녀를 동양인 청년이 죽을 때까지 사랑하겠다는 애처로운 고백이다. 『연인』의 남주인공처럼 동양인 중에는 최고의 부와 권력을 가졌어도 서양인 앞에서는 공연히 주눅 들고 위축되며 그들을 흠모하는 사람이 많았다.[21] 그것은 근대 서양과 충격적으로 조우한 동양인의 전형적인 모습이었다.

19세기 말 일본, 중국, 미국에서 11년간 유학한 당시 우리나라 최고의 엘리트였던 윤치호는 동양인으로 태어난 것에 대한 열등감에 평생 시달렸다. 그는 서양을 선망했고, 중국을 문명화되지 못하고 더러운 나라라고 업신여겼으며, 조선을 수치스러워했다.[22] 유학 후 10년 만에 제물포에 도착해서 쓴 그의 일기에는 "흰색의 형편없는 옷을 입은 까맣고 더러운 조선인 쿨리들, 걸쳐 있는 땅보다도 결코 높지 않은 오래된 오두막들, …… 어느 곳에나 쌓여 있는 오물에서 나오는 끔찍한 냄새, 사람들의 비참한 가난과 무지, 우둔함, 무방비 상태의 국가를 슬프게도 상징하는 벌거벗은 흉측한 언덕의 풍경들은 어떠한 애국적 조선인이라도 지끈거리게 하기에 충분하다"라는 내용이 적혀 있다.

동양인으로서 오리엔탈리즘에 대응하는 방식은 탈출하거나 이용하는 것이었다. 일본은 서구적 근대화에 성공하면서 오래 품어 온 동양의 범주에서 탈출하고자 하는 욕망을 실현했고 자부심으로 가득 찼다. 일본은 서양이 곧 문명을 의미하기 때문에 근대화를 이룬 일본이 곧 서양이라고 주장하면서 스스로를 '아시아의 영국', '명예 백인'으로 규정했으며, 심지어 일본인이 백인종이라고 주장하기도 했다.[23] 일본은 유럽의 여러 제국들이 그랬듯이 이웃 국가를 미개하다고 멸시하면서 이들 국가들을 문명화시키는 것이 자신들의 사명이라는 명분으로 침략했다.

드라마 〈미스터 션샤인〉은 신미양요 때 조선의 노비 출신 소년이 미국 군함에 승선해 미국으로 건너간 후, 미 해병대 장교가 되어 조선으로 돌아와 양반 가문의 애신과 사랑을 나누는 줄거리로 전개된다. 드라마에서 "도쿄 권업박람회에서 어른 10전, 어린이, 군인 5전을 받고 우리 안에 조선인 남녀를 가두어 전시했다"라는 내용의 호외가 뿌려지는 장면이 나온다. 그 장면 아래에는 "도쿄 아사히신문은 박람회장에 조선 동물 두 마리가 있는데 아주 우습다고 논평했다"라는 자막이 깔렸다.

1851년 개최된 런던 만국박람회를 시작으로 19세기 후반 이후 유럽과 미국에서는 만국박람회 붐이 일어났다. 1889년 파리 만국박람회에서는 사물뿐만 아니라 인간도 전시의 대상이 되었다. 식민주의와 인종주의가 결합된 인간 전시는 오리엔탈리즘이 적나라하게 드러나는 장이었다. 19세기 후반 이후 근대화를 비교적 빠른 속도로 진척시켜 '제국'으로 변신한 일본도 박람회를 개최하여 자국의 소수민족을 시작으로 살아 있는 아시아인들을 전시했다.[24]

조선인을 전시한 박람회는 1903년 오사카에서 개최된 제5회 '내국권업박람회'와 〈미스터 션샤인〉에서 언급된 1907년 '도쿄권업박람회'였다. 이들 박람회는 다른 서구 열강이 당시 개최한 만국박람회를 본뜬 제국의 박람회였다. 박람회는 관람자 입장인 일본인이 최선진국의 국민으로서 유럽인과 대등한, 문화적으로나 지적으로 우월한 주체인 반면 피관람자인 동양인의 경우 구경거리이자 멸시의 대상이라는 점을 분명히 드러내 보였다.

　　　　　　　　　　　　　　　　　　　전염병의 지리학

동양의 예술가들은 서구 오리엔탈리즘에 대항하는 대신 서양의 관점을 인정하여 동양을 스스로 타자화하거나 오히려 그것을 도구 삼아 서양의 인정을 바라기도 했다. 오리엔탈리즘을 인정하거나 강화하는 동양인은 서양인들로부터 환영받지만 그렇지 않은 동양인들은 배척되었기 때문에 세계로 진출하고자 하는 동양인은 오리엔탈리즘을 적극적으로 이용했다. 특히 중국의 전통과 체제의 야만성을 극대화하는 영화감독이나 소설가들은 국제적으로 명성을 얻을 확률이 높았다.

영화감독 장이머우의 초기 작품 〈붉은 수수밭〉(1989), 〈국두〉(1990), 〈홍등〉(1991)은 모두 중국의 미개한 전통에 희생되는 아름다운 여성, 폐쇄된 공간과 강렬한 붉은 색채를 사용한 이국적인 분위기를 극적으로 보여 준다. 영화는 관객에게 미개한 문화와 극도의 가난, 전제적 지배자로 표상되는 중국을 보여 준다. 영화 속 중국은 실체라기보다 서양이 상상한 중국의 이미지에 부합하게 재현된 것으로 장이머우는 과거에 멈춘 중국을 끊임없이 소환함으로써 세계적인 명성을 쌓아 갔다.* 그는 셀프-오리엔탈라이징(self-orientalizing)을 서구의 시장으로 들어가는 진입점으로 이용해 서구가 보고 싶은 것을 보여 주는 방식으로 영화를 제작했고, 그 방식은 예상대로 서구 시장에서 통했다.[25]

오리엔탈리즘에 관한 반성

제국주의 시대가 지나자 오리엔탈리즘에 대한 비판적 반성이 이루어졌다. 클로드 레비스트로스는 1937~1938년 브라질에 체류하며 열대 원

---

* 중국 정부는 장이머우 감독의 초기 작품을 상영 금지했다. 서구 사회는 중국 정부의 이러한 권위적인 검열 과정을 보며 중국은 전제적이고 후진적이라는 생각을 강화했다.

시림에 사는 부족들에 대한 현지 조사를 수행한 과정을 기록한 『슬픈 열대』에서 "어느 대륙, 어느 문명도 열등한 것은 없다"면서 서구를 지배해 온 '문명'과 '야만'이라는 이분법이 대단히 자의적이고 폭력적이라고 비판했다. 그는 이상한 나라의 이상한 사람을 구경하기 위해서 낯선 곳으로 떠나기보다 여행을 통해 현재 세계를 움직이는 동력과 관계를 이해하고 그에 따른 지역 간 불평등을 자각해야 한다고 주장했다.

특정 사회에 속한 소수 집단만의 독특한 문화적 정체성이나 가치관, 행동 양식이 해당 사회에서 인정받아야 한다는 목소리는 1960년대 민권 운동을 중심으로 힘을 얻기 시작했다. 1960~1970년대 북미와 유럽 사회는 학교에서 백인 중심의 교육 과정에 가려지고 왜곡된 흑인, 라틴계, 아시아계 등 이민자 집단의 문화적 가치를 가르치고 그들의 자부심을 키워 줄 것을 요구했다. 학교는 모든 문화가 이해받고 존중받으며 공존할 만한 가치가 있다고 가르치기 시작했다. 집단 간 다양성뿐만 아니라 집단 내 다양성을 인정하고, 이질적인 사회 집단에 대한 차별과 불이익을 최소화해야 한다는 인식이 확산하기 시작했다.

오리엔탈리즘은 점차 희미해졌고 더 이상 밖으로 드러나지 않았다. 대신 서양인의 우월감과 동양인의 열등감은 그들 의식 안쪽에 깊이 숨어들었다. 클린트 이스트우드 감독의 영화 〈그랜 토리노〉(2008)는 서양인의 이러한 잠재 의식을 잘 나타내고 있다. 영화는 자동차 산업으로 한때 잘나갔다가 쇠락한 도시인 미국 디트로이트를 배경으로 서양이 동양을 보는 시선과 동양이 서양을 보는 시선을 교차시키며 보여 준다.

폴란드계 미국인 주인공 월트가 사는 마을에는 그를 제외한 대부분의 주민이 동양인 이민자들이다. 동양인을 보는 그의 시선은 적대적이다. 그는 자신의 주변에 그들이 사는 것만으로도 불쾌하다. 배터리 케이블을 빌리러 온 베트남 이민자인 타오에게 면박을 주는 장면, 이웃

이 집안 행사를 위해 닭을 잡는 모습을 보고 "야만인 같으니……"라고 중얼거리는 장면, 타오의 누나인 슈가 그의 반려견을 만지려 하자 행동을 저지시키는 장면, 타오네 집으로 들어서는 동양인들을 지켜보고서는 '쌍꺼풀 없는 사람들'이라는 외모 비하적 발언을 하는 장면들을 여과 없이 보여 준다.

갱단의 협박을 받은 타오가 월트의 오래된 자동차인 그랜 토리노를 훔치려는 것을 월트는 총으로 저지시킨다. 타오를 용서해 주는 대가로 타오의 어머니와 누나인 수가 월트의 집안일을 거들면서 월트와 타오 가족과의 관계가 시작된다. 타오의 가족은 고지식하고 고집불통의 노인인 월트에게 믿음과 존경의 시선을 보낸다. 수는 자신의 아버지가 월트 같은 어른이었으면 좋겠다고 말한다. 타오는 자신이 훔치려 했던 그랜 토리노를 세차하는 것으로 자신을 용서한 월트의 관용과 배려에 감사한다. 영화는 월트가 그랜 토리노를 타오에게 남기고 그를 지키기 위해 스스로 갱의 총격을 받고 죽는 것으로 끝난다.

월트는 서구를 표상하고, 월트가 평생 기름치고 닦고 조이며 애지중지한 그랜 토리노는 서구의 전통적 가치를 상징한다. 영화는 잘못된 길을 가려던 어린이로서의 동양을 관대하게 용서하고 올바른 길로 인도하는 어른으로서의 서양과, 동양을 보호하기 위해 자신을 희생하는 서양에게 존경과 감사를 표하는 동양의 시선을 담아낸다. 따뜻한 인류애의 감동을 주는 영화처럼 보이지만, 영화에서 월트로 표상되는 서양은 동양보다 여전히 우월적인 존재다.

3. 코로나바이러스 공포로 다시 고개 든 오리엔탈리즘

코로나바이러스, 가짜 뉴스 그리고 공포

19세기 이탈리아 문호 알레산드로 만초니는 그의 소설 『약혼자들』(1827)에서 17세기 유럽을 휩쓴 페스트의 밀라노 감염 상황을 생생하게 묘사했다. 17세기 페스트가 창궐했을 때 밀라노에서는 외국인을 배척했고, 당국 간에 격렬히 충돌했으며, 최초 감염자를 히스테릭할 정도로 찾아냈다. 전문가를 경시했고, 엉터리 치료가 횡행했으며, 의료 시스템은 붕괴되었다. 감염이 의심되는 사람들을 추적했고, 유언비어가 난무했으며, 생필품을 사재기했다. 17세기 이탈리아 롬바르디아 지역의 밀라노에서 벌어진 일들이 코로나19 바이러스의 공포가 세계를 뒤흔든 2020년에도 세계 곳곳에서 고스란히 반복되었다.

지난 수십 년간 대재앙을 소재로 한 소설이나 영화는 서로를 견인하며 인류 멸망에 대한 상상적 공포감을 증폭시켜 왔다. 지구 온난화, 미세먼지, 유전자 변형 식품, 식량 위기, 쓰레기 더미가 된 지구에 대해 들려주는 뉴스와 다큐멘터리는 소설과 영상 속 상상적 디스토피아가 현실 공간에서 실현될 수 있다는 공포감을 전해 주었다. 심지어 미국 NBC 뉴스는 에볼라바이러스 관련 보도에서 영화 〈아웃브레이크〉(2013)의 충격적인 장면들을 전문가들의 예측과 교차 편집하여 내보내 사실과 허구를 뒤섞어 버리기도 했다.

코로나19는 사람들의 인식 속에 깊이 박힌 공포 바이러스를 자극했다. 신종 바이러스에 의한 전염병은 인간·동물·미생물 간 관계 변화, 기후 환경과 생태계 변화의 틀 안에서 발생한다.[26] 인간, 기후 변화, 전염병 간 역학 관계는 매우 복잡하고 비선형적이어서 변화 과정과 결과를 예측하기 어렵다. 바이러스의 확산은 언제 끝날지 모르고 감염자와 사망자가 얼마나 더 늘어날지 알 수 없는 상황이다. 세계 각국이 치료제와 백신 개발에 뛰어들었고 코로나19에 대한 공포감은 증폭됐다.

인간이 위험을 대하는 태도는 위험의 종류에 따라 다르다. 물론 사람마다, 나라마다 다르기도 하다. 심리학자 폴 슬로빅은 대중과 전문가들이 위험을 인식하는 데 차이가 있다고 했다. 그에 의하면 위험을 평가하는 주된 기준이 전문가들은 연간 사망자 수인 데 비해, 일반인은 통제 불능하여 끔찍한 결과를 가져올 가능성이나 과거에 같은 위험이 발생한 적이 있는지 없는지에 따른 불확실성의 정도, 위험에 노출된 사람 수라는 것이다. 다시 말해 일반인들은 과학적으로 잘 설명하지 못하는 새로운 위험, 자신이 주의해도 피하기 어려운 위험, 전 세계에 치명적 결과를 가져올 위험에 대하여 공포를 느낀다는 것이다. 코로나19는 이들 조건을 모두 갖춘 전염병이었다.

코로나19가 확산하면서 언론의 관련 보도량은 크게 늘었다. 언론은 부정확한 보도를 일삼고 '공포 팔기'를 거듭했다. 영국 생물학자 로빈 베이커는『달걀껍질 속의 과학』에서 인간에게 나타나는 불합리한 두려움의 원인은 매스컴의 과대 선전과 지나친 상상력 때문이라고 지적하기도 했다. 코로나19에 대한 공포는 미디어를 통해 빠르게 퍼졌다. 어느 나라에서 하루에 몇만 명의 확진자가 발생하고 몇천 명이 사망했다는 뉴스는 그 즉시 불안감을 불러일으켰다.

사람들은 불안할 때 어떤 이야기만 들어도 자신이 마치 본 것처럼 여기고 믿어 버리는 경향이 있다. 이런 심리에 힘입어 일부 팩트(fact)에 픽션(fiction)을 잘 버무린 가짜 뉴스는 코로나19에 대한 불안감을 단숨에 집단적 공포감으로 전환시켰다. 코로나19가 유럽과 미국에 확산되자 마스크와 화장지의 원료가 같아 화장지 생산에 차질이 생길 것이라는 뜬소문이 돌았고, 사람들은 화장지를 구할 수 없을지도 모른다는 불안감에 생필품을 사재기했다. 방송이 사재기하는 사람들의 모습과 텅 빈 슈퍼마켓 진열대를 보여 주자 사람들은 더욱 불안에 휩싸였다.

전염병은 그 자체로 위험 요소지만 때론 공포를 부추기는 인포데믹이 더 심각한 피해를 준다. 잘못된 정보는 혼돈을 낳는다. 세계보건기구는 코로나19 관련 정보가 과잉 생산되고 있다고 판단하고 "코로나19가 대유행하면서 대규모 인포데믹이 동반되고 있는데, 이러한 거짓 정보는 전염병 못지않게 위험하다"고 경고했다.[27] 언론, 정부, 친구, 가족들은 코로나19에 관한 수많은 정보를 전달했다. 불행히도, 이렇게 급속하게 확대되는 정보의 태피스트리는 많은 부분 가짜 뉴스로 짜여졌다.[28]

코로나19를 둘러싼 확인되지 않은 수많은 오보는 코로나19 자체의 위험에 덧붙여져 위험을 증폭시켰다. 코로나19와 관련된 가짜 뉴스는 생명을 위태롭게 하기도 했다. 예를 들어, 하이드록시클로로퀸이 코로나19 치료에 효과가 있다는 소식을 듣고 애리조나주에서 한 부부가 클로로퀸인산염이 들어 있는 수조 청소 물질을 섭취한 뒤 남편은 사망하고 부인은 입원하는 일이 발생했다.[29] 게다가 잘못된 정보는 마스크 착용이나 사회적 거리 두기와 같은 행동을 회피하도록 부추겨서 바이러스의 확산을 가속했다.

코로나19가 야기한 공포감은 사회적 갈등을 심화시키고 증오를 정당화하기도 했다. 공포감에 휩싸인 사람들은 자신들보다 열등하다고 생각되는 외부 집단에게 쉽게 문제의 원인을 돌린다. 이 집단이 경제적으로 자신들보다 우위에 있거나 경쟁 관계에 있다면 분노는 극에 달한다.

중국은 코로나19 발생의 책임을 물을 최적의 대상이었다. 언론은 중국 우한에서 코로나19 첫 환자가 발생했다는 보도를 하면서 코로나19 발생이 중국인의 비위생적이고 미개한 식문화 때문이라고 했다. 서구인들은 중국인, 나아가 아시아인에 대해 불쾌감과 혐오감을 드러냈고, 건강한 자신들을 감염시키는 보균자로 간주하면서 경멸하고 회피해야 할 대상으로 보았다.

세계화 이후 세계의 공장으로 부상한 중국은 서구와 경제적 경쟁 관계에 놓이게 되었다. 세계금융위기 이후 세계 최대 외환 보유고를 가진 중국을 파산 상태의 서구 경제를 살릴 구원 투수라고 봤던 관점이나 떠오르는 중국의 경제 성장이 서구 사회를 위협할 수 있다는 중국 위협론 모두 적어도 중국의 물리적 힘에 대해서 의심하지는 않았다.[30] 이러한 상황에서 코로나19에 대한 공포는 중국 책임론과 중국을 향한 공격으로 쉽게 옮겨 갔다.

코로나바이러스가 소환한 오리엔탈리즘

코로나바이러스와 관련된 가짜 뉴스 그리고 공포가 서구 사회에서 오리엔탈리즘을 다시 소환했다. 극우파들은 코로나19를 인종 문제로 탈바꿈시켜 자신들의 정치적 목적에 이용하기도 했다. 언론은 중국인도 코로나바이러스의 피해자이고 그들이 힘겹게 전염병을 차단하기 위해 노력한다는 사실을 무시했다. 그리고 중국인을 바이러스의 숙주쯤으로 여기도록 하는 코로나 인종주의를 부추겼다. 중국인들은 어디서도 환영받지 못했고, 사람들은 이들에 대한 반감과 혐오를 숨기지 않았으며, 중국발 항공기의 입국은 금지되었다.

중국의 시진핑 국가주석은 2020년 1월 말부터 2월 중순까지도 확진자와 사망자 수가 증가하자 1월 23일에 우한 전면 봉쇄를 결정했다. 그 결과 중국의 코로나19 확산 추세는 3월 이후 안정되었다. 서구 언론은 시진핑의 코로나19 통제 정책을 개인의 자유와 사생활을 침해하는 반인권이고 비민주적 대응이라고 비판했다. 즉 낙후되고 미개한 문화를 가진 중국인이 무서운 전염병을 만들어 퍼트리고, 전제적 방식으로 이를 통제하려 한다는 것이었다.

독일 정통 주간지 《슈피겔》은 붉은 방역복을 입은 여성과 "코로나바이러스 메이드 인 차이나(Corona Virus Made in China)"라는 문구를 표지에 내세워 기사 의도와 상관없이 중국인에 대한 제노포비아를 불러일으켰다. 중도 성향의 독일 언론 《프랑크푸르터 룬트샤우》는 인종 차별을 비판하는 기사를 게재하면서도 "박쥐를 먹는 나라에서 온 죽음의 바이러스"라는 지나치게 자극적인 제목을 달았다. 덴마크의 일간지 《윌란스포스텐》은 중국 국기의 왼쪽 상단에 있는 다섯 개의 별을 신종 코로나바이러스 입자로 바꿔 그린 만평을 게재했다. 이탈리아는 "중국인들이 쥐를 먹어서 코로나19가 생겼다"라며 중국발 여행자의 입국을 전면 금지했고, 극우파는 거리에서 이주민을 폭행했다.

중국인에 대한 혐오 분위기는 아시아인 전체에 대한 노골적인 인종 차별의 분위기로 이어졌다. 프랑스 지역 신문 《르 쿠리에 피카르》는 2020년 1월 26일 자 1면에 코로나바이러스 관련 기사를 게재하면서 마스크를 쓴 중국 여성의 사진 옆에 "황색 경계령(Alerte Jaune)"이라는 제목을 달았다. 황색 경계령이라는 문구는 19세기 동아시아인들에 대한 혐오 표현으로 사용됐던 '황색 위험(Yellow Peril)'을 떠올리게 했다.

코로나19가 유럽에 대거 퍼지기 전부터 유럽의 극우파는 이주민 단속을 강화했고 아시아인들을 공격했다. 대중도 페이스북, 트위터, 유튜브 등 각종 정보 플랫폼에서 확인되지 않은 사실을 퍼 나르거나 자극적인 가짜 뉴스를 만들어 아시아인들에 대한 혐오 여론을 부추기는 데 한몫했다. 극대화된 소통과 정보의 과잉이 이성과 진실을 심각하게 훼손했고, 진실과 거짓 사이의 경계가 모호해졌다. 코로나19와 같은 전염병의 공포 앞에서 이성적 목소리는 하나의 의견으로 묻혔다. 인종 차별

전염병의 지리학

적인 인식은 폭력으로 나타났고, 광기는 부끄러움 없이 발산되었다.

유럽에 거주하는 아시아계 사람들은 바이러스에 대한 공포뿐만 아니라 단순히 백인이 아니라는 이유로 일상생활에서 불편한 시선을 견뎌야 했다. 트위터에는 수업 시간에 누구도 내 옆에 앉으려 하지 않는다고 토로하거나 대중교통 이용 중에 차별을 받았다는 증언이 줄을 이었다.

2020년 1월 31일 독일 베를린에서도 지하철역으로 향하던 한 20대 중국 여성이 두 명의 백인 여성으로부터 욕설을 듣고 발길질을 당했다. 2020년 5월 22일에는 영국에서 태어나고 자란 아시아계 영국인에게 백인 여성이 침을 뱉으며 "파키스탄으로 돌아가라"는 등의 인종 차별적인 폭언을 퍼붓는 사건이 일어났다. 2020년 7월 7일 프랑스 남부 몽펠리에에서는 20대 한국 유학생이 알바니아계 10대 청소년들에게 조롱과 발길질을 당한 뒤 두 차례 흉기에 찔려 중상을 입기도 했다.

아시아계 사람들을 향한 인종 차별적 혐오와 범죄는 일일이 열거하기 어려울 정도로 많았다. 미국에서도 아시아계를 혐오하는 분위기가 퍼졌고 혐오 범죄도 급증했다. "너희 나라로 돌아가라", "바퀴벌레처럼 끔찍하다", "바이러스가 너희 나라에서 왔다"는 등의 언어적 폭력부터 시비를 걸고 침을 뱉고 물건을 던지며 상해를 가하는 등의 물리적 폭력 사건도 다반사로 일어났다.

스톱AAPI헤이트(Stop AAPI Hate)* 단체는 2020년 3월 19일부터 한 달 동안 언어 괴롭힘과 신체적 공격 등의 아시아·태평양계 혐오 관련 사건이 약 1500건 발생했다고 밝혔다.[31] "나는 중국인이 아니다(I'm

---

* 아시아계 및 태평양계 미국인에 대한 차별과 혐오 방지 활동을 하는 비영리 사회단체다. 코로나 팬데믹 이후 미국에서 아시아인에 대한 폭력이 증가함에 따라 2020년에 설립되었다.

not Chinese)"라는 문구가 새겨진 티셔츠가 불티나게 팔리기도 했다. 코로나19는 서양인들 의식 안쪽에 깊이 숨겨 둔 오리엔탈리즘을 거리낌 없이 다시 꺼내어 중국을 넘어 아시아 전체를 질병과 오염, 독재적 전제주의를 허용하는 야만의 근원으로 다시 등치시키도록 부추겼다.

우리 안의 오리엔탈리즘

한국에서도 1월 20일에 첫 번째 코로나19 확진자가 발생했다. 중국 우한시에서 입국한 중국 국적의 35세 여성이었다. 이후 2월 18일 신천지교도였던 31번째 확진자가 발생한 후 대구시의 신천지교도들을 중심으로 그 수가 가파르게 증가해 4월 초 한국의 확진자 수는 만 명을 넘어섰다.

한국 사회에서도 서구와 마찬가지로 중국 혐오 현상이 나타났다. 코로나19가 중국에서 시작됐고 한국의 첫 확진자가 중국인이라는 소식은 잠재돼 있던 중국에 대한 편견을 건드리는 발화점이 되었다. 소셜미디어에서 중국을 비난하는 목소리가 쏟아졌다. 중국과 한국에서 코로나19 확진자 수가 가파르게 증가한 2020년 2월에 중국에 대한 무분별한 비난은 극에 달했다.

청와대 국민 청원 게시판에 '중국인 입국 금지 요청'이라는 첫 번째 청원 글이 올라왔고 76만 명 이상이 동의했다. 유사한 청원이 2월 한 달 동안에만 10여 건에 달했다. 정부가 2월 4일 중국에 대한 특별입국절차*를 시행한 이후에도 중국인 입국 금지 관련 청원은 계속됐다.

＊   코로나19의 국외 유입 및 확산을 막기 위해 한국에 입국하는 내외국인을 대상으로 특별
    검역신고서 작성, 발열 체크, 국내 체류지 및 연락처 확보 등 검역을 강화하는 절차다. 시

표 1. 중국인 입국 금지 관련 청와대 국민 청원 내용(2020. 1.23~2.29)

청원 제목	청원 기간	청원 인원 (단위: 명)
중국인 입국 금지 요청	1.23~2.22	761,833
신종 코로나바이러스와 관련하여 중국인 관광객 입국 금지 요청합니다.	2.3~3.4	310
코로나바이러스의 사태가 심각하니 중국인들 입국을 금지시켜주세요	2.3~3.4	285
신종 코로나바이러스 차단을 위해 중국인 한국 입국을 잠시 보류해야 됩니다.	2.3~3.4	553
중화권 나라들 여행금지령 요청드립니다.	2.3~3.4	584
중국인 무비자제도를 일시 중지시켜 주십시오.	2.4~3.5	232
중국 우한 폐렴/코로나 입국 금지 및 송환 요청	2.4~3.5	840
후베이성만이 아닌 중국 전 지역 전면 입국 금지를 원합니다.	2.4~3.5	2,578
중국 전 지역 입국 금지 요청	2.4~3.5	4,836
중국 춘절 끝나기 전에 중국인 관광객 입국 금지 요청	2.10~3.11	673
중국인 입국 금지 요청	2.25~3.26	916

2020년 2월, 이탈리아와 스페인 등 유럽에서 코로나19 확진자와 사망자가 급증하기 시작해 3월 말에는 미국, 이탈리아와 스페인의 확진자·사망자 수가 중국을 앞질렀다. 유럽과 미국에서 확진자와 사망

행 초반 대상국은 중국, 홍콩·마카오, 일본, 이탈리아, 이란, 프랑스, 독일, 스페인, 영국, 네덜란드였고, 2020년 3월 19일부터는 한국에 입국하는 모든 내외국인에게 적용됐다.

자가 급증했던 3월부터 6월까지 네 달간 청와대 게시판에 올라온 청원 글은 6건에 불과했고 제목에 미국이나 이탈리아, 스페인 국명을 쓴 경우는 단 한 건도 없었다. 중국에서 확진자가 급증했던 2월과 사뭇 다른 분위기였다.

중국 정부가 우한 봉쇄령을 발표한 1월 23일에 청와대 국민 청원 빅데이터 전문 기업인 다음소프트를 이용해 중국에서 코로나19 확진자가 급증했던 1월 중순에서 2월 말까지 '중국'에 대한 감성 연관어를 분석한 결과 그림 7에서 볼 수 있듯 '감염되다', '심각하다', '혐오', '우려', '공포', '위험' 등 부정적 표현들이 대부분이었다.

일간지 《한겨레》가 프로그래밍 언어 '파이선(Python)'을 이용해 2020년 1월 18일부터 2월 26일까지 트위터에서 '코로나' 또는 '우한'이라는 단어가 들어간 글 69만 9254개를 분석한 결과 1월 25일 트위터에서 '우한', '코로나', '짱깨'라는 표현이 함께 언급된 글은 378개에 달했고, '중국'과 함께 언급된 단어는 '우한 폐렴', '금지', '봉쇄', '혐오' 등인 것으로 나타났다.[32]

이탈리아와 스페인에서 코로나19가 극성을 부린 4월, '이탈리아'라는 단어의 감성 연관어를 분석한 결과 부정적 표현은 8퍼센트에 불과했고, 그 단어도 '피해'였다. 스페인에 대한 부정적 표현도 23퍼센트 정도였다. 3월 말부터 미국은 날마다 확진자와 사망자 수 모두 세계 최고치를 갱신하고 있었고, 5월 25일 미네소타주 미니애폴리스에서는 경찰이 아프리카계 미국인 조지 플로이드를 체포하다 숨지게 한 사건까지 일어났다. 이런 상황에서 6월 '미국'의 감성 연관어를 분석한 결과 부정적 표현이 54퍼센트 수준이었고, 긍정적 표현은 34퍼센트였다. 부정적 표현으로는 '폭동', '폭행', '걱정', '범죄'가 대부분이었고 '혐오', '공포', '감염되다' 등 코로나바이러스와 관련된 표현은 찾기 어려웠다.

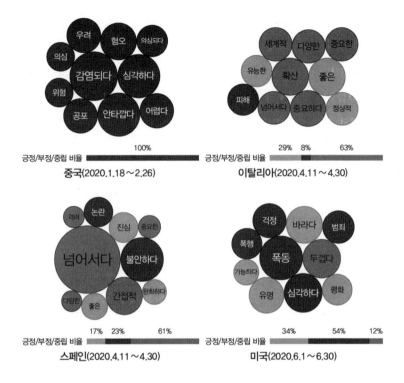

긍정/부정/중립 비율 ■■■■■■■■■■■■■■■■ 100%
중국(2020.1.18~2.26)

긍정/부정/중립 비율 ■■■■■■■■ 29% 8% 63%
이탈리아(2020.4.11~4.30)

긍정/부정/중립 비율 ■■■■■■ 17% 23% 61%
스페인(2020.4.11~4.30)

긍정/부정/중립 비율 ■■■■■■■■ 34% 54% 12%
미국(2020.6.1~6.30)

그림 7. 한국에서 검색된 중국, 이탈리아, 스페인, 미국 관련 감성 연관어

박선미, 2020 자료를 토대로 재작성

중국에 대한 한국인의 인식은 해방 이전에 만주 간도로 이주해 간 중국 동포를 조선족이라고 부르며 이방인 또는 2등 시민으로 취급하는 시선에서도 엿볼 수 있다.[33] 중국 동포에 대한 언론 보도 내용은 주로 범죄 사건이고, 〈황해〉(2010), 〈신세계〉(2013), 〈청년경찰〉(2017), 〈범죄도시〉(2017) 등의 영화는 중국 동포를 돈이 되면 어떠한 범죄도 저지를 수 있는 잔인하고 야만적인 폭력 집단으로 묘사하는 데 한 치의 망설임도 없다.

예를 들어 영화 〈청년경찰〉에서는 난립한 중국어 간판, 음산한 골목, 버려진 건물을 카메라 앵글로 잡아 내 중국 동포가 많이 거주하는 더럽고 위험한 대림동이 깨끗하고 안전한 서울을 위협하고 있다는 식의 서사적 대립 구조를 공간적으로 나타낸다. 영화의 두 주인공이 범죄자를 찾기 위해 택시를 타고 대림동에 들어서면서 나누는 대사에서도 이러한 시선이 분명하게 드러난다.[34]

"한국에 이런 데가 있어."

"야 간판 봐 완전 중국이야 처음 본다."

"학생들, 이 동네 조선족들만 사는데 밤에 칼부림도 많이 나요. 여권 없는 범죄자들도 많아서 경찰도 잘 안 들어와요. 웬만해선 길거리 다니지 마세요."

중국 우한에서 코로나바이러스가 확산하자 언론은 대림동과 가리봉동을 '서울 속의 중국'으로 부르며 그곳에 가면 감염 확률이 높아질 것처럼 보도했다. 지방자치단체에서 시행한 대림동 방역 소독 소식을 많은 언론사에서 취재했다. 당시 이 지역들에서 단 한 명의 확진자도 나오지 않은 상태였다. 신종 코로나바이러스 감염증의 공식 명칭을 '코로나19'로 공식 명명하기로 했지만, 보수 언론과 정치권은 여전히 '우한 폐렴'이라고 부르고 있었다.

한국인은 자신들이 유럽이나 북미 지역에서 아시아인이라는 이유만으로 차별받고 혐오 범죄 대상이 되었다는 뉴스를 보고 백인의 비합리적 태도를 비판하면서도 중국인과 중국 동포를 향해서 백인과 마찬가지로 비합리적인 태도를 취했다. 사람들은 각종 포털 사이트와 인터넷 커뮤니티, SNS에서 확인되지 않은 정보를 공유하며 중국인에 대한 편견을 강화했다. 대림동과 가리봉동에 거주한 중국 동포들은 유럽이나 북미 지역에 거주하는 아시아인들처럼 코로나바이러스의 공포뿐만 아니라 자신들을 향한 혐오 시선과 차별에 시달려야 했다.

2020년 2월 18일, 31번째 환자가 발생한 이후 신천지교도 중심으로 확진자가 급증하자 혐오 여론은 중국인과 중국 동포에서 신천지교도에게 옮겨 갔다. 중국과 우리나라 모두 확진자 수의 증가가 어느 정도 안정세를 보인 이후 6월에 수행한 '중국'에 대한 감성 연관어 조사 결과 부정적 표현이 "우려", "판치다"와 같이 순화되었고, 그 비율도 16퍼센트로 줄었다. 그런데 6월 8일 가리봉동의 중국 동포 교회 쉼터에서 확진자 9명이 나왔다는 소식에 "조선족들은 중국으로 보내라", "외국인이지, 무슨 동포냐", "외국인에게 세금 한 푼도 아깝다" 등 중국 동포에 대한 혐오 여론이 다시 확산하기 시작했다. 이처럼 코로나19의 확산은 서구인과 마찬가지로 우리 안에 숨어 있던 야만적 오리엔탈리즘을 부끄러움 없이 드러냈다.

인류학자 마거릿 미드는 문명의 첫 징조를 묻는 질문에 부러졌다가 치유된 대퇴골이라고 답한 바 있다. 흔히 이야기되는 토기 혹은 간석기가 아닌, 예상 밖의 답변이었다. 동물의 세계에서 대퇴골이 부러졌다면 위험으로부터 도망칠 수도 없고, 강에 가서 물을 마시거나 음식을 구할 수 없어 죽을 수밖에 없었을 것이다. 미드는 대퇴골이 부러진 동물 중에서 뼈가 치유되어 살아남는 동물은 없다면서 부러진 대퇴골이 아물었다는 것은 누군가가 다친 사람과 함께 시간을 내어 상처를 가린 뒤 안전한 곳으로 데려가 치료를 도왔다는 증거라는 것을 짚었다. "문명은 고난 속에서 다른 누군가를 돕는 것으로부터 시작되었다"라고 그녀는 말했다.[35]

미드의 대답처럼 문명이 다른 누군가를 돕는 것으로부터 출발했다면 서양과 동양을 이분하여 서양을 문명으로 동양을 야만으로 치환한 후, 동양에 속한다는 이유만으로 열등하게 취급하고 배척하는 오리엔탈리즘이야말로 문명과 가장 거리가 먼 것이다. 코로나19는 사람들의 인식 깊이 잠재되어 있던 오리엔탈리즘을 드러냈을 뿐만 아니라 오리엔탈리즘의 비합리성과 문제점도 적나라하게 표출했다. 코로나19는 우리에게 많은 희생을 강요했지만, 그 과정에서 서구인과 우리 안에 감춰진 오리엔탈리즘을 확인할 수 있었고 그 오래된 편견을 극복해야 한다는 무거운 과제를 남겼다.

전염병의 지리학

제4장

공포만큼 크지 않았던 혐오, 스페인독감

20세기 동안 네 차례 인플루엔자 대유행이 있었다. 그중에서 1918년 미국 캔자스주에서 시작하여 전 세계로 퍼져 나간 스페인독감은 5000만~1억 명 정도를 죽음으로 몰고 갔다. 스페인독감은 인류가 경험한 전염병 중 최고의 사망률을 기록했다. 제1차 세계대전의 사망자 수보다 3~5배나 많은 수치였고, 흑사병이 약 100년 동안 앗아 간 목숨보다 더 많은 수치였다. 코로나19의 경우 발병 원인을 중국인들의 식문화나 생활 습관에서 찾음으로써 중국에 바이러스 공화국, 낙후된 전근대적 국가라는 부정적 이미지를 강화하여 덧씌운 반면, 스페인독감은 미국에 대한 혐오나 차별로 이어지지 않았다. 4장에서는 1918년 미국발 스페인독감과 중국발 코로나19에 대한 인식을 비교함으로써 특정 질병에 투영되어 있는 "서양은 우월하고 동양은 열등하다"는 오리엔탈리즘적 인식을 다시금 확인한다.

1. 세균보다 작은 바이러스

세균이나 바이러스의 실체가 밝혀지기 전까지 사람들은 전염병이 왜 발생하는지 알 수 없었다. 동양에서는 미생물에 의한 전염병을 원인 모를 이상한 병이라는 뜻에서 괴질이라고 불렀다. 서양에서는 신이 도덕적으로 타락한 사람에게 내린 징벌이라고 생각했다. 큰 병에 걸렸을 때 여전히 사람들은 무의식적으로 "내가 무슨 잘못을 해서 이런 벌을 받아야 하나"라며 탄식하곤 한다.

통증이라는 뜻의 단어 'pain'의 어원도 라틴어로 '처벌'이라는 뜻의 'poena'에서 유래되었다. 중세에 엄청난 희생자를 냈던 흑사병(plague)* 은 그리스어로 강한 타격이라는 뜻의 'plege'에서 유래되었다. 즉 '흑사병'은 분노한 신이 죄를 지은 사람들에게 강한 타격을 주어 괴롭힌다는 의미에서 붙여진 이름이다.[1]

근대에 접어들면서 전염병의 원인을 신의 분노로 돌리지 않고 과

---

* 흑사병(plague)은 예르시니아 페스티스(Yersinia pestis)라는 세균에 감염되어 발생하는 질병으로 페스트라고도 불린다. 인간은 페스트균을 옮기는 설치류 벼룩에 물리거나 페스트균에 감염된 동물을 만진 후에 걸린다.

전염병의 지리학

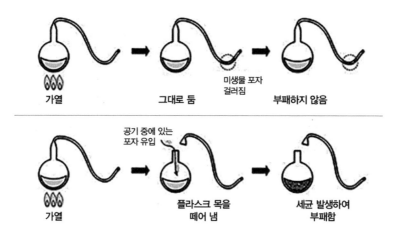

그림 1. 파스퇴르의 백조 목 실험

학적으로 규명하려는 움직임이 나타났고, 미생물이 질병을 일으키는 원인일 수 있다는 주장이 제기되기 시작했다. 19세기 중반 프랑스의 루이 파스퇴르는 미생물이 특정 질병을 일으킨다고 주장했다. 당시 사람들은 미생물이 유기물, 물, 공기, 온도 등의 조건만 맞으면 자연적으로 생겨난다는 자연발생설을 믿고 있었다. 그러나 프랑스의 생화학자인 파스퇴르는 미생물이 저절로 생기지 않으며 씨앗이 되는 포자가 필요하다고 생각했다.

그는 그림 1에서처럼 먼지와 미생물의 유입을 차단하면서도 공기가 잘 통하도록 설계된 백조 목 모양의 플라스크를 실험에 사용했다. 여기에 배양액을 넣고 가열한 후 4년 동안 보관했는데도 부패하지 않은 채 보존되었다. 반면, 같은 실험 조건에서 백조 목 모양의 S자 유리관을 제거한 플라스크에서는 미생물이 발생해 부패가 일어났다. 그는

1862년 무렵까지 자신이 고안한 이 절묘한 실험을 반복해 보임으로써 자연발생설을 뒤집었다.

19세기 후반에 이르러서야 미생물의 일종인 세균(박테리아)이 질병을 일으킨다는 주장은 사실로 밝혀졌다. 세균은 생물로서의 최소 조건을 가지고 있는 존재로 스스로 영양분을 만들지 못하지만 사람의 몸속뿐만 아니라 땅, 물, 공기 등 먹이가 공급되는 장소라면 어디서나 자체적으로 세포 분열을 하는 미생물이다.

독일의 의사이자 미생물학자인 로베르트 코흐는 각각의 질병은 특정한 병원균에 의해 발생한다고 주장했다. 그는 1877년 탄저균이 탄저병을 일으킨다는 사실을 밝혀냈고, 이후 콜레라와 결핵과 같은 질병도 세균에 의해 발생한다는 사실 또한 규명했다. 1894년에 스위스 태생의 프랑스 의사이자 세균학자인 알렉상드르 예르생은 페스트의 원인이 페스트균(예르시니아 페스티스)임을 알아냈다.

이들에 따르면 질병의 원인은 외부에서 들어온 미생물인 세균이고, 질병은 세균이 다른 생물의 몸에서 증식하면서 빚어진 결과다. 미생물이 질병을 일으킨다는 사실은 질병이 한 지역에서 다른 지역으로 확산하는 이유와 환자와 접촉한 사람이 질병에 감염되는 이유를 설명할 수 있게 해 주었다.

사람들은 세균을 더럽고 불결한 것, 질병의 원인으로 여기면서 질병에 걸리지 않기 위해서는 세균이 인체에 침입하는 것을 막아야 한다고 생각하는데 이는 코흐의 영향이 지나치게 강하게 각인되어 모든 세균을 병원균으로 오인한 결과라고 할 수 있다. 실제로 대부분의 세균은 무해하거나 이롭고, 일부 세균만이 사람에게 질병을 일으키는 병원균이 된다.

이와 같은 의학적 발견은 질병에 깃든 '신의 징벌'이라는 도덕적

전염병의 지리학

함의를 제거해 나갔다. 사람들은 과학적이고 객관적인 근대 의학이 질병을 통제할 수 있다고 믿었다. 질병에 대한 통제권을 지닌 의사들은 신뢰를 받았고, 그 권위는 절대화되었다. 환자는 도덕적 정죄 때문에 병에 걸렸다는 사회적 낙인으로부터 해방되었다. 인류는 전염병을 통제하는 듯 보였고, 질병으로부터 자유로워질 수 있다고 믿었다.

이런 믿음은 그리 오래가지 않았다. 자연적·사회적 환경이 변화함에 따라 새로운 질병이 생겨났다. 전자 현미경의 발달로 세균보다 훨씬 작은 바이러스의 존재가 밝혀졌고, 그것을 효과적으로 통제하는 것이 어렵다는 사실도 알게 되었다. 인류는 20세기 내내 인플루엔자바이러스, 에볼라바이러스, 에이즈바이러스 등 각종 바이러스에 시달렸다. 암과 같은 만성병은 당사자에게 고통스럽고 무섭지만 주변 사람에게 전염되지 않기 때문에 대중의 공포를 불러일으키지 않는다. 반면 바이러스에 의한 전염병은 스스로 조심한다고 해도 다른 사람과 함께 생활하는 것만으로 감염될 위험이 있어 대중적 공포를 불러일으킨다. 질병을 통제할 수 있다는 믿음은 의심으로 바뀌었고, 근대 의학에 대한 신뢰는 깨지기 시작했다.

바이러스는 세균과 더불어 질병을 일으키는 대표적인 병원체지만 세균보다 훨씬 작다. 세균의 크기는 1~5마이크로미터인데, 바이러스는 30~300나노미터에 불과하다. 1마이크로미터*가 1000나노미터라는 점을 고려할 때, 바이러스는 세균의 15~150분의 1 정도의 크기로 정말 작다. 바이러스 종 대부분은 광학 현미경으로는 볼 수 없고 전자 현미경으로만 관찰이 가능하다.

---

* 1마이크로미터는 1미터의 100만분의 일이다.

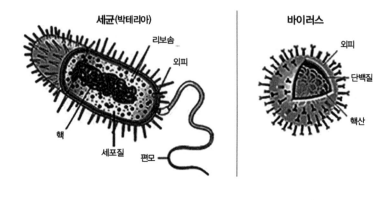

그림 2. 세균과 바이러스

바이러스는 세균을 연구하는 과정에서 우연히 발견되었다. 파스퇴르나 코흐는 눈에 보이지 않는 세균이 질병을 일으킨다고 믿었고, 이를 입증하기 위해 노력했다. 파스퇴르의 조수였던 챔버랜드는 1884년 세균보다 작은 구멍인 0.1~1마이크로미터 직경을 가진 필터 기구를 만들었다.

러시아의 젊은 생물학자인 이바노프스키는 담배모자이크병에 걸린 식물의 추출물을 챔버랜드 필터로 통과시켜 모든 세균을 제거하였는데, 추출물은 여전히 모자이크병을 일으켰다. 그는 1892년 세균보다 작은 '어떤 물질'에 의해서 식물이 감염되었다고 결론지으면서도 그것이 무엇인지 알지 못했다.

그로부터 5년 후 뢰플러와 프로쉬는 소를 공격하는 구제역의 병원체를 찾는 과정에서 세균보다 작은 어떤 것이 구제역을 일으킨다는 사실을 밝혀냈다. 그런데 세균보다 작은 그 '어떤 것'이 무엇인지 알지 못했다. 원심분리기와 전자 현미경이 발명된 1930년대에 와서야 그 작은 어떤 것이 바이러스라는 사실을 확인할 수 있었다.

바이러스는 흔히 '생명의 가장자리에 있는 유기체'라고 부른다. 바이러스는 유전 정보를 담은 RNA나 DNA와 같은 핵을 캡시드(단백질 껍질)가 둘러싸고 있는 구조로 이루어져, 세균보다 단순하다. 유전 물질을 운반하고 생식하며 자연선택을 통해 진화한다는 면에서 보면 바이러스도 세균과 마찬가지로 생명체의 특징을 지닌다. 그러나 세균과 달리, 바이러스는 세포질이 없어 스스로 생존할 수 없고, 살아 있는 생물체의 세포를 숙주로 삼아야만 활동하고 증식할 수 있다. 이에 따라 바이러스에 대해서는 '살았다' 혹은 '죽었다'라고 말하지 않고, 활동성이 '있다' 혹은 '없다'라고 표현한다.

바이러스는 캡시드에 싸여 있는 핵산*의 종류에 따라 이중 가닥인 DNA(deoxyribonucleic acid) 바이러스와 단일 가닥인 RNA(ribonucleic acid) 바이러스로 구분된다. DNA 바이러스는 유전 정보를 DNA에 저장하고, RNA 바이러스는 RNA에 저장한다. DNA 바이러스의 대표적인 예로는 천연두, B형 간염, 수두, 헤르페스바이러스 등을 들 수 있고, RNA 바이러스의 예로는 인플루엔자바이러스와 코로나바이러스를 들 수 있다.

인플루엔자바이러스에 의한 질병 사례로 1918년에 대유행한 스페인독감, 1997년 홍콩에서 발생한 조류독감, 2009년 북미에서 발생한 신종인플루엔자를 들 수 있다. 코로나바이러스에 의한 것은 2002년 중국에서 발생한 중증급성호흡기증후군(SARS), 2015년 한국을 뒤흔들어

---

* 핵산은 지구상에 있는 모든 생물의 세포에서 유전 정보를 저장하고 전달하는 역할을 한다. 염기 서열을 통해 세포의 기능 수행에 필요한 세포핵 내부와 외부의 정보를 전달하고 발현하는 기능을 하며, 궁극적으로 다음 세대의 자손에게 유전 정보를 전달한다.

놓았던 중동호흡기증후군(MERS), 2019년부터 전 세계를 강타한 코로나19를 들 수 있다.

아주 작은 존재인 바이러스가 사람과 동물을 죽음으로 이끄는 힘은 전쟁보다 훨씬 강력했다. 세계보건기구와 미국 질병통제예방센터에 따르면 20세기에 사망자를 가장 많이 10대 전염병은 스페인독감, 에이즈, 아시아독감, 홍콩독감, 7차 콜레라, 신종인플루엔자, 에볼라, 콩고홍역, 서아프리카뇌수막염, 중증급성호흡기증후군으로 7차 콜레라와 뇌수막염을 제외하면 모두 RNA 바이러스에 의한 전염병이었다.[2]

사람이나 동물은 세균이나 바이러스에 감염되면 면역 반응을 일으켜 바이러스로부터 자신을 지키고자 한다. 에이즈를 포함한 몇몇 바이러스는 면역 반응을 회피하고 만성 감염을 유발하기도 한다. 인류는 특정 세균이나 바이러스에 면역을 갖도록 인위적으로 항체를 생성하는 백신을 개발해 왔다. 인공적으로 백신을 만든 건 파스퇴르가 처음이었는데, 그는 우두법을 발견한 에드워드 제너를 기리기 위해 백신이라는 명칭을 일반화했다.*

파스퇴르는 1879년에 닭 콜레라를 일으키는 세균을 찾아내 배양하고, 독성을 약화시키기 위해 묽게 희석하여 닭에게 투여한 후 면역 반응을 확인했다. 이는 인공적으로 세균을 배양하는 방식으로 백신 개발에 성공한 첫 번째 사례다. 파스퇴르는 백신 개발의 원리를 발견하여 면역학의 토대를 제공했다. 이후 1881년 그는 탄저병 백신 개발에도 성공했다. 세균과의 전쟁에서 인간이 승기를 잡은 것이다.

---

* 에드워드 제너는 1798년에 천연두균과 유사한 우두균을 이용해 백신(Vaccine)을 개발했다. 제너는 라틴어로 소를 의미하는 Vacca에서 Variolae Vaccinae(우두)라는 단어를 고안했다. 파스퇴르는 그를 기리기 위해 Vaccine이라는 명칭을 일반화했다.

바이러스 백신은 세균 백신보다 인공적으로 개발하기 훨씬 어려웠다. 바이러스는 세균보다 작아 표본 확보와 배양이 힘들고, 백신 효과와 안정성 검증을 위해 엄청난 비용과 시간이 들었다. 그렇지만 인류는 꾸준히 투자하고 연구하여 천연두, B형 간염, 수두 등 DNA 바이러스가 유발하는 여러 질병에 대한 백신 개발에 성공했다.

그런데 RNA 바이러스 백신 개발에는 여전히 고전을 면치 못하고 있다. RNA는 다른 물질들과 반응하기 쉬운 단일 가닥 구조로, 유전 정보가 쉽게 바뀐다. 따라서 변이가 일어날 확률이 DNA 바이러스보다 1000배나 높다. 그리고 변종 바이러스들, 특히 코로나바이러스 변종들은 한바탕 대유행을 일으킨 후 갑작스럽게 가라앉는 특성을 보인다.

백신을 힘들게 개발했는데 변종 바이러스가 나타나 효과가 없어지거나, 대유행이 갑자기 끝나는 상황은 백신 개발에 악재로 작용한다. 애써 개발한 백신이 소용없어지면 제약 회사는 백신 개발에 투자하지 않으려 하고, 연구자의 의지도 꺾이게 된다. RNA 바이러스 중 코로나바이러스가 유발한 중증급성호흡기증후군도 백신을 개발하던 중에 유행이 끝나 버려 백신 개발이 중단되었다. RNA 바이러스 관련 백신 개발에 큰 진전이 없는 상황에서 RNA 바이러스가 유발하는 전염병이 발생하면 전 세계는 바짝 긴장할 수밖에 없다.

2. 가장 짧은 기간에 가장 많은 사람을 죽인 전염병

전쟁 막바지에 찾아온 인플루엔자

오스트리아-헝가리 제국의 수도 빈의 매력적이고 도발적인 예술가였

그림 3. 에곤 실레의 〈가족〉

던 에곤 실레는 1918년 10월 31일, 한창 아름다운 나이인 스물여덟 살에 스페인독감으로 요절했다. 모델같이 매력적인 외모와 에로틱한 작품, 많은 여성과의 염문만으로도 그의 인생은 한 편의 드라마 같았다. 빈 화단에서 인정받기 시작한 바로 그해 급작스럽게 찾아온 죽음은 그의 삶을 더욱 극적으로 만들었다.

　그의 인생과 작품 세계는 〈욕망이 그린 그림〉(2016)이라는 영화로 제작되었다. 영화는 스페인독감으로 죽어 가는 그의 모습으로 시작해서 그의 죽음으로 끝난다. 아내 에디트가 그보다 사흘 먼저 스페인독감으로 사망했다. 그는 독감에 걸려 고통에 겨운 가쁜 숨을 쉬면서 〈가족〉이라는 유작을 남겼다. 그림 3의 구부정한 자세로 앉아 우리를 보고 있는 남자가 실레이고, 그 앞의 여인은 아내이다. 아내의 무릎 사이에는 이 세상에 태어나지 못한 그들의 아기가 있다.

스페인독감은 인플루엔자바이러스가 유발한 독감이었다. 사람들은 인플루엔자를 감기와 비슷하지만 사람 잡을 만큼 무섭고, 겨울에 기승을 부리다가 봄이 되면 수그러드는 독감으로 인식했다. 이에 착안하여 이탈리아인은 독감에 '인플루엔자 디 프레도(influenza di freddo, '추위의 영향'이라는 뜻)'라는 이름을 붙였고 나중에 영국인이 이를 '인플루엔자(influenza)'라고 줄여 부르게 되었다.[3]

인플루엔자바이러스는 인수공통감염병*을 일으키는 병원체로, A, B, C의 세 가지 유형으로 구분된다. 이 중에서 A형은 대표적인 RNA 바이러스로 인간과 동물 간 전염을 통해 대유행을 유발하고, 인플루엔자 중 가장 독력(virulence)**이 강하다. 반면, B형과 C형은 A형보다 변이율이 낮고 유전적 다양성이 떨어져 숙주의 범위도 작으며 유행도 잘되지 않는다.

---

* 인수공통감염병(zoonosis)이란 사람과 동물(일반적으로 척추동물) 사이에 상호 전파되는 병원체에 의하여 발생되는 전염병을 말한다. 인수공통감염을 일으키는 병원체는 바이러스, 세균, 프리온, 기생충 등 여러 가지가 있으며, 매개체 역시 절지동물(곤충, 거미강)에서부터 조류와 포유류에 이르기까지 다양하다. 현재까지 약 250종의 인수공통감염병이 알려져 있으며, 사람의 건강과 공중 보건학적으로 중요한 전염병은 약 100여 종이 된다. 이들 대부분은 인간과 동물에게 큰 위협이 되고 있어, 인간의 건강뿐만 아니라 가축의 전염에 의한 사회·경제학적인 문제를 불러일으키기도 한다. 최근 발생하는 사람 전염병의 75퍼센트 이상이 인수공통감염병에 해당할 만큼 이에 대한 관리와 감시가 중요하다. 그래서 세계보건기구 국제수역사무국(WHO OIE)은 인체 건강과 경제에 타격을 줄 수 있는 감염병의 발생 사실을 보고하도록 하여 국제적으로 관리하고 있다(김원근,「인수공통감염병 발생 동향 및 향후 전망」, BRIC View, 2019-T28, 2019).

** 미생물이 병을 유발하는 병원성의 정도. 숙주에 침입하는 능력 및 치사율로 나타낼 수 있다.

A형 인플루엔자바이러스는 캡시드 표면에 헤마글루티닌(hema-glutinin: H)과 뉴라미다아제(neuraminidase: N)라는 두 가지 단백질을 지니고 있다. 전자는 바이러스가 세포 안으로 침입할 때, 후자는 증식한 다음 세포에서 빠져나올 때 사용된다.

헤마글루티닌은 어떤 숙주를 감염시킬 수 있는지, 숙주 내 어떤 세포에 감수성이 있는지 알아채는 중요 인자이다. H가 18종, N이 11종이 있어 이들 단백질의 조합은 이론적으로 198가지까지 가능하다. 이처럼 다양한 조합으로 독감 바이러스는 카멜레온처럼 모습을 바꿀 수 있다. 그러나 사람 간에 쉽게 전파되는 바이러스는 입, 코, 목과 같은 상부 호흡기의 세포에 부착하는 헤마글루티닌을 가진다. H1, H2, H3와 N1, N2가 주로 인간에게 독감을 일으키는 아형이다. 스페인독감은 A형 인플루엔자바이러스의 H1N1형이었다.*

독감은 인류 역사와 항상 함께했던 질병이다. 일반적인 독감은 섭씨 38도 이상의 갑작스러운 발열, 두통, 근육통, 피로감과 같은 전신 증상과 기침, 인후통, 객담 등의 호흡기 증상을 보인다. 이러한 독감의 병증은 몸살감기보다 심하지만 일주일 정도 앓고 나면 낫고 치명적인 경우는 드물었다. 그런데 1918년에 유행한 스페인독감에 걸린 사람은 일단 감기 증세를 보이다가 호흡이 어려워진 후 폐렴으로 넘어갔고, 피부에서 산소가 빠져나가 푸르뎅뎅해지다가 흑인인지 백인이 구별이 안 될 정도로 얼굴이 점점 시커멓게 변하며 죽었다.

제1차 세계대전이 끝나갈 무렵 유행하기 시작한 스페인독감은 20세기에 유행한 전염병 중 가장 짧은 기간에 가장 많은 사망자를 낸 질

---

* 신종인플루엔자도 H1N1형이었고, 아시아 독감은 H2N2형, 홍콩독감은 H3N2형이었다. 조류인플루엔자는 H5N1형 바이러스에 의한 것이었다.

병이었다. 에곤 실레가 사망하고 나흘 후 1918년 11월 4일, 그의 조국인 오스트리아-헝가리 제국은 제1차 세계대전에서 패배를 인정하고 종전에 합의했다. 1918년 서부 전선에서 프랑스-영국-미국 연합군은 독일군 참호들을 점령하기 시작했다. 독일이 그해 11월 11일 휴전에 합의하면서 제1차 세계대전의 총성은 멎었다.* 그러나 스페인독감은 더욱 기승을 부리며 사람들을 열심히 죽음으로 인도했다. 1918년 늦봄부터 시작해 1920년까지 유행했던 스페인독감은 제1차 세계대전이 막바지로 치달았을 때 정점을 찍었다.

미국이나 영국 등 제1차 세계대전에 참전한 국가들은 병사들의 사기를 떨어뜨리지 않기 위해 1918년 봄에 발생한 인플루엔자 대유행을 보도하지 않도록 언론을 엄격히 통제했다. 그렇지만 당시 전쟁에 참전하지 않고 중립을 지켰던 스페인은 인플루엔자 독감 유행 상황을 대대적으로 보도했다. 이로 인해 최초의 환자가 스페인에서 발생하지 않았음에도 스페인독감이라는 이름이 붙게 되었다.

전자 현미경이 발명되기 전이었기에 사람들은 이 독감의 정체를 몰랐고 백신이나 치료법도 없었다. 스페인독감에 걸리면 행운에 기대거나 속수무책으로 당할 수밖에 없었다. 제1차 세계대전 중에 유행했기 때문에 이 독감으로 전 세계에서 몇 명이 목숨을 잃었는지 정확하게 집계하는 것은 불가능하다. 그러나 스페인독감이 '의학적 홀로코스트'라고 불릴 정도로 인류 역사상 최악의 사상자를 낸 것은 명백한 사실이다.

---

* 제1차 세계대전으로 독일 제국, 오스트리아-헝가리 제국, 러시아 제국, 오스만 제국 등 4개 주요 제국이 해체되었다. 독일 제국, 오스트리아-헝가리 제국은 승계 국가가 탄생했지만 많은 영토를 잃었고, 러시아 제국과 오스만 제국은 완전히 해체되었다. 유럽 및 서남아시아 지도는 새로운 독립 국가가 생기면서 다시 그려졌다.

최근 연구에 따르면 5000만~1억 명 정도가 스페인독감에 걸려 사망했다.[4] 이는 제1차 세계대전으로 인한 사망자보다 3~5배나 많고, 페스트가 약 100년 동안 앗아 간 목숨보다 더 많은 수치다. 스페인독감은 인류가 경험한 전염병 중 가장 많은 사망자를 냈다.[5] 인플루엔자 팬데믹은 1918년 대유행 이후에도 1957년, 1968년, 2009년 세 차례 다시 유행하면서 수많은 사망자를 낳았지만 1918년 스페인독감의 파괴력을 넘어서지는 못했다.[6] 1918년 스페인독감만큼 많은 사망자를 낸 인플루엔자바이러스는 이전에도 이후에도 없었다.

스페인독감의 젊은 희생자들

주로 어린이나 노인들이 잘 걸리는 다른 독감과 달리 스페인독감은 에곤 실레나 그의 부인과 같은 젊은이들이 잘 걸렸고 사망률도 높았다. 그림 4에서 볼 수 있듯이 이전의 독감에 비해 1918년 스페인독감 유행 때 젊은이들의 사망률이 높았다.

젊은이들의 사망률이 높았던 이유는 다양하게 설명할 수 있다. 우선 1918년 스페인독감으로 사망한 미군의 조직 샘플과 알래스카 영구동토*층에 묻힌 시신의 DNA를 분석한 결과에서 드러났듯이, 당시 독감의 인플루엔자 유형이 1830년대에 세계적으로 유행했던 독감과 같은 H1N1형이었다는 점을 꼽을 수 있다.** 노년층은 이미 이 유형의

---

* 영구 동토는 2년 이상 동안 토양 온도가 섭씨 0도(물의 어는점, 화씨 32도) 이하로 유지된 토양을 일컫는다.

** 신종 플루로 알려진 2009년 독감도 H1N1형으로 1918년 독감과 동일한 것으로 밝혀졌다. 사람들은 1918년 스페인독감에 대한 역사적 사실에서 비롯된 공포심

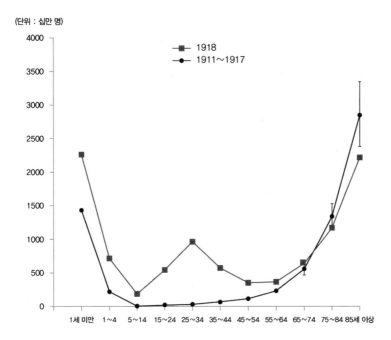

(단위 : 십만 명)

그림 4. 1918년 스페인독감 유행과 1911~1917년 독감 유행의 연령대별 사망자 수 변화
Nickol M. E. & Kindrachuk, J., 2019 자료를 토대로 재작성

인플루엔자바이러스에 노출된 적이 있어 면역 기억을 얻었지만, 청장
년층의 경우 이 유형의 바이러스에 처음 노출되어 효과적인 항체 반응
을 일으키지 못해 더 치명적인 피해를 입었다.

젊은이들의 사망률이 높았던 또 다른 이유로 사이토카인 폭풍

을 느꼈고 종말론적 상상력에 사로잡혔다(Taubenberger, J. K. et al., "Initial genetic
characterization of the 1918 'Spanish' influenza virus", *Science*, 275, 1997, pp.
1793~1796).

(cytokine storm), 일명 '면역 폭풍'을 들기도 한다. 사이토카인은 바이러스 등 외부 침입자가 몸에 들어오면 면역 세포가 분비하는 단백질로, 우리 몸의 면역 시스템에 신호를 보내 면역 활동을 하도록 유도한다. 사이토카인이 적당히 분비되면 좋지만, 너무 많으면 정상 세포까지 파괴하고 나아가 특정 조직 전체를 망가뜨린다.

사이토카인 폭풍은 체내에 침입한 바이러스에 대항하기 위해 신체가 면역 물질을 과도하게 분비해 정상 세포까지 공격하는 면역 과잉 반응을 말한다. 몸이 자신을 스스로 공격하는 사이토카인 폭풍은 면역 체계가 강력한 젊은 층에서 많이 발생해 1918년 스페인독감 유행 당시 젊은이들의 치사율이 높은 원인으로 지목되곤 했다. 그렇지만 이는 다른 인플루엔자 독감과 달리 왜 스페인독감에서 유독 사이토카인 폭풍이 강한 영향을 끼쳤는지를 설명하지 못한다.

1918년 스페인독감으로 유독 젊은이가 많이 사망한 이유로 당시에 제1차 세계대전이 진행 중이었다는 사실을 빼놓을 수 없다. 전 세계의 젊은 군인들은 제1차 세계대전에 참전하여 여러 지역을 이동하며 전쟁을 수행하였고 불결한 최전방 참호에서 집단 생활을 했다. 인플루엔자는 감염된 사람이 재채기하거나 기침할 때 나온 분비물을 통해 확산한다. 인플루엔자는 개인위생을 챙길 형편이 안 되는 병영에서 생활하는 젊은 병사들 사이에서 무서울 정도로 빠르게 퍼져 그들의 목숨을 앗아 갔다.

3. 미국이 스페인독감의 온상일 리 없어

미국 캔자스주에서 시작된 스페인독감

역사적으로 군대의 이동은 전염병 확산의 주요 요인이었다. 영국군의 이동은 콜레라를 전 세계로 확산시킨 주범이었고 여덟 차례에 걸친 십자군 원정(1096~1291)은 페스트를 동양에서 유럽으로 실어 날랐다. 죽은 병사들의 시신은 수습되지 못한 채 폐허가 된 마을에 버려져 검은 쥐와 까마귀에게 파 먹혔다.[7] 스페인독감도 제1차 세계대전에 참전한 국가들의 군대 이동 경로를 따라 전 세계로 퍼져 나갔다.

제1차 세계대전의 주 무대는 유럽이었다. 1914년 6월 오스트리아 령 보스니아의 수도 사라예보에서 세르비아 청년이 오스트리아-헝가리 제국 황위 계승자인 페르디난트 대공과 그의 부인을 향해 쏜 총알은 제1차 세계대전의 시작을 알리는 신호였다. 러시아는 세르비아 편에 서서 100만 명의 병사를 출병시켰고, 러시아의 움직임에 대응하기 위해 독일도 군대를 동원했다. 한편, 이에 위협을 느낀 프랑스는 러시아와 손잡고 독일을 견제했다. 독일은 벨기에를 거쳐 프랑스로 쳐들어가려고 했으나 벨기에가 몇 주 동안 완강하게 버텼다. 덕분에 프랑스는 방어선을 쌓을 시간을 벌었고, 독일은 파리를 코앞에 둔 채 발이 묶여 3년 동안 길고 긴 참호전을 펼쳤다.

1917년 미국의 우드로 윌슨 대통령은 연합국 편으로 제1차 세계대전에 참전할 것을 결정했다. 이 결정은 제1차 세계대전의 판도를 바꿀 중요한 사건이자 스페인독감이 전 세계로 확산하게 된 결정적 계기였다. 1918년 3월부터 시작된 스페인독감의 진원지에 대해서는 논란의 여지가 있지만, 미국 캔자스주 하스켈군의 펀스턴 부대라는 견해가 가장 우세하다.[8]

당시 펀스턴 부대에는 6만 명의 병사가 집결해 있었다. 추운 날씨였는데도 난방 시설이 턱없이 부족해 병사들은 난로 근처에 모여 온기를 나눴다. 바이러스가 퍼지기 좋은 환경이었다. 부대에 있던 6만 명의 병사 중 1100명의 군인이 입원했고 수천 명 이상이 외래 치료를 받게 되었다.[9] 과연 스페인독감의 시발점이 펀스턴 부대가 맞는지, 그렇다면 첫 감염자는 누구인지에 대해서는 의견이 분분하다. 그러나 미국 캔자스주가 스페인독감의 발생지라는 사실은 틀림없는 듯하다.

1860~1870년대 캔자스주에 철도가 건설되었다. 철도 건설 이후 남부 텍사스주의 카우보이들은 중부 캔자스주의 기차역이 있는 마을까지 뿔이 긴 '롱 혼(longhorn)'종의 소 떼를 몰고 와서 기차에 실었다. 텍사스주에서 출발한 소 떼들은 풀을 뜯어 먹으면서 약 900~1000킬로미터를 이동했기 때문에 캔자스주에 도착할 때면 크게 자라 있었고 살도 쪄 있었다. 소는 살아 있는 채로 기차로 운송되었고, 도시의 도매업자는 소를 사서 도축한 후 신선한 고기를 소매업자에게 팔았다.[10] 그래서 캔자스주에 철도가 건설된 후 그곳에 대목장과 텍사스주에서 카우보이들이 소 떼를 몰고 올라와 집결하던 마을(cowtown)이 발달했다.

1880년대 텍사스주에도 철도가 건설되었다. 텍사스주의 카우보이들은 더 이상 캔자스주까지 소 떼를 힘들게 몰고 올 일이 없어졌다. 캔자스주의 소 떼 마을은 점차 활기를 잃다가 육류와 가금류를 밀집 사육하는 공장식 대목장 방식으로 상황을 극복했다. 하지만 밀집 사육이 이루어지는 공장식 대목장은 병원체가 번식하기 적합한 환경이었다. 전문가들은 가축을 매개로 하는 인수공통감염 바이러스인 스페인독감 바이러스가 캔자스주의 공장식 대목장에서 발생했고 그것이 인근 하스켈군에 주둔한 부대의 병사에게 전파되었을 것이라고 했다.[11]

만약 미국이 제1차 세계대전에 참전하지 않았다면 스페인독감은

전염병의 지리학

전 세계로 확산하지 않고 캔자스주 혹은 미국 내에 머물렀을 수 있다. 그러나 불행히도 미국은 참전을 결정했고, 1차 유행이 시작되었다. 펀스턴 부대에서 독감에 걸린 군인은 전국에 배치되었고, 바이러스는 미국 내 다른 군사 캠프로 빠르게 퍼져 나갔다. 1918년 4월 말경 미 육군 36개 캠프 중 24곳에서 스페인독감 환자가 발생하였고, 미군 병사의 약 12퍼센트가 입원했다.[12] 한편 독감에 걸린 병사 중 일부는 프랑스 최대 군항인 브레스트항에 도착했다. 물론 인플루엔자바이러스도 함께 갔다. 브레스트항에 도착한 인플루엔자바이러스는 곧바로 영국 국경을 넘어 독일 진영뿐만 아니라 전 유럽으로 빠르게 전파되었다.

병사들뿐만 아니라 일반인들도 스페인독감에 걸렸다. 언론은 전쟁 중이라는 특수한 상황에서 이 독감이 얼마나 무서운지 전혀 보도하지 않았다. 대중들은 스페인독감 대유행의 심각성을 인지하지 못했고,[13] 중앙정부나 지방정부도 대응 체계를 갖출 여력이 없었다. 정보가 거의 없었던 일반인들은 스페인독감을 며칠 쉬면 낫는 일반 감기 정도로 생각했다. 의사들조차 별다른 조치를 하지 않더라도 치료되는 계절성 독감과 유사하다고 판단했다.[14] 독감 증세를 보이면 소금물로 입안을 헹구고 열이 내릴 때까지 밖에 돌아다니지 말고 며칠 푹 쉬라는 조언을 해 주는 정도였다. 그래서 많은 사람은 스페인의 국왕 알폰소 13세가 독감에 걸렸다는 뉴스를 들어도 이를 대수롭지 않게 넘겼다.

독감에 걸렸을 때는 집에서 쉬라는 조언에도 불구하고 전장에 빨리 군수품을 보내야 했던 노동자들은 열이 나고 기침이 나와도 공장에 나와 일해야 했다. 전쟁 중이었기 때문에 전쟁 자금을 모금하기 위한 대규모 집회도 열렸다. 스페인독감 바이러스는 아파도 일해야 했던 노동자나 대중 동원 행사에 참여한 사람들을 중심으로 일반인들 사이에서 급속도로 퍼져 갔다. 스페인독감의 첫 번째 유행은 1918년 3월부터

5월까지 지속되었다. 첫 번째 유행한 스페인독감은 감염률이 높았지만, 사망률은 0.065퍼센트에 불과할 정도로 낮았다.[15]

독력을 보강하여 다시 등장한 스페인독감

스페인독감으로 인한 사망자 대부분은 1918년 8월부터 5개월간 진행된 두 번째 유행 기간에 발생했다. 두 번째 대유행을 일으킨 변이 바이러스는 독력이 더욱 강화되었고 세균성 폐렴을 동반했다. 두 번째 유행한 바이러스가 첫 번째 바이러스보다 치명적이어서 훨씬 높은 이환율*과 사망률을 보였다. 실레도 두 번째 대유행 때 사망했다. 첫 번째와 두번째 바이러스가 다르다는 의견도 있으나, 일반적으로 첫 번째 유행을 끓는 냄비 표면에 떠오르는 최초의 기포에 비유한다면 두 번째 유행은 본격적으로 끓어올라 생기는 격렬한 파열과 거품이라고 할 수 있다.

두 번째 유행은 영국 남부의 플리머스에서 시작되어 다른 대륙으로 확산했다. 1918년 8월 중순 플리머스에서 출발한 선박이 영국의 석탄 공급 기지가 있던 서아프리카 시에라리온의 수도인 프리타운으로 항해했다. 항구로 들어온 바이러스는 부두 노동자의 집으로 이동하면서 아프리카 곳곳으로 퍼졌다. 뉴질랜드 병사들은 유럽의 전선을 오가는 도중에 프리타운에 들렀는데 그곳에서 바이러스를 가져가 고국에 퍼뜨렸다. 인플루엔자는 전 세계로 퍼져 그해 10월과 11월에 정점에 달했다.

두 번째 유행은 1918년 가을에 사실상 인간이 거주하는 세계 모든

＊　집단 중에서 어떤 병에 걸린 환자의 빈도를 백분율로 표시한 것이다.

　　　　　　　　　　　　전염병의 지리학

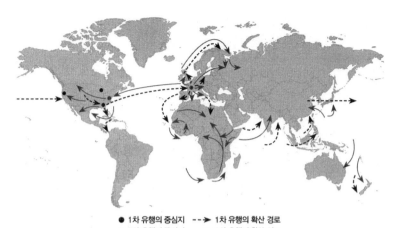

● 1차 유행의 중심지 - - ▶ 1차 유행의 확산 경로
● 2차 유행의 중심지 ─── ▶ 2차 유행의 확산 경로

그림 5. 스페인독감의 제1차, 제2차 유행 중심지와 전파 경로
Nicholson, K. G. et al., 1998 자료를 토대로 재작성

곳을 강타했다.[16] 영국 플리머스에서 시작된 인플루엔자바이러스는 4개월 만에 전 세계로 확산했다. 당시 전 세계 인구의 약 3분의 1이 감염되었고, 사망률은 2.5퍼센트 이상이었다.[17] 북미에서만 백만 명 이상의 사망자가 발생했다. 당시 조선총독부 연감 기록에 따르면, 우리나라에서도 무오년독감으로 알려진 스페인독감이 1918년 9월부터 다음 해 1월까지 5개월 동안 기승을 부렸다. 740만 명이 감염됐고, 14만 명이 숨졌다.[18]

1918년 가을, 스페인 신문은 스페인독감으로 죽은 사람들의 기사로 가득 채워졌다. 당시 사람들은 스페인독감을 '악마'라 부르며 독감 유행을 자신들의 원죄에 대한 신의 처벌이라고 생각했다. 전염병에 대한 지식과 치료제가 없는 공포 상황에서 의학이 무용지물이라고 생각한 사람들은 기도에 의존했는데, 종교에 의존하는 모습은 치사율이 높

그림 6. 피터르 브뤼헐의 〈죽음의 승리〉

은 전염병의 확산이라는 비극에 인간이 대처하는 전형적 태도였다.

14세기 중반 페스트가 유럽 전역을 휩쓸 당시 유럽인들은 병의 원인도 치료법도 알지 못해 죽음 앞에 속수무책이었다. 당시 유럽 인구의 3분의 1 이상이 페스트로 죽었다. 많은 이들은 페스트를 신의 징벌로 여겼고, 공포에 사로잡혀 질병으로부터 자신을 보호해 달라고 신에게 기도하며 매달렸다.

붉은 말을 몰며 전진해 오는 해골 무리가 사람들을 거대한 관 속으로 밀어 넣고 있는 모습을 그린 피터르 브뤼헐의 〈죽음의 승리〉는 당시 사람들이 페스트에 대해 느낀 무력감과 공포를 생생히 보여 주고 있다. 인류는 신이 내린 페스트라는 재앙 앞에 철저히 무력했다. 신의 분노를 가라앉히기 위해 "죄인에게 자비를 베풀어 달라"고 간절히 기도하며 자신의 몸을 채찍으로 때리며 금욕적인 생활을 하는 '채찍질 고행단'이 등장하기도 했다.

종교에 의존하는 사람들의 태도는 전염병의 확산을 부추겼다. 페스트가 처음 창궐했던 6세기에 선교사들은 가난한 마을과 오지를 다니며 영혼과 육체의 구세주인 그리스도만이 가장 고귀한 의사라는 말씀과 함께 페스트균도 전파했다. 선교사들은 그리스도와 복음을 믿으면 질병과 장애, 고통에서 구원받게 될 것이라고 했다. 사람들은 페스트가 사악한 이에 대한 신의 징벌이라고 생각하고 자신들의 죄를 용서해 달라고 간절히 기도했다. 신자들은 손으로 감히 받을 수 없는 그리스도의 영성체를 입을 벌려 받아 모심으로써 사제의 손에 묻은 타인의 타액을 자신의 입으로 가져왔다.[19]

원인이나 치료법이 알려지지 않은 스페인독감이 창궐하자 근대인들도 중세인들처럼 종교에 의지했다. 그것은 희생자를 키운 결과를 낳았다. 1918년 10월 스페인 사모라의 독감 사망률은 10퍼센트 이상으로 스페인 전체 사망률인 3.8퍼센트보다 훨씬 높았다. 사모라의 가톨릭 주교가 행정 당국의 집회 금지 명령에도 불구하고 신의 자비를 호소하는 집단 미사를 강행했기 때문이었다. 신자들은 매일 미사에 참석해 신의 의지로 이 고통을 끝내게 해달라며 '역병의 시대를 위하여'라는 기도문을 외웠다. 스페인독감 바이러스는 기도문을 외우는 사람들이 내보내는 비말을 통해 다른 사람에게 빠르게 퍼져 나갔다. 당시 사모라에서는 한꺼번에 너무 많은 사람이 죽어 관을 짜기 위한 목재조차 구하기 힘들었다.[20]

종교뿐만 아니라 애국심도 스페인독감 확산에 한몫했다. 군수 자금 충당 목적의 채권을 판매하기 위한 대중 동원 집회는 2차 스페인독감 유행을 부추겼다.[21] 집회는 주로 대도시에서 이루어졌다. 예를 들어 미국 필라델피아에서는 1918년 9월 28일 21만 명의 사람들이 전쟁 자금을 모금하기 위한 자유 공채* 시가행진에 참여했다. 이 시기에 자유 공채는 애국심의 표상이었다. 자유 공채를 구매하는 사람은 '자유와 민주주의 수호'를 위한 전쟁에서 승리를 염원하는 사람으로, 구매하지 않는 사람들은 애국심이 없는 사람으로 간주되었다. 특히 이날은 《필라델피아 인콰이어러》는 "인플루엔자가 사라졌다"[22]는 잘못된 내용의 기사를 실은 날이었다. 스페인독감에 대한 두려움이 옅어진 상황에서 자신의 애국심을 표현하는 것이 중요했던 사람들은 공공장소에 몰려드는 것을 꺼리지 않았다. 대중 동원 집회에 참가한 사람들은 성조기를 흔들고 애국가를 불렀다. 집회 이후 인플루엔자바이러스는 도시 전체로 퍼졌다. 일주일에 4500명 이상이 죽어 갔다.[23]

스페인독감의 세 번째이자 마지막 유행은 1919년 1월에 전 세계 대부분 지역에서 나타났다가 그해 5월에 사라졌다. 마지막 유행 지역은 첫 번째 유행 지역과 겹쳤다. 마지막 유행은 이환율이 이전 유행 때

---

* 1917년 제1차 세계대전에 참전하면서 미국연방정부는 원활한 전쟁 자금 조달을 위해 자유 공채를 발행했다. 이는 1917년 4월 24일, 제65회 의회에서 제정된 긴급 자금법 (Emergency Loan Guarantee Act)을 계기로 시작되었으며, 모두 네 차례에 걸쳐 발행되었다. 제1차 자유 공채는 1917년 4월 27일에 시작되어 50억 달러 치가, 제2차 자유 공채는 1917년 10월 1일에 시작해 30억 달러 치가 발행됐다. 제3차 자유 공채는 1918년 4월 5일 시작되어 30억 달러 치가, 그리고 제4차 자유 공채는 1918년 9월 28일부터 시작되어 60억 달러 치가 발행됐다. 제4차 자유 공채가 발행된 기간은 인플루엔자가 미국 전역으로 기승을 부리던 시기와 일치한다(Cortez, A. C., "Wall Street and the Security Markets", *Harvard Economic Studies*, 59, 1999, pp. 55~58).

보다 낮았지만 사망률은 두 번째 유행 때만큼이나 높았다.[24]

지역마다 다른 사망률

인류는 스페인독감을 겪으면서 중세 때처럼 전염병 공포에 떨었다. 세 차례 유행하는 동안 인플루엔자바이러스는 인종이나 계급과 무관하게 사람들을 감염시켰다. 권력을 가진 자와 그렇지 못한 자, 부자와 가난한 자를 가리지 않았다. 인종과 국경도 따지지도 않았다. 인플루엔자는 평등했다.

그렇지만 어디에서 사느냐에 따라 사망률은 달랐다. 기존 인플루엔자바이러스에 접촉한 경험이 거의 없었던 알래스카의 고립된 마을이나 아프리카 밀림 지역의 사람들은 매년 바이러스에 노출된 인구 밀집 지역의 사람들보다 면역력이 떨어져 훨씬 취약했다. 실제로 알래스카에서는 독감에 걸린 한 명의 우편배달부로 인해 이누이트 주민들 대부분이 사망한 마을도 여럿 있었다. 아프리카의 어떤 마을은 스페인독감으로 완전히 사라지기도 했다.

인도, 특히 서부의 펀자브와 뭄바이에서 최소한 2000만 명 이상이 숨졌다. 이는 웬만한 나라의 인구에 해당하는 수치다. 당시 인도는 영국으로 막대한 양의 곡물을 수출했고, 곡물 징발이 가혹하게 이루어지고 있었으며, 극심한 가뭄까지 겪고 있었다. 그 결과 식량 부족으로 수많은 빈민이 기아선상으로 내몰렸다. 결국 인간의 면역 반응을 약화하는 영양실조와 스페인독감 유행이 재앙적 상승 작용을 일으켜 어마어마한 희생자를 낳았다. 스페인독감이 유행할 때 영국이 점령하고 있던 이란에서도 오랜 가뭄과 콜레라, 식량 부족에 말라리아 대유행까지 겹쳐 인구 5분의 1이 목숨을 잃었다.[25]

같은 도시 안에서도 인플루엔자로 인한 사망률은 지역마다 달랐다. 빈민, 이민자, 소수민족이 사는 지역은 다른 지역보다 스페인독감으로 인한 사망률이 높았다. 예를 들어 미국의 코네티컷주의 경우 이탈리아 이민자가 밀집하여 거주하는 구역이 최악의 사망률을 기록했다. 브라질의 수도였던 리우데자네이루의 경우, 빈민가에서 사는 사람들이 가장 혹독한 타격을 입었다. 프랑스 파리에서는 특이하게 가장 부유한 구역에서 사망률이 높았는데 이는 부유한 주택의 처마 밑 추운 방에서 지내는 하녀들이 죽어 나갔기 때문이었다. 결국 1918년 스페인독감의 온상이 비위생적인 이민 집단의 게토라는 소문이 널리 퍼졌다.[26]

독일군이거나 중국인 노동자이거나

스페인독감이 발생한 지 27년이 지난 1945년, 미국 육군 소속의 토머스 프랜시스 박사는 인플루엔자 백신을 개발했다. 그전까지 백신과 치료제가 없어 스페인독감의 발생과 확산에 대한 오해와 편견이 무성했다. 미군 부대에서 첫 환자가 발생했음에도 미국에서는 인플루엔자의 발원과 확산의 주범으로 이민자 집단을 지목했다. 언론이나 학계는 발생 책임을 미국의 주류 백인 사회가 아니라 사회적 약자였던 빈민이나 외국의 이민자에게 돌리기 위한 근거를 샅샅이 찾았다.

1918년 스페인독감 유행의 주범으로 가장 먼저 독일이 지목되었다. 독일 이민자들은 오랫동안 미국 사회의 주류 집단이었다. 그러나 제1차 세계대전을 일으킨 장본인으로 독일이 지목되면서 독일인에 대한 반감이 급증했다. 두 번째 유행이 한창일 때, 《뉴욕타임스》가 독일군 병영에서 인플루엔자 환자가 처음 발생했을 것이라는 기사를 싣는가 하면, 뉴욕 시민들 사이에서는 독일군이 인플루엔자바이러스를 전파했을 것이라는 소문이 무성했다. 《필라델피아 인콰이어러》도 독일군이 인플루엔자 병원균을 극장이나 공원처럼 사람들이 많이 모이는 공공장소에 일부러 퍼트렸다는 한 미군 중령의 주장을 사실 확인 없이 게재하였고, 독일군이 독일 바이엘사(社)에서 제조한 아스피린에 인플루엔자 병원균을 주입했다는 기사를 싣기도 했다. 캔자스주의 미군 부대에서 첫 번째 스페인독감 환자가 발생했음에도 미국인들은 적국 독일에서 온 이민자들을 독감 발생과 확산의 주범으로 삼아 비난했다.

다른 한편에서는 스페인독감이 발생하기 전에 펀스턴 부대에서 일했던 중국인 노동자 중 발열 증세가 있던 사람들이 있었다면서 전염병 전파의 주범으로 중국인을 가리켰다.[27] 중국인들은 스페인독감을 미국에 가져온 집단으로 매도되었고 백인 사회에 전염병을 퍼트리는 보균자로 취급받았다. 제1차 세계대전 동안 연합군의 전쟁을 지원하기 위해 1916년부터 1918년까지 중국 노동자들이 싱가포르, 남아프리카공화국의 더반과 케이프타운, 캐나다를 거쳐 미국과 유럽에 들어와 여러 부대에서 일하고 있었기 때문에 이들이 중국에서 미국으로 바이러스를 가져왔다는 주장은 힘을 얻었다.[28] 미국 캔자스주 펀스턴 부대에서 발생한 첫 번째 스페인독감 환자도 자신이 중국인 노동자들에게 감염되었다고 주장했다.[29]

스페인독감의 발생 원인을 앵글로색슨족이 아닌 다른 이민자들과 인종 탓으로 돌리는 사회적 분위기 속에서 유전학적으로 열등한 인종과 종족에 의해 전염병이 발생했다는 목소리가 커져 갔다. 인플루엔자의 확산을 방지하기 위해서 이민자를 추방해야 한다는 주장도 제기되었다.[30]

그렇지만 스페인독감으로 인한 사망률의 차이는 사실 인종의 차이가 아니라 사회·경제적 차이에 기인했다. 빈민, 이민자, 소수민족이 열등했기 때문에 백인보다 많이 죽은 것이 아니라 빈약한 식사, 열악한 거주 환경, 기저 질환 등으로 독감을 이겨 낼 면역력이 떨어졌기 때문에 많이 죽은 것이다.

미군 병영에서 전 세계로 확산하여 가장 많은 사망자를 낳은 스페인독감이었지만 그 책임을 미국에 묻는 사람도, 미국을 혐오하거나 비난하는 목소리도 거의 없었다. 대신 애꿎은 미국에 온 이민자들만이 스페인독감 바이러스를 퍼뜨렸다며 배척당했다. 인플루엔자바이러스는 누구에게나 평등했지만 그에 대응하는 사회는 매우 불평등했다.

전염병의 지리학

스페인독감을 소재로 한 영화와 드라마

20세기 동안 네 차례 인플루엔자 대유행이 있었다. 그중에서 1918~
1919년 스페인독감은 최고의 사망률을 기록했다. 스페인독감이 발생
한 지 약 50여 년이 지난 후인 1957~1958년에 발생한 아시아독감은
1957년 2월 중국에서 시작되어 그해 여름에 전 세계로 확산되었다.
1968~1970년에 발생한 홍콩독감은 1968년 7월에 중국에서 발생하
여 1969년 초 유럽, 북미, 호주로 퍼졌다. 2009~2010년 돼지독감은
2009년 4월에 멕시코와 미국에서 거의 동시에 발생하여 전 세계로 확
산되었다. 이들 인플루엔자는 스페인독감에 비하면 치명률이 매우 낮
았다.

　의학적 홀로코스트라고 불릴 정도로 인류 역사상 최악의 사상자를
낸 스페인독감이지만 이를 다룬 영화나 문학 작품은 드물다. 영화 〈에곤
실레: 욕망이 그린 그림〉(2016)과 1910~1920년대 영국 귀족 가문을
그린 드라마 〈다운튼 애비〉 시즌 2(2011)에서는 주요 인물이 스페인독
감으로 죽어 가는 모습을 꽤 구체적으로 묘사했다. BBC 드라마 〈스페
인독감: 잊혀진 추락〉(2009)은 맨체스터에서 스페인독감 대유행과 싸
우는 의사에 관한 내용을 다뤘다. 스티븐 킹의 소설을 미니시리즈로 만
든 〈더 스탠드〉(1984)도 스페인독감에서 영감을 받은 작품이다. 스페인
독감은 엄청난 사망자를 낸 감염병이었지만, 이를 소재로 한 영화나 드
라마는 손에 꼽을 정도로 적었고 대중에게 잘 알려지지도 않았다.

제5장

전 지구적 질병에서
열대 풍토병으로 변한 말라리아

말라리아는 인류를 오랫동안 괴롭힌 전 세계적 질병이었으나, 20세기에 급격하게 열대 풍토병으로 변했다. 말라리아는 발생 지역의 자연환경뿐만 아니라 빈곤, 지역 간 불평등, 사회적 통제와 권력 구조 같은 정치·경제적 문제를 반영한다. 제2차 세계대전 이후 말라리아를 인류 공동으로 책임져야 할 문제로 인식하여 국제 사회는 말라리아 근절 정책을 시행해 왔다. 그런데 국제 사회의 말라리아의 근절 정책은 국제 정세의 변화에 따라 달라졌다. 5장에서는 전 세계적 질병에서 열대 풍토병으로의 변화 과정에서 말라리아 발병의 지역 차에 내재된 지역 간 불평등과 권력 구조를 살펴보고, 세계보건기구의 말라리아 퇴치 정책 변화와 자선 자본가에 의해 주도되는 보건 거버넌스의 문제를 점검한다.

1. 열대의 풍토병으로 변해 버린 말라리아

어디에나 있었던 말라리아

말라리아는 매년 전 세계적으로 2억 명 이상을 감염시키고 40만 명 이상을 죽음에 이르게 하는 치명적인 질병이다. 기생충의 일종인 말라리아원충에 감염된 아노펠레스(Anopheles) 모기에 물리면 말라리아에 걸린다. 모기를 통해 말라리아원충이 체내에 들어가면 인간의 적혈구를 감염시키고 간세포를 파괴한다. 약 2주간의 잠복기 이후 열, 오한, 근육통, 두통, 경련, 구토와 같은 독감 증상을 보이기 시작한다. 시간이 지나면서 혈액 내 적혈구 소실로 인한 빈혈과 황달이 나타나고 망막 손상, 비장 파열 등의 증상이 나타나기도 한다. 그래서 발병 초기에 적절한 조치를 취하지 않으면 사망할 수 있다.

　　말라리아원충을 매개하는 아노펠레스 모기는 일반 모기에 비해 작고 날씬하다. 착지 상태에서 몸을 땅과 거의 평행하게 유지하는 일반 모기와 달리 몸을 앞으로 30~45도 기울이는 자세를 보인다. 등 쪽에 둥근 방패 모양의 판과 얼룩무늬 날개가 있고, 코의 양쪽에 긴 촉각 더듬이가 있다.

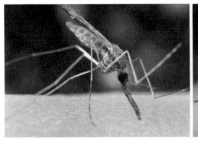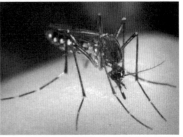

그림 1. 아노펠레스 모기(왼쪽)와 일반 모기(오른쪽)

말라리아는 원충의 종류에 따라 열대열말라리아, 삼일열말라리아, 사일열말라리아, 난형열말라리아로 구분된다. 이 중에서 열대열말라리아가 가장 치명적이다. 열대열말라리아는 아프리카 지역, 특히 사하라 이남 아프리카에서 유행하는 말라리아 중 대부분을 차지한다. 한국을 비롯한 온대 지역에서 발생하는 말라리아는 삼일열말라리아로, 비교적 가벼운 임상 경과를 보인다. 열대열말라리아에 걸리면 발열이 계속되거나 매일 열이 나는 경우가 많다. 반면, 삼일열말라리아는 하루씩 간격을 두고 열이 나는 패턴을 보인다.

말라리아는 이탈리아어로 나쁜(mal) 공기(aria)를 뜻한다. 모기가 매개한 말라리아원충에 의한 감염 경로가 밝혀지기 전까지 사람들은 나쁜 공기를 마셔서 말라리아에 걸린다고 믿었다. 히포크라테스는 악취가 나는 습지에서 올라오는 독기(miasma)가 체액의 균형을 깨뜨려서 고열이 발생한다고 했다. 영국의 작가인 호러스 월폴은 1740년 "말-아리아(mal'aria)라는 흉측한 것이 여름이면 로마에 찾아와 목숨을 앗아간다"고 편지에 썼고, 당시 로마에서 출판된 의학서에서도 '말-아리아'

전염병의 지리학

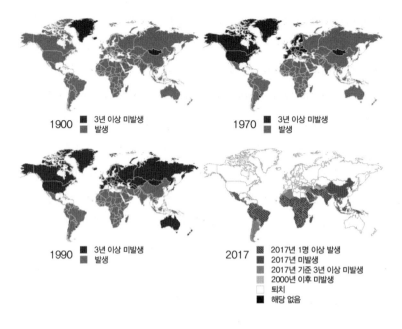

그림 2. 말라리아 발생 지역의 변화(1900~2017)
WHO, 2018 자료를 토대로 재작성

라는 단어가 종종 나온다.[1]

그림 2에서 볼 수 있듯이 말라리아는 1900년대 초반까지 그린란드와 몽골을 제외한 세계 모든 지역에서 발생한 질병이었다. 고대 수메르 사람들은 말라리아의 특징인 오한과 고열로 고생했던 경험을 점토판에 기록했다. 황허강이나 인더스강 유역에서도 치명적인 열병에 시달렸다는 기록이 많이 남아 있다. 말라리아는 아프리카뿐만 아니라 아시아와 유럽, 아메리카에서도 비교적 흔한 병이었다. 영국 청교도혁명을 이끈 크롬웰도 1658년에 말라리아로 사망했다. 독일의 슈투트가르트에서 자란 철학자 헤겔은 열세 살이었던 1783년 말라리아에 걸려 사경을 헤

맸다.* 미국도 1900년대 중반까지 말라리아에 시달렸다.

우리나라도 사람이 견디지 못할 정도로 포학한 질병이라는 의미로 학질(瘧疾)이라고 불렸던 말라리아에 오랫동안 시달렸다. 『고려사』를 보면 "1122년(예종 17) 12월에 학질이 창궐하여 많은 사람이 죽었다"라는 기록이 있다. 1420년 세종의 모친인 원경왕후도 학질에 걸려 별세했다. 『동의보감』은 학질의 증상을 "처음 발작할 때 먼저 솜털이 일어나고 하품이 나며 춥고 떨리면서 턱이 마주치고 허리와 잔등이 다 아프다. 춥던 것이 멎으면 겉과 속이 다 열이 나면서 머리가 터지는 것같이 아프고 갈증이 나서 찬물만 마시려고 한다"고 기술하고 있다.

온대 지역 사람들뿐만 아니라 추운 툰드라 지역인 알래스카의 이누이트인이나 시베리아 북서부의 사모예드인도 오랫동안 말라리아에 시달려 왔다. SBS 〈정글의 법칙〉 시베리아 툰드라 편을 보면 출연진들이 말라리아 약을 처방받고 시베리아로 떠나는 장면을 볼 수 있다. 툰드라 지역은 최난월 평균 기온**이 섭씨 10도를 넘지 않고 월평균 기온이 섭씨 0도를 웃도는 시기는 2~4개월 정도다. 5월부터 눈이 녹기 시작해 짧은 여름 동안 땅 표면이 녹는다. 그렇지만 영구 동토층으로 인해 눈이 녹은 물이 땅속으로 스며들지 못해 땅이 질척이게 되고 늪지가 많이 생긴다. 여기서 모기가 살인적일 정도로 들끓는다. 이처럼 말라리아는 열대 지역과 온대 지역뿐만 아니라, 추운 툰드라 지역에서도 흔하게 발병하던 질병이었다.

---

* 자신을 간호하던 어머니가 자신에게 전염되어 사망하자 헤겔은 죄책감과 충격으로 평생 어눌한 말투를 갖게 되었다.

** 연중 가장 더운 달을 최난월이라고 하고 그 달의 평균 기온을 최난월 평균 기온이라고 한다.

제국주의 시대, 열대 풍토병으로 각인된 말라리아

아프리카, 특히 사하라 이남 아프리카는 말라리아 중에서도 가장 치명적인 열대열 말라리아가 유행하는 지역이다. 사하라 이남 아프리카의 늪이나 해안 지역뿐만 아니라 숲, 도시, 사바나, 언덕 등 거의 모든 곳이 열대열말라리아를 매개하는 아노펠레스 모기에 노출되어 있다. 인구의 증가와 화전 농업 기술의 발달로 아프리카 여러 지역에서는 농사와 정착을 위해 삼림을 벌채해 왔다. 그러자 웅덩이와 도랑이 증가했고, 모기의 번식지도 확장됐다. 아노펠레스 모기는 가장 쉽게 접근 가능한 혈육원인 인간을 물어 피를 빨고 빠르게 도망가는 행동을 발달시켜 왔다. 말라리아원충은 이런 모기 암컷을 매개로 숙주인 인간에게 더 빠르게, 더 효과적으로 침투하고 번식하도록 진화했다.[2]

열대열말라리아는 치료제가 개발되기 전까지 유럽인들로부터 아프리카 내륙을 보호해 주었다. 19세기 초반 유럽의 탐험가들은 콩고강과 나이저강을 따라 아프리카 내륙 깊은 곳까지 들어가려 했으나, 대부분 지독한 말라리아에 걸려 사망하거나 뱃머리를 돌려야 했다. 팀 버튼의 영화 〈찰리와 초콜릿 공장〉(2005)은 당시 유럽인들이 아프리카의 열대열말라리아에 대해 느꼈던 두려움을 잘 보여 준다. 영국의 초콜릿 공장 사장인 윌리윙카는 칼로 모기를 무찌르면서 밀림을 뚫고 들어가 움파룸파족을 자신의 초콜릿 공장으로 데려와 노동자로 부린다. 이때 모기는 공격적이고 빠르며 윌리윙카의 얼굴보다 커다랗게 그려졌다.

유럽의 노예상은 열대열말라리아에 대한 두려움으로 아프리카 내륙에 들어가지 못한 채 해안 지역에 노예선을 정박시켰다. 그리고 원주민 족장에게 양털, 목화, 브랜디, 쇠막대, 유리구슬 등을 건네고 흑인 노예를 사들였다. 유럽인들은 자신들과 달리 아프리카 원주민들이 말라리아에 잘 걸리지 않는 이유를 유럽인과 아프리카인의 체질 차이 때문이라고 생각했다.* 사실 사하라 이남 아프리카 열대 우림에서 사는 성인들은 어릴 때 말라리아에 여러 번 걸렸다 나았던 경험이 있어 말라리아에 대한 내성이 강하다.[3]

그러던 중 말라리아 치료의 실마리가 남아메리카에서 발견되었다. 남아메리카 지역에서는 말라리아원충의 존재와 그 매개체가 모기라는 사실을 알기 훨씬 전부터 기나나무 껍질을 이용하여 말라리아를 치료해 왔다.** 말라리아에 걸린 사람이 안데스산에서 산길을 걷다가 목이 말라 기나나무 껍질로 뒤덮인 물웅덩이의 물을 마셔 나았다는 소문이 빠르게 퍼져 나갔다.

기나나무는 남아메리카 열대 지역에서 잘 자라는 상록수로, 그 껍질에서 알칼로이드를 분리하여 퀴닌을 얻을 수 있다. 기나나무 껍질 속 알칼로이드는 혈액 속 적혈구에 사는 말라리아원충의 증식을 저해해서 말라리아 환자의 병세를 극적으로 호전시킨다. 그래서 남아메리카 지역에서는 말라리아 치료제로 기나나무 껍질을 오랫동안 사용해 왔다. 그곳에서 활동했던 예수회 수사들은 유럽에 말라리아 치료제로 이를 소개했다.

기나나무 껍질은 말라리아 치료에 효과적이지만 귀하다는 문제가 있었다. 당시 유럽에는 기나나무 껍질에서 알칼로이드를 추출할 수 있는 기술이 없어 원산지인 남아메리카에서 야생 기나나무 껍질을 벗겨

---

* 이는 인종 차별주의를 뒷받침해 줄 수 있는 사이비 의학의 원리가 되었다(마이클 비디스, 프레더릭 F. 카트라이트 지음, 김훈 옮김, 『질병의 역사』, 가람기획, 2004).

** 기나나무의 껍질에서 추출하는 퀴닌은 말라리아 치료약 외에도 토닉워터의 씁쓰레한 맛을 내는 성분으로, 금연용 패치에서 흡연에 대한 갈망을 없애는 성분으로, 매혹적인 보라색을 내는 염료 성분으로 이용되는 등 다양한 용도로 사용된다.

수입해야 했다. 남아메리카의 일부 지역에서 자라는 기나나무만으로 수요를 따라갈 수 없고 기후나 토양이 다른 지역에서 재배할 기술이 없어 공급이 부족했다. 당연히 가격은 상당히 비쌌다. 또 다른 문제는 품질의 불안정함이었다. 알칼로이드 함량이 많은 나무도 있었지만 그렇지 않은 것도 있었는데, 그것을 구분해 낼 방법이 없었기 때문이다.

1820년대 들어와 공급 부족 문제와 관련해서는 어느 정도 숨통이 트였다. 프랑스 화학자인 피에르 펠르티에와 약사인 조제프 카방투는 기나나무 껍질에서 알칼로이드를 분리해 내는 데 성공했다. 그들은 기나나무에서 분리한 알칼로이드를 케추아어*로 '나무껍질 중의 껍질'이라는 뜻인 퀴나퀴나(quinquina)에 착안해 '퀴닌(quinine)'이라고 이름 붙였다. 거의 같은 시기에 기나나무 중 퀴닌 함량이 높은 종을 구분할 수 있게 되어 품질 불안정성의 문제도 해결됐다. 1827년부터는 퀴닌을 상업적으로 생산하기 시작해 퀴닌 부족 문제를 어느 정도 해결했다.

한편 1800년대 중반에는 유리온실의 개발과 식물학의 비약적인 발전으로 기나나무의 플랜테이션이 가능해졌다. 영국, 프랑스에 이어 1870년대에 이르면 네덜란드가 인도네시아 자바섬에 대규모 기나나무 플랜테이션을 조성했다. 퀴닌의 공급이 대폭 늘어나자 가격은 급락했다. 가격이 저렴해지자 일반인들도 퀴닌을 말라리아 치료제로 사용할 수 있게 되었다. 당시 일반 가정집 식탁 위에 소금, 후추와 함께 퀴닌이 놓여 있었다. 열대 지역에 식민지가 많았던 영국이 초기에 기나나무 플랜테이션 사업을 주도했으나, 가격이 급락하자 영국인들은 차나무 플랜테이션으로 갈아탔다. 네덜란드는 세계 퀴닌 공급량의 90퍼센트 이

---

* 원래 잉카 문명권의 공용어였던 케추아어는 현재 케추아족을 비롯하여 페루, 볼리비아, 에콰도르 등의 인디오를 중심으로 널리 쓰인다.

상을 장악했다.

말라리아의 증상에 대처하는 분야뿐 아니라 말라리아의 원인을 밝혀내는 문제에서도 진보가 이루어졌다. 특히 말라리아 연구는 식민지 개척을 목적으로 한 열대 의학 분야에서 활발하게 이루어졌다. 1880년에 프랑스 군의관이었던 샤를 루이 알퐁스 라브랑은 혈액에 있는 말라리아원충을 목격함으로써 말라리아가 더러운 공기가 아니라 기생충에 의해 감염된다는 사실을 밝혔다.

1897년에 영국 군의관이었던 로널드 로스는 말라리아원충이 모기를 통해 전파된다는 사실을 알아냈다. 로스는 냉혈 동물인 모기와 온혈 동물인 인간을 숙주로 하여 살아가는 말라리아원충이 모기의 몸 안에서는 유성 생식을, 사람의 간세포와 적혈구 안에서는 무성 생식을 하면서 일곱 번이나 그 성질과 외향을 탈바꿈할 정도로 한살이가 복잡하다는 것도 밝혀냈다. 이처럼 열대 의학 분야에서 말라리아 연구 성과가 나면서 말라리아는 일반인들에게 열대 풍토병으로 각인되었다.

유럽 열강이 말라리아 대처에 열정을 쏟은 이유는 결국 유럽의 식민 제국 건설에 필요했기 때문이었다. 상업적으로 대량 생산된 퀴닌 덕분에 열대열말라리아로 인한 유럽인들의 사망률은 이전보다 크게 줄었다. 아프리카 내륙은 더 이상 백인의 무덤이 아니었다. 유럽인들은 자신감을 가지고 서아프리카 해안 지역을 넘어 내륙까지 적극적으로 진출했다. 그들의 침대 머리맡에는 퀴닌 약병이 꼭 놓여 있었다.

퀴닌 덕분에 아프리카 내륙에 진출하게 된 유럽의 제국들은 효과적인 식민 통치를 위해 말라리아 방역이 필요했다. 영국의 군의관이었던 로스는 시에라리온의 수도인 프리타운의 아노펠레스 모기 서식처를 빨간 점으로 표시했는데, 그 결과 중앙 고지대를 제외하고 동서 양쪽으로 펼쳐진 저지대에 모기가 골고루 서식하는 것을 확인했다.

영국 식민성은 그의 발견을 근거로 1904년에 말라리아 위험이 적은 프리타운 고지대에 백인 주거 전용 지역인 힐스테이션을 건설하고, 말라리아 위험이 많은 저지대를 토착민의 거주지로 구분하는 거주지 분리 정책을 시행했다.[4] 그리고 힐스테이션과 저지대인 평지를 연결하는 고산 철도를 부설해 백인 정착과 원주민 통제를 가능하게 했다.

1934년에는 독일의 의학자인 안데르자크가 항말라리아제인 클로로퀸을 발견하여 보급했다. 이에 따라 당시 백인들에게 말라리아는 치료 가능한 질병이 되었다. 그렇지만 식민지 관료들은 열대 지역의 원주민에게 클로로퀸을 배포하는 데 소극적인 태도를 보였다. 클로로퀸이 그다지 싸지 않았고, 피임약이 없는 상태에서 말라리아 관리 사업이 너무 효과적일 경우 열대 지역에서 인구 폭발이라는 판도라의 상자가 열릴 수 있다고 우려했기 때문이다.

그 결과 열대 지역 사람들에게 말라리아는 여전히 위험한 질병으로 남게 되었고, 말라리아가 열대 풍토병이라는 사람들의 인식은 강화되었다.[5] 유럽 식민 본국과 열대 식민지 사이에 말라리아 격차가 생겨난 것이다. 그러나 당시 유럽과 북미 국가에서도 말라리아는 제한적으로나마 잔류하고 있었다.

유럽과 북미 지역의 말라리아 퇴치 방법

북미와 유럽의 국가들은 생활 환경 개선이나 빈곤 퇴치를 목적으로 한 사업을 시행한 결과 말라리아로 악명을 떨쳤던 지역들을 말라리아에서 해방시켰다. 19세기 말까지 이탈리아에서는 인구 3000만 명 중 약 200만 명 이상이 말라리아에 걸렸고 약 2만 명 정도가 사망했다.[6]

말라리아는 이탈리아 중남부 지역, 시칠리아와 사르데냐섬에서 많이 발생했고 특히 로마 남쪽 지역에 있는 폰티네 습지대는 말라리아로 악명을 떨쳤던 대표적 지역이었다. 그곳에 살던 사람들은 말라리아에 걸려 사망하기 일쑤였다. 19세기 이 지역 사람들은 치명적인 말라리아에 대처하기 위해 모기가 극성인 동안에 다른 지역으로 피했다가 돌아오곤 했다. 그 땅을 버리고 돌아오지 않은 사람들도 종종 있었다. 19세기에 폰티네 지역의 인구 밀도는 전국에서 가장 낮은 편이었고, 사망률은 최고 수준이었으며, 경제적으로는 가장 빈곤했다.[7] 당시 이탈리아 폰티네 습지대를 여행했다면 그곳 사람들이 하나같이 허약하고 남루하며 궁핍하게 사는 모습을 볼 수 있었을 것이다.

무솔리니는 1920년대 초반 자신의 능력과 정치적 정당성을 증명하기 위해 약 2000여 년 전 로마인들이 방치한 폰티네 습지를 개간하기로 했다. 이에 맞춰 이탈리아 의회는 말라리아 발생 지역의 모든 주민에게 퀴닌을 무료로 제공하는 법안을 통과시켰고, 주거 환경을 개선하기 위한 보니화(bonification)를 추진했다.[8] 보니화는 주민을 재정착시키기 위해 습지대를 간척하고 주거 환경과 농업 관행을 개선하는 것을 말한다.

이탈리아 정부는 1924년부터 1939년까지 막대한 예산을 들여 관개 및 저수 시스템을 구축하고 배수 문제를 해결했다. 습지에 물을 공급하던 산자락에 거대한 댐을 세워 물의 흐름을 막았고, 40킬로미터에 달하는 배수용 운하를 건설하여 습지대를 흐르던 물을 테레니아해로 빠져나가게 했다. 곳곳에 도시를 세웠고, 교회, 병원, 사교장 등 편의 시설을 만들었으며, 기차가 제시간에 다니도록 대중교통 시설을 확충했다. 그 후 빨간 지붕의 헛간이 딸린 농장을 소농과 참전 병사에게 제공했다. 집마다 안으로 모기가 침입하는 것을 막기 위해 방충망을 달았다. 주민들은 예방 목적으로든 치료 목적으로든 퀴닌을 무료로 제공받

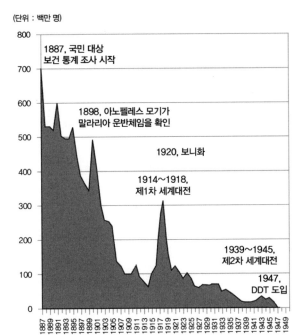

(단위 : 백만 명)

1887, 국민 대상
보건 통계 조사 시작

1898, 아노펠레스 모기가
말라리아 운반체임을 확인

1920, 보니화

1914~1918,
제1차 세계대전

1939~1945,
제2차 세계대전

1947,
DDT 도입

그림 3. 이탈리아의 말라리아 사망률 변화(1887~1949)
Corbellini, G. & Merzagora, L., 1998 자료를 토대로 재작성

왔다.

이와 동시에 무솔리니 정부는 교육을 통해 말라리아와 관련된 잘
못된 인식을 교정하려고 노력했다. 당시 폰티네 농부들은 오염된 공기
나 물을 마셔서, 혹은 블랙베리를 잘못 먹어서 말라리아에 걸린다고 생
각했고, 말라리아에 걸린 아이의 열을 내리기 위해 아이를 뜨거운 오븐
에 집어넣기도 했다. 정부가 배포한 퀴닌을 자신들을 죽이기 위한 독극
물이라고 오인해 복용하려 하지 않기도 했다.[9] 이에 정부는 폰티네 주

민을 대상으로 말라리아 이해 교육을 실시했고 말라리아 연구소를 세워 연구하며 현지 의료진과 치료 과정에 개입했다.

결과는 대성공이었다. 보니화가 끝난 1939년, 새로 개척된 폰티네 지역에 사람들이 모여들어 농사를 지었고 소와 양을 키우면서 최고급 치즈도 만들었다. 이 지역은 농·축산물 생산지로 변모했고 말라리아도 사라졌다. 말라리아 근절보다는 빈곤 퇴치에 더 무게를 두고 막대한 비용을 들여 습지를 개간한 결과 말라리아가 자연스럽게 사라진 것이다. 폰티네 지역에 있는 도시인 사바우디아에는 '천 년간의 빈곤과 죽음'으로부터 폰티네를 구한 무솔리니에게 바치는 충성의 문구가 새겨진 기념비가 있다.

미국도 생활 환경 개선을 통해 말라리아를 퇴치한 경험이 있다. 1930년대까지 미국 테네시강은 홍수 때 심하게 범람했고, 축축한 범람원은 모기가 서식하기 좋은 환경이었다. 말라리아는 테네시강 유역을 피해 가지 않았다. 이곳은 지나친 지력 소모로 농업 생산량이 보잘것없는 가난한 지역이기도 했다. 주민 대부분은 소농이었고 실업률도 높았다. 이곳 주민들은 빈곤과 주기적인 홍수뿐만 아니라 말라리아에도 시달리게 되었다.

1933년 루스벨트 대통령은 테네시강과 그 지류에 다목적 댐들을 건설함으로써 이 지역의 실업과 빈곤 문제를 해결하려 했다. 거대한 국가 예산이 소요되는 국가 주도 사업이었다. 댐과 관개 수로가 건설되면서 테네시강 유역은 세계에서 손꼽히는 수로 및 수력 발전 시설을 갖춘 지역이 되었다.

이 지역은 더 이상 홍수 피해에 시달리지 않았고 주민들은 값싼 전기를 공급받을 수 있게 되었다. 말라리아 전담 팀은 테네시강을 따라 세워진 댐들로 인해 생겨난 호수 주변의 물풀을 제거하고, 정기적인 방

전염병의 지리학

류를 통해 모기 서식처를 없앴다. 이런 노력의 결과 말라리아는 1940년대에 테네시강 유역에서 완전히 사라졌다. 이탈리아와 미국의 사례에서 볼 수 있듯이, 말라리아는 원충이나 모기를 직접 겨냥하기보다 해당 지역의 빈곤 문제를 해결하는 데 초점을 맞춰 생활 환경을 개선하는 방법으로 퇴치되었다.

빈곤 퇴치 노력에 힘입어 세계 곳곳에서 말라리아는 기억 속으로 사라져 갔다. 1970년대 들어서면서부터 북미, 서유럽, 일본, 뉴질랜드에서 말라리아가 사라졌다. 중국 역시 1970년대 중반 강력한 말라리아 예방 캠페인을 시행했다. 그 결과 1900년대 초반 매년 수십만 명에 달했던 말라리아 사망자가 1990년대 말에 이르면 매년 약 100명에 불과한 수치로 줄었다. 러시아와 오스트레일리아에서도 1990년대에 이르러 말라리아가 사라졌다.

물론 이러한 흐름에서 비껴간 지역들도 많았다. 빈곤 퇴치를 통한 말라리아 박멸은 낙후한 지역에서는 시행이 여전히 어렵기 때문이었다. 라틴아메리카, 아프리카, 아시아 대부분 지역에서는 1990년대까지도 말라리아가 발생해, 세계 지도상에서 말라리아 발병 지역과 퇴치 지역이 명확하게 구분되기 시작했다. 2000년대에 들어와서는 사하라 이남 아프리카와 인도 및 동남아시아, 남미의 열대 지역으로 말라리아의 공간적 범위가 제한되었다. 그 이후 동남아시아 지역에서는 말라리아 발병률과 사망률이 서서히 감소했지만 사하라 이남 아프리카 지역에서는 사망자가 오히려 증가했다. 그래서 2000년대 이후 말라리아는 사람들의 인식에서뿐만 아니라 실제로도 열대성 질병이 되었다.

2. 온탕과 냉탕을 오간 국제 사회의 말라리아 근절 노력

1950~1960년대, 저개발국도 말라리아 퇴치를 꿈꾸다

제2차 세계대전 이후 세계는 말라리아를 근절시킬 수 있다는 자신감에 차 있었다. 항말라리아제인 클로로퀸, 새로운 합성 살충제인 DDT (Dichlorodiphenyltrichloroethane),* 그리고 대외 원조를 해외 개입의 주요 수단으로 이용한 미국이라는 세 가지 무기를 쥐고 있었기 때문이다. 1950~1960년대에 세계보건기구는 정책의 우선순위를 말라리아 박멸 사업에 두고, 1955년에 말라리아를 근절하기 위한 프로그램을 조직하고 재정을 지원하겠다고 선언한 후 말라리아 근절 사업을 시행했다.

세계보건기구의 말라리아 박멸 프로그램은 DDT를 사용한 아노펠레스 모기 제어에 초점을 맞췄다. 물론 체내의 말라리아원충을 박멸하기 위해 항말라리아제인 클로로퀸을 배부하기도 했지만, 값싸고 간단한 DDT 살포 방법을 선호했다. 대규모 토목 사업이나 생활 환경 개선을 통한 말라리아 퇴치 방법은 비용이 많이 들고 복잡한 계획과 정교한 기술력이 요구되어 세계보건기구가 애초에 선택할 수 없는 방법이었다.[10]

유기염소화합물인 DDT는 1874년에 처음 합성되었으나 잘 사용되지 않았다. 그러나 1939년 스위스 화학자인 폴 헤르만 뮐러는 DDT가 절지동물에 대해 살충 능력이 있다는 사실을 검증했다. 이후, DDT는 모기, 이, 벼룩과 같은 질병 매개 곤충들을 박멸하고 작물의 해충을 퇴치하는 농약이자 살충제로 순식간에 전 세계에서 환영받았다. DDT는 모기·파리는 물론, 발진티푸스를 옮기는 이(虱)와 벼룩·빈대 박멸

---

* DDT는 클로로벤젠(C6H5Cl)과 트리클로로에탄올(C2HCl3O)을 황산 촉매를 사용하여 합성한 것이다.

에 무척 효과적이어서 '살충제의 원자폭탄'이라 불렸다. 영국 총리였던 윈스턴 처칠은 라디오 방송을 통해 DDT가 신이 내린 축복의 물질이라는 찬사를 보냈다. 미국경제곤충학자연합에서도 곤충학 역사상 이처럼 모든 분야에서 안심하고 사용할 수 있는 화학 약품은 일찍이 없었다고 발표했다. 값싸고 효과 좋은 꿈의 살충제라며 이곳저곳에, 심지어 사람 몸에도 마구 뿌려 댔다.

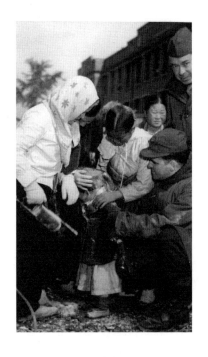

그림 4. 어린이에게 DDT를 뿌리는 미군(1951)
미국립문서기록보관청

한국에서도 해방 직후 미군과 함께 DDT가 처음 들어왔을 때, 이와 벼룩을 잡는다고 어른은 물론 어린이의 몸과 머리에 허연 DDT 가루를 뿌려 댔다. 1950년대에는 여름이 되면 열흘에 한 번꼴로 DDT를 항공 살포했다. 살포할 때마다 "누에나 꿀벌에게 피해 없도록 하라"는 안내가 있었지만 사람 몸에 닿지 않게 주의하라는 말은 없었다. 오히려 1959년 8월 보건사회부는 "일반 가정에서는 방문을 활짝 열어 약 기운이 방 안에 들어가도록 하라"고 당부하기까지 했다. 그 시절 DDT란 생활필수품이었다. DDT를 뿌려 댄 덕분에 이, 벼룩, 빈대는 거의 자취를 감췄다.[11]

이탈리아에서는 1944년 봄부터 약 2년 동안 DDT의 아노펠레스 모기 살충 효과를 실험했다. 결과는 긍정적이었다. 사람들은 비싼 치료제보다 저렴한 DDT 살포로 말라리아로부터 자유로워질 수 있다는 희망에 들떴다. 1945년 6월 5일 이탈리아 라티나주의 폰디 평원에서 실제 적용한 결과 말라리아가 극성을 부렸던 지역에서 아노펠레스 모기가 거의 사라졌다.[12] 록펠러 재단은 1947년에 이탈리아 사르데냐에서 DDT를 이용한 아노펠레스 모기 퇴치 프로젝트를 시작했다.

살충 효과가 뛰어난 DDT는 빈곤한 지역에서도 저렴한 비용으로 말라리아를 박멸할 수 있다는 자신감을 주었다. 많은 국가는 말라리아를 근절하기 위해 비용이 많이 드는 백신이나 신형 치료제 개발보다 값싸고 간단한 DDT 살포를 선택하였다. 말라리아 퇴치에 필요한 비용은 미국을 비롯한 선진국과 세계보건기구의 공적 자금, 록펠러 재단의 기금과 말라리아 발생국이 지출해야 하는 부응 기금으로 마련되었다.

국가적인 말라리아 통제 캠페인은 서남아시아에서 시작하여 남아시아와 동남아시아 지역을 거쳐 태평양의 섬 국가로 확산되었다. 매년 살포 팀이 베트남, 태국, 인도네시아의 가정에 당당하게 DDT를 뿌리러 방문했다. DDT를 살포하자 실제로 말라리아 발병률은 극적으로 감소했다. 1960년대 중반, 성공이 눈앞에 보이는 듯 했다.

말라리아를 박멸할 수 있다는 희망이 회의로 바뀌는 데는 그다지 오랜 시간이 걸리지 않았다. 말라리아가 사라질 때까지 말라리아가 발병하는 지역의 모든 가정에 매년 약을 살포한다는 일은 생각보다 쉽지 않았다. 살포 팀은 멀리 떨어진 지역까지 가야 했고 주민의 협조를 구해야 했다.[13] 살포를 끝냈다고 할지라도 말라리아원충을 지닌 모기가 이웃 마을에서 날아와 말라리아가 발생할 위험은 남아 있었다. DDT 살포가 계속되자 빈곤한 말라리아 발생국은 치솟는 인건비와 보급품 지원 비용이 부담스러웠다. 몇 년 정도 투자하면 말라리아를 박멸할 수 있을 것으로 생각하고 참여한 빈곤한 국가의 정부들은 재정적 압박에 시달렸다.

말라리아원충과 아노펠레스 모기가 화학 물질에 대한 내성을 획득하면서 남아시아와 서태평양 전역에서 말라리아 발병률과 사망률이 다시 증가했다. 1960년대 DDT에 내성을 가진 아노펠레스 모기가 나타났다. 특히 1960년대 중반 클로로퀸 내성을 지닌 열대열말라리아의 출현은 치명적이었다. 클로로퀸 내성을 지닌 열대열말라리아는 동남아시아를 거점으로 하여 점점 영역을 넓혀 갔다. 남미에서도 클로로퀸으로 치료할 수 없는 열대열말라리아의 사례가 보고되었고 이후 세계 여러 지역에서 클로로퀸 내성을 가진 원충이 발견되었다. 퇴치되었다고 믿었던 지역에서 말라리아가 다시 발생했고, 전 세계적으로 말라리아 감염 발생률은 다시 증가했다. 1970년대에 이르러서는 DDT를 사용하기 이전 수준의 발병률로 돌아갔다.[14]

세계보건기구는 말라리아를 박멸이 불가능하다는 것을 깨달았다. 미국을 비롯한 선진국은 말라리아 퇴치를 위해 더는 비용을 쓰고 싶어 하지 않았다. 노동력이 풍부한 시대에 말라리아 방제로 아프리카나 동남아시아 인구가 증가하는 것도 그다지 반가운 소식이 아니었다. 말라리아에 시달리고 있던 빈곤한 국가들도 몇 년 정도 투자하면 그 뒤로 한 푼도 쓰지 않아도 되는 박멸 프로그램에는 없는 예산을 쥐어 짜내서라도 참여할 수 있었지만, 살충제를 주기적으로 살포해야 하고 항말라리아 약품을 지속해서 배포해야 하는 등 예산이 계속 들어가는 프로그램에는 참여하기 어려웠다. 국제 사회의 말라리아 퇴치 재정 지원은 1969년에 끊어졌다. 세계보건기구는 모기와 말라리아원충의 내성, 재정적 제약, 사회·정치적 문제를 고려하여 1972년에 세계 말라리아 박멸 프로그램을 공식적으로 종결하고 관리 프로그램으로 전환했다.[15]

1960년대 이후 제약 기업도 말라리아 백신이나 치료제 연구에 관한 관심을 끊었다. 그동안 말라리아 백신이나 치료제를 개발하려는 시도는 여러 차례 있었지만 말라리아원충의 복잡한 한살이로 인해 번번이 실패하고 말았다. 일곱 번의 변신 단계마다 거의 다른 생물이라고 할 정도로 외양뿐만 아니라 유전적 특징도 다르고 면역 반응도 달라지는 말라리아의 복잡한 한살이의 모든 단계에 작용하는 백신과 치료제를 만드는 일은 매우 어려울 뿐만 아니라 천문학적 투자비가 소요되었다.

같은 이유로 임상 실험과 신약 승인 절차 또한 매우 까다롭고 복잡했다. 제약 기업이 말라리아 백신 개발에 관심을 꺼 버린 결정적인 이유는 약을 살 수 있는 소비자 집단의 부재였다. 북미와 유럽에서는 생활 환경이 개선되면서 말라리아 백신 수요가 감소했고 아프리카나 아시아의 가난한 환자들의 경우 비싼 말라리아 약제를 살 수 있는 여력이 거의 없어 판매 시 이윤이 남지 않았다. 이런 상황에서 제약 기업은 까다롭고 비용이 많이 들면서도 가난한 환자들을 치료하는 말라리아 약제 개발을 우선순위에서 밀어냈다. 대신 그다지 까다롭지도 않고 비용도 상대적으로 덜 들면서도 선진국의 부유한 환자들을 치료하는 고혈압이나 당뇨병 약제 개발에 우선 투자했다. 빈곤한 국가는 예산 부족으로, 제약 기업은 이윤 부족으로, 국제 사회는 관심 부족으로 말라리아를 오랫동안 외면했다.

1970~1990년대, 국제 보건 의제에서 밀려난 말라리아

말라리아는 1970~1990년대 국제 보건 의제에서 밀려났다. 1960년대 초반에 이르러 말라리아 박멸 사업 때문에 기초 보건 의료 서비스가 소홀해졌다고 생각한 일부 국가들에서 불만이 터져 나왔다.[16] 소련은 미국 주도의 말라리아 박멸 사업에 비판적이었기 때문에 1949년 세계보건기구에서 탈퇴한 이후 1957년에 복귀할 때까지 이 사업에 관여하지 않았다. 1970년대 들어 말라리아 박멸이 비현실적이라는 것이 분명해지면서 소련이 새로운 의제에 대한 주도권을 쥘 수 있었다. 소련은 특정 질병 퇴치를 목표로 하는 국제 보건 의제와 자금 공여국이나 자본가의 입김에 좌우되는 세계보건기구의 분위기를 비판하고 나섰다.

1978년에 세계보건기구와 유니세프는 기초 보건 증진을 위한 국제회의를 알마아타에서 개최했다. 회의에 참여한 국가들은 정치 이념에 따라 수평적 프로그램(포괄적 접근)과 수직적 프로그램(선별적 접근) 사이에서 양자택일하는 상황에 처하게 되었다.

수평적 프로그램이란 누구나 쉽게 질병 치료와 예방 조치를 받을 수 있어야 한다는 목표 아래 주거, 위생, 영양, 교육 등 사회적 조건을 개선하는 것을 우선하는 프로그램이다. 수직적 프로그램은 결핵, 말라리아 등 치사율이 높은 질병의 치료와 예방 및 퇴치를 세계 보건의 우선순위로 두고 이러한 질병에 대한 백신과 치료약 개발에 더 많은 자원을 투입하는 프로그램이다.

사실 두 가지 모두 보건 증진을 위해서는 필요한 것이었지만, 냉전 시대 정치적 논리가 영향을 미쳐 소련 등 사회주의권은 수평적 프로그램을, 미국 등 서방 세계는 수직적 프로그램을 지지하면서 보건 증진을 위한 논의가 진영 대결로 변질되었다. 그러다 결국 1970년대 중반 제3세계 운동*이 활발하던 분위기에서 수평적 프로그램을 내용으로 하는

---

* 제3세계주의라고도 한다. 제3세계는 제2차 세계대전 이후 미국과 소련의 냉전의 가담하지 않고 중립을 표방한 개발도상국을 총칭하는 세력으로 비동맹주의를 채택했다. 제3세계 운동은 탈서구, 탈식민의 맥락에서 연대와 평등의 가치를 중시했다. 그러나 1970

알마아타 선언이 채택되었다.[17]

알마아타 선언문은 보건을 인간의 기본권으로 규정하고 일차보건의료(Primary Health Care)를 통한 인간의 건강 증진을 목표로 했다. 일차보건의료란 실제적이고 과학적으로 유효하며 사회적으로 받아들여질 수 있는 방법과 기술에 기초한 필수적인 보건 의료 서비스다. 일차보건의료는 국가의 사회·문화적 특징을 반영하고 정치·경제적 상황을 고려한 건강 증진과 예방, 치료, 재활 서비스와 같은 공중 보건의 제공을 강조한다.[18] 그리고 주요 건강 문제와 질병 예방·관리에 대한 교육, 식량 공급과 적절한 영양 증진, 안전한 식수와 기본 위생 서비스의 충분한 공급, 가족 계획을 포함한 모자 보건 서비스, 주요 감염성 질환에 대한 예방 접종, 지역 풍토병 예방과 관리, 흔한 질환과 손상에 대한 적절한 치료, 필수 의약품 제공에 초점을 맞춘다.

알마아타 선언은 지나치게 이상적이었고 세계보건기구의 일정표는 현실성이 없었다.[19] 일차보건의료 개념은 서로 다른 상황에 있는 국가들에 보편적으로 적용될 수 없었다. 일차보건의료를 시행하려면 보건 의료 체계가 뒷받침되어야 한다. 보건 의료 서비스로의 접근성이 좋아야 하고 주민의 필요에 부응해야 한다. 나아가 보건 의료 자원 배분에 대한 혁신이 필요하고, 보건 의료 인력의 규모와 수련 과정 및 활동이 체계화되어야 한다.

이는 보건 의료 자원 자체를 새롭게 개발하고 조직해야 하는 저개발국이 실행하기 매우 어려운 일이었다. 보건 의료 체계 기반이 이미 갖춰진 선진국, 특히 유럽의 여러 국가는 일차보건의료에서 제시된 목

년대로 들어오면서 중앙집권적 국가 중심의 개발주의를 강조하면서 혁명적인 탈식민화의 이념과 수사학을 상실했다.

　　　　　　　　　　　　　　　　　전염병의 지리학

표를 달성할 수 있었다.[20] 그렇지만 대부분의 개발도상국이나 저개발국에서는 일차보건의료를 바탕으로 보건 의료 체계를 재조직하고 성과를 거둔 사례가 거의 없었다.[21]

게다가 1970~1980년대의 석유 파동과 경제 위기로 인해 여러 회원국이 회비 납부에 어려움을 겪자 세계보건기구는 정치적·재정적·조직적 위기에 봉착했다. 사람들은 반세기 동안 많은 자금을 쏟아부어도 저개발국의 빈곤 상태가 나아지지 않자 원조 효과에 대한 의구심을 제기했다.

원조 효과에 대한 회의는 보건 분야의 원조에도 영향을 미쳤다. 미국의 레이건 정부는 재정 출자를 동결하여 세계보건기구를 견제했다.[22] 1990년대 초에 이르면 회원국의 연회비는 세계보건기구의 총예산 중 절반에도 미치지 못했고 민간 공여자의 기부금 비중은 증가했다. 민간 공여자들의 기부금은 세계보건기구 예산으로 편성되기보다 공여자가 사용처를 지정하는 지정 기여(non-core funding)*인 경우가 많아, 주로 특정 프로그램의 재원으로 활용되었다.[23]

1991년 냉전 종식 이후 신자유주의 바람이 세계를 휩쓸었다. 냉전이 종식되면서 소련을 견제하고 자유주의 진영을 수호한다는 명분을 내세운 대외 원조의 필요성이 사라졌다. 서구권의 세계보건기구에 대한 관심과 기여는 감소했다. 최대 공여국인 미국은 자신들의 경제적 영향력을 확대하고, 미국식 민주주의 가치의 당위성을 관철하기 위해 원조를 지속했지만, 그 규모가 축소되었다.[24] 바로 그 무렵 부의 재분배, 사회복지 보장, 경제 활동 규제와 같은 정부가 맡은 역할을 축소하고

---

* 재원의 용처를 지정한 기여. 반대로 재원의 용처를 지정하지 않은 기부금은 비지정 기여(core funding)라고 한다.

자유 시장을 지지하는 신자유주의 정치 이데올로기가 부상했다. 이후 국제 보건을 뒷받침하는 논리도 통상 확대, 보건의 상품화, 질병 감시, 보건 안보로 대체되었다.[25]

세계보건기구는 결핵 등 재유행성 전염병과 인플루엔자 등 범유행성 전염병을 감시·고지·관리하는 보건 안보상의 역할을 제외하면 1946년 헌장에서 규정했던 국제 보건계의 중추 역할을 상실했다. 대신 국가들이 세계보건기구의 매개 없이 양자적 국제 보건 활동을 진행했다. 다자개발협력의 주요 주체인 IMF와 세계은행도 보건 의료 서비스의 효율성 제고와 민영화를 표방하면서 세계보건기구보다 훨씬 많은 예산을 보건 사업에 편성했다. 이들 국제기구는 저개발국에 자유화, 민영화, 규제 완화 등 강도 높은 신자유주의적 구조 조정을 유상 원조의 조건으로 내세웠다.[26] 신자유주의적 구조 조정을 시행한 저개발국 중 여러 나라가 경제 파탄 지경에 내몰렸고 '파탄국가(failed states)'로 전락했다.[27]

말라리아 퇴치에 대한 재정 지원을 중단한 이래 1990년대 말까지 세계보건기구에는 저개발국의 말라리아 퇴치를 위한 자금도 의지도 없었다. 그러는 동안 클로로퀸으로 막을 수 있는 말라리아 방어선은 무너졌다. 치료와 예방 모두에 가장 많이 사용되는 항말라리아제인 클로로퀸의 효능이 급격히 감소했다. 말라리아원충은 약품에 내성을 가진 돌연변이를 끊임없이 만들어 내면서 약품을 통한 치료 방법을 무력화시켰다. 1980년대에는 클로로퀸 내성을 지닌 말라리아원충이 메콩강 유역에서 아프리카로 퍼져 수백만 명의 목숨을 앗아 갔다. 결국 많은 국가에서 말라리아 치료를 위한 클로로퀸 사용을 포기했다.[28] 클로로퀸 대용품으로 메플로퀸, 독시사이클린, 아토바쿠온과 프로구아닐이 사용되었지만, 부작용도 심했고 이들 약에도 내성을 지닌 말라리아원충이 나타났다.

　말라리아 퇴치 재정 지원이 끊기고 전 세계가 말라리아를 외면하는 30년 동안 수억 명의 사람들이 말라리아에 걸렸고, 사하라 이남 아프리카에서는 말라리아로 수천만 명이 사망했다. 수십만 명의 임산부들이 말라리아 관련 합병증으로 출산 중 사망했고, 수백만 명의 아이들이 저체중으로 태어났다. 말라리아에 걸렸는데도 살아남은 아이들은 만성빈혈, 발작, 인지 장애 등 감염과 중증 질환의 여러 증상에 시달렸다.[29]

2000년대, 국제 보건 의제로 다시 떠오른 말라리아

전 세계가 말라리아를 외면하는 동안에 아프리카의 빈곤한 국가들은 여전히 말라리아에 시달렸다. 특히 5세 미만 어린이의 사망률이 높았다.[30] 1950년대부터 1980년대 초까지 생활 조건이 개선되고 값싸고 효과적인 살충제와 클로로퀸이 보급되면서, 사하라 이남 아프리카의 말라리아 사망률은 느리게나마 감소하고 있었다. 그러나 1980년대 후반부터 클로로퀸에 내성을 가진 열대열말라리아가 아프리카 전역으로 확산하면서 말라리아 사망자는 다시 증가했다.

　말라리아로 인한 사망률이 증가하자 1992년 네덜란드 암스테르담에서 열린 세계보건기구의 각료 회의*는 글로벌 전략 말라리아 통제(Global Strategy Malaria Control)를 승인했다. 1996년 세계보건기구 회원국들은 말라리아 통제를 특별 프로그램으로 수립해 줄 것을 요구했다.

　이듬해인 1997년 아프리카단결기구는 아프리카 경제 회복 및 발

＊　세계보건기구의 최고 의사 결정 기구.

(단위 : 명)

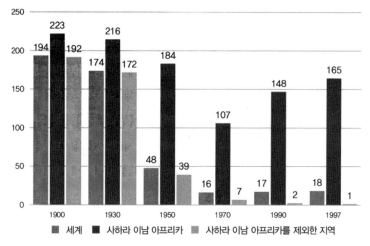

■ 세계   ■ 사하라 이남 아프리카   ■ 사하라 이남 아프리카를 제외한 지역

그림 5. 사하라 이남 아프리카 지역의
인구 10만 명당 말라리아로 인한 사망자 수 변화(1990~1997)
Carter R, & Mendis K. N., 2002 자료를 토대로 재작성

전의 맥락에서 말라리아 예방 및 통제에 관한 하라레 선언을 발표했다.
이는 국가 차원의 말라리아 통제 정책, 자원 할당 및 지역사회 동원이
필요하다는 아프리카 국가들 최초의 공식적 정치 공약이었다. 그렇지만
많은 아프리카 국가는 말라리아 퇴치 공약을 이행하기 위한 자금 조달
여력이 충분하지 않았고 인적·물적 자원을 동원하기도 쉽지 않았다.

1998년 10월, 국제적 수준에서 말라리아 통제 활동을 조정하기 위
해 세계보건기구, 세계은행, 유엔아동기금과 유엔개발계획은 파트너
십을 통해 롤백말라리아(Roll Back Malaria)를 설립했다. 2000년에 국제
연합(UN)은 개발도상국 내 빈곤 감소와 빈부격차 해소를 위해 2015년
까지 세계의 빈곤을 반으로 줄이겠다는 밀레니엄개발목표(Millennium

Development Goals)를 선언했고, 하위 목표 중 하나로 2007년부터 10년 안에 에이즈와 말라리아를 근절하겠다고 발표했다. 1950~1960년대 말라리아 방제의 역사와 말라리아의 복원력을 알고 있는 사람들은 용감하고 대담한 말라리아 퇴치 의제 부활에 놀라워했다.

말라리아 퇴치 자금이 모이면서 20세기 말에 마련된 말라리아 의제 부활 분위기는 마침내 현실화했다. 1950~1960년대 말라리아 퇴치 재원 대부분이 공적 자금을 통해 마련되었다면, 2000년대 말라리아 퇴치 자금은 공적 자금과 민간 부문의 기부로 마련되었다. 9·11테러*는 에이즈와 말라리아의 확산 저지에 필요한 자금을 끌어모으는 데 한몫했다.

제프리 삭스는 빈곤이 절망의 온상이자 테러와 폭력의 원인이라고 규정하면서, 빈곤한 사람이 모두 테러리스트가 되지 않지만 극단적 빈곤에 몰린 젊은이는 테러 네트워크나 마약 범죄 카르텔에 포섭되기 쉽다고 설명했다. 그는 북미와 서유럽의 부유한 국가들이 테러의 위협에 시달리지 않기 위해서라도 원조액을 늘려 저개발국이 빈곤의 덫에서 빠져나오도록 도와야 한다고 주장했다.

부유한 국가의 지도자들은 빈곤이 사회적 분노와 불안정을 야기하고, 이러한 분노와 불안정이 미국과 서구 중심의 국제 질서에 저항하는 테러 집단의 동력이라는 것에 동의했다. 그리고 테러리스트를 양산할 수 있는 환경을 없애고 기존 미국 중심의 국제 질서와 시장 질서를 유지하기 위해서라도 저개발국의 사회 안정에 관심을 가져야 한다는 점에 공감했다. 이러한 논리는 과거 냉전 시기 미국의 저개발국 지원 논

---

* 2001년 9월 11일 미국 워싱턴 D.C.의 국방부 청사(펜타곤), 의사당을 비롯한 주요 관청 건물과 뉴욕의 세계무역센터 빌딩이 공격받은 사건.

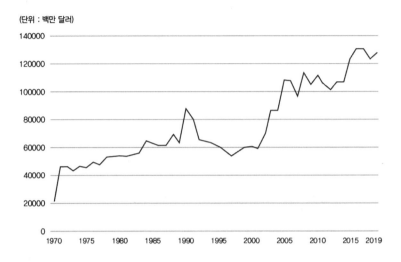

(단위 : 백만 달러)

그림 6. 개발원조위원회(DAC)＊의 공적 개발 지원금 변화(1970~2019)
OECD, 2021 자료를 토대로 작성

리와 유사하다. 단지 냉전 시기에 안보를 위협하는 대상이었던 소련 공
산주의 세력이 테러리스트로 대체되었을 뿐이다.

그림 6에서 볼 수 있듯이 냉전 종식 이후 감소했던 선진국의 공적
개발지원금 규모는 9·11 테러가 발생한 후 다시 증가하기 시작했다.[31]
그리고 빌앤드멀린다게이츠 재단(Bill & Melinda Gates Foundation)같은
민간 부문의 기부도 말라리아 퇴치 자금 마련에 기여했다.

2000년대 국제 사회는 1950~1960년대와 마찬가지로 말라리아
퇴치 프로그램을 독립된 의제로 설정한 후 DDT에 의존했던 과거와 달
리 좀 더 기술 공학적인 방식으로 접근했다.[32] 기술 공학적 접근은 과학

＊ 선진국의 개발도상국 원조를 통합하는 OECD 산하 기구.

전염병의 지리학

적 지식과 기술적 수단을 이용하여 경제적이고 합리적으로 문제 해결에 접근하는 것을 말한다. 그러나 말라리아 근절 정책의 실행 과정에는 과학적·의학적 지식과 기술의 발달뿐만 아니라 오래된 관습과 생태적 특성, 지구적 정의와 기업의 이윤 추구라는 여러 딜레마 상황을 고려하는 일이 필요하다. 정책의 전개 과정에서 발생하는 혜택과 폐해 또한 지역마다 차별적이고 개인적 수준에서도 달라진다. 이러한 다양한 요인과 상황을 고려하지 않은 채 기술 공학적 접근만으로 말라리아를 퇴치하기에는 한계가 있다.

2000년대 말라리아 퇴치 프로그램은 사하라 이남 아프리카 고유의 특성에 따라 성인은 말라리아에 내성이 있다는 가정 아래 수립되었다. 면역 체계가 약해 말라리아원충의 침입을 막는 데 필요한 항체가 없는 어린이들이 말라리아에 걸리지 않도록 살충 처리된 모기장을 충분히 보급하여 꾸준히 사용하도록 하고, 실내 벽에 살충제를 분사했다. 세계보건기구는 살충 처리한 10달러짜리 모기장을 보내기 위한 기금 모금 캠페인인 '너싱벗네츠(Nothing But Nets)' 캠페인을 펼쳤고, 민간단체도 모기장 보내기 운동에 동참했다. 살충 처리한 모기장은 빈곤한 국가에 보내는 원조 물품의 상징이 되었다.

이외에도 모기 서식지인 물웅덩이를 말리고, 보건소에 약과 진단 키트를 공급해서 사람들이 쉽게 검사와 치료를 받도록 지역 의료 서비스를 확충했다. 그리고 내성으로 효과가 떨어진 기존 치료제를 효과가 좋은 아르테미시닌 복합 말라리아 치료제(ACT)로 대체할 수 있도록 지원했다. 말라리아 기초 연구와 제품 개발도 지원했는데, 의약품 투자와 백신 개발에 집중되었다. 말라리아 퇴치 기술이 발달하고 퇴치 수단이 더 다양해졌기 때문에 2000년대의 말라리아 제거와 퇴치 전망이 50년 전보다 낙관적이라고 평가했다.[33]

2000년대 말라리아 퇴치 정책의 특징은 국제기구 및 정부 주도 개발 기구가 정책 효율성을 높이고자 민간 부문의 자금과 기술을 적극적으로 도입했다는 점이다. 민간 자선단체와 민간 기업의 국제 보건 참여의 역사는 꽤 오래되었지만 1990년대 들어서야 공식화되었다.

독일의 기술 원조를 담당하는 기술협력공사(GTZ)와 민간 기업의 말라리아 치료제 개발 관련 협력은 공공-민간 파트너십의 대표적인 사례다. ACT는 말라리아 치료에 효과적이지만 비싸서 빈곤층의 접근이 쉽지 않다. 독일의 의료 구호 기관인 액션메데오르(Action Medeor)와 GTZ, 영국제약산업협회(ABPI)는 ACT의 아프리카 현지 생산을 지원하여 저가로 공급하기 위한 파트너십을 구축했다. 2007년부터 전문가들은 파트너십을 통해 동아프리카의 제약 회사들이 ACT를 생산하고 세계보건기구의 인가를 획득하도록 교육 훈련 및 기술 전수를 진행하고 있다. 전문가들은 당시 5000명 이상의 케냐, 우간다, 탄자니아 농민들에게 아르테미시닌 성분이 함유된 1년생 쑥을 국제 환경과 사회적 기준에 적합하게 생산할 수 있는 재배법을 가르쳤다. ABPI는 우간다와 케냐의 자사 공장에서 농민들이 생산한 쑥과 천연 아르테미시닌을 구매하여 ACT를 생산했다.[34]

말라리아 퇴치 프로그램은 에이즈 말라리아 결핵 퇴치를 위한 글로벌펀드(Global Fund to Fight AIDS, Tuberculosis and Malaria 이하 글로벌펀드), 롤백말라리아, 빌앤드멀린다게이츠 재단이 주축이 되었다. 글로벌펀드는 2002년부터 2020년 8월까지 말라리아 통제 프로그램에 135억 달러 이상을 투자했고 말라리아 퇴치를 위한 국제 기금의 56퍼센트를 제공했다.[35] 세계보건기구가 주도하고 유엔아동기금, 유엔개발계획, 세계은행이 공동으로 출범시킨 롤백말라리아는 말라리아 퇴치 운동의 다양한 주체를 효과적으로 조율하고 퇴치 전략을 개발하는 플랫폼 역할을 했다. 빌앤드멀린다게이츠 재단은 막대한 재원을 가지고 글로벌 사회 및 보건 정책의 방향과 구체적 실천 전략을 구체화하는 지렛대 역할을 했다.[36]

3. 말라리아는 퇴치될 수 있는가?

말라리아에 여전히 시달리는 사하라 이남 아프리카

2000년대 기술 중심 말라리아 퇴치 정책은 어느 정도 효과가 있었다. 국제연합이 밀레니엄개발목표의 하나로 에이즈와 말라리아 및 기타 질병 예방을 제시한 지 20년이 지난 2020년에 세계보건기구는 말라리아 퇴치 노력을 평가한 보고서를 출간했다.

이 보고서에 따르면 2000년 이후 아랍에미리트, 모로코, 투르크메니스탄, 아르메니아, 키르기스스탄, 스리랑카, 파라과이, 우즈베키스탄, 아르헨티나, 알제리는 말라리아 퇴치 인증을 받았다. 브라질, 베트남, 에리트레아, 인도, 남아프리카공화국, 모잠비크, 멕시코, 오만, 사우디아라비아, 이집트 및 모로코에서도 말라리아의 이환율과 사망률이 대폭 감소했다.[37] 환자와 사망자는 2000년 이후 감소하는 경향을 보였다(그렇지만 2015년 이후 감소세는 주춤하고 있다). 말라리아로 인한 총 사망자 수는 2000년 약 73만 6000명에서 2019년 40만 9000명으로 감소했다. 5세 미만 말라리아 환자의 사망률은 2000년 84퍼센트였는데 2019년에 67퍼센트로 줄었다.[38]

그러나 2000년대의 말라리아 퇴치 효과는 투여된 자원과 노력을 고려했을 때 기대만큼 큰 성과는 아니었다. 여전히 매년 전 세계적으로

2억 명 이상이 말라리아에 시달리며, 40만 명 이상이 사망하고 있다. 특히 사하라 이남 아프리카는 2019년 기준 전 세계 말라리아 이환율과 사망률의 90퍼센트 이상을 차지했다. 말라리아 발생국 중 29개국에서 전 세계 말라리아 환자의 95퍼센트가 발생했는데, 이들 국가 대부분이 아프리카에 있었다.

사망자도 유사한 분포를 보였다. 2019년에 전 세계 대부분의 말라리아 사망자가 32개 국가에서 발생했는데 대부분 아프리카에 있는 국가들이었다. 특히, 나이지리아, 콩고민주공화국, 탄자니아, 부르키나파소, 모잠비크, 니제르에서 말라리아 사망자의 절반 이상이 나왔다. 아프리카 지역의 말라리아 사망자는 2000년 68만 명에서 2019년 39만 명으로 감소했지만 여전히 전 세계 사망자의 약 94퍼센트를 차지한다.

아프리카에서 말라리아는 어린이나 출산을 앞둔 임산부에게 매우 위협적이다. 말라리아 감염은 출산 전후 임산부를 사망의 위험에 처하게 하고, 사산과 조산의 중요한 원인이 된다. 태아가 말라리아에 감염된 임산부의 태반을 통해 감염되기도 한다. 이는 태아기, 신생아 및 유아 사망률의 주요 원인일 뿐만 아니라 아동의 성장 지체와 저체중, 인지 능력 저하로 이어질 수 있다.

2019년 말라리아 사망자의 67퍼센트가 5세 미만 아동이었고, 아프리카 33개 고(高)전염 국가의 임산부 중 35퍼센트가 말라리아에 감염되었다. 임신 중 말라리아 감염 비율은 특히 중앙아프리카 지역이 40퍼센트로 가장 높았고 서아프리카가 그 뒤를 바짝 쫓았으며, 동아프리카와 남아프리카에서는 각각 24퍼센트를 기록했다.[39]

말라리아 퇴치, 기술적 문제가 아닌 정치적 문제

사하라 이남 아프리카의 높은 말라리아 사망률은 말라리아 퇴치에 대한 기술 공학적 접근의 한계를 잘 보여 준다. 과거의 경험은 말라리아의 통제와 퇴치에 지식과 기술 적용 이외에도 다른 마법의 총알이 필요하다는 교훈을 주었다. 그럼에도 2000년대 세계 말라리아 통제 전략은 여전히 과학 기술 발달이라는 하나의 총알에 의존했다.

말라리아가 사하라 이남 아프리카에서 여전히 위협적인 까닭은 과거 살충제에 의존한 말라리아 박멸 프로그램이 실패한 원인에서 추론할 수 있다. 1950~1960년대 말라리아 박멸 프로그램이 실패한 근본적인 원인은 DDT와 클로로퀸에 대한 모기와 원충의 내성이나 물자 부족이 아니다. DDT가 맹독성 발암 물질이어서 사용 중지를 요청한 환경주의자 때문은 더욱 아니다. 레이첼 카슨의 저서 『침묵의 봄』(1962)은 무분별한 DDT 사용이 암을 유발하고 생태계를 파괴한다고 경고했지만, 미국연방정부는 1972년에야 DDT를 비롯한 유사한 살충제의 사용을 전면 중단했다. 과거 말라리아 박멸 프로그램이 실패한 진짜 이유는 기술을 이용해 말라리아를 통제할 수 있다는 지나친 믿음 때문이었다.

믿음은 일종의 이데올로기다. 제임스 퍼거슨은 빈곤 문제를 정치·사회적으로 다루지 않고 기술적 문법으로 치환시킨 국제 사회의 기술적 접근을 '반(反)정치 기계(The Anti-Politics Machine)'라는 용어를 사용하여 비판했다.[40] 그는 국제 사회가 빈곤과 연관된 토지, 자원, 실업, 임금 등의 정치적인 문제를 단순히 기술 공학적 문제로 호도했다고 지적했다. 이어 그는 빈민들의 삶에 무지한 엘리트 전문가들이 빈곤 문제를 가치중립적으로 처리함으로써 민주주의를 퇴보시켰고 현지 주민들을 소외시켰다고 했다. 그 결과 국제 원조와 개발이 빈곤 문제에 대한 본질적이고 적절한 대응책을 마련하지 못한 채 기술 공학적 '반정치 기계'만 남게 되었다고 주장했다.

세계 보건의 중요성이 커지면서 국제 사회는 감염병에 효과적으로 대응하기 위해 서로 협력하고 공조하기 위한 글로벌 보건 거버넌스*를 발전시켜 왔다. 또한 유엔은 2009년에 보건을 전문적 · 기술적 영역에서 보는 것에서 벗어나 국가와 사회의 핵심 이슈가 되는 정치적 · 경제적 문제로 다루어야 한다는 내용의 결의문을 채택했다. 그렇지만 국제 기구 내 엘리트 기술 관료, 시민 사회와 비정부 행위자 역할이 점점 중요해졌고 국제기구의 규칙에 기초한 장악력 또한 점점 분명해지면서 세계보건기구는 관료화되었다.

예를 들어 롤백말라리아에는 2015년 기준으로 말라리아 발병국, 다자 개발 파트너, OECD 공여국, 민간 부문 등 7개 분야에서 500개 이상의 다양한 파트너가 참여했다. 다양한 행위자는 파편적이고 이질적인 특성을 내포하며, 서로 협력하기도 하고 갈등하기도 했다. 세계보건기구는 말라리아 퇴치 프로젝트에 참여하는 다양한 파트너를 효과적으로 조율하고 전략을 개발하는 과정에서 관료적 권력이 강화되었다. 한편으로는 공공–민간 파트너십, 시민 사회 조직 또는 자선단체와 같은 새로운 행위자가 부상하면서 정작 실효성 있는 정책을 수립하고 실행을 주관해야 하는 국가의 역할은 모호해졌다.[41]

---

* 글로벌 거버넌스는 국가 또는 유엔과 같은 전통적인 국제 정치 행위자를 포함하여 국제기구, 비정부기구, 자선 재단, 지식 공동체 등 새로운 행위자들이 주체가 되어 세계의 여러 문제를 해결하기 위해 상호 협력하는 네트워크다. 이 같은 맥락에서 글로벌 보건 거버넌스는 국경을 넘는 세계 보건 문제를 해결하기 위해 세계보건기구를 중심으로 개별 국가의 보건 당국, 보건 NGO, 국제기구, 공공 - 민간 파트너십, 자선 재단, 연구 기관 및 병원, 제약 회사 등이 참여하여 상호 협력하는 것을 의미한다.

막대한 기부금을 낸 민간 재단이 공공 보건 시스템의 우선순위를 왜곡하고 자신들이 설정한 보건 정책의 방향을 하향식으로 전달하면서 전통적으로 국가가 책임져 왔던 공중 보건 서비스를 민영화하고 외주화했다. 민간 재단은 기술 공학적 프로그램을 하향식으로 전달했고, 그 과정에서 빈곤한 국가의 정부는 자본의 브로커로 전락했다.[42] 보건을 기술적 영역이 아니라 정치·경제 영역으로 다루어야 한다고 한 유엔의 결의문은 그야말로 실천 없는 결의에 불과했다.

살충 처리한 모기장이 적어도 단기적으로 아동의 사망률을 낮출 수는 있지만, 빈곤의 문제를 놔둔 채 기술만으로 말라리아 발생 조건을 제거하는 것은 거의 불가능하다. 그렇지만 세계보건기구가 기술 공학적 말라리아 퇴치 정책을 선택함으로써 말라리아 퇴치에 효과적인 생활 환경 개선과 모기 제어 환경 조성 방안은 배제되었다. 그것이 사하라 이남 아프리카에서 2000년대 말라리아 퇴치 정책이 그다지 큰 효과를 보지 못한 가장 중요한 원인일 것이다.

돈을 버는 자선

빌게이츠 같은 자선 자본가의 참여는 장기적으로 말라리아 퇴치에 큰 도움이 되지 못했다. 공공-민간 파트너십에서 영향력이 커진 민간 부문은 세계보건기구에 빈곤 퇴치가 아닌 말라리아 퇴치를 강하게 요구했다. 민간 기업은 사회적으로 정의롭게 일하면서 경제적 이윤을 추구한다는 '자선 자본주의(philanthrocapitalism)'의 상호 모순적 가치를 내세우며 국제 사회의 말라리아 퇴치 사업에 적극적으로 참여했다.[43]

협의로 보면 자선 자본주의는 이윤을 추구하는 자본주의 세계에서 기업을 경영하듯이 자선을 실천하는 것을 의미한다. 광의로 보면 새로운 제품, 나은 품질, 저렴한 가격을 실현할 수 있도록 혁신을 주도하면 모두에게 이익이 돌아간다는 자본주의 자체를 의미한다.[44] 자선 자본가의 목표는 돈을 버는 것이 아니라 세상을 바꾸는 것이며, 부산물로 더 많은 돈을 버는 것이다.

빌앤드멀린다게이츠 재단은 자선 자본주의의 대표적 사례로 꼽힌다. 이 재단은 세계보건기구 전체 예산의 10퍼센트를 지원하여 미국 정부에 이어 두 번째로 많은 기부금을 내고 있다. 2013년 게이츠 재단은 미국 정부보다 많은 금액을 기부함으로써 세계보건기구의 최대 단일 후원 기관으로 등극했다.[45] 게이츠 재단의 성공적인 자선 활동이 폭발적인 홍보 효과를 냈기 때문에 보건에 관한 글로벌 거버넌스의 외부 공여자는 이 재단을 중심으로 결집했다.[46]

세상에 공짜 선물은 없다. 자선 자본주의의 파괴적 과정과 영향을 보다 냉철한 시선으로 분석할 필요가 있다. 빌앤드멀린다게이츠 재단과 같은 민간 기업은 자선 활동에 참여하면 좋은 평판과 대중의 존경을 얻어 정치적·사회적 영향력을 강화할 수 있다. 이를 활용하여 정부의 보호, 반경쟁적 관행, 유리한 법적 대우를 받아 더 많은 이윤을 추구할 수 있다. 민간 기업의 자선 활동은 그 기업에 대한 증세 요구를 잠재우고, 기업에서 재단으로 자금이 이동하는 과정에서 자금 운용의 투명성은 저하된다. 이는 부의 재분배를 위한 복지 정책에 쓸 세수가 감소하는 것을 뜻한다. 심지어 자선 기부금 대부분이 저소득층의 경제적 부담을 줄이는 데 사용되지 않는다.* 결과적으로 민간 기업의 자선 활동은

---

* 기부금 조사 단체인 '기빙유에스에이(Giving USA)'의 2012년 보고서에 따르면 전년도 미국의 전체 기부금 가운데 공익사업에 사용된 금액은 7퍼센트밖에 되지 않았고, 종교 단체와 문화예술 단체에 훨씬 많은 금액이 지원되었다. 예술 후원금의 55퍼센트는

전염병의 지리학

경제적 불평등이나 빈곤 해소에 도움이 되기는커녕 오히려 경제 불평등과 종속성을 강화했다.[47]

민간 부문의 기부금이 세계보건기구 예산 중 상당 부분을 차지하면서 민간 부문의 공여자는 예산 배분에 막대한 영향력을 발휘했고, 그 과정에서 세계보건기구의 독립성은 훼손될 수밖에 없었다.[48] 자선 자본가들은 엄청난 금액을 기부하는 대신 세계 보건 의제를 선점하고 그 방향성을 제시하며, 희소한 자원을 특정 영역의 연구 및 개발에 집중하도록 영향력을 행사했다.[49]

말라리아 퇴치를 위해 엄청난 자금을 지원한 빌앤드멀린다게이츠 재단이 세계 보건 정책 결정에 미친 영향력은 지대했다. 게이츠 재단은 보건 사업이 가시적인 결과를 낼 수 있도록 목표를 협소한 범위에서 수립하며, 단기적 성과를 강조하는 기술 중심의 '비즈니스 모델'을 고수했다.[50]

보건 의료에서 게이츠 재단이 제시한 방향은 백신 개발이었다. 보건 의료 상황을 향상하는 데 백신이 하나의 방법이 될 수 있겠지만 게이츠 재단이 백신에 부여하는 의미는 집착에 가까웠다. 식수와 위생 수준의 향상, 영양의 개선은 백신 이전에 인류의 건강을 증진하는 기본 조건이라는 사실을 무시한 채 백신에 집착하는 게이츠 재단의 영향 아래 세계보건기구의 노력은 말라리아, 소아마비, 에이즈와 같은 특정 질병 퇴치에 집중되었다.[51] 게이츠 재단이 이들 질병을 선택한 이유는 지나치게 비용이 많이 들지 않고, 현재 기술로 퇴치할 수 있으며, 시간이 오래 걸리지도 않기 때문이었다.

수많은 비영리 문화·예술 단체 가운데 2퍼센트도 안 되는 대규모 기관에 돌아갔는데, 이들 기관의 주된 이용객은 고소득 백인이다.

2005년 5월 제58차 세계보건총회에서 민간 부문의 인사로서 처음 기조연설을 한 빌 게이츠는 "어떤 이는 빈곤을 퇴치해야만 보건을 개선할 수 있다고 한다. 물론 빈곤 퇴치는 중요하다. 그러나 세계는 빈곤을 퇴치하지 않고서도 천연두를 퇴치한 경험이 있다. 우리 또한 빈곤을 퇴치하지 않고도 말라리아를 근절할 수 있다. 우리가 반드시 해야 할 일은 백신을 만들어 보급하는 것이다"라며 어마어마하게 복잡한 세계 보건 문제에 기만에 가까울 정도로 단순한 백신이라는 기술적 해법을 제시했다. 게이츠가 제시한 해법은 19세기 이후 생활 환경 및 노동 환경의 개선 등 사회·정치적 접근법과 의료 기술 발전의 결합을 통해 사망률이 감소해 왔다는 기존 연구 결과와 정면으로 배치되는 것이었다.

게이츠 재단과 손을 잡은 다국적 제약 기업은 백신 개발에 집중하여 투자하고 승인된 백신에 지식재산권을 공격적으로 보호하여 새로운 시장을 개척하는 한편, 빈곤층의 약물 접근성을 떨어뜨렸다. 만약 민간 부문의 기부금을 생활 환경 및 노동 환경 개선, 부당한 이권 개입 금지, 복지 국가 건설 및 부의 재분배와 같은 사회적·정치적 조치와 공중 보건에 투입했다면 기술 중심의 질병 퇴치 프로그램이 거둔 결실보다 더 큰 결실을 거둘 수 있었을 것이다. 세계보건기구 말라리아 프로그램 책임자였던 아라타 고치는 말라리아 연구에 대한 게이츠 재단의 지배력 확대에 따른 부작용과 의도하지 않은 영향을 지적하며, 빌앤드멀린다 게이츠 재단이 혁신을 저해하고 공중 보건 목표를 좌절시켰다고 비판했다.[52]

유럽과 북미 지역의 말라리아 퇴치 경험이 알려 주는 것

2000년대 말라리아 발생국 대부분은 열대 우림 지역에 있는 빈곤국이다. 모기는 수심이 얕고 흐름이 잔잔한 물웅덩이의 표면에서 산란하고 서식한다.[53] 열대 우림 기후 지역에서는 작열하는 태양열로 나무가 내뿜는 수증기와 지면에서 증발되는 수증기가 합쳐져 비구름이 형성되기 때문에 날마다 비가 많이 내린다. 그렇기에 인간이나 동물들이 걷기만 해도 땅이 푹푹 패고, 그곳에 어김없이 빗물이 고여 모기가 서식하기 좋은 곳이 된다.

열대 우림 지역에서 주택, 도로, 상하수도 및 관개 시설의 개선 없이 물웅덩이를 말려 말라리아를 없애는 일은 거의 불가능하다. 빗물을 잘 빼주는 배수 시설이 제대로 갖춰지지 않는 한 물은 고이기 마련이고, 집 주변의 물웅덩이를 말렸어도 다음날 새로운 물웅덩이가 생긴다. 열대 우림 지역에서 물웅덩이를 제거하는 일은 마치 높은 바위산 꼭대기까지 밀어 올리면 굴러떨어져 버려 계속 반복해서 밀어 올려야 하는 시시포스의 커다란 바위와 같다.

살충제 처리 모기장 보급 정책 또한 기대만큼 말라리아 예방에 효과적이지 않다. 케냐에서 살충 모기장을 받았던 사람들에게 사용 여부를 물었더니 약 20퍼센트만이 사용한다고 응답했다. 말라리아를 몇 차례 앓고 내성이 생긴 이 지역의 성인들은 말라리아의 위험성을 잘 느끼지 못하고 감기 정도로 생각한다. 촘촘하게 짜인 모기장은 공기의 흐름을 막아 무덥고 습한 날씨에 잠드는 것을 방해한다. 원형의 작은 오두막에서 여러 식구가 함께 자야 하는 상황에서 살충제를 듬뿍 바른 정사각형의 모기장을 펼치고 자는 일은 매우 고역이다. 열대 지역 사람들에게 말라리아를 예방하기 위해서 살충 처리한 모기장에서 자라고 하는 것은 온대 지역 사람들에게 감기에 걸리지 않기 위해 날마다 마스크를 쓰고 잠자리에 들라고 하는 것과 마찬가지다.[54]

사하라 이남 아프리카에서는 저녁 무렵 실내에 살충제를 분무하는 것도 모기를 퇴치하는 데 그다지 효과적이지 않다. 말라리아원충은 기온이 18~16도 이하로 떨어지면 활동성이 현저히 떨어진다. 온대 지역에서는 저녁 무렵 실내에 살충제를 뿌리면 모기가 이를 피해 밖으로 나가는데, 밤에 야외는 추우므로 말라리아 퇴치 효과를 볼 수 있다.[55] 반면 사하라 이남 아프리카에서는 저녁에 실내 분무를 해서 모기가 나가도 야외가 따뜻하므로 모기와 말라리아원충이 충분히 생존한다.[56]

그 밖에도, 말라리아 관리는 사하라 이남 아프리카에 속하는 여러 국가가 국경을 초월하여 협력해야 효과적이다. 그러나 이 지역에서는 국경을 넘나드는 무력 충돌이 잦아 말라리아에 걸린 어린 환자가 제때 치료받지 못하는 경우가 빈번하다. 전기나 깨끗한 식수뿐만 아니라 외딴 마을과 외부를 연결하는 교통수단이 빈약하거나 아예 없는 경우도 많다. 이런 상황에서 말라리아로 인한 사망률은 생각만큼 줄지 않고 어떤 지역에서는 오히려 증가하기도 했다.[57]

한편 사하라 이남 아프리카 지역에서 말라리아는 에이즈, 결핵, 홍역, 다른 열대성 질병, 설사 및 영양실조와 같이 관심이 필요한 질병 중 하나에 불과하고, 에이즈나 결핵보다 치료에 대한 사회적 우선순위가 낮은 편이다.[58] 이 지역에는 빈곤, 문맹, 실업, 정치적 억압부터 여성 할례까지 심각한 사회·경제적 문제가 산적해 있다. 더구나 말라리아 발생국이 내야 하는 부응 기금의 조달이 어렵고 의료 인프라가 취약하며 숙련된 인적 자원도 부족하다.

보건 부문 예산이 부족한 말라리아 발생국에서 국제 사회가 제시한 말라리아 퇴치라는 목표를 달성하기 위해 어느 정도 비용을 부담해야 하는지 역시 기술 공학적 접근으로 해결하기 힘든 정치적 문제다. 이를테면 사하라 이남 아프리카의 기후와 문화·사회·경제적 상황을 고려하지 않은 채 모기장을 배포하고 살충제를 분무하며 물웅덩이를 말리는 방식으로는 말라리아 퇴치 목표를 달성하기 힘들다.

사회적 맥락을 고려한다는 것은 매우 복잡하고 난처한 정치적 문제를 동반한다. 말라리아 퇴치 운동과 빈곤 문제는 밀접하게 연관되어 있다. 역사적으로 볼 때 빈곤과 불평등이라는 더 큰 구조적 문제를 무시하고 원충과 모기 제어 프로그램만으로 말라리아와 싸워 이긴 적은 없었다. 원충이나 모기를 겨냥한 기술적 접근이 빈곤 완화 정책 및 사회 의학*의 실천과 병행될 때 말라리아는 근절될 수 있다. 하지만 이러한 주장은 어마어마한 비용이 소요된다는 이유로 무시되어 왔다.

이탈리아는 말라리아 근절에 성공한 대표적인 국가다. 그렇지만 이탈리아 모든 지역이 한꺼번에 말라리아로부터 자유로워진 것은 아니었다. 베네치아, 포강과 아르노강 유역 등 북부 지방은 중·남부 지방과 사르데냐 및 시칠리아보다 먼저 말라리아에서 해방되었다.[59]

이탈리아 북부 지방이 중·남부 지방보다 모기의 생존에 불리했을 뿐만 아니라 경제적으로 더 부유했다는 점이 중요하다.[60] 북부 지방은 다른 지방보다 주택, 산업, 교육, 의료, 교통 환경이 더 잘 갖춰져 있었고, 농민의 영양 상태가 양호했으며, 보건·의료 서비스 접근성이 좋았다. 1920년대 초반 이탈리아 정부는 말라리아 발생 지역에 거주하는 모든 이에게 예방과 퀴닌 치료의 기회를 제공했지만, 습지 간척 사업인 보니화는 중·북부 지방에서만 실시했다.[61] 남부 지방에는 공공 보건 인프라뿐만 아니라 의사, 간호사 및 기타 의료 종사자가 부족하여 농촌의 빈민이 말라리아에 대해 적절한 치료를 받는 것이 거의 불가능했다.[62]

당시 이탈리아 남부 지방의 상황은 오늘날 사하라 이남 아프리카

---

* 생물로서의 인간이 아닌 사회적 존재로서의 인간을 중시하여 연구하는 학문. 의학의 한 분야로, 병에 걸리기 쉬운 사회 환경이나 생활 조건을 개선하는 데 중점을 둔다.

그림 7. 이탈리아의 말라리아 분포도
Torelli, L, 1882

의 상황과 닮아 있었다. 홍역 백신이 있어도 많은 어린이가 홍역으로 죽는 것처럼 말라리아에 관한 과학적 진전이 있어도 경제적 진전이 없다면 여전히 많은 어린이가 말라리아로 죽을 것이다. 말라리아로 악명을 떨쳤던 이탈리아의 남부 지방은 생활 환경이 개선되면서 말라리아에서 벗어날 수 있었다. 이렇듯 말라리아는 빈곤이라는 곤경을 동시에 해결하지 않으면 퇴치가 어렵다.

말라리아 역학자인 안젤로 첼리는 자그마치 1900년이라는 이른 시기에 말라리아가 단순히 생물학적 질병이기보다 발생 지역의 정치·경제적 상황과 밀접하게 연관된 사회적 질병이라고 진단했다. 그러면서 항말라리아 약제 보급과 더불어 말라리아 유행 지역의 관개수로와 생활 환경 개선이 병행되어야 한다고 주장했다.[63] 말라리아 퇴치를 위해서는 기술 공학적 진보와 더불어 사회·경제적 발전이 요구된다. 의사와 의료 시스템이 갖춰져야 하고, 백신을 냉장 보관할 수 있도록 전기가 구석구석 들어와야 하며, 백신을 빠르게 전달할 수 있도록 도로가 건설되어야 한다. 그리고 빗물이 빠지도록 배수 시설을 갖추고 물이 고인 연못의 경우 물이 원활하게 흐르도록 해야 한다. 성공은 아득히 멀지만, 문제와 해결 방향은 이미 뚜렷하다.

DDT 살포 후 무너져 내린 지붕

1960년대 말레이 정글에서 말라리아 연구를 하는 것은 매우 어려운 일이었다. 원주민들은 외부 연구진들에게 불친절했다. 마을 사람들은 말라리아 없는 세상이라는 실현되지 못할 약속을 하면서 손가락을 찔러대는 데 신물이 나 있었다. 더 나빴던 것은 DDT를 살포하고 한 달쯤 지나면 집 지붕이 무너져 내린다는 것이었다. 지붕은 야자수 잎으로 만들어졌다. 지붕에는 야자수 잎을 갉아먹는 애벌레들이 살고 있었는데, 평상시에는 기생벌이 애벌레를 잡아먹었다. 불행히도 기생벌은 DDT에 굉장히 취약한 반면, 애벌레는 저항력이 높았다. 살충제를 뿌리자 기생벌은 죽고 애벌레는 폭발적으로 증가했다. 그 결과 지붕이 무너져 내렸다. 마을 사람들은 말라리아원충에 대해 복잡하게 설명하기만 할 뿐 지붕을 새로 얹어 주지는 않는 말라리아 연구자들이 반가울 리 만무했다.

DDT의 피해는 여전히 계속되고 있다. DDT는 반감기가 2~15년에 이르는 잘 분해되지 않은 오염 물질이다. 세계 각국은 DDT가 암을 유발하고 생태계를 교란한다는 레이첼 카슨의 주장에 귀를 기울여 사용을 전면 중단했다. 한국도 1972년에 DDT 사용을 전면 금지했다. 사용이 금지된 지 약 35년이 지난 2017년에 한국 사회는 DDT 성분이 포함된 살충제 계란 파동 뉴스로 떠들썩했다. 이 계란은 1950~1960년대 뿌려 댔던 DDT가 잔류된 땅에서 방사하여 키운 친환경 닭이 낳은 계란이었다.

제6장

구소련과 함께 붕괴된 결핵 방어선

결핵은 결핵균에 감염되어 발생하는 감염병으로 전 세계 10대 사망 원인 중 하나로 꼽힌다. 20세기 중반 이후 결핵균이 발견되었고, 백신과 치료제도 개발되면서 인류는 결핵균으로부터 자유로워질 수 있다는 자신감으로 충만했다. 그렇지만 구소련 붕괴 이후 체제 전환 과정에서 러시아의 톰스크 지역에서 기존의 결핵 약으로 치료 불가한 다제내성결핵(multidrug-resistant tuberculosis) 환자가 급증했고 곧 전 세계로 확산했다. 다제내성결핵 환자의 증가는 세계 여러 국가의 보건 정책과 이주 정책의 변화를 이끌어 냈다. 6장에서는 구소련 붕괴라는 글로벌 수준의 변화가 시베리아의 톰스크 지역의 다제내성결핵 유행에 미친 영향을 분석한다. 동시에 톰스크에서 유행한 다제내성결핵이 세계보건기구의 보건 정책과 세계 여러 국가의 이주 정책 변화에 미친 영향을 알아보며 글로벌 수준의 변화와 로컬 규모의 지역 변화가 얼마나 긴밀하게 연결되어 있는지 확인한다.

1. 결핵, 아름다운 질병에서 가난뱅이 질병으로

병적 아름다움으로 은유된 질병

결핵은 공기로 퍼지는 전염병으로, 인류 역사에서 가장 오래되고 끈질긴 질병 중 하나다. 지금도 결핵은 세계 인구의 주요 사망 원인이다. 세계보건기구 발표에 따르면 2000년 이후 5400만 명이 결핵으로 목숨을 잃었고 2019년 한 해에만 세계 각국에서 약 140만 명이 결핵으로 사망했다. 이는 연간 120만 명 정도인 에이즈(후천성면역결핍증후군) 사망자보다 많은 수치다.[1]

결핵은 장기가 결핵균에 감염돼 발생하는 질환으로, 결핵균은 기침이나 재채기를 통해 공기로 전파된다. 결핵균은 신체 모든 기관에 침투할 수 있으나, 분열 과정에서 산소를 요구하기 때문에 신체 기관 중 산소가 가장 풍부한 폐에 주로 자리 잡는다. 그래서 결핵을 통상 폐결핵이라고 부른다. 결핵균은 염증이 생긴 조직에 작은 혹인 결절을 형성하는데, 결핵(結核, tuberculosis)이라는 이름은 바로 여기서 유래했다. 결절은 현미경으로만 보일 정도로 아주 작은 것도 있고, 육안으로 보일 만큼 큰 것도 있다.[2]

결핵은 나병이나 매독과 같이 잠복 기간이 길고, 장기적인 치료를 필요로 하는 만성 전염병이다. 결핵 환자와 접촉했다고 모두 전염되는 것은 아니다. 밀접 접촉자의 약 30퍼센트가 감염되고, 감염자의 약 10퍼센트만이 발병을 겪는다.*

결핵의 이미지는 페스트, 천연두나 나병 등 모습이 흉측하게 변하는 질병과 달랐다. 결핵은 질병이 아니라 신체의 상태, 자연의 신비로 여겨지기도 했다. 결핵 환자의 몸은 야위었고, 얼굴은 창백했다. 핏기 없는 얼굴의 가냘픈 아가씨나 청년이 하얀 손수건에 각혈하는 모습은 병적인 아름다움의 표상으로 인식되기도 했다.

르네상스 시대의 화가인 산드로 보티첼리는 스물두 살이라는 꽃다운 나이에 폐결핵으로 죽은 시모네타 베스푸치를 모델로 〈비너스의 탄생〉을 완성했다. 그녀는 보티첼리를 비롯한 많은 예술가가 흠모했던 피렌체의 대표적인 미녀였다.

보티첼리는 그녀를 〈비너스의 탄생〉뿐만 아니라 〈프리마베라〉, 〈비너스와 마르스〉, 〈아테나와 켄타우로스〉에서 우아하고 성스러운 모습으로 그렸다. 그는 죽어 가면서 시모네타의 발끝에 자신을 묻어달라고 했을 정도로 그녀를 사랑했다. 만약 그녀가 가냘프고 창백한 모습으로 요절하지 않았다면 보티첼리의 짝사랑은 훨씬 빨리 끝났을지 모른다.

19세기 초반까지도 예술가들은 결핵을 고귀함이나 아름다움에 대한 찬미, 예술적 영혼의 고귀함, 낭만주의의 멜랑콜리, 천재성의 과잉과 연결했다. 창백함, 무기력, 야윔, 쇠약이 연상되는 결핵이 찬미와 숭

---

* 발병하는 10퍼센트 중에서도 감염 후 2년 내에 발병할 확률은 5퍼센트 정도이고, 나머지 5퍼센트는 평생에 걸쳐 발병한다(조경숙, 「우리나라 결핵 실태 및 국가 결핵관리 현황」, 『보건사회연구』, 37(4), 2017, 179~212쪽).

전염병의 지리학

그림 1. 산드로 보티첼리, 〈비너스의 탄생〉

상의 대상이 되었다. 결핵 환자는 젊음의 절정에서 시적인 죽음에 빠져
드는 비극의 주인공처럼 보였다. 예술가는 결핵 환자를 병약하고 자기
연민에 가득 차 있으면서 냉소적인 인물로 묘사했다. 소설 『삼총사』와
『몽테크리스토 백작』으로 유명한 19세기 낭만파 작가인 알렉상드르 뒤
마는 그의 회고록에 "1823년과 1824년에는 폐병이 유행했다. 그리고
시인들은 모두 폐병 환자였다. 몹시 감동하거나 감격할 때마다 피를 토
하고 30세가 되기 전에 멋지게 죽어 갔다"라고 기록했다.

　실제로 카뮈, 카프카, 도스토옙스키, 톨스토이, 쇼팽, 모딜리아니
와 같은 예술가와 지식인이 폐결핵으로 죽었다. 그래서 결핵은 예술가
나 지식인의 병으로 불리기도 했다. 19세기 서구 사회에서는 결핵이 미
적·예술적 질병으로 인식되면서 미적 기준, 유행, 문학, 생활 양식에 두

루 침투했다.[3]

모든 결핵 환자가 창백하고 아름다운 모습으로 여위어 가는 것은 아니었다. 1925년에 결핵에 걸린 나도향은 창백하게 여윈 모습을 원했지만, 실제 모습은 눈이 꺼지고 피부가 우둘투둘하고 거무튀튀한 것이 아름다움과는 거리가 멀었다. 그 스스로도 "마치 기름먹은 유지에 주황으로 코나 눈이나 입을 그려 놓은 것처럼 핼쑥하고 보기 싫어 병든 얼굴이 나 자신까지 낙망시키도록 무섭게 보인다"고 했다.[4] 결핵은 치료제가 개발되기 이전까지 50퍼센트 이상의 사망률을 보였지만, 19세기 초반까지도 예술가들에 의해 비극적이고 매혹적인 질병으로 포장되어 그 치명성이 희석되었다.

도시화·산업화 이후 가난뱅이 질병이 된 결핵

비록 공기를 매개로 전파되지만, 결핵균은 공기 중에서 몇 시간 견디지 못하기 때문에 호흡기를 통해 몸에 빨리 들어가야만 살아남을 수 있다. 그러므로 결핵균은 촌락보다 인구가 조밀한 도시에서 잘 확산한다. 결핵이 도시 문명이 발달했던 고대 그리스나 로마에서 흔하게 발병했으나 도시 발달이 미흡했던 중세 봉건시대에는 그다지 활개 치지 못한 이유도 그 때문이다.

산업혁명 동안 농촌의 인구는 일자리를 찾아 런던과 같은 대도시로 모여들었다. 런던의 인구는 1800년대에 100만 명이었으나 19세기 말 650만 명으로 급증했다.[5] 1820년대 산업혁명 초기의 대도시 노동환경은 매우 열악했고 임금 수준도 턱없이 낮았다. 농촌에서 토지를 잃고 도시로 몰려든 사람들은 고단함, 굶주림, 영양실조에 시달리는 도시 빈민이 되었다.

런던과 같은 유럽 대도시들은 몰려드는 인구를 수용할 만한 기반 시설을 미처 갖추지 못했다. 준비가 되지 않은 도시의 환경은 오염되었고, 주택은 턱없이 부족했으며, 거주지의 위생 상태는 엉망이었다. 농촌에서 거저 누렸던 깨끗한 공기와 밝은 햇빛을 도시에서는 누릴 수 없었다. 햇빛이 들지 않아 컴컴하고 환기가 되지 않는 비좁은 방에서 가족 여러 명이 함께 생활했다. 이처럼 19세기 산업화에 따른 도시화는 도시 빈민을 양산했고, 그들의 거주지인 슬럼의 탄생을 동반했다. 18세기에 상류층과 중산층의 화려한 소비문화를 상징했던 런던은 19세기에 와서 가난한 하층민의 공간인 슬럼을 새롭게 상징하게 되었다.

슬럼이라는 용어는 제임스 보가 런던의 죄수들이 사용한 속어를 모아서 1819년에 출판한 『은어 사전』에 처음 실렸다. 당시 슬럼은 불법적 행위 그 자체와 관련하여 사용되었다. 그런데 1830년대와 1840년대로 오면서 슬럼은 빈민층이 사는 장소로, 즉 열악하고 낙후된 주거 환경, 인구 과밀, 안전한 식수와 위생 시설의 부족, 빈곤, 비행이 뒤섞인 장소로 그 의미가 변했다.[6] 특히 슬럼은 장소 그 자체뿐 아니라 그곳에 사는 사람들에 대한 부정적 평가를 수반했다. 예컨대 슬럼은 부도덕하고 방탕한 인간쓰레기들이 사는 곳으로 인식되었다. 당시 런던의 대표적인 슬럼인 이스트엔드는 런던 내 '어두운 아프리카'로 불리며 중산층에게 두려움의 대상이었다.[7]

찰스 디킨스가 1834년에 출간한 『보즈의 스케치(Sketches by Boz)』는 당시 런던 하층민의 일상과 공간을 기록한 에세이다. 이 책의 한 장인 「세븐 다이얼즈」는 동명의 슬럼을 다루고 있다. 하층민이 거주하는 동네인 세븐 다이얼즈는 미로와 같은 복잡한 골목, 제멋대로 생긴 광장, 지저분한 풍경을 가리고 있는 매캐한 수증기 등으로 묘사된다.[8]

슬럼 지역은 주거 환경으로는 끔찍했지만 결핵균에게는 더 없이 좋은 환경이었다. 결핵균은 과중한 노동, 빈약한 식사, 불결한 주거 환경, 스트레스에 시달리며 살아가던 도시 빈민층을 거침없이 공격했다. 가장 먼저 희생된 이들은 저항력이 약한 아이들과 열악한 노동 환경에 시달린 젊은이들이었다. 고된 노동으로 제대로 휴식을 취하지 못하고 영양 상태가 나빴던 가난한 사람들은 결핵에 취약했다. 창백한 얼굴로 점점 쇠약해져 갔고 기침을 멈추지 못해 결핵균을 계속 퍼트렸다.

『보즈의 스케치』의 제7장인 「우리 옆집 이웃」에는 18세쯤 되는 소년이 결핵에 걸려 "어머니 저를 너른 들판에 묻어 주세요. 이 무시무시한 거리만 아니라면 어디든지 좋아요. 숨 막힐 듯 붐비는 거리만 아니면 돼요"라며 죽는 장면이 나온다.[9] 하층민에게 런던은 숨 막힐 정도로 붐비는 곳이었다.

결핵은 19세기부터 20세기 중반까지 영국, 프랑스, 미국, 독일 등 초기 산업화 국가에서 줄곧 월등한 비율로 사망 원인 1위 자리를 고수했다. 당시 결핵은 오늘날의 암이나 에이즈보다도 더 무서운 질병이었다. 많은 예술가가 매혹적 비극으로 찬미했던 결핵은 19세기 도시화, 산업화가 본격적으로 이루어지면서 도시 빈민이 걸리는 가난뱅이 이미지의 질병으로 변해 갔다.

부유한 결핵 환자는 요양을, 빈곤한 결핵 환자는 격리를

영국의 소설가 조지 레이놀즈는 『런던 미스터리(The Mysteries of London)』에서 "이 대도시의 도덕적 철자에는 단 두 단어만이 존재한다. 모든 미덕은 하나의 단어로 요약되고, 모든 악덕은 다른 하나로 요약된다. 이 두 단어는 부와 빈곤이다. 부와 빈곤 사이를 가로막고 있는 경계를 결코 넘을 수 없다는 것이 이를 단적으로 드러낸다"[10]고 하면서 부를 도덕과, 빈곤을 악덕과 동일시하던 당시 상황을 비판했다.

결핵에 대한 인식도 빈부에 따라 극명하게 갈렸다. 사람들은 부유한 환자의 결핵을 두고 결백한 사람이 겪는 불행이라고 안타까워했고, 가난한 환자의 결핵에 대해서는 도덕적으로 타락하고 위생 관념이 없어서 자초한 재난이라고 비난했다. 부유한 결핵 환자에게는 공기 좋은 곳에서 요양이 필요하다며 위로를 건넸고, 가난한 결핵 환자는 병균을 퍼트리고 다니기에 사회에서 격리되거나 배제되어야 할 존재라고 생각했다. 결핵은 부유한 자와 가난한 자, 강한 자와 약한 자, 부지런한 자와 게으른 자를 무차별적으로 공격했지만, 사회는 부유한 결핵 환자와 가난한 결핵 환자를 상이한 시선으로 보았다. 물론, 시선뿐 아니라 치료에도 차이가 존재했다.

결핵균이 발견되기 전까지 사람들은 결핵의 원인을 다양한 곳에서 찾았다. 가족 중 환자가 생기면 다른 가족들도 결국 결핵으로 죽으니 유전성 질병이라고 여기거나, 햇빛이 부족한 습한 기후, 통풍이 안되는 환경이나 울적한 마음 때문에 걸린다고 생각했다. 심지어 상상 속 흡혈귀의 이미지가 결핵 환자의 모습처럼 창백하고 매혹적이어서인지 흡혈귀의 소행이라고 여기기도 했다. 사람들은 충분한 햇볕을 쬐고, 야외에서 신선한 공기를 마시면서 균형 잡힌 식사를 하면 결핵을 치료할 수 있다고 믿었다.[11]

1840년에 영국 의사인 조지 보딩턴은 신체 저항력을 길러 결핵 환자를 자연적으로 치료하게 하는 요양소 설립이 필요하다고 주장했다.[12] 결핵 환자들을 전문적으로 돌보는 요양소의 필요성은 점차 공감을 얻었다. 유럽 여러 나라와 미국에서 밝은 햇볕을 쬐고 신선한 공기를 마실 수 있는 요양소를 짓기 시작했다. 당시 결핵 요양소에서의 치료법은 휴식과 식사, 운동을 제외하면 특별한 것이 없었다.

공기 좋은 요양소에서 치료받을 수 있는 환자 대부분이 여유 있는 백인이었기에 유럽과 미국의 결핵 요양소는 자연스럽게 부유한 백인 환자를 위한 공간이 되었다. 토마스 만의『마의 산』은 스위스 그라우뷘덴주 다보스*의 발벨라 결핵 요양소를 배경으로 한 소설이다. 실제 토마스 만의 아내가 결핵을 앓아 이곳에 머물렀다. 다보스의 결핵 요양소는 밝은 햇빛, 차가우면서도 신선한 공기, 울창한 삼림, 눈 덮인 산과 반짝이는 호수 등 천혜의 자연환경을 갖춘 고지에 자리 잡고 있었다. 1898년에 문을 연 요양소는 이곳의 맑고 아름다운 자연환경이 결핵 치료에 도움이 된다는 입소문이 퍼진 덕분에 유명해졌다. 1882년에 결핵균이 발견되었지만 한참 동안 치료제가 개발되지 않았기 때문에 1950년대까지도 사람들은 결핵 치료를 위해 풍부한 햇빛, 신선한 공기와 휴식, 영양가 있는 식사에 의존했다. 결핵은 고통스럽고 치사율이 높았을 뿐 아니라 경제적 부담이 큰 질병이었다. 가난한 결핵 환자가 비싼 결핵 요양소에서 치료받는다는 것은 꿈같은 일이었다.

이후 서구 유럽과 북미에서 결핵이 개인적 질병을 넘어 사회적 질병이라는 인식이 퍼졌다. 빈곤한 사람에게 만연했던 결핵이 부유한 사람에게 전염될 것을 걱정했던 이들을 중심으로 빈곤한 사람을 위한 결핵 요양소를 설립하자는 주장이 나왔다.[13] 물론 이와 같은 주장은 공중보건을 위한 것이 아니라 가난한 결핵 환자로부터 부유한 상류층을 보호하기 위한 일종의 분리 전략으로 제기된 것이었다.[14] 그렇지만 가난한 이를 위한 요양소를 건립할 자선 사업가는 없었다. 가난한 결핵 환자를 위한 공공 결핵 요양소를 설립하는 일은 재정 마련, 부지 선정 등

---

* 다보스는 19세기부터 결핵 환자 요양소로 유명했다. 지금은 세계경제포럼(WEF), 일명 다보스포럼의 개최지로 잘 알려져 있다.

시작 단계부터 어려움에 봉착했고 실현되기까지 오랜 시간이 걸렸다.[15]

　　그러나 서구의 가난한 결핵 환자들은 식민 모국에 산다는 이유만으로도 비교적 운이 좋은 편이었다. 19세기 중반에서 20세기 중반까지는 제국주의의 시대였다. 식민지의 결핵 환자들은 더욱 혹독한 취급을 받았다. 결핵 요양소에서 치료받을 수 없는 식민지인에게는 자기 몸 안의 균을 기침이나 침을 통해 밖으로 배출하는 것 자체가 금지되었다. 식민 당국은 공공 결핵 요양소를 짓는 대신 가래나 침을 뱉는 행위를 범죄 행위로 규정했다. 기차 · 전차 · 도로와 같이 혼잡한 곳에 함부로 침을 뱉을 경우, 그 사람을 경찰에서 엄중 단속하고 처벌했다.[16] 그리고 사람들이 많이 이용하는 공공장소는 물론 개인 가정에도 타구*를 설치하도록 했다. 결핵 치료제가 개발되기 전까지 부유한 결핵 환자는 도시에서 멀리 떨어진 햇빛 잘 드는 곳에서 요양하면서 서서히 회복하거나 죽어 갔고, 가난한 결핵 환자는 기침이나 가래를 참으며 자신의 몸 안에 최대한 결핵균을 가두면서 좁은 방 안에서 서서히 혹은 빠르게 죽어 갔다.

2. 인류와 결핵의 싸움

과학이 결핵에서 인류를 자유롭게 하리라

결핵을 퇴치하려는 과학적 노력이 19세기 말부터 20세기 중반까지 이어졌다. 독일의 로베르트 코흐는 1882년에 결핵균을 발견했다. 코흐

---

* 　가래나 침을 뱉는 그릇.

는 결핵에 걸린 실험동물의 조직에서 미코박테리움 투베르쿨로시스 (Mycobacterium tuberculosis)라는 균을 분리해 냈다. 그는 자신이 발견한 세균이 결핵의 원인이라는 사실을 입증하기 위해 결핵을 앓는 사람과 동물에게서 추출한 세균을 배양한 후 토끼와 같은 실험동물에 주입해 결핵을 일으키는 데 성공했다.* 그리고 그는 사멸시킨 결핵균의 추출물인 투베르쿨린 주사액을 결핵 치료제로 내놓았다. 그렇지만 이 약은 치료 효과가 없었고, 심지어 위험했다. 나중에서야 정제된 투베르쿨린이 결핵균 감염 여부를 알려 주는 시약으로 쓸모가 있다고 입증되면서 결핵 진단을 위해 쓰이고 있다.

프랑스의 알베르 칼메트와 카미유 게랭은 1906년 우(牛)결핵균을 사용해 결핵 예방 백신을 개발했고 자신들의 이름을 따 BCG(Bacille Calmette-Guerin)라고 명명했다. 유아와 송아지를 대상으로 BCG 접종을 시작했지만 접종 후 도리어 결핵에 걸려 사망한 사고가 여러 번 일어나 이 백신에 대한 불신이 커졌다. 제2차 세계대전 이후 BCG 백신은 좀 더 정확한 효과 검증과 규격화를 거쳐 다시 사용되기 시작했다.

한편, 결핵 진단은 1895년 독일에서 빌헬름 콘라트 뢴트켄이 미지(未知)라는 의미의 X선을 발견함으로써 훨씬 빨라지고 정확해졌다. 초기에 사생활 침해 논란을 빚기도 했지만, 의료계는 X를 적극적으로 활용하기 시작했다. 1922년에 처음으로 X선을 이용해 폐 사진을 찍었다.

---

* 그는 이 실험을 통해 세균이 질병의 원인이라는 사실을 확인하였고, 세균이 다른 사람에게 쉽게 옮겨 갈 수 있다는 사실을 발견했다. 그의 발견 덕분에 전염병과 비전염병을 구분할 수 있게 되었고, 환경을 바꿈으로써 건강한 사람에게 병이 전염되는 것을 막는 공중 보건에 대한 인식이 생기기 시작했다. 여러 국가에서 결핵 예방을 위한 법률을 제정하기 시작하였고, 거리에 가래나 침을 뱉는 행위 등이 금지되기 시작했다.

이후 의사들은 결핵으로 인한 손상 부위를 점점 더 일찍 발견해 낼 수 있게 되었다. 그 결과, 알고 있는 것보다 훨씬 많은 사람이 결핵을 앓고 있었다는 사실도 드러났다.

결핵균이 발견되었고 예방 백신과 X선도 개발되었지만, 치료제 개발까지는 조금 더 기다려야 했다. 우크라이나 태생의 유대인 미생물학자인 셀먼 왁스먼은 1944년에 결핵균을 죽이는 효과를 지닌 스트렙토마이신(streptomycin)이라는 새로운 항생 물질을 찾아냈다. 결핵은 페니실린으로 치료할 수 없었으나 스트렙토마이신의 발견으로 치료할 수 있게 되었고 결핵 환자는 줄어들기 시작했다.

그러나 결핵균은 결코 만만한 상대가 아니었다. 스트렙토마이신에 내성을 가진 결핵균이 나타난 것이다. 결핵 약제 내성은 일부 균주의 돌연변이에 의해 발생한다. 소수의 내성균이 증식해 비율이 증가하면 환자는 더 이상 해당 약제로 치료할 수 없게 된다. 스트렙토마이신 내성균을 보유한 환자들이 증가하자 몇 명의 의료진은 스트렙토마이신에 파라-아미노살리실리산과 이소니코틴산 히드라지드라는 두 약물을 병행해서 사용할 경우 내성균을 치료할 수 있다는 것을 알아냈다. 그렇게 개발한 약이 파스(PAS)다. 이후 아이나, 피라진아미드, 에탐부톨, 리팜피신 등의 결핵 치료제가 차례로 개발되었다.

선진국에서 결핵 환자가 급격하게 줄었다. 결핵 약을 정량으로 복용한 사람들 대부분이 완치되었다. 영국의 경우 1800년대 중반까지 연평균 6만 명 이상이 결핵으로 사망했는데, 1949년에 연간 2만 명 아래로 떨어졌고, 이후 결핵으로 인한 사망자 숫자는 계속 줄어 1965년에는 약 2000명에 불과했다. 20세기 중반 이후 인류는 결핵을 정복할 수 있다는 자신감을 갖게 되었다. 사람들은 결핵을 더 이상 죽음에 이르게 하는 무서운 질병이라고 생각하지 않았다. 과학의 발전을 통해 가난한 사람과 부유한 사람 모두가, 즉 모든 인류가 결핵균으로부터 자유로워졌다고 믿었다. 인류와 결핵 간의 싸움에서 인류가 승리한 듯 보였다. 결핵 관련 연구가 거의 중단된 '침묵의 시간'이 계속되었다. 20세기 마지막 분기에 승인된 약 1400개의 신약 중 결핵 약은 단 2종뿐이었다.

서부 전선만 이상 없었던 결핵

사실 결핵으로부터 서구권만 이상이 없었을 뿐 세계 여러 지역은 계속해서 결핵에 시달리고 있었다. 결핵은 고대에서 현재까지 결코 정복된 적이 없었고 여전히 많은 사람이 이 병으로 죽어 간다. 궁극적으로 보면 인류와 결핵 간의 싸움은 인류가 아닌 결핵의 승리로 기울어 가는 형국이다. 치명적이기는 하지만 분명히 치료 가능한 결핵이 여전히 세계의 주요 사망 원인이라는 지위를 유지할 수 있는 근본적 원인은 빈곤이다. 미국 중심가에서든, 남반구의 가난한 국가에서든, 결핵 사망자는 거의 전적으로 빈곤한 사람들이다. 빈곤한 사람은 결핵균에 노출되기 쉽고 제대로 치료받기 어렵다. 결핵으로 사망한 사람의 대부분이 저개발 국가의 가난한 사람들이다. 결핵은 빈자에게 여전히 치명적이다.

인도, 중국, 러시아의 결핵 환자가 전 세계 결핵 환자의 절반을 차지한다. 환자 수로 보면 인도가 가장 많다. 인도는 높은 경제성장률을 자랑하지만, 신규 결핵 환자 수와 결핵으로 인한 사망률이 전 세계에서 가장 높다. 인도에서 결핵 환자가 많이 발생한 이유는 2007년 바라나시에서 열린 '직조공들과 수공업 장인들을 위한 민중 재판'을 통해 추정해 볼 수 있다.[17] 직조공들은 먼지와 실밥으로 가득한 좁은 공간에서 오랜 시간 앉아서 일해야 한다. 결핵에 걸리기 쉬운 작업 환경이다. 이들 대부분은 가장으로, 가장이 결핵에 걸리면 일을 제대로 할 수 없고,

집안 형편이 나빠진다. 가족들은 영양실조에 걸리기 쉽고, 영양실조에 걸린 사람들은 면역력이 떨어져 결핵에 걸리기 쉽다. 결핵에 걸렸을 때 정확한 진단과 치료를 받는 것도 어렵다.

인도 정부는 1992년부터 결핵 퇴치를 위한 국제 사회의 원조를 받아 의사나 관련 의료 종사자가 결핵 환자를 직접 관찰, 감독하면서 완치될 때까지 관리하는 직접관찰치료(directly observed treatment-short course)제도를 운영해 왔다. 그러나 시골에는 의사가 별로 없고, 있다고 해도 제대로 훈련받지 못해 환자에게 정확한 진단을 내리기 어렵다.

설혹 어찌어찌 결핵 감염 진단을 받았다고 하더라도 치료의 길은 요원하다. 환자는 영양을 충분히 섭취하며 최소 6개월 동안 꾸준히 의약품을 복용하면서 강도 높은 노동을 피하고 휴식을 취해야 한다. 그렇지만 극빈층을 위한 식량 배급 카드가 제대로 발급되지 않는 상황에서 환자는 일을 그만두고 마냥 쉴 수 없다.[18] 빈곤한 결핵 환자는 제대로 치료를 받지 못한 채 살기 위해 일하며 죽어 간다. 인류는 좁은 공간에서 많은 사람이 영양 결핍 상태로 고되게 일해야 하는 상황을 개선하기 전까지 결핵과의 싸움에서 승리하기 어려울 것이다. 결핵은 빈곤이라는 무대가 있다면 그곳이 어디든 발병한다.

20세기 말에 결핵은 러시아와 구소련 국가에서 다시 유행했다. 1990년대 초반 러시아에서는 결핵 환자가 인구 10만 명당 85명 수준에 이르렀고, 카자흐스탄, 키르기스스탄, 투르크메니스탄 등 중앙아시아의 옛 소련 지역에서는 더 심각했다.* 특히 타지키스탄에서는 소련 붕괴 이후 이슬람주의 세력과 친러시아 세력이 서로 정권을 잡으려고

---

* 인구 10만 명당 카자흐스탄에서 126명, 키르기스스탄에서 123명, 투르크메니스탄에서 90명에 달했다.

1992년부터 5년간 내전을 치렀다. 그 과정에서 수많은 전쟁고아가 수도 두샨베 거리로 내몰렸다. 제대로 된 음식을 먹지 못한 채 추위와 싸우던 이들 사이에 결핵이 퍼졌다. 결핵 환자의 증가는 구소련 붕괴로 인한 경제적 어려움과 정치적 혼란과 밀접하게 관련된다.

3. 구소련 붕괴와 더 강력하게 돌아온 결핵

구소련 붕괴 이후 급증한 결핵 환자

미국 대통령 부시와 소련 서기장 고르바초프는 1989년 12월에 몰타에서 만나 냉전 체제의 종식을 선언했다. 소비에트 연방의 러시아, 벨라루스, 우크라이나 정상은 1991년 12월 소련 해체 및 독립국가연합 창설을 결정하는 벨라베자 조약에 서명했고, 곧바로 독립국가연합 결성에 합의한 알마아타 조약에 서명함으로써 소비에트 연방은 공식적으로 해체되었다.* 소비에트 연방의 해체는 자본주의 시장이 전 지구적으로 확장되는 계기가 되었고 세계화는 본격화되었다.

　냉전 체제가 붕괴되고 자본주의 체제로 빠르게 진입하며 러시아를 비롯한 과거 소련에 속했던 국가들은 정치·경제·사회 전반에 걸쳐 체제 전환의 진통을 겪었다. 러시아 연방은 1991년 석유·가스 등 주요 국영 산업을 민영화했고, 이듬해 가격 자유화를 급격히 시행했다.

　자본주의를 경험한 적이 없는 러시아는 국가를 대신해 시장을 작

---

* 　소비에트 연방이 공식적으로 해체된 날은 1991년 12월 26일이다.

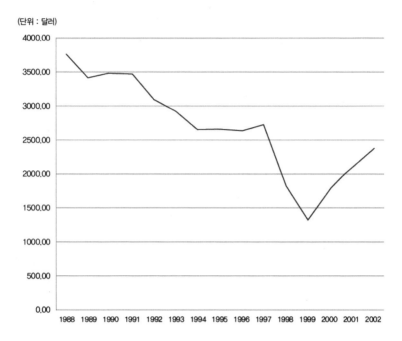

(단위 : 달러)

그림 2. 러시아의 1인당 GDP 변화(1989~2002)
World Bank, 2021(b) 자료를 토대로 작성

동시킬 독점 규제 및 공정 거래에 관한 법률과 같은 법적·제도적 기반
을 갖추지 못한 상태였다. 가격 자유화 정책을 시행한 지 반년도 되지
않아 통화량을 확대했고 그 결과 인플레이션도 큰 폭으로 증가했다.[20]

러시아의 경제적 폐해는 매우 컸고, 그림 2에서 볼 수 있듯이 1990
년에서 2000년까지 1인당 GDP는 큰 폭으로 감소했다. 구소련 붕괴 이
후 경제적 후퇴로 인해 일반인들의 생활 수준은 극적으로 저하되었다.
빈곤층은 휴식을 취하지 못한 채 과중한 노동에 시달리거나 실업자로
전락했다. 식사는 빈약했고, 주거 환경은 악화되었으며, 갑작스러운 변

화로 인한 스트레스에 시달려야 했다.

　반면, 혼란 속에서 이루어진 민영화 과정에서 일부 사업가는 권력 층과의 유착과 탈세, 부당한 거래를 통하여 막대한 부를 축적할 수 있었다.[21] 특히 신흥 재벌인 올리가르히(олигархи)*는 에너지, 광공업, 금속, 통신 관련 국영 기업의 사유화를 통해 엄청난 부를 소유하게 되었다. 러시아의 사회·경제적 양극화는 매우 빠르게 심화했다.

　올리가르히는 러시아의 천연자원을 추출해서 한몫 챙긴 뒤 자신과 자식들은 런던이나 뉴욕과 같은 선진국의 도시에서 부유한 생활을 할 생각만 하는 사람들이었다. 이들은 자국의 장기적인 경제 발전을 위한 산업 인프라 확충이나 일자리 창출에는 무관심했다. 당연히 의료 시스템에도 관심이 없었다. 당시 러시아 연방의 대통령이었던 보리스 옐친은 올리가르히에게 포섭되어 있었기 때문에 그들의 이익에 반하는 방식으로 분배나 복지 정책을 시행하기 어려웠다.

　구소련 붕괴 이후 러시아, 카자흐스탄, 우크라이나, 우즈베키스탄 등은 경제 쇠퇴에 따른 국가 예산의 부족으로 의료 기관과 의료 인력에 투입하는 재정을 줄일 수밖에 없었다. 이로 인해 이들 국가는 의료의 질 저하, 의료 기술 개발 부진, 의료 장비의 부족과 같은 문제에 봉착했다. 러시아의 의료 보장 제도는 정부가 의료를 책임지는 방식에서 시장 지향적 의료 체제로 전환되었다.[22] 의료 시스템의 변화로 무상 결핵 진단과 입원 치료는 불가능해졌다. 그리고 결핵 치료를 위해서는 약을 6

---

*　올리가르히는 '과두 정치'를 뜻하는 그리스어 '올리가르키아'를 러시아 표기로 바꾼 것이다. 러시아는 구소련 해체 이후 석유 등 국영 기업을 민영화했고 그 과실은 공산당 관료 출신들에게 돌아갔는데, 이들은 거대 재벌로 성장했다. 러시아 신문들은 "신흥 재벌들의 독과점 행태가 과두 정치와 비슷하다"며 이들을 '올리가르히'라고 지칭했다.

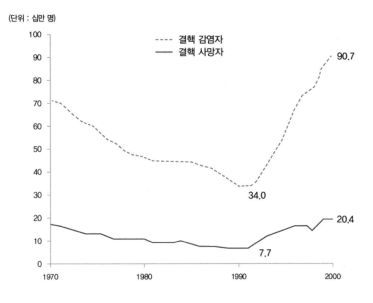

(단위 : 십만 명)

----- 결핵 감염자
—— 결핵 사망자

90.7

34.0

20.4

7.7

그림 3. 러시아의 결핵 감염자 수와 사망자 수 추이(1970~2000)
Cromley, E. K., 2010 자료를 토대로 재작성

개월에서 길게는 2년 동안 정기적으로 복용해야 하는데, 약품 유통 체계의 붕괴로 많은 지역에서 결핵 치료 약을 규칙적으로 공급받지 못했다. 애초에 약품의 절대적인 수량도 부족했다.[23]

구소련이 붕괴한 1990년대 초부터 러시아 연방의 결핵 발병률과 사망률은 증가했고 2000년에 정점을 찍었다. 그림 3에서 볼 수 있듯이 1990년에 러시아 연방의 결핵 환자는 10년 뒤인 2000년에 3배 가까이 증가했다. 1990년대 초반부터 이 지역에서 나타난 결핵 환자 급증은 러시아 경제 사정의 악화와 밀접하게 관련된다.

다제내성결핵의 거점이 된 러시아 톰스크 지역

러시아 연방 중에서도 서시베리아 남부에 자리한 톰스크주는 1990년 대부터 2000년대 초반까지 결핵 환자가 가장 많이 발생한 지역이다. 특히 톰스크의 다제내성결핵 발생 비율은 세계에서 가장 높은 것으로 보고되었다. 다제내성결핵은 결핵 환자가 치료제를 제대로 복용하지 못해 결핵균이 1차 치료제인 리팜피신과 이소니아지드에 동시 내성을 보이는 경우를 말하는데, 치료가 매우 어렵고 치사율이 높다.[24] 톰스크 지역에서 새로 진단된 결핵 환자 중 다제내성결핵 환자의 비율은 1999년 6.5퍼센트에서 2002년 12.1퍼센트로 증가했다.[25]

일반 결핵 환자는 6개월 정도 치료받으면 낫는다. 하지만 다제내성 결핵은 베다퀼린이나 델라마니드와 같은 다제내성결핵 약을 2년 동안 날마다 꾸준히 먹어야 치료할 수 있다.[26] 다제내성결핵 약은 1차 치료제보다 심지어 100배가량 비싸기도 하다. 세계적으로 다제내성결핵 환자 100명 중 5명도 정도만이 다제내성결핵 치료 약에 접근할 수 있다.

러시아 톰스크 지역의 다제내성결핵 환자 대량 발생은 교도소 수감자 수의 급증과 맞물려 있다. 폐쇄성, 밀집성, 비위생성, 열악한 보건 인프라를 특징으로 하는 교도소는 어느 시대 어느 지역에서나 결핵균을 배양하고 퍼뜨리는 인큐베이터 역할을 해 왔다. 전 세계 교도소 재소자들 사이의 결핵 유병률*이 전국 평균보다 50배 이상까지 높다는

---

* 일정 기간 한 인구 집단 내에서 어떤 질병이 새로 발생한 환자의 수를 발생률(incidence rate 또는 incidence)이라 하는데, 일반적으로 인구 10만 명에 대한 1년간의 신규 환자가 기준이다. 유병률(prevalence rate 또는 prevalence)은 일정 기간 한 인구 집단 내에서 어떤 질병에 걸려 있는(이환되어 있는) 환자의 수를 의미한다. 즉, 발생률이 신규 환자 수를 기준으로 한다면, 유병률은 현재 그 질병을 앓고 있는 모든 사람을 기준으로 한다.

연구도 있다.[27] 자연히, 구소련이 붕괴하면서 증가한 생계형 범죄는 수감자와 결핵의 급증으로 이어졌다. 2003년 통계에 따르면 러시아의 교도소 복역자 숫자는 100만 명을 넘고, 인구 1000명당 6명꼴로 세계에서 미국 다음으로 많았다.[28]

결핵과 교도소의 관계는 미국의 마약 단속 사례에 잘 나타난다. 1971년 6월 리처드 닉슨 대통령은 마약과의 전쟁을 선포했다. 그는 젊은이들에게 반전(反戰) 문화와 저항의 상징이었던 마리화나를 1급 마약에 포함시키고 마리화나 소지자를 무차별적으로 체포하여 범죄자로 만들었다. 공화당의 로널드 레이건도 처벌 위주의 강경책을 고수했고, 아버지 부시를 거쳐, 민주당의 클린턴, 그리고 아들 부시에 이르기까지 마약에 대한 강경책은 지속되었다.

마약과의 전쟁은 수많은 범죄자를 낳았다. 마리화나 소지자에 대한 처벌이 계속되면서 미국 교도소에 수용된 죄수는 눈덩이처럼 불어났다. 1973년부터 2014년까지 마리화나 소지를 이유로 체포된 사람은 무려 1500만 명에 달했다. 미국 법무부에 따르면 2015년 당시 미국 내 교도소는 약 5000개소로 미국 전체 4년제 대학교 숫자보다 많았지만,* 수감자 역시 230만 명에 달해 모든 교도소가 수감자로 북적였다. 수감자의 절반 이상은 마리화나 단순 소지죄로 처벌받은 사람들이었다.[29]

결핵은 치료제가 개발되기 이전에 감옥 내 사망의 주된 원인으로, 19세기 중반 미국에서는 결핵이 감옥 내 전체 사망 원인의 80퍼센트를 차지했다.[30] 결핵 치료제 개발 이후 그 비율이 감소했지만, 마약과의 전쟁을 치렀던 1980년대를 지나오면서 교도소 내 결핵 환자가 다시 급증

---

* 연방 교도소가 1800개, 주나 군에 위치한 지역 교도소가 3200개로 약 5000여 개에 달했다.

했다. 문제는 교도소에서 다제내성결핵 발병률이 높다는 것이었다. 이는 여러 이유가 결합한 결과였다. 마약과의 전쟁으로 교도소 내 수감자 밀도가 높아져 공기 매개 질환인 결핵균이 확산하기 좋은 환경이 조성되었고, 1972년에 결핵이 근절되었다고 판단한 미국 정부가 결핵 관련 예산을 삭감한 것도 이유였다. 또 격무에 시달린 교도소 의료진은 결핵 환자들을 지속적이고 체계적으로 치료하지 못했다.

다제내성결핵이 교도소 담장을 넘어 일반 시민들에게 확산하자 미국 사회는 결핵에 다시 관심을 보이기 시작했다. 뉴욕시의 경우 1992년 다제내성결핵 대유행을 겪었다. 이후 뉴욕시는 교도소 내 다제내성결핵 환자가 확산하지 못하도록 전염병 확산 통제 지침을 만들었고, 교도소와 구금 시설의 수용 인원 상한선을 정했으며, 호흡기 환자를 격리할 수 있게 교도소 시설을 보수했다.[31]

다시 돌아와, 톰스크주는 러시아에서도 교도소가 많기로 유명한 지역이다. 톰스크주가 있는 서시베리아 지역은 구소련 시기에 악명 높은 노동수용소와 유형지가 있던 곳이다. 1953년 스탈린 사망 이후에는 이 노동수용소들이 대부분 연방 교도소로 전환되었다. 톰스크에는 교도소가 많았지만 급증하는 수감자에 비하여 수용 능력은 턱없이 부족했다. 교도소는 수감자로 가득 찼다. 수감자는 관 하나의 크기인 약 2.5제곱미터의 좁고 습하며 불결한 공간에 수용되었다.[32] 수감자 중에는 빈곤층, 소수 집단, 이주 집단에 속하여 사회의 주변인으로 살아온 사람이 많았다. 그들은 일반적으로 비위생적이고 위험한 주거 환경에서 거주하고, 알코올 중독이나 흡연과 같은 생활 습관으로 결핵에 걸릴 확률이 높은 편이었다. 그들은 결핵에 걸린 상태로, 혹은 결핵에 걸릴 위험이 있는 상태로 교도소에 들어왔다.[33]

표 1. 1990년대 국가별 일반인과 교도소 수감자의 10만 명당 연간 신규 결핵 발생률

국가	일반인 (단위: 명)	교도소 수감자 (단위: 명)	수감자/일반인 감염률 (단위: %)
러시아[1]	109.0	7000.0(톰스크)	6420
아제르바이잔[2]	94.2	4667.0	4950
프랑스[3]	8.6	41.3	480
미국[4]	10.4	156.0(뉴욕)	1500
태국[5]	208.0	1,226.0	590

[1] Wares, D. F., & Clowes. C. I., 1997.
[2] Coninx, R., Eshaya-Chauvin, B., & Reyes, H., 1995.
[3] Aerts, A. et al., 2006.
[4] Valway, S. E. et al., 1994.
[5] Nateniyom, S. et al., 2004.

교도소의 밀집과 열악한 환경은 결핵 환자를 속출시켰고, 수감된 환자들은 적절한 치료를 받지 못했다. 결핵의 확산 속도는 혀를 내두를 정도로 빨랐다. 표 1을 보면 1990년대 러시아나 아제르바이잔 등 구소련 지역의 교도소 내 결핵 발생률은 프랑스, 태국, 미국보다 훨씬 높았는데, 그중에서도 톰스크 지역의 교도소 수감자의 신규 결핵 발생률은 러시아 일반인의 64배 이상으로 매우 두드러졌다.

이 지역의 높은 결핵 발생률은 교도소 담장 안에서만 원인을 찾을 수 있는 것이 아니었다. 1581년 러시아의 예르마크 티모페예비치는 540명의 카자크*를 이끌고 시베리아의 여러 강줄기를 따라 동진했다.

*   카자크들은 슬라브 계통의 민족으로 13세기경 몽골의 공격으로 키이우 공국이 멸망한 이후 드네프르강 가로 흩어져 반유목화되면서 러시아인과 갈라졌다. 근대에 들어서

그림 4. 바실리 수리코프, 〈예르마크의 시베리아 정복〉

바실리 수리코프*의 작품 〈예르마크의 시베리아 정복〉은 이 역사적 사실을 배경으로 한 그림이다. 러시아의 시베리아 정복의 동기는 모피 획득에 있었다. 많은 러시아 상인이 탐험가의 뒤를 이어 시베리아에 도착했다. 제정 러시아 관료는 톰스크 지역에 살던 토착 원주민에게 보드카를 팔아 이들을 알코올 중독자로 만들면서 모피와 원주민의 토지를 사들이는 방식으로 톰스크 지역을 식민화했다.

1620년 러시아인은 예니세이강까지 진출하여 서시베리아 합병을 끝낸 후 정복지에 성채를 만들었다. 그 부근에 상인이 모여들어 도시를 건설하고 이주한 농민들은 농사를 짓기 시작했다. 이후 1744년부터 제

몇몇 카자크들은 러시아군에 합류해서 러시아의 시베리아 개척에 앞장서 토착민들과 전투를 벌였다.

* 바실리 수리코프(V. I. Surikov, 1848~1916)는 러시아 사실주의 역사화의 거장이다.

　　　　　　　　　　　　　　전염병의 지리학

정 러시아 정부는 이곳 서시베리아 지역을 중범죄자들의 유배지로 활용했다.[34] 그곳에서 범죄자들은 환영받지 못했고 방랑하며 구걸하는 삶을 살게 되었으며 다시 범죄와 알코올에 빠져들었다.[35]

톰스크의 원주민들은 20세기 들어 소련의 계획 경제에 따라 전통적 생활 방식을 빼앗긴 채 러시아식 마을에서 생활하게 되었다. 그들 또한 실업 상태에 놓이거나 변변치 않은 직업에 종사하면서 복지 혜택에 의존하여 무기력하게 살았다. 그러면서 알코올에 빠져들게 되었으며 빈번하게 폭력에 노출되었다. 구소련이 붕괴되기 직전인 1988년 시베리아 주민들의 평균 수명은 소련 전체 평균 수명보다 18년이나 낮은 45세에 불과했고, 유아 사망률도 높았다. 이 지역에서 결핵은 일반적인 현상이었고, 우랄산맥 서쪽의 유럽 러시아에서 이주해 온 사람들보다 더 많은 질병에 시달렸다.[36]

복지 정책에 의존하면서 생활하던 이 지역 사람들은 구소련의 붕괴 이후 복지 예산이 축소되자 더욱 심한 빈곤에 시달렸다. 다른 지역보다 경제 사정이 나빴던 톰스크 지역은 결핵 환자 발생률과 범죄 발생률이 높았다. 사람들은 결핵에 걸렸어도 의료 시스템의 변화로 결핵 약을 규칙적으로 복용하기 어려웠다. 이런 상황에서 다제내성결핵이 발생했고 빠르게 확산했다. 이 지역의 알코올 문화는 결핵 확산을 부추겼고,[37] 결핵 치료 중 간독성 위험을 증가시키거나 불완전한 치료로 이어지게 해, 사망률을 증가시켰다.[38]

교도소 내 결핵 환자 중 상당수는 다제내성결핵 환자였다. 교도소에서의 다제내성결핵 문제는 막대한 비용을 지불할 수 있는 미국보다 그렇지 못한 러시아에서 더욱 심각했다. 러시아의 정치적·경제적 혼란 속에서 의약품은 고갈되었고, 결핵 관리 체계 또한 급격하게 망가졌다. 러시아 정부는 약품을 구매하는 비용을 감당할 수 없었을 뿐만 아니라 범죄자 치료에 엄청난 예산을 책정하는 것에 대해 못마땅하게 생각하는 여론에도 맞닥뜨렸다. 그래서 교도소의 다제내성결핵 환자는 일반 결핵 환자보다 적절하고 꾸준한 치료를 받기 어려웠다. 러시아의 교소도 수감자 중 결핵 환자가 급증했지만, 규칙적이고 장기적인 치료를 받을 수 없었기 때문에 결핵균을 완전히 제거하지 못했고 오히려 약에 대한 내성을 가진 다제내성결핵 환자가 되고 말았다.

교도소의 결핵균은 교도소 담을 넘어 바깥으로 전파되었다.[39] 톰스크의 교도소에는 매년 약 30만 명의 새로운 죄수가 들어왔기 때문에 포화 상태였던 교도소에서 매년 비슷한 숫자의 죄수를 내보냈다.[40] 교도소의 다제내성결핵 환자가 형기를 마치고 결핵균을 몸에 지닌 채 가족들에게 돌아가면 작은 집에서 함께 생활하는 가족들은 무방비 상태로 그 균에 노출될 수밖에 없었다. 이러한 방식으로 구소련 붕괴 이후 톰스크 지역의 다제내성결핵 환자는 급증했고 빠르게 러시아 전역으로 확산했다. 그리고 다제내성결핵균은 러시아 국경 안에 머물지 않고 도로나 공항을 통해 국경을 넘어 전 세계로 유유히 퍼져 나갔다.

동부 전선을 넘어 서구권으로 돌아온 결핵

북미와 서유럽에서 사라진 것으로 믿었던 결핵이 1990년대 이후 다시 유행했다. 결핵을 향한 무장을 해제했던 서유럽 국가들은 결핵의 귀환에 적절히 대응하지 못했다. 1970년대 이후 결핵이 근절되었다고 판단해 결핵 관련 예산을 삭감했고 1990년대 이후 BCG 무상 접종이나 무상 치료와 같은 고비용 결핵 대응 정책을 중단한 상태였기 때문이다. 이들 국가는 하나같이 결핵 재유행의 원인으로 교도소 수감자뿐만 아니라 빈곤한 국가에서 온 이주민을 지목했다. 대중 매체는 결핵을 이주

　　　　　　　　　　　　　　　전염병의 지리학

민이 전파한 질병이라고 보도하면서 이들에 대한 부정적인 여론을 만들어 냈다.[41]

미국, 영국, 프랑스 등은 이주민 유입을 엄격하게 통제하기 위해 결핵 감염률이 높은 국가에서 태어나거나 살았던 사람을 대상으로 투베르쿨린 피부 반응 검사를 의무화했다. 이 규정은 OECD 국가 중 결핵 감염률이 가장 높은 한국은 물론이고 세계 평균 감염률을 웃도는 국가에서 이주한 사람들에게 적용되었다. 그 밖에도 노숙자 구호 시설 및 교정 시설과 같은 고위험 환경에 살고 있는 사람을 검사하도록 권장했다.

특정 집단을 대상으로 검사를 의무화하는 것은 윤리적인 논란거리였고, 결핵균 감염자를 가려낸다는 것도 쉽지 않은 일이었다. BCG 예방 접종을 한 사람은 투베르쿨린 피부 반응 검사에서 결핵 양성 반응이 나오므로 결핵균 보균자인지 혹은 예방 접종 한 사람인지 구별하기 어렵다. 한국의 경우 생후 한 달 이내 BCG 백신 접종을 권고하고 있고 접종률이 98.2퍼센트에 달해,[42] 한국인 대부분은 투베르쿨린 피부 반응 검사에서 양성 반응을 보인다. 한국인처럼 결핵균 보균자가 아니라 예방 접종으로 인해 결핵 양성 반응을 보인 이민자도 모두 치료를 받아야 했다.

사실 1990년대 초 북미나 서유럽의 결핵 재유행이 결핵균을 보유한 채 이주한 소수의 필사적인 이주민 때문이라는 것을 뒷받침할 신뢰할만한 자료는 거의 없다. 그렇지만 결핵 재유행은 세계화 이후 인구 이동을 통제하는 빌미가 되었다. 이민자를 대상으로 결핵 감염 여부에 관한 심사를 의무화하면서 공중 보건을 위한다는 명분으로 이들에 대한 감시와 통제를 정당화했다. 북미와 서유럽 국가가 결핵을 이민자의 질병이라고 치부하면서 이들을 통제하는 방식으로 대처했지만, 결핵은 사라지지도 통제되지도 않았다. 결핵 재유행의 원인을 제대로 짚지 못

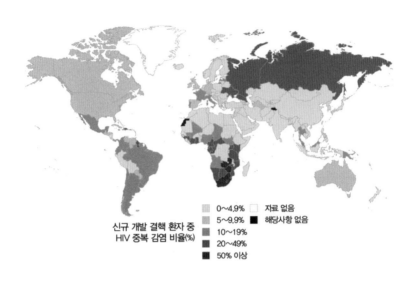

▨ 0~4.9%	☐ 자료 없음	
▨ 5~9.9%	■ 해당사항 없음	
▨ 10~19%		
■ 20~49%		
■ 50% 이상		

신규 개발 결핵 환자 중
HIV 중복 감염 비율(%)

그림 5. 2017년 신규 · 재발 결핵 환자 중 HIV 감염률
WHO, 2018 자료를 토대로 재작성

한 것이다.

영국에서는 2000년에 들어와서 결핵이 재유행했는데, 런던에서
만 약 4000명의 결핵 환자가 보고되었다. 결핵이 런던에서 부활한 주
된 원인은 소수의 이주민이 아니라 에이즈 환자의 증가였다. 인간면역
결핍바이러스(human immunodeficiency virus: HIV)와 결핵의 중복 감염
은 심각한 문제였다. HIV 감염자가 결핵에 걸릴 확률은 매우 높다. 에
이즈와 결핵균은 서로 보완 작용을 하기 때문이다. 중복 감염은 각 질
병의 병증을 단순히 합한 것보다 더 심각한 병증을 유발한다. HIV가
면역 체계의 중심을 무너뜨리기 때문에, HIV 감염자가 결핵균에 노출
되면 매우 위험하다. HIV와 중복 감염될 경우 결핵의 잠복기가 상당히

전염병의 지리학

단축되며, 이런 경우 대부분 결핵 병증은 HIV 감염 후 1년 이내에 나타난다.

의료 환경이 잘 갖춰진 선진국에서 2000년 이후 결핵과 에이즈의 중복 감염이 증가한 원인으로는 의료 보건 민영화와 긴축 정책으로 인한 건강 불평등의 급속한 심화를 꼽을 수 있다.[43] 1980년대 말부터 신자유주의자들은 완전 고용을 유지하려는 정부의 노력이 필연적으로 임금 상승과 인플레이션을 유발하여 경제를 쇠퇴시킨다고 하면서 정부의 시장 개입에 반대했다. 신자유주의에 입각해 경제 정책을 시행한 국가는 해고수당법이나 고용보호법과 같이 고용과 관련된 각종 법적 규제를 완화했다. 또, 재정 적자 해소와 공공 부문의 비효율성을 적극적으로 개선하기 위해 교육이나 의료 등 복지 예산을 대폭 삭감했다. 이러한 분야 중 상당 부분을 민영화하기도 했다. 이와 같은 일련의 신자유주의적 정책은 실업과 불완전 고용의 폭발적 증가를 가져왔고 복지 인프라를 붕괴시키면서 사회·경제적 불평등과 더불어 건강 불평등도 심화시켰다.

1990년대 초반에 유행한 결핵과 2008년 세계 경제 위기 이후 북미와 서유럽에서 또다시 크게 유행한 결핵은 신자유주의 정책이 북미와 유럽의 보건 체계에 미친 파장을 보여 준다. 이는 의료 민영화의 전개 과정에 따른 건강 지표의 심각한 악화 현상이 개발도상국이나 저개발국뿐 아니라 부유한 국가에서도 그대로 재현될 수 있다는 것을 의미한다.[44] 빈곤한 지역의 질병과 부유한 지역의 질병이라는 이분법은 더 이상 무의미하다. 불안정한 삶에 노출될 수밖에 없는 계급과 결핵 간 관계는 고정적이라기보다 사회·경제적 불평등의 전개 양상과 정치적 포용 수준의 차이에 따라 특정 지역 내에서도 시기별로, 상황별로 달라지는 역동적 과정으로 보는 것이 타당하다.[45] 결핵은 빈곤과 사회경제적 불평등이 심한 곳이라면 그곳이 빈곤한 국가이든 부유한 국가이든 어디서나 발생할 수 있다.

선진국의 결핵 퇴치 전략은 소수의 이주민과 교도소 수감자에 초점이 맞춰져 있다. 결핵을 퇴치하기 위해서는 물론 단기 복약 확인 치료나 이민자 관리, 국가 간, 지역 간의 협력 네트워크 구축, 교도소 보건 시스템 관리가 필요하다. 그러나 이러한 전략은 빈곤 문제를 해결하고 모든 사람에게 손쉬운 결핵 진단과 결핵 치료제를 규칙적으로 제공할 수 있는 의료 시스템을 구축하기 위한 노력 없이는 효과가 미미할 것이다. 사람들이 결핵에 걸리는 근본적인 원인은 빈곤이다. 빈곤을 해결하는 것은 매우 복잡하고 어려우며 오랜 시간이 걸리는 일이다. 그렇지만 결핵 퇴치를 위한 여러 전략을 수립하고 실행하면서 동시에 사람들을 극단의 빈곤에 몰아넣는 노동 시장의 구조 조정이나 의료 접근성을 제한하는 복지 예산 축소 정책을 계속한다면, 밑 빠진 독에 물 붓는 꼴로 인류는 미래에도 여전히 공허한 결핵 퇴치 선언문을 작성하고 있을 것이다.

북한의 결핵 문제

1991년 구소련의 붕괴 이후 북한 경제는 파탄에 이르렀다. 특히 1995년 최악의 대흉작으로 배급제도 붕괴되었다. 북한 당국은 고난의 행군 정신으로 어려움을 헤쳐 나가자고 호소했지만 아사자가 속출했고 많은 사람들이 영양실조에 시달렸다. 영양 수준은 결핵 발병과 직결되기에 북한 내 결핵 환자가 급증했다. 그렇지만 경제 위기 상황에서 의료 보건 시스템이 거의 붕괴되어 적절한 치료를 받지 못했다. 결핵 환자의 절반 이상이 사망했고, 살아남았다 해도 치료를 꾸준히 받지 못해 다제내성결핵 환자가 되었다.

　북한 당국은 국제 사회의 지원을 받아 북한 내 다제내성결핵 환자를 조기 진단하여 치료하는 프로그램을 2008년에 처음으로 시행했다. 다제내성결핵을 조기에 진단하고 치료하려면 검사 장비인 '진엑스퍼트(GeneXpert)'와 '일회용 진단 카트리지', '약제 감수성 결핵 약제'와 이 약에 대해 내성을 가진 환자를 위한 '다제내성결핵 약제', 그리고 결핵 환자가 안정적으로 치료받고 의료진을 보호할 수 있는 깨끗한 '병동'이 필요하다. 그러나 예산 부족으로 장비와 약제, 그리고 병실 모두 턱없이 부족했다. 세계보건기구는 '2020년 세계 결핵 보고서'에서 북한 주민의 영양실조 비율이 48퍼센트로 중앙아프리카공화국, 짐바브웨 다음으로 높다고 하면서, 북한의 전체 결핵 환자 수는 13만 2000여 명이고, 그중 다제내성결핵 환자가 5200여 명에 달한다고 보고했다. 결핵 환자와 다제내성결핵 환자 수 모두 세계 20위 안에 드는 수준이었다.

제7장

에볼라 비상 버튼을 누른 세계

에볼라바이러스는 1976년 콩고민주공화국과 수단에서 최초로 발견되었고, 2014년 유행 전까지 아프리카에서 이미 24차례나 유행했다. 에볼라바이러스의 치사율이 높아 숙주가 빨리 죽고, 체액의 직접 접촉을 통해서만 전파되기 때문에 멀리 떨어진 다른 국가나 대륙까지 확산할 위험이 없었다. 그러나 2014년 에볼라는 과거의 유행 때처럼 빈곤한 저개발국에 갇혀 있지 않고 세계로 확산할 만반의 준비를 마쳤고, 사람들은 에볼라바이러스가 아프리카 대륙을 건너 전 세계를 휩쓸 수 있다는 두려움에 휩싸였다. 7장에서는 2014년 서아프리카 여러 국가에서 에볼라가 발생한 까닭을 살펴본다. 그리고 앞서 발생한 에볼라바이러스 유행에는 무관심했던 서구인들이 2014년 유행에는 유독 민감하게 반응한 이유를 세계화와 관련하여 설명한다.

1. 죽음의 전령, 에볼라바이러스

무더위가 한창 기승을 부리던 2014년 8월 초, 대한민국은 당시 이름도 낯선 에볼라 공포에 사로잡혔다. 2014년 2월부터 서아프리카발 에볼라 뉴스가 전해졌지만, 사람들은 그다지 큰 관심을 보이지 않았다. 그런데 서울에 소재한 한 대학에서 개최하는 '차세대 여성 글로벌 파트너십 세계 대회'에 아프리카 국가 대표단이 참가한다는 소식이 전해지면서 에볼라바이러스 유입에 대한 우려가 수면 위로 떠올랐다. 해당 대학의 총장은 에볼라바이러스가 유행하고 있던 기니, 라이베리아, 시에라리온 출신의 학생은 행사에 참가하지 않고, 나이지리아 학생 3명의 초청도 철회했다고 밝혔다. 그럼에도 행사를 주최하는 대학과 아프리카 출신 학생들을 향한 비난은 점점 거세졌다. 언론은 에볼라에 대한 정확한 정보를 제공하기보다 눈과 귀에서 피가 흘러나오며 죽어 가는 에볼라 환자의 모습을 반복적으로 보여 주었다. 자극적인 장면에 자주 노출될수록 사람들의 두려움은 배가되었고, 백신이나 치료제가 없다는 사실에 두려움은 극도의 공포로 변했다.

한국 사회를 떠들썩하게 했던 에볼라는 2013년 12월 서아프리카

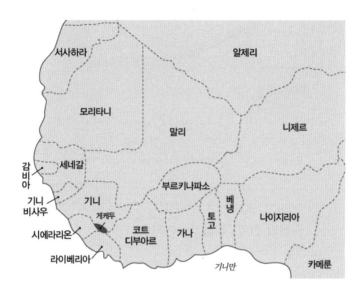

그림 1. 기니, 시에라리온, 라이베리아 접경지에 위치한 게케두

의 대서양 연안에 자리한 기니에서 시작되었다. 기니 남서쪽 밀림 지
대에 있는 아주 작은 마을 멜리안두에서 18개월 된 아이가 고열, 구토
와 설사에 시달렸고 이틀 만에 세상을 떠났다. 그 아이는 2013년 서아
프리카에서 시작해 2016년까지 이어졌던 에볼라바이러스 유행의 페이
션트 제로(patient zero), 즉 첫 번째 감염자였다. 아이가 사망한 지 채 한
달도 되지 않아 그의 엄마, 누나, 할머니가 비슷한 증세를 보였고 차례
로 숨을 거뒀다. 마을에서 사망자가 속출했다.[1] 이때까지는 아무도 이
들의 병명을 알지 못했다.

　에볼라바이러스는 이웃 마을, 나아가 인접 도시 게케두로 퍼지기
시작했다. 게케두는 그림 1에서 볼 수 있듯이, 기니, 시에라리온, 라이
베리아의 국경이 만나는 도시다. 그래서 국경을 넘나들며 장사를 하는

사람들의 왕래가 잦다. 에볼라바이러스는 버스를 타고 멜리안두 인근 마을을 넘어 게케두로, 그리고 게케두에서 기니의 수도인 코나크리와 라이베리아, 시에라리온으로 빠르게 퍼졌다.

2014년 3월 13일에 기니 정부는 정체불명의 병에 대한 경보를 발령했고, 국경을 폐쇄하는 등 추가 확산을 차단하고자 하였다. 그러나 국경을 맞댄 국가인 라이베리아, 시에라리온에서도 유사한 증상을 보인 사망자가 나왔고 이들 국가의 수도까지 뚫렸다. 이것은 에볼라 감염병이 고립된 밀림 속 산촌(散村)에서 인구 밀도가 높은 수도까지 확산한 첫 번째 사례였다.

사람들은 기니 남동부를 중심으로 확산하던 병이 에볼라바이러스 감염병이 아닌지 의심하기 시작했다. 그때까지 에볼라바이러스에 감염되어 병원에 가면 말라리아 치료제를 처방하는 경우가 많았다. 에볼라바이러스 감염의 초기 증상이 고열과 구토 등으로 말라리아와 유사하고 발생 지역이 주로 말라리아 발병 지역과 중복되었기 때문이다. 그렇지만 이 병을 면밀하게 연구한 프랑스의 파스퇴르 연구소는 에볼라바이러스에 의한 질병이라고 발표했고, 2014년 3월 23일 세계보건기구는 에볼라 발생을 공식 선언했다.*

최초의 에볼라바이러스 감염 사례는 1976년 콩고민주공화국과 수단에서 발견되었다. 에볼라라는 명칭은 콩고민주공화국 북부에 있는 에볼라강의 인근 마을에서 첫 환자가 발생해서 붙여진 것이다. 2014년 이전에 발생한 에볼라는 아프리카의 중·서부의 열대 우림 지역에 있는 작은 시골 마을에서 주로 발생했다. 당시 이들 지역은 다른 지역과 교

---

* 에볼라바이러스가 어디서 왜 처음 발생했는지 여전히 밝혀지지 않아서 예방도 치료도 어려운 상태다.

류가 많지 않아 에볼라바이러스는 넓은 지역으로 확산하지 않은 채 국지적인 규모에서 발생해 소멸하곤 했다. 2014년 유행의 첫 환자가 발생한 멜리안두도 마찬가지로 밀림에 둘러싸인 작은 마을이다. 그런데 이전에 유행한 마을과 달리 이 작은 마을은 버스로 이웃 마을과 연결되어 있었고, 게케두까지는 버스로 30분 거리였다. 이 차이가 국지적 소멸과 대유행을 갈랐다.

에볼라바이러스는 치명적인 것에서 순한 것까지 그 종류가 다양하다. 사람에게 질병을 일으키는 것은 자이레*에볼라바이러스, 수단에볼라바이러스, 타이포레스트에볼라바이러스, 분디부교에볼라바이러스다.** 그중에서 자이레에볼라바이러스의 치사율이 가장 높아서 이 바이러스에 감염된 사람들 중 상당수가 일주일 이내에 사망했다. 2014년 유행한 에볼라바이러스는 자이레에볼라바이러스였다.

에볼라에 감염되면 초기에는 발열, 권태감, 근육통, 두통, 인후염 등이 나타나고, 2~3일 후에 고열, 구토, 설사, 내부 출혈과 피부와 점막의 출혈***, 발진 등이 발생한다. 그리고 시간이 지나면 출혈과 함께 몸 내부의 장기까지 파괴되면서 고통스럽게 사망한다. 에볼라바이러스에 감염된 환자가 피부와 눈에서 피를 흘리며 죽어 가는 모습은 대중의 공포심을 극대화한다. 설혹 회복된다고 해도 피로감, 근육통, 시력 장애, 복통과 같은 후유증에 시달린다. 미국 질병통제예방센터는 감염되면 빠르게 죽어 가기 때문에 에볼라를 위험성이 가장 높은 A등급

＊ 콩고민주공화국의 옛 국명이다.

＊＊ 질병의 이름에 지명을 사용하는 것은 그 지역에 부정적 이미지를 줄 수 있어, 이러한 바이러스 명칭은 고칠 필요가 있다.

＊＊＊ 출혈 증상 때문에 에볼라출혈열이라고 부르기도 한다.

질병으로 분류하고 있다.[2]

그나마 다행인 점은 전파력이 약하다는 사실이다. 에볼라바이러스는 숙주를 빨리 죽이기 때문에 다른 사람에게 전파될 기회가 적다. 그리고 감염된 사람의 체액과 분비물, 혈액에 직접 접촉할 때만 에볼라바이러스에 감염되고 증상이 발현되기 전인 잠복기에는 다른 사람에게 전파되지 않는다. 따라서 호흡기로 전파되는 인플루엔자바이러스나 코로나바이러스에 비하면 사람 간 전염성이 낮은 편이다. 그래서 전 세계적으로 대유행할 가능성은 적다.

에볼라는 2014년 유행 이전에도 아프리카에서 24차례나 유행했지만 감염된 사람은 모두 합쳐 2400명 정도였고, 사망자도 약 1600명이었다. 그런데 2014년 유행 때는 2만 8000명 이상이 감염되었고, 1만 1300여 명이 목숨을 잃었다.[3] 이는 이전에 발병한 에볼라 총감염자의 약 12배, 사망자의 약 7배에 달한 수치다. 발생 지역도 이전보다 더 광범위했고 확산 속도도 빨랐다. 2014년 이전에 발생한 에볼라는 대부분 국경을 넘지 않았는데, 2014년에 유행한 에볼라는 아프리카 대륙을 넘어 유럽과 미국에서도 감염자를 발생시켰다. 2013년 12월에서 2016년 6월 사이에 에볼라로 10개국에서 1만 1000명 이상이 사망했고, 그중 99퍼센트는 기니, 시에라리온, 라이베리아에서 사망했다.[4]

표 1. 에볼라바이러스 발생국, 감염자와 사망자 수, 사망률, 바이러스 유형(1976~2016년)

연도	발생국	감염자 (단위: 명)	사망자 (단위: 명)	사망률 (단위: %)	에볼라 유형※
1976	콩고민주공화국	318	280	88.1	EBOV
1976	수단	284	151	53.2	SUDV
1977	콩고민주공화국	1	1	100.0	EBOV
1979	수단	34	22	64.7	SUDV
1994	가봉	52	31	59.6	EBOV
1994	코트디부아르	1	0	0.0	TAFV
1995	콩고민주공화국	315	250	79.4	EBOV
1996	가봉	37	21	56.8	EBOV
1996	가봉	60	45	75.0	EBOV
1996	남아프리카공화국	2	1	50.0	EBOV
2000	우간다	425	224	52.7	SUDV
2001	가봉	65	53	81.5	EBOV
2001	콩고민주공화국	57	43	75.4	EBOV
2002	콩고민주공화국	143	128	89.5	EBOV
2003	콩고민주공화국	35	29	82.9	EBOV
2004	수단	17	7	41.2	EBOV
2007	콩고민주공화국	264	187	70.8	EBOV
2007	우간다	149	37	24.8	BDBV
2008	콩고민주공화국	32	15	46.9	EBOV
2011	우간다	1	1	100.0	SUDV
2012	우간다	11	4	36.4	SUDV
2012	콩고민주공화국	36	13	36.1	BDBV
2012	우간다	6	3	50.0	SUDV
2014	콩고민주공화국	66	49	74.2	EBOV
합계(1976~2014)		2,411	1,595	65.9	

연도	발생국	감염자 (단위: 명)	사망자 (단위: 명)	사망률 (단위: %)	에볼라 유형
2013 ~2016	기니, 시에라리온, 라이베리아, 말리, 나이지리아, 세네갈, 이탈리아, 스페인, 영국, 미국	28,652	11,325	39.5	EBOV

※EBOV(자이레에볼라바이러스); SUDV(수단에볼라바이러스); TAFV(타이포레스트에볼라바이러스), BDBV(분디부교에볼라바이러스)

Shultz, J. M. et al., 2016.

전염병의 지리학

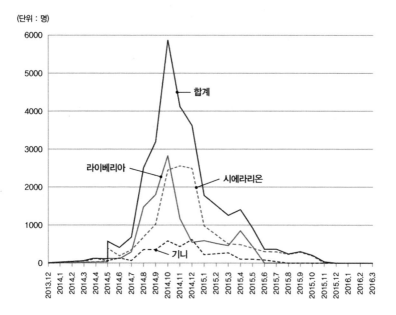

(단위 : 명)

그림 2. 기니, 시에라리온, 라이베리아에서 발생한
에볼라바이러스 감염자 수(2013. 12.~2016. 3.)
Shultz, J. M. et al., 2016 자료를 토대로 재작성

2. 나쁜 정치를 파고든 에볼라바이러스

신체 접촉을 통해 전파되는 에볼라바이러스는 호흡기로 전파되는 인플
루엔자바이러스나 코로나바이러스처럼 전 세계적으로 대유행할 가능
성은 극히 낮다. 그런데 2014년에는 기니, 라이베리아, 시에라리온에
서만 2만 8000여 명이 감염될 정도로 감염자가 많이 발생했다. 세계보
건기구는 2014년 8월 8일에 '국제적 공중보건 비상사태'를 선포했다.

비상사태를 선포할 당시 이미 매주 수백 건의 새로운 환자가 보고되고 있었다. 에볼라 유행은 2014년 10월에 절정에 달했고, 한 달 동안 거의 6000명의 감염자가 발생했다.

서아프리카 3개국에서 유독 희생자가 많았던 이유에 대해서는 의견이 분분하다. 언론은 그 이유로 시신을 씻기고 고인에게 입을 맞추는 서아프리카 지역의 고유한 장례 문화를 들었다. 물론 밀접한 신체 접촉이 이루어지는 장례 문화는 2014년 에볼라의 대유행을 설명하는 요인 중 한 가지일 수 있다. 그렇지만 장례 문화는 해당 지역의 오래된 전통이었기 때문에 2014년 에볼라 대유행을 설명하는 결정적 요인으로 보기 어렵다.

기니, 라이베리아, 시에라리온은 공통점이 많다. 이 지역은 전형적인 적도 기후로 일 년 내내 덥고, 5월에서 10월까지 많은 비가 내리며, 11월 말부터 이듬해 3월 중순 사이에 사하라 사막에서 건조하고 먼지 투성이인 하르마탄 열풍이 불어와 기니만으로 빠져나간다. 그리고 이들 국가는 모두 과거에 식민지를 경험했다. 서아프리카 해안 지역은 대서양으로 유럽과 연결되어 오랫동안 노예 무역의 중심지였다. 15세기부터 아프리카에 진출한 포르투갈, 네덜란드, 프랑스, 영국 등은 세네갈강을 따라 서아프리카 기니만 연안 지역에서 내륙 본토까지 진출하여 노예 무역에 나섰고, 나중엔 직접 식민 통치를 했다.

유럽인의 혹독한 식민 통치를 경험했던 현지인들은 서구 의료진을 신뢰하지 않았다. 어떤 지역에서는 그들이 바이러스를 일부러 퍼트린다고 생각하여 마을에 들어오지 못하도록 했다. 당시 현지에서 활동한 의료진은 뜨겁고 습한 날씨에 완전 방수 소재의 방역복, 장갑, 고글, 마스크, 모자, 앞치마, 부츠를 착용하고 에볼라 환자를 치료해야 하는 어려움뿐만 아니라 주민들의 불신 또한 큰 장애물이었다고 술회했다. 이

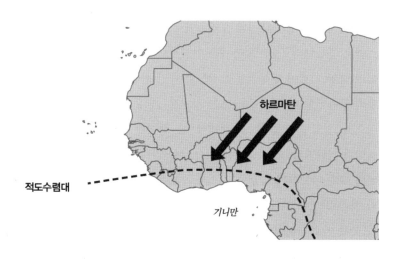

그림 3. 사하라 사막에서 불어오는 건열풍, 하르마탄

는 2014년 에볼라 대유행을 설명하는 요인이기도 했다.

기니, 라이베리아, 시에라리온은 다이아몬드, 금, 보크사이트 등 광물 자원이 풍부한 자원 부국이지만 정치적으로 불안정한 최빈국들이다. 기니, 라이베리아와 시에라리온의 2020년 기준 1인당 국민총소득은 세계 최하위 수준이고 기아도 매우 심각하다. 이들 국가 모두 2014년 대유행 당시 전체 인구의 절반 이상이 하루 1.9달러 이하로 생활하는 절대적 빈곤에 처해 있었다. 기본적인 의식주를 해결하기 어려운 극단적 빈곤 상태에 놓인 사람의 평균적 건강 상태는 그렇지 않은 사람들보다 나쁘다. 2014년 에볼라바이러스 유행 당시 세계보건기구 사무총장이었던 마거릿 챈은 이들 국가가 에볼라바이러스에 2년 이상 시달리면서 그 확산을 통제하지 못했던 가장 중요한 이유로 빈곤을 꼽았다.

빈곤은 나쁜 정치와 밀접하게 관련되어 있다. 이들 국가는 독립 이후 정치적 불안정과 내전에 오랫동안 시달렸고, 부패한 지도자는 탐욕스럽고 무능했다. 전염병 통제는 일차적으로 국가가 책임져야 할 문제이며 국가 기능이 정상적으로 작동할 때만 성공할 수 있다. 2014년에 볼라가 유행할 당시 이들 국가는 정치적·경제적으로 불안정하고 부패했으며, 전염병을 통제하고 체계적으로 관리할 수 있는 국가 시스템이 취약한 상태였다. 기니, 라이베리아, 시에라리온은 인구 1만 명당 의료 인력 수가 아프리카 평균에도 크게 못 미치는 수준이었다. 에볼라 환자가 처음 발생한 기니는 당시 정치·경제적 및 사회적 갈등에서 벗어나지 못해 인적·물적 자원의 관리에 실패한 상태였다. 기니와 국경을 접하고 있는 라이베리아와 시에라리온에서도 오랜 내전으로 국가 시스템이 붕괴하여 국제 사회의 의료 지원 물품조차 통관되지 못하고 항구에 발이 묶이기도 했다. 불안한 정치와 경제적 양극화, 내전과 취약한 의료 체계가 서로 맞물려 에볼라바이러스는 빠르게 확산했다.

기니

아프리카 기니 지역은 제국주의 열강의 침탈 대상이었다. 15세기 중엽부터 포르투갈인은 기니 해안에 진출하여 18세기까지 노예와 상아 무역을 주도했다. 19세기 중반에 프랑스인은 기니와 세네갈을 프랑스 보호령으로 통치했다. 1890년에 프랑스는 이 지역을 프랑스령 기니라고 명명한 후 코나크리를 수도로 정했고, 5년 후 프랑스령 서아프리카 연방으로 편입했다. 이후 국제 정세의 변화로 식민지들의 독립이 불가피해지자 1958년에 프랑스의 드골 정부는 두 가지 독립 방식, 즉 독립하되 프랑스 공동체로 남는 방식과 프랑스와 결별하고 독자적으로 독립하는 방식 중 한 가지를 선택하도록 했다. 기니는 당연히 후자의 방식을 선택해 독립했다.

드골 정부는 기니의 선택이 다른 식민지의 결정에 미칠 영향을 고려하여 본때를 보이기로 마음먹고 모든 프랑스 관리에게 정부 자산을 모두 가지고 즉시 철수할 것을 지시했다. 3000여 명의 프랑스인 관리, 교사, 엔지니어, 의사, 기술자, 사업가 등은 정부 문서를 전부 소각하고 전화선을 모조리 끊으며, 심지어 사무실 전화기를 비롯한 사무 용품들까지 챙겨 신속하게 기니를 떠났다. 동시에 프랑스는 그동안 행해 오던 모든 형태의 원조와 투자를 즉시 중단했다. 독립 후 기니에는 아무것도 남지 않았고, 경제는 붕괴했다. 기니의 변화를 목격한 서아프리카의 나머지 14개국은 모두 프랑스가 내건 방식 중 전자, 즉 독립하되 프랑스 공동체로 남는 방식을 선택했다. 프랑스는 그 정권이 독재이든 아니든 상관하지 않고 말만 잘 들으면 그 정권을 지원했다.[5]

아프리카의 다른 나라와 마찬가지로 기니 또한 서구가 지도 위에서 직선으로 그어서 국경선을 정하는 바람에 다양한 종족이 한 국가로 묶였다. 인구 대부분은 풀라니족, 마닌카족, 수수족이다. 기니의 대통령은 대부분 마닌카족 출신이고, 풀라니족은 그 반대 세력을 형성한다. 무슬림이 다수를 차지하고 기독교인은 소수로, 기독교인들은 기니에서 두 번째로 큰 도시인 은제레코레에 밀집하여 거주한다.

기니의 초대 대통령은 독립 운동을 전개했던 아메드 세쿠 투레로, 그는 취임 후 일당제를 선포하였고, 서구와 관계를 단절했으며, 권력을 독차지했다. 그는 자신이 속한 마닌카족 출신 인사만을 정부 요직에 임명했고, 정치적 반대자들이 속한 풀라니족을 박해했다. 투레 정권은 중국의 마오쩌둥 사상을 모방하여 집단 농장을 만들었고, 중국의 문화혁명과 유사한 혁명을 일으켜 자신을 반대하는 사람과 언론을 탄압했다.

1970년에 기니의 망명 인사들과 포르투갈군이 기니를 침공했으나 실패한 사건이 발생했다. 이후 그는 서방 국가가 자신을 전복하려 한다고 주장하면서, 이를 자신에게 저항하는 사람들을 탄압하는 구실로 사용했다. 기니는 그야말로 세쿠 투레의 원맨쇼 장이었다. 그는 각본처럼 짜인 재판, 투옥과 고문, 공개 처형 등의 악랄한 방법으로 통치했다. 그의 고문 방법 중 '검은 다이어트(black diet)'는 악명 높다. 정치적 반대자로 지목되어 검은 다이어트에 처해진 사람들은 코나크리 근처의 정치범 수용소인 보이로 캠프의 창문 없는 콘크리트 수용소에 갇혀 마실 물도 없이 고통스럽게 죽어 갔다. 투레 집권기에 그 수용소에서 50여만 명이 검은 다이어트로 죽었다. 그의 통치 기간 중에 기니 인구 다섯 명중 한 명이 기니를 탈출해 이웃 나라로 망명했다.

날조와 선전의 명수인 투레는 1972년 발생한 의약품 품귀 사태를 의사들이 혁명을 약화하기 위해 꾸민 음모로, 1973년 콜레라 유행도 반혁명적 음모라고 선전했다. 심지어 1976년 기니가 아프리카컵 축구 결승전에서 패한 것도 음모로 규정했다. 그는 62세 나이로 1984년 미국의 한 병원에서 심장 수술을 받다가 사망했다.[6]

투레가 사망한 해에 란사나 콩테 대령은 쿠데타를 일으켜 스스로 대통령이 되었다. 불행히도 그 역시 독재자로, 부정 선거를 통해 집권을 이어 갔다. 그는 집권하자마자 IMF의 지원을 받기 위해 여러 차례 구조조정을 했다. 생필품 가격이 급등했고 경제 상황은 더욱 어려워졌다. 정부의 부정부패는 계속되었고, 반정부 시위는 전국적으로 번져 갔다. 콩테는 2006년 계엄령을 선포했고, 계엄군은 시위대를 진압하면서 무고한 시민을 살상했다. 게다가 2001년부터 주변국인 라이베리아와 코트디부아르, 시에라리온 국경 지대에서 무력 충돌이 계속되면서 많은 난민이 유입되었다. 이처럼 대내외적으로 혼란한 상황에서도 그는 24년을 장기 집권했고 2008년 크리스마스를 앞두고 숙환으로 숨졌다.

콩테가 사망한 다음 날 육군 대위였던 무사 다디스 카마라가 쿠데타를 일으켜 군사 정권을 수립했다. 그는 은제레코레 출신의 기독교인으로 인종적으로나 종교적으로나 소수파에 속했다. 1년 후 그는 측근이었던 부하의 암살 기도로 총상을 입고 해외로 망명했다. 2010년 치러진 대선 투표에서 당시 72세였던 알파 콩데가 대통령으로 당선되었다. 그는 기니가 프랑스로부터 독립한 이후 최초의 민선 대통령이었다.

에볼라는 알파 콩데 대통령이 집권하던 2014년에 발생했다. 콩데 대통령이 집권하는 동안에도 정부 고위 관리들은 부패했고 국민들은 여전히 굶주렸다. 기니의 경제는 자동차, 비행기, 음료수 캔 등의 제조에 쓰이는 알루미늄 원료인 보크사이트 수출에 의존한다. 기니는 보크사이트뿐만 아니라 금, 철광석, 다이아몬드, 우라늄 등 지하자원이 풍부하다. 하지만 빈곤한 나라에서 자원이 풍부하다는 것은 축복보다는 저주에 가깝다.

기니 정부는 2015년부터 보크사이트 수출 증대를 위해 다국적 광산 개발 및 생산 기업을 적극적으로 유치했다. 보크사이트 수출에 필요한 철도와 항구도 만들었다. 이러한 노력으로 보크사이트 수출량이 크게 늘어 세계 3위까지 올라왔다. 하지만 이 같은 수출 증가가 채굴 지역 주민들에게는 달갑지 않다. 광산업이 주민들의 삶에 꼭 필요한 것들을 빼앗아 갔기 때문이다.

기니 정부는 토지법에 따라 광산 개발에 필요한 땅을 주민들로부터 사들였다. 기니에는 소유권이 제대로 등록되어 있지 않은 땅이 많다. 정부가 2001년 토지법을 만들며 토지 소유권을 등록하게 했지만 정책이 잘 알려지지 않아 실제 등록한 주민은 거의 없었다. 그래서 법적 토지 소유권이 없는 주민들은 물려받아 온 토지를 헐값에 정부에 넘겨야 했다. 농사를 지으면서 살던 사람들은 땅과 일자리를 동시에 잃었다.

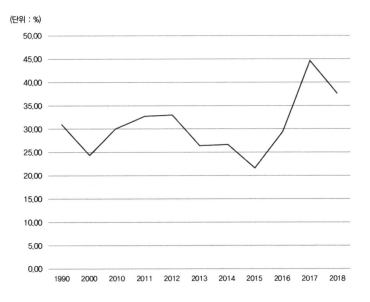

(단위 : %)

그림 4. 기니의 수출 비중 변화(1990~2018)
World Bank, 2021(a) 자료를 토대로 작성

생존을 위한 식량이 부족한 상황은 종교·종족 간 분쟁을 부추겼다. 종교 분쟁은 주로 기독교인들이 많이 거주하는 은제레코레에서 일어났다. 그곳에서는 상점이나 주유소를 약탈하는 등의 사소한 문제를 계기로 기독교도와 이슬람교도 간 유혈 충돌이 수시로 반복되었다. 종교 갈등처럼 보였지만 결국은 희소한 토지와 물을 차지하기 위한 처절한 생존 투쟁이었다. 정치 지도자들은 사실상 이를 조장하거나 방조하면서 자신들이 세를 불리는 데 이용했다.

이러한 상황에서 2014년 에볼라가 유행했다. 에볼라는 빈곤한 나라에게 심각한 타격을 입혔다. 보크사이트 수출은 막혔고 외국 기업은

전염병의 지리학

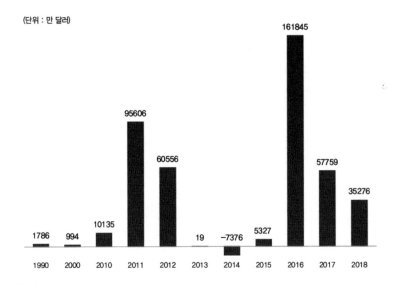

(단위 : 만 달러)

161845

95606

60556

57759

35276

10135

1786 994 19 −7376 5327

1990 2000 2010 2011 2012 2013 2014 2015 2016 2017 2018

그림 5. 기니의 외국인 직접 투자 변화(1990~2018)
World Bank, 2021(a) 자료를 토대로 작성

투자를 중단하고 빠져나갔다. 농산물을 비롯하여 상품, 서비스에 대한
이동이 제한됨에 따라 무역량이 감소했다. 2012년 6퍼센트에 육박했던
경제 성장률은 2014년 3퍼센트로 떨어졌다.[7]

에볼라바이러스는 기니의 의료진 인력에 파괴적인 영향을 미쳤을
뿐만 아니라 빈약한 의료 서비스조차 제대로 작동하지 못하도록 했다.
에이즈, 결핵, 홍역, 말라리아의 치료와 관리는 엉망이 되었다.[8] 에볼라
는 특히 어린이에게 가혹했다. 전체 에볼라바이러스 감염자의 거의 20
퍼센트가 15세 미만 어린이였다. 예방 접종을 위한 자금과 물류가 에볼
라 대응을 위해 사용되었고, 에볼라바이러스의 전파를 막기 위해 소아
를 대상으로 하는 일상적 예방 접종이 연기되어 예방 가능한 질병을 막

지 못해 시달리기도 했다.[9] 에볼라 같은 치명적인 전염병 확산에 의료 시스템이 작동하지 않아 속수무책으로 당했던 국민은 정부의 무능력에 불만이 폭발했다.

라이베리아

라이베리아는 기니와 마찬가지로 2014년 당시 에볼라바이러스 유행에 대처할 수 있는 시스템을 갖추지 못한 취약한 국가였다. 라이베리아공화국, 약칭 라이베리아는 1847년에 세워진 아프리카 최초의 공화국이다. 라이베리아는 한반도 절반 정도의 면적에, 인구가 우리나라의 10분의 1도 안 되는 작은 나라다.

라이베리아는 서아프리카 국가 중에서도 독특한 역사를 가졌다. 라이베리아는 미국의 노예제도 폐지 운동에 따라 미국 내 흑인과 백인의 공존이 어렵다고 본 사람들이 1820년대부터 자유 흑인들을 아프리카로 이주시켜 만든 식민지 국가였다. 그래서 국명을 '자유의 나라'라는 의미의 라이베리아로 지었고, 수도 이름도 당시 미국 대통령이었던 제임스 먼로의 이름을 따서 몬로비아라고 명명했다. 국기도 미국의 성조기를 본떠서 만들었다. 당시 라이베리아로 보내진 흑인 대부분이 미국 남부에서 이주했기 때문에 이곳에 도착한 흑인은 미국 남부 지역과 비슷한 집과 교회를 짓고 영어를 사용했다.

백인 총독의 지휘 아래 식민위원회는 법령을 제정했고, 고위공무원에서 말단 행정직까지 임명했다. 1841년에 마지막 백인 총독이 죽자 라이베리아인은 협회로부터 식민지 통제권을 이양받아 1847년에 라이베리아공화국을 수립했다.[10] 해방 노예 후손인 '아메리코 라이베리언'들은 트루 휘그당을 창당하여 1980년까지 일당 통치를 지속했다.

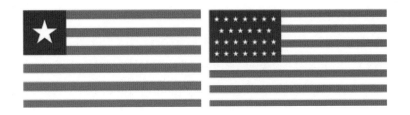

그림 6. 라이베리아 국기(왼쪽)와 미국 국기(오른쪽)

미국은 해방 노예를 정착시킨다는 명분으로 오래전부터 그 땅에서 터전을 닦고 살고 있던 라이베리아 원주민을 내쫓거나 노예화했다. 아메리코 라이베리언은 아프리카 토지를 헐값에 사들이거나 힘이 약한 부족의 땅을 강압적으로 인수했다. 그들은 원주민들을 원시적이라고 업신여기고 2등 시민 취급하며 1960년대까지 참정권조차 부여하지 않았다. 심지어 원주민을 계약 노동자로 거래했다. 극소수에 불과한 그들은 라이베리아의 최상류 엘리트 계층을 형성했고, 자녀를 미국으로 유학 보내며 라이베리아의 지배층으로 군림했다. 이주민과 원주민 집단 간 골은 깊어졌고 원주민의 불만과 분노는 쌓여 갔다.[11]

미국은 아메리코 라이베리언 편에 섰고 라이베리아 정부가 파산할 때마다 정권이 유지되도록 도왔다. 대신 라이베리아 정부는 1926년 미국의 파이어스톤이라는 고무 회사가 수도 몬로비아 공항에서 가까운 하벨 지역에서 세계 최대의 고무 플랜테이션을 운영하도록 허가했다. 라이베리아 정부는 제2차 세계대전을 수행하는 데 필요한 천연고무 생산량 전부를 미국과 동맹국에게 공급했고, 미군 기지용 토지를 무상으로 제공하여 미군이 병력과 전쟁 물자를 수송할 교두보로 사용하도록 했다. 미국은 군인과 원료를 원활하게 수송하기 위해 공항과 자유무역

항을 건설했고, 라이베리아 정부에 도로 건설 보조금을 지급했다. 제2
차 세계대전이 끝난 이후 냉전 시기에 미국은 공산주의와 싸운다는 명
분으로 친미 독재자들을 후원하면서 라이베리아를 공산주의 확산 저
지의 핵심 전진 기지로 활용했다. 라이베리아 경제는 미국의 강력한 지
원, 자원 수출 및 편의치적선* 취득에 따른 해운 수입에 힘입어 '아프
리카의 작은 미국', '검은 미국'으로 불릴 정도로 성장했다.

　　1970년대 세계의 고무 가격이 하락했던 반면, 곡물 가격은 상승했
다. 1979년 쌀가격 상승에 대한 정부 계획이 발표되자 그동안 쌓였던
원주민의 불만이 폭발해 라이베리아 전역에서 폭동이 일어났다. 이는
1980년 군대 쿠데타로 이어졌다. 원주민인 크란족 출신의 새뮤얼 도가
이끈 쿠데타는 성공했다. 이로써 아메리코 라이베리언의 통치는 끝났
고, 도의 군부 통치가 시작되었다. 133년이나 억압받았던 라이베리아
국민 대부분은 그의 집권을 환영했다.

　　새뮤얼 도는 무능하고 부패했으며 억압적이었다. 그는 암살, 탄압,
사기, 협잡에 의존하여 통치했고 매관매직을 비롯한 각종 부정을 저질
렀다. 그의 집권 후 5년 동안 쿠데타 시도가 7번이나 있었다. 그는 자신
에게 반대하는 북부의 지오족과 마노족을 탄압했고 자기 측근으로만 인
의 장막을 구축했으며 정치적 자유와 언론의 자유를 금지했다. 도 정권
은 냉전 동맹으로서 충성을 바치는 대가로 미국 레이건 정부에게 수백
만 달러의 원조를 얻어 냈다. 또한 철광석, 고무 플랜테이션과 같은 천
연자원이나 각종 이권을 외국 자본가들에게 뇌물을 받고 팔아넘겼다.

＊　라이베리아는 선박세가 싸기 때문에 외국의 편의치적선이 많아 선박 보유량은 세계
　　제일이다. 편의치적은 자국의 경제 내·외적 규제를 회피하고 이윤을 극대화하기 위해
　　소유 선박을 다른 나라의 국적으로 등록하는 것이다.

그는 화장실까지 달린
벤츠 자동차 등 여러 대의 고
급 승용차를 갖고 있었으며
호화스러운 생활을 즐겼다.
도로를 이용할 땐 다른 차량
들을 통제하여 무서울 정도
의 빠른 속력으로 거리를 질
주하곤 했다.[12] 무능하고 부
패하면서도 억압적인 폭정
으로 국민의 반감을 샀으나
도는 1985년에 부정 선거로
다시 대통령에 당선되었다.*

그림 7. 1982년 새뮤얼 도 대통령의
한국 방문 기념 우표

　　1980년대 후반부터 대외적 정치 상황이 급변했다. 냉전 시대가 막
을 내린 것이다. 미국은 아프리카에서의 공산주의 확산을 막기 위해 필
요했던 부패한 친구를 더 이상 필요로 하지 않았다. 미국은 도 정권과
관계를 끊었고 재정 지원을 중단했다. 국민은 폭력적이고 무능한 도에
게 등을 돌렸고, 미국이라는 든든한 울타리도 허물어졌다. 그의 지위는
매우 불안했다.

　　1989년 정부군과 반군 간에 두 차례 내전이 일어났다. 반군 지도자
는 그 유명한 찰스 테일러였다. 그의 인생은 한편의 공포 영화 또는 범
죄 영화 같다. 아메리코 라이베리언으로 미국에서 경제학을 공부한 그
는 도 정부에서 공금을 횡령하여 달아났다가 미국에서 체포되었다. 그

* 　그는 선거 개표 도중 패색이 짙어지자 개표를 중단하고 며칠간 투표지를 불태우고 자
　신이 당선되었다고 공표했다.

그림 8. 라이베리아의 찰스 테일러

러나 탈옥해서도 정권에서 탄압받던 지오족과 마노족 출신을 중심으로 코트디부아르에서 라이베리아 민족애국전선(National Patriotic Front of Liberia)을 결성해 반군 지도자로 급부상했다.

반군은 정부군에 대한 반감이 컸던 국민의 지지를 받으며 수도인 몬로비아까지 진출했다. 100만 명이 사는 몬로비아에서는 정부군과 반군의 일진일퇴로 주민들의 이동이 봉쇄되었고, 몬로비아의 전기와 수도도 끊겼다. 모든 상가가 문을 닫아 주민들은 굶주림에 허덕였다. 대내외적으로 민심을 잃은 도는 1990년에 반란군한테 붙잡혀 피살되었다.

나이지리아 입김을 강하게 받은 서아프리카경제공동체(ECOWAS)는 테일러가 아닌 아모스 소여를 중심으로 한 과도정부 구성을 지지했다. 이후 두 번째 내전이 시작되었다. 테일러는 시에라리온 반군을 지원하여 라이베리아에 주둔하고 있었던 서아프리카평화유지군(ECOMOG)의 전력을 시에라리온으로 분산시켜 라이베리아에서 자신의 활동 영역을 넓혔다.[13]

그는 다이아몬드와 마약 밀매로 돈을 벌었다. 시에라리온의 반군인 혁명연합전선(Revolutionary United Front)의 악명 높은 지도자 포다이 산코가 마요네즈 통에 다이아몬드를 가득 채워서 전달해 주면 무기로

전염병의 지리학

바꿔 주었다.[14] 그는 산코에게 넘겨받은 다이아몬드 원석을 싼 가격으로 다른 나라에 팔았고 마약도 거래했다.

그림 9. 시에라리온의 포다이 산코

테일러는 다이아몬드와 마약 밀매 수익을 기반으로 승리했고, 1997년 대통령에 취임했다.[15] 내전 과정에서 수력발전소는 파괴되었고, 고철을 노리는 사람들은 전봇대의 전깃줄을 훔쳤다. 극소수의 부유층만이 소형 발전기를 이용하여 전기를 사용했고, 일반인은 촛불을 사용하여 불을 밝혔다. 사람들은 수도가 아닌 펌프와 우물을 이용했다. 그는 대통령 직무를 수행하는 동안에도 '피의 다이아몬드(blood diamond)'라고 불리는 시에라리온산 다이아몬드 불법 거래를 계속했다. 그는 2003년 반대 세력에 의해 축출되었다.

2005년 라이베리아에서 처음으로 민주적으로 치러진 대통령 선거에서 아프리카 최초의 여성 대통령 엘런 존슨 설리프가 당선되었다. 그녀는 미국 하버드대학교에서 공부하고 세계은행에서 근무하기도 한 엘리트였다. 설리프는 부패와 민족 간 갈등을 완화하는 조치를 적극적으로 실행했다. 교육과 보건 의료 서비스 개혁을 시도했고 취임 당시 80퍼센트에 달했던 실업률을 개선했으며, 국가 재정을 건전하게 했다. 2011년 재선에 성공한 뒤 그녀는 돌변했다. 빈곤 퇴치에 실패했고, 부정 선거와 부정부패 의혹이 끊이지 않았다. 최측근들로만 정부 고위직을 채웠으며, 심지어 아들 셋을 국가 정보 기관, 중앙은행, 국영 기업의 수장으로 앉혔다.

유엔 보고서에 따르면 에볼라가 확산하던 2014년 라이베리아에서 하루 1.25달러 이하로 사는 인구가 85퍼센트에 달했으나, 라이베리아 정부는 빈곤한 국민의 삶에 무관심했다. 정부의 이러한 태도는 에볼라 대응 조치에서 그대로 드러났다. 정부의 에볼라 대응은 너무나 무능하고 가혹했다. 몬로비아 해안가의 웨스트포인트 빈민 거주 지역은 내전으로 고향에서 쫓겨난 사람들이 밀집하여 거주하는 지역으로, 에볼라바이러스가 확산하기에 적합한 환경이었다. 이곳에서 에볼라 환자가 많이 발생하자, 정부는 아무런 대책도 없이 병력을 투입해 5만 명 이상이 거주하는 이 지역을 그 누구도 들어가거나 나오지 못하도록 봉쇄했다. 이에 저항하는 10대 소년을 향해 발포해 소년이 사망하는 사건이 일어나기도 했다. 설리프 정부에 반감이 컸던 국민의 분노와 비판은 극에 달했다.[16]

봉쇄 지역에 갇힌 감염자는 치료받지 못했고, 감염되지 않은 주민들은 생필품조차 구하지 못했다. 에볼라바이러스 감염 또는 감염 의심 환자임을 표시하는 의료용 팔찌를 찬 남성이 너무 굶주린 나머지 진료소 인근 시장에 먹을 것을 구하기 위해 나오기도 했다. 이에 화가 난 사람들은 환자가 아닌 라이베리아 대통령을 향해 환자들이 굶어 죽고 있으며 식량도 물도 없다면서 욕설을 퍼부었다. 그 장면은 텔레비전 뉴스를 통해 전 세계에 생생하게 보도되었다.

봉쇄 위주의 에볼라 대응 정책에 불신이 많았던 사람들은 정부의 에볼라 조치를 따르지 않았다. 그 바람에 환자가 급증했고 이는 에볼라를 전국적으로 확산시키는 결과를 낳았다. 라이베리아 정부는 에볼라 통제 불능을 선언했다. 한편 설리프는 대외적으로 세계 각국을 향해 에볼라 사태에 잘 대처할 수 있도록 더 많은 의료진과 의료 물품을 보내달라고 호소했지만 정작 미국에서 의사로 일하는 그녀의 막내아들은

전염병의 지리학

돌아오지 않았다. 에볼라 대응을 위해 국제 사회가 지원한 돈과 의약품도 사라졌다.[17]

　라이베리아는 서아프리카의 에볼라 주요 발병국 세 곳 가운데 가장 많은 사망자를 기록했다. 세계보건기구의 2014년 통계에 따르면, 라이베리아에는 인구 1만 명당 의사가 0.1명, 병원이 0.4개소, 병원 침상이 8개뿐이었다.* 국제 의료 구호 단체 의료진들은 의료 노동자가 절박하게 필요하여 에볼라바이러스에 감염되었다가 회복된 사람들에게 도움을 요청했다. 의료 노동자는 보호 장비나 훈련 없이, 보수도 받지 못하며 환자를 돌봤고 그 과정에서 에볼라바이러스에 감염되어 사망하기도 했다. 침상이 턱없이 부족해서 에볼라에 감염된 환자도 병원에서 치료받지 못하고 집으로 돌아가야 했다.

　에볼라바이러스에 감염된 환자들을 돌보는 의료 종사자들은 감염 위험에 고스란히 노출되었다. 국가별 에볼라 확진자 수와 사망자 수 중 의료진이 차지하는 비중을 보면 라이베리아와 시에라리온의 경우 의료진의 사망률이 일반인의 사망률보다 높았다. 라이베리아는 2014~2016년 에볼라로 의사, 간호사, 산파의 8퍼센트를 잃었다.[18] 라이베리아의 28세 여성이었던 살로메 카르와는 에볼라바이러스에 감염되어 죽음의 문턱까지 갔다가 살아남아 에볼라 환자를 돌본 의료 노동자 중 한 사람이었다. 그녀는 희생과 박애의 상징으로 여겨져 2014년 《타임》지에 의해 '올해의 인물'로 선정되었다. 그러던 그녀는 에볼라가 종식된 2년 후인 2016년에 아이를 출산한 후 경련과 함께 발작, 구토 증상 등 산후 합병증에 시달렸다. 남편이 병원으로 데려갔지만 에볼라 감염을 의심한

＊　당시 우리나라의 경우 인구 1만 명당 의사는 21.4명, 병원은 3.4개소, 병원 침상은 103 개였다.

의료진이 외면했고 출산 닷새 만에 28세의 나이로 숨졌다.

시에라리온

기니와 라이베리아의 이웃 나라인 시에라리온 또한 정부 기능이 전혀 작동하지 않아 국민은 에볼라의 공포에 떨어야만 했다. 시에라리온은 유럽인들의 아프리카 약탈 기지로 역사에 등장한다. 시에라리온은 '사자(lion)의 산들'이란 뜻이다. 1462년에 포르투갈인이 지금의 수도 프리타운에 왔을 때 겪었던 폭풍우가 마치 사자의 울음소리 같았다는 데서 붙여졌다. 시에라리온은 라이베리아 면적의 약 3분의 2도 되지 않고 인구도 2018년 기준 760만 명 정도에 불과한 매우 작은 나라지만 피의 다이아몬드로 상징되는 내전으로 잘 알려졌다.

라이베리아가 미국이 흑인들을 이주시켜 건립한 식민지였다면, 시에라리온은 영국이 흑인들을 이주시켜 건설한 식민지였다. 18세기 말 런던에는 미국 독립전쟁 후에 건너온 흑인 왕당파가 1000여 명 있었다. 영국 정부는 런던의 최하층 빈민으로 살고 있던 이들 흑인을 프리타운으로 실어 나르기 시작했다.[19] 1807년 노예 무역을 불법으로 규정하는 법안이 영국 의회를 통과하자 흑인 이주가 본격적으로 진행되었다. 1850년까지 시에라리온으로 이주한 해방 노예의 수는 7만 5000명에 이르렀다.[20]

시에라리온을 실질적으로 통치해 왔던 런던의 시에라리온회사(Sierra Leone Company)가 1807년에 파산한 후에 영국은 현재 시에라리온의 수도인 프리타운을 영국보호령으로 선언했다. 라이베리아라는 국명이 해방, 자유를 뜻하는 라틴어 리베르(Liber)에서 나왔듯이 프리타운이라는 이름은 해방 노예 흑인이 세운 자유로운 도시라는 의미로 붙여진 이름이다.

프리타운이 영국 국왕 식민지가 되었을 때도 시에라리온 내륙 지역에는 여러 부족 세력이 난립하고 있었다. 영국은 내륙 지역의 부족장들과 조약을 잇달아 체결하면서 통치 지역을 넓혀 나갔다. 당시에 이 부족장들은 그때 체결한 조약이 식민 통치의 근거가 될 것이라고 생각하지 못했다. 영국은 현지 부족장들과 체결한 조약을 근거로 1896년 시에라리온을 영국 보호령으로 선포했다. 영국에게 시에라리온은 값비싼 다이아몬드나 목재와 같은 자원의 보고이자, 서아프리카에서 팽창하는 프랑스를 견제할 수 있는 전략적 요충지였다.[21]

영국 행정관은 재정 수입을 늘리기 위해 가옥세를 부과했다. 방이 4개 이상인 가옥의 소유자는 1년에 10실링, 이보다 작은 가옥을 가진 사람들은 5실링을 내야 했다. 이 금액이 당시 집값보다 비싼 경우도 많았는데, 이는 현지 생활에 대한 영국 행정관의 무지를 드러낸 대표적 사례다. 부족장들은 가옥세에 반발했다. 특히 시에라리온의 다수 종족 중 하나인 멘데족이 주로 사는 멘델랜드의 반발이 거셌다. 그렇지만 반란은 곧 진압되었다. 영국은 반란의 중심지인 내륙을 통제하기 위해 철도를 건설하였고, 이 철도를 따라 멘데족이 재배한 커피 원두와 카카오 빈(카카오 열매의 씨앗), 채굴한 다이아몬드를 실어 날랐다.[22]

식민 통치 시절 영국은 대부분의 다른 아프리카 식민지와 마찬가지로 시에라리온에도 간접 통치를 실시했다. 이를 위해 영국은 지역의 유력한 지배자를 골라 대추장(Paramount Chief)이라는 종신 직위를 부여했다.[23] 특정 지역의 부족장 가문 또는 영국과 조약을 맺은 엘리트 가문만 대추장 후보를 낼 수 있었다. 대추장은 세금을 거두며 법을 집행했고, 누가 어디서 농사를 지을 것인가를 결정하는 토지 관리인의 역할도 수행했다. 대추장과 연줄이 없으면 토지에 대한 사유재산권이 보장되지 않았다. 지금도 대추장은 인두세를 거둘 징수권을 가지고 있다.

영국은 농산물 가격의 변동에 따른 농민 생활의 불안정을 해결한 다는 구실로 자신들이 설립한 농산물 유통 기구에 생산품을 강제로 판매하게 했다. 그러나 실제로 그 기구는 풍년이든 흉년이든 시장 가격보다 낮은 가격으로 작물을 사들였다. 농민들은 농업 생산성을 높일 동기와 부지런히 일할 의욕이 없었다. 그들은 항상 곤궁했다.[24]

1930년 동부 코이두주의 코노에서 다이아몬드가 발견되었다. 진흙을 채에 담아 강물에서 거르는 방법으로 값비싼 다이아몬드를 쉽게 채굴할 수 있어서 농사를 짓던 사람들까지 다이아몬드를 채굴하러 다녔다. 당시 불법 다이아몬드 채굴자 수는 7만 5000명에 이르렀다. 1950년대 초까지 영국의 거대 다이아몬드 기업인 드비어스가 소유한 '시에라리온셀렉션트러스트(Sierra Leone Selection Trust)'라는 회사가 다이아몬드 생산을 독점했다. 드비어스사는 다이아몬드 보호군이라는 사병 조직을 창설하여 사람들이 다이아몬드를 채굴하지 못하도록 통제했다.[25]

시에라리온은 1961년에 영국으로부터 독립했다. 독립 후 시에라리온의 역사는 아프리카 여러 국가가 걸어온 길과 유사하다. 시에라리온이 독립할 당시 영국은 멘델랜드에 지지 기반을 두고 있었던 시에라리온인민당에게 정권을 넘겨 주었다. 그러나 두 차례의 군사 쿠데타를 통해 1967년에 전인민회의당(All People's Congress Party)의 시아카 스티븐스가 정권을 잡았다. 그도 어김없이 무능했고 부패를 일삼았다. 그의 정권은 20년 동안 지속되었다.

스티븐스는 멘데족이 반란을 일으킬 것이 두려워 수도 프리타운에서 멘델랜드로 이어지는 철도를 들어냈고 복구조차 할 수 없도록 선로와 철도 차량을 팔아 치웠다. 자신의 권력을 유지하기 위해 국가의 경제 성장 동력을 없애 버린 것이다.[26] 스티븐스는 "소는 묶어 놓은 곳에

전염병의 지리학

서 풀을 뜯는 법"이라는 격언을 자주 말하면서 시에라리온을 먹어 치웠다. 그는 식민 통치 시절에 영국이 약탈을 위해 사용했던 시장 기구와 대추장 제도를 이용하여 국민을 식민 통치 기간 때보다 심하게 착취했다. 그리고 다이아몬드 회사인 '시에라리온 셀렉션트러스트'를 사실상 국유화해서 자신이 절반 이상의 지분을 차지했다.

죽음을 앞둔 스티븐슨은 1985년 조지프 사이두 모모 장군에게 권력을 이양했다. 모모는 스티븐슨이 풀을 뜯던 같은 자리에서 더 게걸스럽게 먹어 치웠다. 도로는 망가졌고 학교는 엉망이 되었다. 1987년에는 정보부 장관이 전파 송신기를 팔아먹는 바람에 텔레비전 방송이 중단되었다. 1989년에는 프리타운에 무선 신호를 중계하던 무선 탑이 쓰러져 수도 외의 지역에서는 라디오 송신마저 마저 끊겼다.

이러한 상황에서 1991년 포다이 산코는 혁명연합전선(Revolutionary United Front)을 결성하여 반란을 일으켰다. 모모는 1994년에 대통령직에서 물러났고, 2년 후 테잔 카바가 대통령으로 당선되었다. 그렇지만 산코는 이듬해 그를 축출했다. 산코가 반군을 일으킨 명분은 완전히 자취를 감추었다. 내전 초기부터 반군인 혁명연합전선은 공포의 대상이었다. 그들은 가는 곳마다 마을을 불 지르고 양민들을 죽이거나 여성을 강간했으며 손목과 발목을 도끼로 잘랐다.

그뿐 아니라 납치한 어린이에게 마약을 먹여 잔혹한 일을 시키고 성 노리개로 삼았다. 이들은 시에라리온 동부의 다이아몬드 광산들을 장악한 후 다이아몬드를 채굴하여 활동 자금으로 썼다. 시에라리온은 내전 기간 내내 서아프리카 분쟁 지역의 전쟁 자금원인 다이아몬드의 밀매 중심지이자 무기 밀매 네트워크의 허브였다.[27] 이러한 상황은 2006년 개봉한 레오나르도 디카프리오 주연의 영화 〈블러드 다이아몬드〉를 통해 널리 알려졌다.

태잔 카바는 1998년에 서아프리카평화유지군이 개입한 덕에 다시 시에라리온으로 돌아올 수 있었다. 1991년부터 8년을 끌어온 시에라리온 내전은 1999년 7월 로메 평화협정 체결과 함께 새로운 국면을 맞았다. 반군은 내전 기간에 자행한 모든 악행에 대한 사면을 받고, 산코를 부통령에 준하는 예우를 한다는 조건으로 무장 해제하기로 했다.[28] 산코는 수도 프리타운의 호화 저택에서 지내며 대통령 선거에 입후보해 대권을 노렸다. 인권운동가들은 인권을 유린한 산코가 주도한 반군의 범죄 행위에 면책을 부여한 로메 합의를 신랄하게 비판했다.

로메 합의 이후에도 반군은 무기를 반납하지 않았고, 잔인한 범죄를 계속 자행했으며, 유엔평화유지군을 공격했다. 이러한 상황에서 정부군 출신들로 구성된 혁명평의회군이 산코를 급습하여 체포했다. 산코는 전범 재판에 회부되었고, 로메 평화협정은 사실상 백지화되었다. 반군 세력은 급격히 약화되었고, 2002년 선거에서 승리한 카바가 다시 대통령이 되었다. 그는 내전 종식에 기여했지만 시에라리온을 빈곤에서 구제하는 데 실패했다는 비판을 받았다. 1991년부터 2002년까지 11년이나 내전이 지속되면서 당시 인구의 3분의 1이 넘는 약 250여만 명의 난민이 발생했고 20여만 명의 사망자가 발생했다.[29]

시에라리온 국민이 내전의 깊은 상흔을 추스르기도 전인 2014년 5월 25일 에볼라바이러스가 시에라리온의 동부 지역인 카일라훈에 도착했다.[30] 카일라훈은 앞서 말한 기니의 국경 도시인 게케두와 접한 지역이다. 카일라훈에서 첫 환자가 발생한 이후 에볼라는 시에라리온 전역으로 급격하게 번졌다. 7월 중순에 감염자가 442명이 되면서 라이베리아와 기니의 감염자 수를 초월했고,[31] 7월 말에는 시에라리온의 수도인 프리타운에서도 감염자가 확인되었다.[32]

발병 초기 대응의 특징은 혼동, 혼란, 부인이다. 시에라리온도 마찬가지였다. 공중보건 비상사태에 대처하기 위한 충분한 지식이 부족했을 뿐 아니라 집단적 지식을 활용하고 효과적으로 대응하기 위한 자원을 동원할 수 없는 상황이었다. 단 두 곳뿐인 시에라리온의 치료 센터는 환자를 감당하지 못했다. 시에라리온 정부는 에볼라바이러스 전염 확산을 막기 위해 외출 전면 금지 조치를 취했다. 어니스트 바이 코로마 대통령은 "통행금지 명령을 어기고 거리를 활보하는 사람을 즉각 잡아 감옥에 3주간 구금할 것"이라고 발표했다.

세계보건기구도 에볼라 통제에 필요한 지원을 신속하게 제공하지 못했다. 코로마 대통령은 세계보건기구의 더딘 대응에 불만을 표시하면서 치료 시설과 전문 교육을 받은 임상 의사, 간호사 등 의료 인력을 신속하고 충분하게 지원해 줄 것을 촉구했다. 혼란스럽고 더딘 대처로 감염자와 사망자가 속출했다. 시신 수습조차 어려웠다. 2014년 10월 5일 하루 동안 에볼라 사망자가 121명에 달했다. 에볼라로 인한 일일 사망자 수로 따지면 사상 최대 수준이었다. 세계보건기구가 2016년 3월 '국제적 공중보건 비상사태'의 종식을 선언했을 때까지 시에라리온에서만 약 1만 5000명이 감염되었고 4000명 정도가 사망했다.

3. 에볼라 공포에 사로잡힌 세계

세계의 에볼라 비상 버튼을 누른 티핑 포인트

에볼라바이러스 유행은 1976년부터 아프리카에서 수십 차례 발생했다. 세계는 아프리카에서 에볼라바이러스 유행이 얼마나 자주 발생했고, 얼마나 많은 사람이 사망했는지 관심도 없었고 알지도 못했다.

2014년 에볼라바이러스 유행 당시, 그해 7월 나이지리아 제1의 도시인 라고스에서 발생한 첫 환자는 에볼라에 대한 세계의 관심을 폭발적으로 증가시킨 티핑 포인트*였다.

2014년 여름으로 접어들면서 에볼라바이러스는 기니, 라이베리아, 시에라리온을 넘어 인접 국가로 확산했다. 2014년 7월 나이지리아 라고스에서 발생한 첫 에볼라 환자는 패트릭 소여였다. 그는 라이베리아 관료이자 미국으로 귀화한 미국인으로 에볼라바이러스에 감염된 채 라이베리아의 몬로비아에서 비행기를 탔다. 그리고는 가나의 아크라를 경유하여 토고의 로메에서 비행기를 갈아타 라고스의 무르탈라모하메드국제공항에 도착했다. 그는 비행기 안에서 구토했고 공항에서 쓰러졌다. 나이지리아 보건부는 바이러스의 확산을 막기 위해 격리를 결정했고, 소여는 이틀 후 사망했다. 이후 소여를 간호하던 간호사도 에볼라에 감염되어 치료받던 중 사망하는 등 19명의 추가 환자가 발생했고, 그중 7명이 사망했다.

나이지리아의 라고스는 중서부 아프리카를 대표하는 거대 도시다. 라고스에서 한 명의 에볼라 환자가 발생했다는 소식은 세계 경제에서 차지하는 비중이 매우 작은 서아프리카 3개국에서 수천 명이 에볼라바이러스로 사망했다는 것과 그 의미가 달랐다. 나이지리아는 아프리카에서 가장 인구가 많은 국가이자 세계에서 일곱 번째로 큰 국가다. 라고스는 나이지리아 제1의 도시로, 1970년대 오일 붐의 중심지였던 이곳으로 사람들이 몰려들면서 인구 폭발을 경험했다. 2014년 당시 공식 통계에 잡힌 라고스 인구만 1500만 명, 도시권 기준으로 보면 약 2600

---

* '티핑 포인트'는 어떤 상품이나 아이디어가 갑자기 변화하고 폭발적으로 영향을 미치는 극적인 순간을 말한다.

전염병의 지리학

만에 달했다. 라고스는 아프리카뿐만 아니라 세계에서도 가장 극단적인 부의 양극화를 보여 주는 도시다.[33] 인구의 70퍼센트가 물과 전기조차 제대로 공급받지 못하는 슬럼에서 생활하는 데 반해, 석유와 각종 사업으로 이익을 챙긴 부유층들은 정원과 수영장이 딸린 초호화 주택에서 생활하고 있다.[34]

나이지리아는 1970년대 석유수출국기구(OPEC)에 가입한 회원국으로 아프리카 최대 석유 수출국이다. 나이지리아가 영국으로부터 독립하기 전인 1956년, 나이저강 삼각주 일대에서 방대한 유전이 발견되었다. 뜻밖의 엄청난 자원이 발견되면서 아프리카의 빈국이었던 나이지리아는 성공적인 국가 건설에 필요한 모든 요소를 갖추게 된 듯했다. 힘차게 쏟아져 나온 석유만큼이나 번영에 대한 기대도 용솟음쳤다. 황 함유량이 적은 나이저강 삼각주의 원유는 가솔린과 디젤로 정제하기 쉬워 세계 시장에서 각광받았다.[35] 유전이 발견된 후 다국적 석유 기업들이 몰려들었고, 영국-네덜란드 합작 기업 로열더치셸(Royal Dutch Shell)*은 알짜배기 유전을 차지했다. 로열더치셸은 나이지리아의 정치·경제·사회 전반을 쥐락펴락하는 실질적 권력자로 부상했다. 로열더치셸은 어떤 정권이 들어서든 뒷바라지를 해 주면서 그 정권을 자신들의 시녀로 만들었다.[36]

라고스는 나이지리아 석유 산업의 중심지로, 수많은 다국적 석유 기업, 외국계 은행, 컨설팅 업체, 통신 기업들이 몰려 있어 서아프리카

---

* 로열더치셸은 네덜란드의 로얄더치피트롤럼(Royal Dutch Petroleum)과 영국의 셸(The Shell Transport and Trading)이 각각 지분 60퍼센트, 40퍼센트로 1907년에 합병하면서 만든 회사다. 로열더치셸의 창립자가 합병 전에 동남아시아에서 장식용 조가비를 모아서 유럽에 파는 일을 했기 때문에 셸의 로고는 조개껍질 모양이다.

그림 10. 나이지리아의 라고스와 포트하커트 위치

와 세계를 연결하는 관문 도시다. 라고스의 무르탈라모하메드국제공항에서는 날마다 많은 국제선이 세계 주요 도시들을 분주하게 오간다. 즉, 나이지리아 라고스에서 에볼라 환자가 발생했다는 것은 에볼라바이러스가 서아프리카의 가난한 나라의 국경 안에 갇혀 서서히 사라지기보다 전 세계로 확산할 확률이 매우 높아졌다는 것을 의미했다.

나이지리아 리버스주의 주도인 포트하커트에서도 에볼라바이러스 감염자가 발생했다. 이곳도 석유 화학 및 건설과 관련된 수많은 기업이 위치한 나이지리아의 오일 허브다. 수십 년간 송유관에서 유출된 기름으로 땅과 강이 오염되었고, 나무와 물고기들이 죽어 버렸으며, 유정에서 태우는 매캐한 검은 가스 연기로 하늘이 뒤덮여 숨쉬기조차 힘들다. 주민들은 썩은 냄새가 진동하는 쓰레기더미 속에서 하루하루를 버티며 살아간다. 글로벌 석유 기업은 이곳을 지옥처럼 만들며 오일 머니를 긁어모았다. 석유 관련 기업들과 호텔이 들어서 있고, 비록 세계 최악으로

　　　　　　　　　　　　　　　전염병의 지리학

꼽히지만 국제공항도 있다. 바로 이곳에서도 에볼라 환자가 발생했다.

라고스와 포트하커트에서 에볼라 환자가 발생했다는 것은 바이러스가 서구로 가는 입구에 도달했다는 것을 뜻했다. 1990년대 이후 신자유주의가 추동한 세계화에 따라 선진국들 간뿐만 아니라 선진국과 개발도상국 간 자본과 인구 이동도 급증했다. 사람들의 삶은 마을, 도시, 국가, 세계와 같은 다양한 규모의 공간에서 중층적이고 빠르게 교차했다. 빈곤한 국가의 질병은 낮아진 경계를 넘어 부유한 지역으로 쉽게 이동할 수 있었다.

나이지리아의 라고스와 포트하커트는 선진국과 경제적으로 긴밀하게 연결된 지역이었다. 2014년 에볼라는 과거의 유행 때처럼 빈곤한 저개발국에 갇혀 있지 않고 세계로 확산할 만반의 준비를 마쳤다. 소름 끼치는 증상과 높은 사망률을 가진 에볼라바이러스가 아프리카 대륙을 건너 전 세계를 휩쓸 수 있다는 공포감은 극도로 증폭되었다.

미국에 도착한 에볼라

나이지리아뿐 아니라 말리, 세네갈, 미국, 이탈리아, 스페인, 영국에서 에볼라 환자가 발생하기 시작했다. 이탈리아, 말리, 나이지리아, 미국에서는 2차 감염도 일어났다. 2014년 7월 말과 8월 초 미국의 구호 활동가인 켄트 브랜틀리와 낸시 라이트볼이 라이베리아에서 에볼라에 감염되어 미국으로 이송되었다.* 미국에 도착한 첫 번째 에볼라 환자였다.

미국 사회는 이 치명적인 바이러스에 감염될 수 있다는 두려움에

---

* 프랑스, 독일, 노르웨이, 스위스, 영국 등 유럽 출신 의료진 중 서아프리카에서 에볼라 바이러스에 감염된 경우도 본국으로 이송되어 격리 병동에서 치료를 받았다.

떨었다. 트위터와 페이스북 그리고 유튜브 댓글은 에볼라 환자 이송 결정에 반대하거나 에볼라바이러스 유입을 우려하는 반응으로 넘쳐났다. 전문가들은 격리 시설이 갖춰진 병원에서 치료하면 전파 위험이 거의 없고, 또 현지에서 의료 봉사를 하다가 에볼라에 감염된 국민을 자국으로 데려와 치료하는 것이 인도주의적 관점에서 정당했다고 말했다. 그러나 에볼라바이러스의 치명성에만 초점을 둔 언론 보도 때문인지 대중들의 불안감은 좀처럼 가라앉지 않았다.[37]

미국 내에서 에볼라로 인한 첫 번째 사망자가 생기고 감염자가 나오면서 에볼라와 공포의 합성어인 '피어볼라(fearbola)' 현상이 나타났다. 미국인들은 에볼라바이러스가 미국에 유입되면서 순식간에 온 마을이 전염되고 바이러스에 걸린 사람들이 수일 안에 대부분 사망하는 스토리를 가진 영화 〈아웃브레이크〉를 기억해 냈다. 서아프리카 지역에서 전해오는 뉴스 장면은 영화의 스토리가 과장이 아닌 사실이라고 이야기했고, 그러한 무서운 바이러스가 미국에 도착했다는 소식은 피어볼라 현상을 이끌어 내기에 충분했다.

미국 내 첫 번째 에볼라 감염 사망자는 라이베리아 국적의 에릭 던컨이었다. 던컨은 라이베리아 몬로비아에서 미국으로 건너가 약혼자와 새 출발하기 위해 채비하던 참이었다. 그러나 그가 세 들어 살던 집주인의 딸이 에볼라 증세를 보였고, 던컨은 택시로 그녀를 병원에 데리고 갔다가 병상을 구하지 못해 집으로 되돌아왔다. 집주인 딸은 결국 몇 시간 후에 죽었다. 그리고 그는 나흘 후 미국에 가기 위해 몬로비아 공항으로 향했다.

던컨은 출국 당시 "에볼라에 걸렸을 가능성이 있는 사람과 최근 3주 내 접촉한 적이 있느냐"는 질문에 입국이 거부될 것이 두려워 "아니오"라고 거짓 기재했다. 그리고 그는 벨기에 브뤼셀, 미국 워싱턴주 덜레스 공항을 거쳐 텍사스 댈러스 공항에 도착했다. 미국 내 첫 에볼라 환자는 이렇게 세 개의 대륙과 공항 네 곳을 거쳐서 2014년 9월 20일 미국에 입국했다. 공항에는 에볼라 환자를 걸러 내기 위한 체온 감지기가 설치되어 있었지만, 당시 잠복기여서 아무런 증상을 보이지 않았던 던컨은 이를 무사히 통과했다. 라이베리아 집주인의 딸에서 던컨으로 옮겨진 에볼라바이러스가 비행기를 타고 미 대륙에 상륙하는 데 걸린 시간은 겨우 닷새였다.[38]

던컨은 고열, 구토와 설사 증세를 호소하며 병원을 찾았다. 당시 의료진은 그에게 심각한 증상이 없다는 이유로 집으로 돌려보냈다. 이틀 만에 그는 증상이 더욱 악화되어 병원을 다시 찾았고 에볼라 확진 판정을 받았다. 그는 격리 치료 중에 사망했다. 던컨을 치료하던 간호사 니나 팜은 에볼라 양성 반응을 보였다. 질병통제예방센터에 따르면 팜은 미국 내에서 2차 감염된 첫 번째 환자였다.

미국 언론은 하루 종일 에볼라 관련 뉴스를 다뤘다. 에볼라에 대한 언론 보도는 미국의 하원의원 선거*를 몇 주 앞둔 2014년 10월에 정점을 찍었다.[39] 언론은 종종 에볼라를 아프리카와 동일시했고, 에볼라가 아프리카의 관습 때문에 발생한 것으로 보도하곤 했다. 미국 댈러스에서는 아프리카 이민자 거주지에 대한 혐오가 심해졌다. 흑인들은 이 시기에 낙인과 편견을 경험했고 일부는 일자리 상실을 우려하기도 했다.[40]

에볼라 공포에 싸인 대중은 에볼라 발병국 국민의 비자 신청을 모두 무효화하고 서아프리카인의 입국을 전면 금지할 것을 요구했다. 아

---

* 당시 하원의원 선거는 버락 오바마 대통령의 중간 평가 성격을 띠었다. 미국의 대선은 4년마다 하원의원 선거는 2년마다 이루어진다. 대선과 대선 사이에 치러지는 하원의원 선거는 대통령의 중간 평가 성격이 강하다.

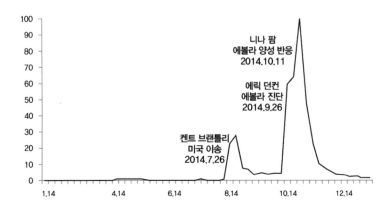

100
90
80
70
60
50
40
30
20
10
0

니나 팜
에볼라 양성 반응
2014.10.11

에릭 던컨
에볼라 진단
2014.9.26

켄트 브랜틀리
미국 이송
2014.7.26

1.14   4.14   6.14   8.14   10.14   12.14

그림 11. 미국에서 구글을 통한 '에볼라' 용어 검색 추이(2014)
(전체 구간을 0~100으로 정규화한 수치임)
Adida, C. L. et al., 2018 자료를 토대로 재작성

프리카인 입국 금지 논의는 선거를 앞둔 공화당 정치 엘리트들의 명시
적·암묵적 정치적 수사를 통해 뜨겁게 달궈졌다.[41] 필 진그리 공화당의
하원의원은 질병통제예방센터에 이민자들이 미국 공중 보건을 위협한
다는 서한을 보냈다. 팻 로버츠 공화당 상원의원은 에볼라를 이슬람국
가(IS)와 관련지어 언급하면서 에볼라가 미국 안보를 위협한다고 주장
했다. 도널드 트럼프는 에볼라를 불법 이민자와 결부시켰고, 미국인 에
볼라 보균자의 입국마저 막아야 한다는 내용의 트위터 글을 올렸다.[42]

입국 금지에 대한 강한 요구에도 불구하고 톰 프리든 당시 미국질
병통제예방센터 소장은 진원지 국민의 입국을 금지해도 바이러스의 유
입을 막을 수 없다고 했다. 그는 국경을 폐쇄한다 해도 마음만 먹으면
굳이 비행기가 아니더라도 어떻게든 국경을 넘어 밀입국할 수 있음을
강조했다. 그렇게 되면 바이러스 접촉 범위가 더욱 넓어지고 이동 경

로 추적이 어려워져 통제할 수 없어진다고 지적했다. 전염병 확산을 막기 위해 국경을 폐쇄하는 것은 마치 집이 불타고 있는데 방 안에 연기가 들어오지 못하도록 문틈에 젖은 수건을 끼우는 것과 같다. 일단 불이 나면 그 불이 꺼질 때까지 집 전체로 퍼져 가는 연기를 막을 길은 없다. 지구 반대편에서 퍼지고 있는 바이러스는 내일 당장이라도 우리 뒷마당에 상륙할 수 있다.[43]

에볼라 백신 개발, 그때는 아니고 지금은 맞다?

에볼라바이러스가 서아프리카 3개국에 퍼지는 단계에서는 대응하지 않았던 국제 사회는 나이지리아와 미국, 이탈리아 등에서 에볼라 환자가 발생하자 바이러스의 세계적 확산을 저지하기 위해 본격적으로 사태에 개입했다. 세계보건기구는 2014년 8월 8일 국제적 공중보건 비상사태를 선포했고, 9월 18일 유엔 안전보장이사회는 2177호 결의를 채택하여 "아프리카에서의 전례 없는 에볼라 발병의 확산이 국제 평화와안전에 위협을 구성한다"고 선언했다. 안보리 결의 2177은 역사상 최초로 전염병의 발병을 '국제 평화와 안전에 대한 위협'으로 선언했다는 점에서 의의가 있다.[44] 결의안이 통과되자 유엔은 'UN에볼라긴급대응팀'을 출범시켜 회원국이 보내 온 인적·물적 자원과 지원받을 국가를 연결하기 위해 노력했다. 미국의 버락 오바마 대통령은 에볼라를 국가적 안보 위협으로 규정하고, 에볼라 확산 방지를 위해 병력과 자금을 지원했다.

미국, 영국, 프랑스는 에볼라로 국가 붕괴 위기에 빠진 서아프리카 3개국 중 각각 과거 자신들이 식민 통치했던 국가를 맡아 지원하기로 합의했다. 프랑스 정부는 기니에 치료 센터를 건립하였고, 영국 정부는 시에라리온에 군 의료진 등 병력 750명을 파견하면서 치료 시설 건립을 지원했다. 미국 정부는 라이베리아의 수도인 몬로비아에 에볼라 지휘 센터를 설치했고, 군 병력 4000명을 파병했다. 중국은 이들 국가에 뒤질세라 서아프리카에 대한 지원을 확대했다.[45] 세계보건기구와 미국 질병통제예방센터는 나이지리아 정부와 협력하여 라고스와 포트하커트의 에볼라 감염 환자와 접촉한 사람들을 확인하여 에볼라 확산 네트워크를 추적했다.[46]

기니, 라이베리아, 시에라리온의 확진자와 사망자 수는 2014년 9월부터 11월까지 정점을 찍었다. 그로부터 얼마 지나지 않아 에볼라바이러스는 당시 사람들이 느꼈던 공포만큼 확산하지 않고 종식되었다. 2014년 마지막 달부터는 감염자 수가 감소하기 시작했고 라이베리아에서는 11월에 발병률이 하락했으며 시에라리온에서는 12월까지 높은 발병률이 유지되다가 2015년 1월에 급격히 감소했다. 마침내 2015년 12월부터는 3개국 모두에서 더 이상 감염자가 나오지 않았다. 시에라리온은 2016년 3월 17일 에볼라 종식 선언을 했고, 세계보건기구는 3월 29일에 국제적 공중보건 비상사태를 해제했다. 에볼라는 기니의 멜리안두에서 첫 사망자가 나온 지 2년이 지난 후에 약 1만 1000명 이상의 사망자를 발생시킨 후 종식되었다.

에볼라는 1976년부터 아프리카에서 발생하기 시작한 오래된 전염병이지만, 2014년 유행 당시 예방 백신으로 승인된 약물이 없어서 피해를 키웠다. 서아프리카에서 유행이 절정에 이르렀을 때 독일의 머크사*는 에볼라 백신 개발 권한을 취득한 후 에볼라 예방·치료 백신인

---

*   머크 그룹은 1668년에 설립된 세계에서 가장 오래된 제약·화학회사다. 머크는 2020
    년 시점에서 보면 무려 350년이 넘는 유서 깊은 기업으로 독일 헤센주 프랑크푸르트에
    서 자동차로 30분 정도 걸리는 다름슈타트시에 있다.

에르베보(ERVEBO)를 개발했다. 원래 에르베보는 캐나다 공중보건국의 국립 생물연구소에서 개발되어 미국 바이오 제약 기업 뉴링크제네틱스에서 라이선스가 아웃*되었던 것을 머크가 라이선스를 획득하여 에볼라 백신으로 개발한 것이었다. 2016년에 미국 식품의약국(FDA)은 당시 실험 단계에 있었던 에르베보 백신을 에볼라 치료제로 지정했다. 2018년 콩고에서 에볼라가 발생했을 때 환자들에게 접종되기도 했다. 머크사는 2019년에 유럽의약품청(EMA)에 신약 허가 신청서를 제출했다. 유럽의약품청은 에르베보를 에볼라 백신으로 승인했다. 단, 18세 이상 성인에게 사용 가능하다는 조건부 승인이었다. 같은 해에 세계보건기구도 에르베보를 사전 적격성 평가를 거쳐 공식적으로 인증했고, 미국식품의약국도 에볼라바이러스 예방을 위한 신약으로 승인했다. 콩고민주공화국, 부룬디, 가나, 잠비아 등 아프리카 4개국은 이 약을 에볼라 치료제로 등록했다. 1976년 에볼라바이러스 감염 환자가 발생한 지 약 44년 만에 에볼라 예방과 치료의 길이 열린 것이다.

2019년 이전까지 에볼라 백신이 없어 수만 명이 희생당했던 이유는 에볼라바이러스 백신 개발 난도가 특출나게 높다거나 기술이 부족해서가 아니었다. 그 진정한 이유는 이윤이 남는 투자가 아니었기 때문이다. 예컨대 어떤 제약 회사가 에볼라 백신을 연구·개발하여 출시하기까지는 10년 이상의 기간과 1조 이상의 비용이 요구된다. 설사 개발에 성공한다 치더라도 바이러스는 매우 빠르게 진화한다. 개발된 백신으로 해당 바이러스에 효력을 발휘할 수 있는 기간이 얼마나 될지는 아무도 알 수 없다. 기껏 출시한 약품이 몇 년 지나지 않아 시장에서 퇴출

---

* 라이선스 아웃은 기업이 보유한 기술, 물질, 특허 등 지식재산권을 타사에 판매하는 것을 뜻한다.

당할 수 있는 것이다.[47] 제약 기업 입장에서는 이러한 위험을 안고 이 정도의 투자를 했다면 그에 걸맞은 수익을 챙길 수 있어야 한다.

에볼라 백신 개발이 인류를 위해 반드시 필요하다는 것은 누구나 인정한다. 그러나 거대 제약 회사의 투자 순위에서 에볼라바이러스 백신 개발은 고혈압 약이나 당뇨병 약 개발에 항상 밀렸다. 고혈압 약이나 당뇨병 약은 개발비도 적게 들고 수요자도 선진국의 부자들인데 비해, 에볼라 백신 개발은 비용도 많이 들고 위험성도 높은데 수요자가 아프리카의 돈 없는 사람들이기 때문이었다. 이윤을 추구하는 민간 기업은 돈이 안 되는 사업에 투자하지 않는다는 그 단순한 원리로 아프리카는 백신이나 치료제 하나 없이 에볼라바이러스에 시달려야 했다.

2019년 에볼라 백신이 국제적으로 빠르게 승인될 수 있었던 까닭은 2014년 에볼라가 세계화의 흐름 속에서 아프리카 대륙 밖으로 확산할 수 있다는 경고음을 강하게 보냈기 때문이다. 유엔과 같은 국제기구와 미국을 비롯한 여러 선진국은 자신들이 에볼라바이러스에 감염될 수 있다는 위험을 인지하자 보건 안보를 위해 민간 기업이 에볼라 백신을 개발하도록 물심양면으로 지원했다.

제8장

에이즈와 치료받을 권리

에이즈는 인간면역결핍바이러스(HIV)에 감염되어 나타나는 질병이다. 이 질병은 1981년에 처음 보고되었지만, 아직까지 치료제나 백신이 없다. 주로 항레트로바이러스 약물을 복용함으로써 만성 질환으로 변환하는 치료를 한다. 그런데 글로벌 제약 기업이 만든 항레트로바이러스 약은 가격이 매우 비싸 HIV 보균자가 가장 많은 사하라 이남 아프리카 지역의 가난한 환자들이 구매하기 어려웠다. 1995년 세계무역기구 출범 이후 무역 관련 지식재산권에 관한 협정(TRIPs)으로 글로벌 제약 기업의 신약 특허권 보호가 강화되어 저렴한 복제약 사용은 더욱 어려워졌다. TRIPs 협정이 인간의 생명보다 거대 제약 회사의 이익을 보호하는 역할을 한다는 비판의 목소리가 강해졌고 사하라 이남 아프리카의 에이즈 치료제 접근권을 보장해야 한다는 여론도 형성되었다. 8장에서는 에이즈를 둘러싼 편견을 소개하고, 남아프리카공화국 에이즈 환자의 건강권과 글로벌 제약 기업의 지식재산권의 충돌을 다룬다. 또한, 글로벌 제약 기업을 상대로 남아프리카공화국의 시민 단체와 초국적 시민 단체의 협력적 노력이 이뤄낸 값진 승리를 소개한다.

1. 에이즈에 들러붙은 편견

에이즈에 들러붙은 성적 편견

에이즈는 결핵이나 암과는 전혀 다른 메타포를 갖는다. 결핵은 창백한 피부와 빨간 입술의 병약한 아름다움을 상징했고, 암은 경로를 알 수 없는 불운을 상기시켰다. 반면, 에이즈는 성적 방종과 연결되었다. 서구 근대 사회의 폭력성을 파헤친 명저 『광기의 역사』, 『성의 역사』, 『감시와 처벌』로 지식인들의 온갖 찬사를 받은 석학 미셸 푸코는 한창 명성을 날리던 1984년에 에이즈로 사망했다. 에이즈는 푸코를 육체적 죽음으로 내몰았을 뿐만 아니라 사회적으로도 매장했다. 그의 시신은 프랑스의 명사들이 묻힌 페르 라셰즈 묘지가 아닌 고향 푸아티의 인적 뜸한 공동묘지에 묻혔다. 대중들은 그의 죽음에 당혹과 경멸의 시선을 보냈다. 그의 학문적 열정과 명예는 한순간에 무너져 내렸다. 미국의 유명 배우인 록 허드슨과 세계적 밴드인 퀸의 보컬 프레디 머큐리도 에이즈로 사망하고 나서 모든 영광의 수사를 빠르게 빼앗겼다.

1980년대에 에이즈만큼 극명하게 혐오와 차별의 낙인이 찍힌 질병은 없었다. 에이즈는 1981년 뉴욕에서 카포시육종(Kaposi's sarcoma)

을 가진 여덟 명의 환자에게 처음 발견되었다. 카포시육종은 1872년 헝가리의 피부과 의사인 카포시가 처음으로 발견한 악성 종양의 한 종류이다. 주로 피부에 붉거나 자주색을 띠는 반점 또는 결절의 형상으로 나타나지만 다른 모든 장기에서도 발생할 수 있다. 뉴욕의 첫 에이즈 환자들은 모두 젊은 남성 동성애자였으며, 세균성 성병의 병력을 지니고 있었다. 카포시육종이 10만 명당 0.021명 정도 발생하는 극히 드문 암이고, 대부분 70대 환자에서 나타난다는 점을 고려하면 이들의 증상은 전례 없는 것이었다.[1] 보통 젊은 남성은 면역력이 강해 카포시육종에 잘 걸리지 않는다. 그러나 에이즈에 의해 면역 체계가 약해진 젊은이의 몸에는 카포시육종이 비집고 들어올 수 있었던 것이다. 이후 로스앤젤레스에서도 카포시육종이 나타난 동성애자가 보고되었고, 동성애자 이외에도 마약 상습 투약자에게서도 비슷한 증상이 보고되었다.[2] 1981년 말까지 미국에서 면역 결핍 증세가 나타난 동성애자 남성은 270여 명에 달했고 그중에서 150명이 사망했다.[3]

에이즈는 동성애자와 같은 특정 "위험 집단"에 속한 사람들이 걸리는 질병으로 알려졌다.[4] 암과 같은 질병은 사람들을 무차별하게 공격하는 불운으로 알려져 있기에 환자에게 발병의 책임을 돌리지는 않는다. 반면 에이즈는 '동성애'라는 특정 행위를 한 '자발성'으로 인해 걸린다고 여겨져 사람들은 환자에게 책임과 비난을 쉽게 돌렸다. 동성애자가 아닌 사람들은 자신들은 이 병에 걸리지 않을 것이라고 생각했다. 언론에서는 에이즈를 '게이 흑사병'이라고 불렀다. 사회적으로 호모포비아, 즉 동성애 혐오가 극에 달했다.[5] 이처럼 에이즈가 세계적 유행을 시작했을 때 에이즈는 '신의 형벌', '20세기 흑사병'이라는 온갖 부정적인 은유뿐만 아니라 '게이 병'이라는 별명까지 얻게 되었다. 초기 에이즈 환자 가운데 남성 동성애자가 많았기 때문이다. 1982년 미국 질병

예방통제센터도 젊은 동성연애자를 중심으로 번지는 이러한 면역 결핍 증상을 동성애자관련면역결핍증(gay-related immune deficiency: GRID)라고 명명하였다.

기독교 문화권에서는 전통적으로 동성애를 타락의 상징이자 종교적 죄악으로 치부했다.* 미국과 유럽의 경우 20세기 중반까지 동성애자를 부도덕한 집단으로 매도하였고 정신질환자로 취급했다. 동성애자들은 직장에서 쫓겨났고, 병자나 범죄자로 간주되어 정신병원이나 감옥에 보내졌다.[6]

동성애자들은 1969년 스톤월 항쟁을 계기로 자신의 권리를 주장하기 시작했다. 스톤월은 미국 뉴욕의 맨해튼에 있는 동성애자 술집 이름인 '스톤월 인'에서 따 왔다. 스톤월 항쟁은 1969년 여름 어느 저녁에 스톤월 인에 경찰이 들이닥쳐 남성과 여성 손님이 각각 성별에 적절한 옷을 입고 있음을 증명하라고 요구하고 이에 불복하는 사람을 체포해 가면서 시작되었다. 당시 동성애자들 사이에서 드래그(drag)** 문

＊ 고대 그리스에서 동성애는 금기에 가로막힌 반사회적이고 비주류적인 행위가 아니라 신화, 문학과 예술에서 널리 다루어지고 공공연하게 향유된, 사회적이고 문화적인 현상이었다. 플라톤의 『향연』을 보면 인간은 원래 앞뒤 두 개의 얼굴, 네 개의 팔과 네 개의 다리를 지닌 힘세고 날랜 원형(圓形) 인간이었다. 그런데 원형 인간이 신을 공격할 정도로 오만해지자 제우스가 그의 힘을 약화하기 위해 몸을 둘로 쪼개버렸다. 두 쪽으로 분리되기 전의 인간은 남-여, 남-남, 여-여 세 종이었는데, 분리된 후 자신의 나머지 반쪽을 끊임없이 찾아 헤맨다. '남-여'에서 갈라진 반쪽이 서로를 갈망하는 경우 이성애자가 되고 '남-남'과 '여-여'에서 갈라진 반쪽 간의 사랑은 동성애자가 된다. 그래서 고대 그리스에서 동성애는 이성애와 마찬가지로 지극히 자연스러운 사랑으로 인식되었다.

＊＊ 사회적인 성 역할에 따라 정해진 화장과 분장을 이용해 겉모습을 다른 성별로 전복

　　　　　　　　　　　　　전염병의 지리학

화가 유행하고 있었으므로 성별에 맞게 옷을 입고 있는지의 여부에 따라 동성애자들을 체포하려던 것이었다.

당시 경찰의 체포 근거는 '성별에 적합한' 의복 착용에 관한 뉴욕주 조례였다. 이는 아마도 구약성서의 구절 중 하나인 "여자는 남자의 의복을 입지 말 것이요, 남자는 여자의 의복을 입지 말 것이라. 이같이 하는 자는 네 하나님 여호와께 가증한 자이니라(신명기 22장 5절)"에 근거한 조례라고 추측할 수 있다.

많은 사람이 경찰의 반인권적 행태에 저항했고 이에 공감한 수천 명의 뉴요커들이 동조하면서 항쟁이 며칠 동안 계속되었다. 스톤월 항쟁을 계기로 미국과 유럽에서 성 소수자의 권리를 요구하는 사회·정치적 운동이 본격화되었다. 당시 동성애자 권리 운동은 기존 가치와 사회 질서에 저항한 유럽의 68운동과 미국에서 전투적으로 벌어진 흑인 공민권 운동, 베트남 전쟁 반대 운동 등 진보적 사회 분위기와 맞물려 어느 정도 대중의 지지를 끌어낼 수 있었다. 동성애자 권리 운동의 결과 1970년대 말 미국의 절반이 넘는 주에서 반(反)동성애법이 폐지되었고, 수십 개 도시에서 차별금지법이 제정되었으며 1973년 미국 정신의학회는 한 세기 넘게 동성애를 정신병으로 규정하던 것을 철회했다. 성 소수자에 대한 여론도 바뀌기 시작했다.[7]

스톤월 항쟁 이후 입지를 넓혀 가던 미국의 동성애 운동은 1980년대 들어 에이즈가 발병하자 절체절명의 위기를 맞았다. 동성애자들에 대한 주류 사회의 시선은 다시 싸늘해졌다. 1980년대 당시 한 익명의 의사는 "(지금껏) 우리는 감정적인 차원에서 동성애자를 혐오했는데,

---

하여 표현하는 행위다. 1930년대 이후 성 소수자 문화로 자리 잡은 드래그 문화는 몇십 년 동안 지하 클럽이나 뒷골목의 바 같은 공간에서 꽃을 피웠다.

이제야 그럴만한 좋은 이유를 찾았다"라고 발언했다. 이렇듯 에이즈는 그 발생부터 동성애 혐오와 불가분의 관계였다.[8] 에이즈에 대한 공포가 분노로 바뀌는 데는 그리 많은 시간이 걸리지 않았다. 동성애자들이 무분별하고 부자연스러운 성교로 인해 에이즈에 걸린다는 소문이 퍼졌다. 에이즈 환자에게 보내는 일반인의 시선은 차가움을 넘어 무자비했다. 에이즈 환자는 악마 취급을 받기도 했다. 수전 손택은 그의 저서 『은유로서의 질병』에서 "오늘날, 인간이라는 종의 삶과 희망을 꺾는 가장 무시무시한 징계는 에이즈"라고 했다.

그래서 환자들은 정작 병 자체보다 사회적 편견과 곱지 않은 주변의 시선으로 더 고통받았다. 암 진단을 받은 환자는 자신의 처지를 드러내 놓고 비통해할 수 있었지만, 에이즈 환자의 경우 절규조차 할 수 없었다. 그들은 환자로서 격리되었을 뿐만 아니라 일반인의 경원과 혐오의 시선에 고스란히 노출되었다. 에이즈 환자는 마치 도덕적으로 잘못된 사람인 것처럼 인식되었고, 인간관계가 단절되기 일쑤였다. 의사들조차 감염될지 모른다는 불안감 때문에 치료 제공을 거부하기도 했다. 언론과 정치권에서도 쉬쉬하며 언급하길 꺼렸다. 에이즈에 대한 불안감이 커지던 1980~1990년대의 에이즈 환자는 다른 어떤 질병에 걸린 환자보다도 고독했다. 당시 에이즈 환자임을 알리는 진단서는 그 사람을 사회적으로 추방한다는 파문 선고서였다.

2013년에 개봉한 영화 〈달라스 바이어스 클럽〉은 1980~1990년대 미국 사회의 에이즈 환자에 대한 인식을 잘 보여 준다. 실존 인물이었던 우드루프는 거친 스포츠 경기인 로데오*를 즐겨 하는 지독한 남

＊ 길들여지지 않은 말이나 소를 탄 채 떨어지지 않고 버티며 겨루는 일종의 스포츠 경기.

성 우월주의자이면서 동성애 혐오주의자로, 어느 날 에이즈 진단을 받는다. 에이즈 환자라는 사실이 알려지자 그는 동료들에게 배척당하고 직장에서도 쫓겨나 자살을 시도한다. 그의 자살 시도는 1980~1990년대 에이즈 발생 이후, 생물학적 죽음 이전에 '사회적 죽음'을 선고받았던 많은 에이즈 환자들의 처지를 반영한 것이다.[9]

그림 1. 〈달라스 바이어스 클럽〉 포스터

이러한 경향은 1980년대 서구 사회의 신보수주의적 분위기에서 더 짙어졌다.[10] 미국 레이건 행정부는 에이즈 확산의 원인이 동성애라고 판단하고 대처에 별다른 관심을 두지 않았다. 레이건 대통령은 1985년까지 공식 석상에서 에이즈를 언급조차 하지 않았다. 에이즈 위기가 한창이던 1986년, 미국 연방대법원은 동성애자들에 대한 헌법적 권리를 인정하지 않았다. 심지어 《뉴욕타임스》에 모든 에이즈 감염자의 팔뚝에 문신을 새겨야 한다는 기고문이 실리기도 했다.[11]

에이즈를 동성애 혐오와 결부하여 인식하는 것이 일반적이던 분위기에서 의학적 연구, 예방 교육, 기본적 치료나 요양에 관한 논의는 공론화조차 되지 못했다. 이는 에이즈가 폭발적이고 파괴적으로 확산하게 된 주요 요인이 되었다. 성소수자 인권 운동가이자 작가인 마이클 브론스키는 만약 에이즈가 이성애자들이 다수 연루된 질병이었다면, 정부, 언론 그리고 일반 대중의 인식과 대응이 사뭇 달랐을 것이라 단언했다. 그는 20세기 후반 에이즈에 대한 미국 주류 사회의 반응을 '고의적인 태만'이라며 개탄했다.[12]

점차 '에이즈는 의학적 위기가 아니라 정치적 위기'라는 생각이 확산했다. 시민운동가들은 동성애에 들러붙은 문화적 편견과 에이즈와 동성애의 직접적 상관성에 대한 인식을 바꾸려고 노력했다.[13] 그들은 에이즈 발병 초기부터 게이 커뮤니티를 중심으로 퍼져 나가던 이 미증유의 위기에 대해 집단적으로 대응했다. 정부의 적극적인 대책을 요구하는 시위를 벌이고, 감염자들을 자체적으로 돌보았으며, '안전한 섹스' 캠페인을 벌여 콘돔 사용을 대중화하기도 했다. 치료 약을 승인하고 임상 시험을 촉진하도록 미국 식품의약국을 압박하기도 했다. 2011년 개봉한 다큐멘터리 영화 〈우리는 여기에 있었다〉는 에이즈 위기 초창기에 샌프란시스코를 중심으로 많은 활동가가 열악한 환경에도 자체적인 연구와 활동으로 절멸의 공포에 맞서 싸우는 과정을 그린 영화다.

사실 에이즈는 동성애자와 이성애자를 구별하지 않는다. 에이즈는 이성 간 성관계로도 전파된다. 타락에 의한 징벌이 아니라 인간면역결핍바이러스에 감염되어 나타나는 질병일 뿐이다. HIV 감염자와의 안전하지 못한 성관계를 통해서 전염될 뿐만 아니라 감염된 혈액의 수혈이나 혈액제제를 통해서도 전염된다. 1980년대 에이즈바이러스에 감염된 혈우병 치료제 복용과 수혈로 수천 명의 혈우병 에이즈 환자가 발생한 사건이 있었다. 일본에서는 미국에서 수입한 혈액으로 제조한 비(非)가열 혈우병 치료제가 HIV에 오염된 채 혈우병 환자에게 투여돼 1800여 명이 감염되고 400여 명이 사망한 사건이 발생했다. 프랑스에서도 에이즈 확산 초기인 1980년대 초반 4200명이 수혈로 HIV에 감염되었다. 그중 1348명은 혈우병 환자였고 625명이 목숨을 잃었다.[14]

이외에도 임신·출산·수유 등의 과정에서 HIV 보균자인 어머니로부터 자식에게 전달되는 등 성적 접촉이 아닌 다양한 경로를 통해서 전염될 수 있다는 것도 알려졌다. 단순히 HIV 보균자와 같은 장소에 있거나 같은 화장실을 사용했다고 전염되지 않는다는 사실도 확인되었다. 따라서 미국 질병통제예방센터는 이 신종 질병을 동성애자 관련 면역결핍증에서 '후천성면역결핍증(acquired immune deficiency syndrome: AIDS)'으로 바꿔 명명하였다.

그럼에도 에이즈는 여전히 성적으로 문란한 집단을 죽음으로 이끄는 질병이자 부도덕과 불결의 결정체로 인식되었다.[15] 에이즈라는 질병이 일반인에게 알려진 지 약 40년이 지난 후에도 사람들은 HIV 감염자에게 가까이 가기를 꺼린다. 동성애자를 차별하며 환자를 부도덕한 인간으로 매도하는 일이 세계 곳곳에서 벌어지고 있다. 여전히 "에이즈 감염자나 환자는 길거리를 다니게 해서는 안 된다", "집단 수용 시설에 격리해야 한다", "에이즈 감염자의 입국을 막아야 한다"는 주장도 공공연하게 나온다. 유엔 산하 에이즈 전담 기구인 유엔에이즈계획(UNAIDS)의 2020년 보고서에 따르면 "HIV에 감염된 상점 주인으로부터 신선한 채소를 구매하겠느냐?"라는 질문에 대해 68개국 중 29개국 국민의 절반 이상이 구매하지 않겠다고 응답했다. 그중 3개국에서는 75퍼센트 이상이 구매하지 않겠다고 응답했다. 에이즈에 찍힌 '도덕적 타락(동성애)에 대한 신의 벌'이라는 낙인은 이처럼 오랫동안 강하게 남아 있다.

편견으로 왜곡된 HIV 기원 찾기

에이즈가 처음 보고된 지 3년 뒤인 1983년에 프랑스의 파스퇴르 연구소는 인간 면역 체계를 공략하는 생면부지의 바이러스가 에이즈를 일으키는 범인이고, 그 바이러스가 HIV임을 밝혔다. HIV에 감염된 모든 사람이 에이즈 환자는 아니다. HIV 감염에 의한 면역 저하는 기회감염의 위험을 현저히 증가시킨다. 기회감염은 건강한 면역 체계를 가진 사람에게서 감염을 일으키지 않는 세균, 바이러스, 진균, 기생충과 같은 미생물에 의한 감염을 말한다. HIV에 걸린 사람은 기회감염의 위험이 커서 질병에 걸리기 쉽다. 젊은이들이 좀처럼 걸리지 않은 카포시육종이 HIV 감염으로 면역 체계가 약해진 젊은이에게 나타난 것도 기회감염의 위험이 높았기 때문이다. HIV에 걸린 사람 중에서 질병이 나타난 사람을 에이즈 환자라고 부른다. 그래서 에이즈는 HIV의 감염으로 생기는 궁극적인 결과라고 할 수 있다.

HIV는 레트로바이러스(retrovirus)다. 레트로바이러스는 일반적으로 역전사 효소(reverse transcriptase)*를 가지는 RNA 바이러스를 말한다. 정상 세포의 DNA는 유전자 발현의 첫 단계인 전사 과정**을 거쳐 유전자 정보를 RNA로 옮긴 후 단백질을 합성한다. 그런데 레트로바이러스는 일반적인 유전 정보가 전달되는 방향과는 반대 방향으로 RNA를 주형으로 DNA를 합성한다. 즉 레트로바이러스는 RNA의 형태로 숙주 세포에 들어간 후 역전사 효소에 의해 RNA의 유전 정보를 DNA로 전달한 뒤 숙주의 게놈에 끼어든다. 그리고는 숙주 세포의 RNA의 전사 효소를 이용해 처음 감염될 때와 동일한 RNA 유전 정보를 복제하면서 증식한다.[16]

---

* 역전사 효소는 RNA를 주형으로 해서 DNA를 합성할 수 있는 효소로, 레트로바이러스가 특이적으로 가지고 있는 효소이다.

** DNA에 적혀 있는 유전 정보를 mRNA로 옮기는 과정이다. 전사 과정에서 DNA 한쪽 가닥만을 정보로 삼아 옮겨 적고, RNA가 합성된 이후 DNA는 원상 복구된다.

그래서 에이즈는 항
레트로바이러스 약물을
복용하여 만성 질환으로
변환해 관리할 수밖에
없다. 유엔에이즈계획에
따르면 에이즈는 1980
년대 발견된 이래 2020
년 말까지 전 세계적으
로 약 8000만 명을 감염
시켰고, 3000만 명 이
상의 목숨을 앗아갔다.

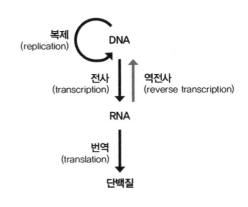

그림 2. 레트로바이러스의 단백질 복제 과정

2020년에는 약 3800만 명(최소 3160만 명~최대 4450만 명)이 HIV를 보유하고 있었고, 이들 중 약 68.4퍼센트인 2600만 명(최소 2510만 명~최대 2620만 명) 정도가 항레트로바이러스 치료를 받고 있었다.[17]

에이즈를 일으키는 HIV를 찾은 이후의 에이즈 연구는 HIV의 기원을 찾는 데 초점이 맞춰졌다. 이 과정에는 인종 차별적인 편견이 강하게 작동했다. 에이즈의 지리적 기원을 찾는 연구자들은 자연스럽게 아프리카 대륙에 대한 자신들의 오래된 편견과 낯선 바이러스를 연결하였다. 어떤 연구자는 HIV의 게놈 서열 분석 결과를 토대로 AIDS를 일으키는 주된 바이러스가 중앙아프리카의 콩고민주공화국에서 서식하는 침팬지나 고릴라에게 발견되는 원숭이면역결핍바이러스(simian immuno-deficiency virus: SIV)와 유사하다고 하면서,[18] 침팬지나 고릴라의 SIV가 인간에게 전염되었을 것이라고 주장했다. 다른 연구진도 1959년에 콩고민주공화국(당시 벨기에령 콩고)의 킨샤사(당시 레오폴드빌)에 살았던 흑인 남성의 혈액에서 에이즈의 조상이라고 할 수 있는 바이러스를 찾아냈다고 하였다. 이러한 연구 결과가 모여 HIV의 기원지로 중앙아프리카의 콩고민주공화국이 특정되었다.

연구자들은 콩고민주공화국에서 기원한 HIV를 미국으로 가져온 전달자로 인구 대부분이 흑인인 아이티인들을 지목했다. 1960년대에 콩고민주공화국에서 일했던 아이티 노동자들이 감염된 채 고향으로 돌아가 에이즈라는 나쁜 선물을 안겼고, 1970년대 아이티를 방문한 미국인 관광객과 미국으로 이주한 아이티인이 자신도 모르게 미국에 바이러스를 확산시켰다는 것이다.[19] 아프리카가 에이즈의 요람이고 아이티인이 전달자 역할을 했다는 주장에 대한 반발로 에이즈가 흑인들을 말살하려는 백인들의 음모라는 소문도 돌았다.

에이즈의 기원지를 아프리카에서 찾았다는 주장 이후 어김없이 유럽과 북미에서는 외국인들과 이민자들을 잠재적 보균자로 간주하면서 이들을 격리하거나 입국을 금해야 한다는 여론이 들끓었다. 1995년에 유럽연합(EU)은 헌혈자가 헌혈하기 전에 작성해야 하는 설문지에 아프리카에서의 성관계 경험 여부를 반드시 밝히도록 하는 정책을 통과시켰다. 이 정책은 원래 아프리카뿐만 아니라 서유럽과 북미를 제외한 전 세계 모든 지역을 대상으로 할 계획이었으나, 의회 토론 과정을 거쳐 아프리카만 대상 지역으로 남게 되었다.[20]

실제 1980년대부터 2020년까지 HIV 감염자 수는 아프리카가 다른 대륙에 비해 월등하게 많았다. 1998년 아프리카에서 에이즈로 사망한 사람들은 약 220만 명이었고, 이것은 같은 기간에 내전 등 전쟁으로 죽은 아프리카인의 열 배가 넘는 수였다.[21] 2020년 HIV 감염자 10명 중 약 7명은 아프리카 대륙에서 발생했다. 특히 동부 및 남부 아프리카에 전 세계 HIV 감염자의 54.5퍼센트가 집중되어 있었다. 에이즈로 인한 사망자도 아프리카 지역에서 가장 많이 발생했다.[22] 에이즈는 평등

그림 3. HIV 감염자 수(2020)
WHO, 2022 자료를 토대로 재작성

한 파괴자가 아니었다. 아프리카인, 특히 사하라 이남 아프리카 사람들이 에이즈에 걸릴 확률은 다른 대륙보다 월등히 높았다. 아시아·태평양 지역의 HIV 감염자 수와 사망률도 높았지만, 그 수치는 동부 및 남부 아프리카 지역의 절반에도 미치지 못했다.

아프리카 대륙에 에이즈 환자가 많다고 해도 그곳에서 에이즈가 시작되었다고 단정할 수는 없다. 아프리카가 다른 대륙보다 에이즈에 취약했기 때문에 환자가 많다고 말하는 것이 더 합리적일 것이다. 그 이유에 대한 설명은 무성했지만 대부분은 논리적 근거가 빈약했다. 많은 이는 에이즈에 덧씌워진 성과 결부된 이미지로 인해 아프리카인의 난잡한 성생활 때문에 아프리카에서 HIV 감염자가 집중적으로 발생한다고 믿었다. 일부 연구자들은 장거리를 다니는 트럭 운전자들과 수개

그림 4. HIV/AIDS로 인한 사망자 수(2020)
WHO, 2022 자료를 토대로 재작성

월 동안 가족과 떨어져 외지에서 지내는 광부와 같은 이주 노동자들이 많은 아프리카의 사회 구조를 지목했다. 이주 노동자들이 매춘부와 성관계를 자주 갖기 때문에 감염률이 높다는 것이다. 그렇지만 다양한 국가를 상대로 한 연구를 보면 아프리카 남성들이 다른 대륙의 남성들보다 더 많은 파트너와 성생활을 한다는 증거는 없다.

어떤 이는 아프리카에 만연한 결핵이 증폭자 역할을 한다고 설명한다. 에이즈와 결핵은 모두 인체의 면역 기능을 약화시키는 작용을 해서 서로 간에 악영향을 미치므로 소위 '저주받은 듀엣'이다. 사람이 결핵균에 감염되어도 90퍼센트 이상이 발병이 되지 않는 이유는 T림프구와 대식세포가 서로 작용하여 면역 반응을 일으키기 때문이다. 그런데 결핵균에 감염된 사람에게 HIV가 침범하면 체내의 면역 기능이 현

전염병의 지리학

저히 저하되므로 결핵균은 결핵으로 발전된다. 이와 반대로 결핵 감염이 HIV 감염에도 악영향을 미친다. HIV에 감염된 사람에게 결핵균이 침범하면 대식세포가 분비하게 되는 물질에 의하여 HIV 감염이 에이즈로 발전하여 결국 사망하게 되기 때문이다.[23]

다른 이는 아프리카인 중에 겸상적혈구빈혈증* 환자가 많아 에이즈에 취약하다고 설명하기도 한다. 겸상적혈구빈혈증은 적혈구 내 헤모글로빈을 만드는 유전자에 이상이 생기는 질환이다. 겸상적혈구빈혈증 환자는 헤모글로빈이 제대로 활동하지 못하기 때문에 심한 빈혈에 시달리지만, 말라리아가 적혈구에 제대로 침입하지 못하게 되어 말라리아에 면역력을 지닌다. 겸상적혈구빈혈증은 말라리아가 극성인 아프리카에서 살아남기 위한 유전적 진화의 결과일 수 있다. 문제는 이 환자들이 병원에서 정기적으로 수혈을 받아야 한다는 점이다. HIV 유행 초기만 하더라도 수혈을 통한 감염의 위험성이 제대로 알려지지 않았다. 설혹 알고 있었다 하더라도 열악한 지역 보건소에 HIV의 감염 유무를 판단할 만한 실험실이 제대로 갖춰지지 못했다. 이렇게 수혈을 받은 사람들의 HIV 감염 위험은 극도로 높았다.[24]

또한 이 지역에 속한 국가 대부분은 교육이나 보건과 같은 공공서비스에 지출할 재정 여력이 거의 없는 저개발국이다. 더군다나 초기에는 부도덕한 성생활로 감염된다는 오해로 에이즈 환자들을 위해 아까운 세금을 쓰려고 하지 않았다.[25] 이는 환자의 복지 악화는 물론 에이즈 확산을 부채질하는 결과를 가져왔다. 빈곤은 에이즈 확산에 유리한 환경이다. 에이즈가 만연하면 인간과 사회의 다양한 부분이 악화되고 빈

---

* 적혈구의 모양이 '낫' 모양으로 찌그러진다는 데서 '겸상(鎌狀)'이라는 이름이 붙었다.

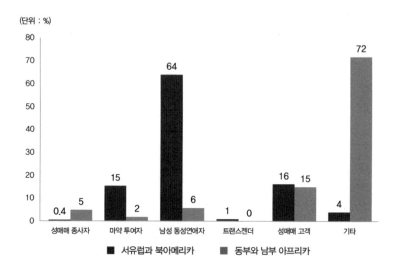

(단위 : %)

그림 5. 서유럽과 북미, 동부와 남부 아프리카의 특정 인구 집단별 HIV 감염 비율
UNAIDS, 2020 자료를 토대로 재작성

곤이 심화된다. 그 결과 에이즈가 더욱 확산하는 악순환이 계속된다.

그림 5에서 볼 수 있듯 서유럽과 북미의 경우 HIV 감염자 중 남성 동성애자 집단은 64퍼센트로 HIV 확산의 주요 요인을 성적 접촉으로 간주할 수 있는 반면, 동부 및 남부 아프리카의 HIV 감염자 중 남성 동성애자가 차지하는 비율은 고작 6퍼센트에 불과했다.[26] 성적 접촉과 무관한 집단이 72퍼센트에 달했는데, 이 수치는 빈곤이라는 요인을 제쳐 두고 해석하기 어렵다.

희망과 절망을 동시에 안겨 준 항레트로바이러스 약물

에이즈의 원인이 HIV로 밝혀지면서 의약품 관련 연구진들은 에이즈를 치료할 수 있는 물질을 적극적으로 찾아 나섰다. 엄밀히 말하면 현재 에이즈 치료제는 없다. 다만 항레트로바이러스 약물을 복용하여 만성 질환으로 변환시킬 뿐이다.

1983년에 미국 국립암연구소는 에이즈 치료 물질로서 아지도티미딘(azidothymidine: AZT)*이 갖는 가능성을 확인했다. AZT는 원래 1964년에 제롬 호르비츠가 백혈병 치료제로 합성했던 물질이었는데, 본래 용도로는 효과가 없었기에 버려져 있었다. 그런데 20년 만에 AZT의 HIV 억제 가능성이 확인된 것이다. HIV는 숙주 세포에 들어간 후 유전 정보를 복제하면서 증식하는데, 그 단계에서 AZT가 '위조' 유전 물질로 끼어들어 DNA 합성을 중단시킴으로써 세포 증식을 막을 수 있다는 것이다. 이는 1985년 임상 시험에서도 재차 입증되었다.

거대 제약 기업인 글락소스미스클라인의 전신인 버로우즈웰컴은 AZT가 항레트로바이러스 약물로 가능성을 보이자마자 미국 국립암연구소의 임상 실험 결과를 잽싸게 채가 특허를 출원했다. 그렇지만 실상 웰컴은 AZT가 실험실뿐 아니라 인체 내에서도 HIV 증식을 억제할 수 있는지를 밝히는 기술을 개발하지 않았고, 에이즈 환자를 대상으로 임상약리학적 연구도 수행하지 않았다. 심지어 에이즈바이러스를 취급조차 하지 않으려 했고, 에이즈 환자에게 채취한 검체를 수령하기도 꺼렸던 회사였다.

에이즈가 빠르게 확산하고 그 공포가 증폭되던 1987년 3월 19일 당시, 미국 식품의약처는 특기할 만큼 신속하게 AZT를 HIV 치료제로 승인했다. 신약을 개발 후 임상 시험을 거쳐 제품으로 생산하여 판매하

---

* 지도부딘(zidovudine: ZVD) 혹은 레트로버(Retrovir)라고도 부른다.

는 과정은 오랜 시간이 걸리며, 많은 자본과 기술이 투입된다. 제약 기업들은 신약 연구, 개발, 판매 등을 안정적으로 진행하고 일정한 수익을 보장받을 수 있도록 신약 파이프라인을 구축한다. 이는 다양한 제품군을 지속적으로 생산하여 판매할 수 있는 일련의 과정을 의미한다.

일반적으로 신약 파이프라인은 '연구 단계 → 전(前)임상 시험(동물실험)*→ 임상 1단계(안전성 확인) → 임상 2단계(작용 기전, 최적 투약 분석) → 임상 3단계(다수 환자 안전성 확인) → 보건 당국 검토·승인'의 과정으로 구성된다.[27] 이처럼 현대의 신약 개발에서는 실험 동물에게 전임상 시험을 진행하여 효과와 독성을 면밀하게 검증하고 임상에 들어가는 것이 일반적이다.

그렇지만 AZT의 경우 전 임상 절차를 생략하고 환자 대상의 임상 시험으로 직행했다. 또한, 특허가 출원된 지 불과 25개월 만에 승인받았다. 일반적으로 신약 개발의 안전성 검증, 시중 판매에 이르기까지 10년 이상의 시간이 걸렸던 것을 고려하면, 이는 이례적으로 빠르게 이루어진 승인이었다.

AZT는 지도부딘이라는 이름으로 세상에 나왔다. 에이즈 환자에게 희망이 생겼다. 특허권을 낚아챈 버로우즈웰컴은 곧장 마케팅을 시작했다. 사람들이 항생제 하면 페니실린을 떠올리듯이 에이즈 치료제하면 지도부딘을 떠올릴 정도로 순식간에 유명해졌다. 그러나 약값이 일년에 1만 달러(한화로 약 1200만 원 정도)가 넘을 정도로 터무니없이 비쌌다. 대부분의 에이즈 환자, 특히 빈곤한 환자는 비싼 약값 탓에 구매할 엄두를 내지 못했다.

∗   전임상(비임상) 시험은 새로 개발한 신약 후보 물질을 사람에게 사용하기 전에 동물에게 사용하여 부작용이나 독성, 효과 등을 알아보는 시험이다.

미국 식품의약처가 급하게 승인을 낸 까닭에 AZT의 안전성은 의심스러웠고 부작용도 심했다. AZT를 복용한 에이즈 환자는 설사, 메스꺼움과 두통을 호소했고, 일부 환자들은 신장 기능 장애, 골밀도 변화, 빈혈을 일으키는 골수 장애와 신경 조직을 파괴·억제하는 신경독성 등 치명적인 부작용을 겪기도 했다. 영화 〈달라스 바이어스 클럽〉에서도 주인공 우드루프가 병원 직원을 매수해 얻은 AZT를 복용한 후 부작용에 시달리고 상태가 급격히 나빠지는 장면이 나온다.

부작용도 부작용이지만 바이러스 내성은 더 큰 문제였다. HIV는 변이 속도가 빠르기 때문에 AZT가 에이즈 치료제로 사용된 지 일 년도 채 되지 않아 이 신약에 내성을 지닌 바이러스가 등장했다. 변이 바이러스는 AZT의 효과를 무력화했다. 다행히 AZT를 대체할 수 있는 다양한 신약이 개발되었고 사용 허가를 받았다.

1996년은 에이즈 치료에서 획기적인 변화가 있던 해였다. 1980년대에 에이즈는 사형 선고나 다름없을 정도로 치명적인 질병이었다. 그러나 1996년 데이비드 호 박사가 고활성항바이러스요법(highly active antiretroviral therapy: HAART)을 개발함에 따라 전 세계적으로 감염자와 사망자 수가 감소하기 시작했다. HAART는 2~3종류의 항레트로바이러스 약물을 섞어 사용하는 일명 칵테일 요법*으로, 대단히 성공적이었다. 사람들은 예수가 죽은 나자로를 다시 살린 것처럼 에이즈 환자를 죽음에서 다시 살렸다고 해서 이 요법을 '나자로 효과'라고 불렀다. 《타임》지는 1996년 올해의 인물로 데이비드 호 박사를 선정하기도 했다.

부유한 선진국에서 감염자와 사망자 수의 감소세는 극적이었다.

＊ 칵테일이 여러 음료를 섞어서 만든 술이듯이, 칵테일 요법 역시 여러 가지의 약물을 동시에 복용하는 치료법을 말한다.

그림 6. 《타임》 표지에 실린
데이비드 호

1996년 미국에서 에이즈로 사망한 환자 수는 19퍼센트 정도 감소했고 1997년에 서유럽의 신규 감염자 수는 30퍼센트나 줄었다. 에이즈는 심장병, 당뇨병과 같이 평생 관리해야 하는 만성 질환으로 바뀌었다. 미국과 캐나다의 경우 스무 살 때 HIV에 감염된 젊은이는 평균 일흔 살까지 살 수 있게 되었다. 2013년 《랜싯》에 게재된 "에이즈의 종말: 만성 질환인 HIV 감염"이라는 논문의 제목은 HIV 감염자에게 에이즈의 단계까지 가지 않고 건강하게 오래 사는 길이 열렸다는 것을 상징했다.

HAART 요법은 전문 의료진의 관리를 받으며 약제를 충실히 복용할 때 효과가 있다. HIV는 굉장히 교활한 바이러스이다. HIV 보균자가 약물을 복용할 때는 숙주의 게놈에 끼어 들어가 조용히 있다가 약을 끊으면 활동을 재개한다. 결국 HIV 보균자는 평생 칵테일 약물을 복용해야 한다. 초기 약물보다 부작용이 많이 줄어들었다고 하지만, 에이즈 치료는 여전히 고통스럽다. 에이즈 치료제로 승인받은 신약들이 지나치게 비싸서 비용도 만만치 않았다.

대부분의 에이즈 치료는 연간 약 1만 달러 정도가 들었다. 더 비싼 약도 있었다. 스위스의 글로벌 제약 기업인 로슈가 출시하고 2003년 미국 식품의약처의 승인을 받은 신종 에이즈 치료제인 푸제온(Fuzeon)은 부작용이 적고 치료 효과도 뛰어났다. 하지만 일 년 약값이 다른 약의 두 배인 2만 달러(한화로 약 2400만 원)에 달했다. 푸제온의 비싼 약

전염병의 지리학

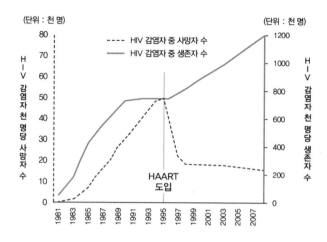

(단위 : 천 명)

HIV 감염자 천 명당 사망자 수

80
70
60
50
40
30
20
10
0

---- HIV 감염자 중 사망자 수
—— HIV 감염자 중 생존자 수

HAART
도입

1981 1983 1985 1987 1989 1991 1993 1995 1997 1999 2001 2003 2005 2007

(단위 : 천 명)

1200
1000
800
600
400
200
0

HIV 감염자 천 명당 생존자 수

그림 7. HAART 도입 이후 미국의 에이즈 사망자와 생존자 수 변화
National Institute on Drug Abuse, 2012 자료를 토대로 재작성

값은 뉴스거리가 될 정도로 화제였다.*

1990년대 중반 이후 다양한 신약 개발과 HAART의 시행으로 미

＊　로슈는 푸제온을 제조하기 위해 투자한 연구 개발비도 어마어마하고, 다른 약의 제조
단계보다 훨씬 많은 106개의 생산 단계를 거쳐야 하며, 원료 가격도 비싸다고 하면서
약값을 비싸게 책정할 수밖에 없다고 주장했다. 그렇지만 버로우즈웰컴과 마찬가지로
로슈도 초기 연구 개발에 거의 기여하지 않았다. 듀크대학교 연구진이 최초로 발견한
물질로 작은 규모의 한 생명공학 기업에서 개발한 푸제온을 로슈가 사들여 특허권을 취
득했기 때문이다. 푸제온은 지나치게 비싸서 한국에서조차 구할 수 없는 그야말로 이름
뿐인 약이다. 이에 대해 로슈는 의약품 공급에 관한 문제는 특정 국가의 국민이 해당 의
약품을 구매할 능력이 되는지 여부에 따라 결정된다고 하면서, 실제 한국뿐만 아니라 소
득 수준이 낮은 다른 동남아시아 지역 국가에도 푸제온 공급이 안 되고 있다고 밝혔다.

국과 유럽에서는 에이즈로 인한 사망자 수가 감소했다. 그렇지만 아프리카 일부 국가에서 에이즈는 전체 인구의 평균 기대 수명을 25~30퍼센트나 떨어뜨리는 질병이었고, 엄청난 사회 문제였다. 글로벌 제약 기업이 만든 의약품의 가격이 높았고, 환자를 관리해 줄 의료 인력도 턱없이 부족했기 때문에,[28] 사하라 이남 아프리카 지역의 사망 원인 1위는 여전히 에이즈였다.

2. 빅 파마와 지식재산권

빅 파마의 성장

의약품의 산업화는 1930~1940년대에 항생제가 보급되고 의약품을 대량 생산하는 시스템이 도입되면서 본격화되기 시작했다. 특정 질병을 대상으로 한 약품 개발도 끊임없이 이루어졌다. 그러다가 1980~1990년대에 들어오면서 제약 회사의 혁신이 잠시 주춤하는 사이 기업 간 합병이 우후죽순으로 발생했다. 몇몇 거대 제약 회사의 자본을 방패로 삼아 한 기업이 다른 기업의 주식을 공매*하는 방식으로 인수 합병이 이루어져, 20여 개의 거대 제약 기업이 탄생했다.[29] 세계 제약 시장에서 막대한 영향력을 행사하는 이들 거대 제약 기업을 글로벌 빅 파마(Global Big Pharma)라고 부른다.

미국 의학전문지인 《피어스파마》가 공개한 2019년 매출액 기준 빅

---

* 공매란 주가 하락이 예상되는 특정 기업의 주식을 대여하여 팔고, 나중에 주가가 내려가면 싼값에 다시 매입하여 대여한 주식을 상환함으로써 차익을 남기는 투자 기법이다.

파마 리스트에는 존슨앤존슨, 로슈, 화이자, 노바티스, 머크, 글락소스
미스클라인, 사노피, 애브비, 다케다, 바이엘 등이 포함된다. 그 밖에도
BMS, 아스트라제네카, 암젠, 길리어드사이언스, 릴리, 베링거, 노보노
디스크, 테바, 엘러간, 바이오젠 등을 들 수 있다. 이들 기업의 평균 직
원 수는 10만 명이 넘는다.[30]

　우리에게 친숙한 기업도 있고 생소한 기업도 있지만 이들 빅 파마
가 생산한 밴드, 소염제, 항생제, 경구피임약, 비아그라, 고혈압 치료
제, 여드름 치료제, 수면제 등은 우리 생활 속에 깊이 들어와 있다. 예
를 들어 미국에 본사를 둔 존슨앤존슨은 존슨즈베이비, 클린앤클리어,
뉴트로지나, 아비노 등 피부 미용 용품과 밴드에이드, 타이레놀, 니조
랄, 지르텍 등의 의약품으로 우리에게 친숙하다. 스위스에 본사를 둔
로슈는 앞서 언급한 푸제온과 같은 초고가의 에이즈 치료제나 희귀·
난치병 치료제를 주로 개발해 빅 파마로 성장했다. 화이자 또한 비아그
라, 코로나19 백신으로 우리에게 알려진 글로벌 제약 기업이다. 글락
소스미스클라인의 이름은 생소해도 이 기업의 위궤양 치료제인 잔탁을
모르는 사람은 거의 없다. 아스피린을 발명한 회사로 널리 알려진 독일
의 기업인 바이엘은 2018년 미국의 농생명공학 기업인 몬샌토를 인수
하기도 했다. 스웨덴의 아스트라AB와 영국의 제네카의 인수 합병을 통

그림 9. 존슨앤존슨의 대표적 상품

해 설립된 초국적 제약 회사인 아스트라제네카는 코로나19 백신으로 유명하다.

빅 파마는 정부는 물론 의회, 국제기구에 자금을 고르게 뿌리면서 정치 권력까지 거머쥐어 왔다. 이들 기업은 애써 피하고 싶은 법규나 규제 관련 법안의 통과를 막을 수 있는 정치력을 갖고 있다. 국가 산업 경쟁력에 지대한 영향력을 끼치는 거대 제약 기업의 비리나 부도덕성에 맞서 싸우는 정치인은 찾아보기 어렵다. 오히려 대다수 정치인은 빅 파마가 주는 달콤한 선물을 받기 위해 거대 제약 기업에 유리한 세법 적용이나 규제 완화를 경쟁적으로 제안한다. 그래서 이들 기업이 투자자의 이익을 우선시하여 부작용 우려가 있는 약을 상품화해도 제대로 처벌하기 어렵다.

빅 파마는 돈 없는 환자에게 관심이 없다. 개발도상국 국민의 건강 문제는 그들의 관심사가 아니고, 해결할 의지도 없다. 특히 사하라 이남 아프리카, 남아시아와 동남아시아 등 빈곤한 지역에서 주로 발생하는 질병 관련 백신이나 치료제를 개발하는 데 소극적이다. 비싼 약을 구매할 소비자가 많지 않기 때문이다. 그래서 사하라 이남 아프리카 지역에서 체체파리가 옮기는 수면병(아프리카 파동편모충증)이나 흡혈 파리를 통해 전염되는 흑열병(내장리슈마니아증)* 등의 병에 대한 치료제는 구하기 어렵다.

---

*   흑열병은 방글라데시, 인도, 에티오피아, 남수단, 수단, 브라질 등 주로 빈곤한 국가에서 발생하는 질병이다.

빈곤한 지역에서 주로 발병하는 질병에 대한 백신이나 치료제는 설령 개발되더라도 생산이 중단되기 쉽다. 수면병의 사례가 대표적이다. 수면병에 걸리면 열이 나고, 심한 두통에 시달리며, 신경계와 정신 질환까지 나타나서 잠이 자꾸 몰려오는 상태에 이른다. 수면병은 코마 상태에 빠진 것처럼 정신이 몽롱해지면서 서서히 죽어 가는 질병으로, 치료제가 없어 치사율이 매우 높다. 그런데 수면병 발병 초기에 에플로르니틴(eflornithine)을 투약하면 증세가 빠르게 호전된다는 사실이 밝혀졌다. 1995년에 제약 회사 휙스트마리온러셀은 에플로르니틴을 수면병 치료제*로 등록해 특허를 받았다. 그러나 이윤이 남지 않는다는 이유로 생산을 전면 중단했다.

5년 후 에플로르니틴은 선진국 여성의 콧수염을 제거하기 위한 바니카 크림의 성분으로 화려하게 재등장했다.** 거대 제약 기업은 거뭇한 콧수염을 걱정하는 부유한 여성을 위한 미용 크림이 아프리카의 수면병 환자를 위한 의약품보다 훨씬 시장성이 있다고 판단했다. 당시 미국에서만 얼굴 잔털을 걱정하는 약 2000만 명의 여성이 1주일에 한 번 이상 이 크림을 발랐다.

---

* 수면병으로 혼수상태에 빠져 죽음을 기다리던 환자가 에플로르니틴을 투약하자 빠르게 호전되어 아프리카에서는 '부활 약'으로 불렸다.

** 바니카 크림은 거대 제약 회사인 BMS와 질레트가 협력하여 개발한 여성 얼굴 제모제다. BMS는 휙스트마리온러셀로부터 그 사용 허가증을 사들였다(미켈 보쉬 야콥슨 지음, 전혜영 옮김, 『의약에서 독약으로』, 율리시즈, 2016, 95~96쪽).

빅 파마가 주도한 의약품의 지식재산권 보호

국가는 제약 회사에게 이윤을 최대한 챙길 수 있는 특허권을 부여해 신약 개발 투자를 독려하고 있다. 특허 제도는 제품에 대한 독점권을 통해 혁신성을 보호하고 이윤을 보장해 주는 제도이다. 즉, 발명가가 발명을 비밀로 유지하지 않고 공개하는 대가로 기간을 제한하여 독점을 허락하는 것이다. 발명가에게 독점이라는 보상이 주어지지 않는다면 재정적 위험 때문에 발명에 투자하려는 사람이나 기업이 많지 않을 것이다. 대신 독점 기간이 끝나면 독점권은 사라지고 누구나 그 발명품을 무료로 사용할 수 있다.

의약품에 특허를 지닌 제약사들은 신약 값을 낮춰서 판매할 의무로부터 자유롭다. 따라서 독점 기간에 가격을 가능한 최고치로 높여 단기간에 투자비를 회수하고 최대의 이윤을 창출하려고 한다. 특히 치사율이 높은 질병일 경우 환자는 고가의 의약품을 사든지, 혹은 치료를 포기하든지 둘 중 하나를 선택해야 한다. 그렇기에 제약 기업은 환자의 목숨을 담보로 잡아 신약 가격을 폭력적으로 결정할 수 있다.

특허 제도는 오랜 역사를 지닌다. 인류 역사상 최초의 특허권은 이탈리아 도시 국가였던 피렌체의 의회가 피렌체 대성당의 돔형 지붕을 설계한 브루넬레스키에게 1421년 6월 19일에 발급한 것이다. 특허장에는 특허 보호 기간인 3년 동안 아이디어를 도용하면 처벌한다는 문구가 명시되었다.* 이탈리아에서 시작된 근대 특허 제도는 네덜란드와 영국으로 전해졌다.

---

* 베네치아도 1474년에 비잔티움 제국이 보유한 첨단 기술을 빼내기 위해 비잔티움 제국의 학자와 기술자들의 지식과 기술에 대해 10년간 독점권을 부여하는 특허법을 만들었다.

전염병의 지리학

특히, 영국은 왕의 전유물로 여겨지던 각종 면허와 칙허를 특허로 돌리는 전매조례를 1623년에 제정했다. 조례는 최초의 발명자에게 40년간 특허권을 인정하는 것으로 유럽 각국의 기술자들을 끌어들이는 효과를 냈다. 이는 발명자권의 마그나 카르타*로서 특허법의 모델이 되었다. 미국 헌법은 저작 및 발명에 대한 배타적 권리를 일정 기간 보장하기 위하여 연방의회에 저작권법 및 특허법을 제정할 권한을 부여했다. 1791년에 프랑스 헌법은 발명자의 권리를 인권에 기초한 재산권으로 선언했고, 작품 공연 등 저작권에 대해서도 1793년 법으로 배타적 권리를 인정했다.[31]

특허 제도는 속지주의의 원칙을 취하고 각국의 특허는 서로 독립적이다. 특정 국가는 어떤 제품에 특허권을 부여할지, 특허권을 준다면 몇 년 동안 부여할지를 자율적으로 결정할 수 있다. 그래서 특허권을 획득하고자 할 때 반드시 그 국가에 출원하여 특허권을 취득해야만 해당 국가에서 독점적이고 배타적인 권리를 가질 수 있다.

특정 개인이나 법인이 한 나라에서 어떤 상품이나 기술에 대한 특허권을 취득했더라도 다른 나라에서 특허권을 획득하지 못하면 그 나라에서는 독점적이고 배타적인 권리를 행사할 수가 없다. 해외에서 특

---

* 마그나 카르타(Magna Carta, 대헌장)'는 1215년에 왕이 법 위에 군림하는 것이 아니라 법 안에서 통치해야 한다는 원칙을 수립한 문서다. 이는 왕의 권위를 제한하고 영국의 자유, 그리고 법과 민주주의의 초석을 세운 문서라고 할 수 있다. 원래 '마그나 카르타'는 존 왕(King John)의 통치기에 극심한 정치적 위기를 해결하기 위한 것이었다. '마그나 카르타'의 중요성은 과세, 봉건적 권리와 사법 분야에서의 왕의 권위에 대해 문서를 통해 처음으로 제한을 가했다는 점, 왕의 부당하고 독단적인 행동을 제한하기 위한 관례의 힘을 재천명했다는 점에 있다.

허권을 획득하기 위해서는 각국에 별도의 특허 서류를 제출해야 했다. 이러한 번거로움을 없애기 위해 미국과 독일 등 18개 선진국은 1970년에 특허 협력 조약을 맺어 세계지식재산권기구(WIPO)에 특허를 출원하면 원칙적으로 30개월간 그들 국가에서 선점권을 보장하도록 하는 제도를 마련했다.* 2020년 기준으로 세계지식재산권기구에 193개국이 회원으로 가입해 있다.

　이 시점에서 일반적인 특허와 의약품에 대한 특허를 분리해 살펴볼 필요가 있다. 의약품의 경우, 식량과 마찬가지로 공익성이 강해서 특허권의 보호가 국민의 건강권과 충돌한다. 조너스 소크가 소아마비 백신에 대한 특허권을 포기한 사례는 이러한 특성을 잘 보여 주는 대표적인 사례. 1940~1950년대 유행한 소아마비는 폴리오바이러스가 신경계에 침투하면서 발생하는 무시무시한 전염성 질환이었다. 주로 다섯 살 미만의 나이에 발병했고, 환자는 사망하거나 손과 발이 마비되는 등의 후유증을 앓게 되었다. 1952년은 미국 역사상 소아마비가 가장 심각하게 확산한 해였다. 한 해 동안 5만 8000명의 소아마비 환자가 발생했는데, 그중에서 3145명이 죽었고 2만 1269명이 마비를 겪었다.[32] 전 세계는 소아마비 백신 개발을 손꼽아 기다렸다. 많은 과학자와 의학자가 백신 개발에 매달렸고, 1955년에 드디어 소크 박사가 백신

＊　　세계지식재산권기구는 지식재산권을 '문예, 미술 및 학술의 저작물, 연출가의 연출, 음반 및 방송, 인간 활동의 모든 분야의 발명, 과학적 발견, 의장, 상표, 서비스 마크 및 상호 기타 상업상의 표시를 보호하는 권리 및 산업, 학술, 문예 및 미술 분야에 있어서 지적 활동에서 발생하는 기타 모든 권리'로 광범위하게 규정했다(더 자세한 내용은 다음을 참고하라. 정재환, 이봉수, 「TRIPS 협정의 성립과정과 진전에 관한 연구」, 『무역학회지』, 38(1), 2013, 47~68쪽).

개발에 성공했다. 그는 떼돈을 벌 수 있었지만, 자신이 개발한 백신이 인류 지식을 공유한 결과라면서 특허권을 포기했고 그 제조법을 무료로 공개했다. 그 결과 백신 개발 2년 만에 미국의 소아마비 발병이 이전 대비 90퍼센트나 줄었고, 인류는 소아마비라는 질병으로부터 자유로워졌다.

소크같이 행동한 빅 파마는 없었다. 세계화가 빠르게 진행되면서 빅 파마는 의약품 관련 특허권을 비롯한 지식재산권 보호를 강하게 주장했다. 미국이나 영국 등 선진국은 세계 시장에서 자국 기업들의 지식재산권이 충분한 보호를 받지 못하고 불공정하게 거래된다고 하면서, 무역에서도 지식재산권을 보호할 필요가 있다고 주장했다.

반면 개발도상국의 입장은 달랐다. 개발도상국은 지식이나 기술이 특정 개인이나 기업보다는 인류 공동의 지혜의 산물에 가깝다고 역설했다. 나아가 지식재산권의 과잉 보호가 선진국에서 개발도상국으로 기술이 이전하는 것을 막는다면서 지식재산권 보호 강화를 반대했다. 인도, 인도네시아, 태국, 브라질 등은 국영 제약사를 세워 국가가 의약품 생산과 공급에 직접 개입하기도 했지만, 많은 개발도상국은 필수 의약품을 자급하지 못할 정도로 국내 제약 기반과 의료 보장 체계가 취약해 대부분의 의약품 조달을 수입에 의존하고 있었다. 그래서 개발도상국에서는 의약품 특허권을 신중하면서도 유연하게 적용하거나 의약품을 특허법 예외 대상으로 분류해 왔다.

의약품 특허를 둘러싼 개발도상국과 선진국의 대립은 '관세 및 무역에 관한 일반 협정(GATT)'과 세계무역기구(WTO)를 중심으로 한 국제 무역 규범 분야에서 두드러졌다. 1948년 이래 국제 무역은 GATT라는 선장 없는 작은 배에 타 있었다. 1948년이라는 연도에서 추측할 수 있듯이, GATT는 주로 공산품 무역만을 염두에 둔 협정이었다. 즉,

농산물, 지식재산권, 서비스 무역 등 현대 무역의 여러 분야는 규율하지 못하는 작은 배였다. 또, GATT에는 관제탑 역할을 하는 국제기구가 부재했다. 선장이 없는 GATT 체제에서는 가맹국 간 분쟁이 일어나도 중재하기 어려웠고, 각 가맹국이 규범을 잘 지키는지 감독하는 것도 요원했다.

이러한 상황에서도 GATT 가맹국들은 여러 차례의 협상을 벌여 무역 자유화를 진전시켰다. 각 라운드에서는 관세를 인하하고, 무역의 여러 분야를 GATT 체계 내로 통합시켜 나갔다. 그럼에도 GATT 체제의 한계를 더 이상 견딜 수 없던 가맹국들은 국제 무역 규범을 근본적으로 개혁하기 위해 1986년부터 1994년까지 우루과이 라운드를 열었다. 우루과이 라운드의 목표는 크게 두 가지였다. 첫째는 국제 무역의 관제탑 역할을 하는 국제기구인 세계무역기구를 설립하는 것이었다. 둘째는 다양한 무역 분야를 새로이 국제 무역 규범의 범위 안으로 끌어오는 것이었다. 여러 무역 분야를 세계무역기구 규범에 포함시키는 문제는 곧 선진국과 개발도상국의 전쟁터가 되었다.

그러한 전쟁터 중에서는 의약품 특허와 같은 지식재산권 분야도 있었다. 지식재산권 분야가 세계무역기구 법 체계에 들어갈 시, 지식재산권을 규율할 권한의 상당 부분이 개별 국가의 손을 떠난다. 나아가, 국가가 지식재산권에 관한 세계무역기구 규범을 어기면 세계무역기구의 분쟁해결기구(DSB)*에 회부될 수 있다. GATT와 달리 세계무역기구 체제는 분쟁을 해결할 강력한 관제탑을 갖고 있기 때문이다. 이는

---

* 1994년 세계무역기구의 분쟁해결양해(Dispute Settlement Understanding: DSU)에 의해 설립된 세계무역기구의 상설 분쟁 해결 기구이다. 미국 트럼프 행정부 이전 시기까지는 판결 이행이 비교적 원활하게 이루어져 강력한 사법 절차로 평가받았다.

선진국에게 유리하고 개발도상국에게 불리한 변화다. 이전에는 개발도
상국이 선진국의 약을 복제해 사용해도 딱히 제재할 방법이 없었다. 그
러나 세계무역기구 출범 이후에 그렇게 한 개발도상국은 국제 소송 전
쟁에 휘말릴 뿐 아니라, 분쟁해결기구의 판결에 따른 합법적인 무역 보
복*을 당할 수 있게 되었다.

우루과이 라운드 교섭 과정에서 미국과 유럽공동체(EC)는 지식재
산권 보호의 규범화를 주도하기 시작했다. 반면 국제 무역에서 의약품
관련 특허권과 같은 지식재산권 보호를 강하게 주장하는 선진국과 달
리, 개발도상국은 세계무역기구 규범에서 위조 상품과 해적판 저작물
유통에 국한하여 규제하고, 지식재산권의 경우 세계지식재산권기구에
서 전반적으로 관장하면 된다고 주장했다.

우루과이 라운드 협상 과정에서 선진국의 입김이 압도적으로 강했
고, 개발도상국은 지식재산권의 세계무역기구 체제 편입이 구체적으
로 어떤 결과를 가져올지 구체적으로 예측하지 못했다. 결국 교섭에서
개발도상국의 주장은 수용되지 않은 채, 1995년 세계무역기구가 출범
했다. 세계무역기구 협정 내에 포함된 형태로 '무역 관련 지식재산권에
관한 협정(TRIPs)'도 발효되었다.

TRIPs에서 지식재산권의 의미는 "모든 지식재산권을 포함한 것으
로 저작권 및 그와 관련한 권리, 상표, 지리적 표시, 의장, 특허, 집적
회로의 배치, 개시되지 않은 정보의 보호 등을 포함하는 것"으로 넓게
규정되었다. 물론 세계무역기구는 개발도상국과 저개발국의 여건을 고

---

*   일반적으로 의무 이행 중지(suspension of obligations)나 대항 조치(counter-
    measures)로 불린다. 상대국의 세계무역기구 협정 위반으로 피해를 본 국가는 위반국에
    대한 세계무역기구 협정상의 의무 이행을 일시 중지하는 식으로 보복할 수 있다.

려하여 TRIPs 협정 이행을 위해 경과 기간을 두었고, 일정한 유연성을 부여하였다.* 협정의 유연성을 제고하는 조항은 대표적으로 강제실시(compulsory license)와 병행수입(parallel importation)을 들 수 있다.

강제실시는 특허권 남용으로 인한 공공의 피해를 막기 위해 국가 비상사태와 같은 극도의 긴급 상황이나 공공 목적의 비영리적인 사용과 같은 특별한 경우 국가가 특허권 보유자의 허락 없이 제3자에게 특허 기술을 사용할 수 있도록 허용하는 것이다.

병행수입이란 세계적으로 동일하지 않은 의약품들의 가격 차이를 이용하여 제삼자가 특허권자의 허락 없이 다른 유통 경로를 통해 수입하여 가격을 낮춰 판매하는 것이다. 이처럼 세계무역기구의 TRIPs에는 강제실시와 병행수입과 같은 조문을 두어 국가가 국민의 건강 보호하기 위해 특허를 제한할 수 있도록 하고 있다. 그러나 이것은 예외주의적 관점에서 국가적 위기 상황과 같은 제한적 상황에서만 적용되어서 건강권을 두텁게 보호하는 데 한계가 있다.

TRIPs 협정은 글로벌 정보 기술 기업과 제약 기업이 주도한 것으로,[33] 기본적으로 이들 기업에 유리하게 설정되었다. 제약 기업은 특허권을 보호해 주어야 신약의 연구·개발을 활성화하여 인류 전반에 더 큰 혜택을 가져다 줄 수 있다고 주장한다. 의약품과 관련한 TRIPs 협정 내용에 의하면, 오리지널 의약품의 특허 보호 기간이 최소 20년 이상 보장되었고 임상 시험 자료독점권도 인정되었다. 거대 제약 기업들이 지식재산권 침해에 관한 민·형사 소송을 쉽게 제기할 수 있고, 과다

* TRIPs 협정 제66조는 최빈국에 10년간의 경과 기간을 보장해 주고 있으며 개도국에는 5년간의 유예 기간, 그리고 물질 특허가 없는 개도국에서 물질 특허를 도입하는 데는 추가로 4년간의 유예 기간을 설정하고 있다.

전염병의 지리학

한 배상금을 받을 수 있다는 내용 또한 집행 조항으로 담겼다.[34]

특히, TRIPs 협정은 빅 파마에게 복제약(generic drug)을 견제할 수 있는 무기로 자료독점권을 쥐어 주었다. 복제약은 신약의 독점권이 만료된 이후 의약품의 안전성과 유효성에 영향을 주는 주성분 함량, 약효, 복용 방법, 품질, 안정성 등을 오리지널 의약품과 동등하게 만든 제품이다. '복제'라는 명칭은 불법 의약품이라는 인상을 주기 쉽다. 그러나 복제약은 독점권이 만료된 의약품을 복제하므로 특허권을 침해하지 않는다. 각국의 식품의약처로부터 허가받은 정상 의약품이며, 제조 과정과 품질이 엄격하게 관리된다. 복제약은 오리지널 의약품보다 훨씬 저렴해서 의약품에 대한 접근성을 높인다.

빅 파마는 복제약 생산을 최대한 저지해야 높은 약값을 유지할 수 있다. 이를 위해 자료독점권을 활용한다. 임상 시험 자료독점권은 특허권보다 독점 기간이 짧지만, 훨씬 간편하게 획득할 수 있다. 자료독점권이 있는 의약품의 임상 시험 자료는 복제약을 생산하는 제약 회사가 사용하지 못한다. 이는 특허가 만료되거나 혹은 특허가 없는 의약품일지라도 복제약이 출시되기까지 더 오랜 시간이 소요된다는 것을 의미한다. 구체적으로, 빅 파마는 특허권이 끝나갈 무렵 자료독점권을 획득해 특허 기간을 사실상 연장할 수 있다. 설사 특허권을 받지 못한 약을 개발하더라도 특허권보다 문턱이 낮은 자료독점권을 이용해 복제약 생산을 지체시킬 수 있다. 무엇보다, 이러한 규정을 위반하면 무역 제재가 가능하게 했다는 점에서 의약품과 관련한 TRIPs 협정은 가히 글로벌 빅 파마의 권리장전이었다.

의약품 접근권은 건강권의 핵심 요소다. 의약품 접근권은 의약품이 필요한 모든 이에게 차별이나 제한 없이 보장되어야 하고, 취약계층 등을 포함하여 모든 계층이 이를 필요한 시간 내에 이용할 수 있어야 하며, 누구나 의약품과 관련된 안전성, 유효성 등의 정보를 알 수 있어야 하고, 무엇보다 의약품을 적당한 가격에 이용할 수 있는 권리를 말한다.[35]

특허권을 지닌 제약 기업이 의약품 가격을 비싸게 책정하면 의약품에 대한 환자의 접근성은 그만큼 낮아진다. 의약품 접근성이 떨어지면 사람들의 건강권은 침해될 수밖에 없다. 특히, 복제약에 대한 접근성은 건강권에 결정적 영향을 미친다. 개발도상국뿐만 아니라 선진국에서는 의료 시스템도 복제약에 의존하고 있다. 물론 선진국은 오리지널 의약품의 특허권 보호에 따라 약값이 비싸지더라도 사적·공적 의료보험을 통해서 의약품에 접근할 수 있어 곧바로 보건 위기가 터지지는 않는다. 그렇지만 빈곤한 나라에서 비싼 약값은 의약품 접근성과 직결된다. 이는 삶과 죽음의 문제와 연결된다.

3. 에이즈를 둘러싼 골리앗과 다윗의 싸움

남아프리카공화국의 넬슨 만델 정권 앞에 놓인 숙제
TRIPs의 의약품 특허권 및 자료독점권 보호의 폐해는 개발도상국의 에이즈 치료제에서 극대화되었다. 에이즈는 부유한 사람이나 가난한 사람이나 평등하게 공격했지만, 에이즈 치료제에 대한 접근권은 지극히 불평등했다.

에이즈는 단기간의 약물 투여로 완쾌될 수 있는 질병이 아니며, 장기간의 항레트로바이러스 약물 투약을 통해 만성적인 상태로 변환시켜 관리해야 한다. 이러한 특성으로 인해 에이즈는 의약품 접근권 논쟁의

전염병의 지리학

중심에 놓였다.[36] 의약품 가격은 인간의 목숨과 관련되므로 의약품의 특허권은 일반 상품과 다르게 고려할 필요가 있다. 에이즈 환자가 치료제를 구매할지 말지 결정하는 것은 휴대 전화를 구매할지 말지 고민하는 것과 차원이 다르다.

세계무역기구가 출범했던 1995년에 개발도상국들, 특히 사하라 이남 아프리카 국가들은 HIV의 급격한 확산으로 몸살을 앓고 있었다. 특히 남아프리카공화국은 1990년대 중반에 접어들자 사하라 이남 아프리카에서도 에이즈 유행이 가장 심한 국가가 되었고, 통제 불능 상태에 빠져들었다. HIV 보균자가 남아공 인구의 15퍼센트 이상으로 급증했고, 많은 국민이 에이즈로 죽어 나갔다. 남아공은 GATT 당시 부여받은 선진국 지위를 세계무역기구에서도 유지했기 때문에[37] 개발도상국에 한해 적용되는 경과 기간이나 유연성 조항을 활용할 수 없었다. 그래서 항레트로바이러스 약물의 대량 공급이 절실한 상황에서도 저렴한 복제약을 개발하거나 수입하기 어려웠다.

당시 남아공은 정치적 대변혁의 시기를 겪고 있었다. 세계무역기구 출범 직전인 1994년 4월 남아공에서 모든 인종이 투표권을 행사하는 최초의 보통선거가 치러졌다. 인종 차별에 맞서 투쟁한 아프리카민족회의(African National Congress: ANC)가 선거에서 승리했고, 76세의 넬슨 만델라는 최초의 흑인 대통령으로 선출되었다.

그는 취임 연설에서 여러 색깔이 어울려 찬란한 아름다움을 빚어내는 '무지개 나라'를 역설했다. 그의 취임사는 수십 년간 남아공을 갈라놓았던 아파르트헤이트*시대가 끝났음을 알리는 선언이었다. 그렇

＊ 남아프리카공화국에서 백인 지배 집단에 의해 시행된 인종 차별 정책과 제도.

지만 백인 통치에 대한 오랜 투쟁 끝에 민주적으로 선출된 만델라 정권을 기다리는 것은 구조적 불평등의 유산과 자본주의 세계화의 높은 파고, 그리고 빠르게 확산하는 HIV이었다.

1994년에 남아공에서는 정치 권력의 민주적 이양이 이루어졌으나, 이는 경제력의 이전이나 재분배를 동반하지 않았다. 정권을 넘겨받은 아프리카민족회의는 통치 경험이 없었기 때문에 기존의 관료 조직을 장악하지 못했고, 거시 경제 문제 해결에 취약했다. 아프리카민족회의는 1990년대 초반 아파르트헤이트 종결을 위한 협상 과정에서 원만한 전환을 이루기 위해서는 강력한 자본 이익에 순응해야 한다는 압력을 받았다.

동시에 다른 아프리카 국가들과 마찬가지로 남아공은 자본주의 세계화의 거대한 파고에 그대로 노출되었다. 남아공은 다국적 기업과 선진국의 압력으로 신자유주의적 거시 경제 처방을 수용할 수밖에 없었다.[38] 선진국의 투기 자본과 다국적 기업에 의해 자본의 유·출입, 주가, 환율은 요동쳤다. 새로운 정부는 자체적으로 금융 시장을 통제하지 못했다. 1994년에 발표한 '부의 재분배와 아파르트헤이트의 구조적 유산을 극복하기 위한 부흥 개발 계획'을 실행할 동력도 부족했다.[39]

예를 들어, 부흥 개발 계획에는 6세 미만의 어린이와 임산부를 위한 공공 무료 의료 서비스 도입이 포함되어 있었지만, 기업이나 금융 부문이 격렬하게 반대했다.[40] 새로운 정부는 부의 재분배와 아파르트헤이트의 구조적 유산 청산 정책을 우선순위에서 미뤄두게 되었다. 그리고는 자본 친화적인 선성장 후고용을 통한 분배 정책으로 전환했다. 이로 인해 아프리카민족회의는 빈곤한 다수의 이익과 열망을 저버리고 자본의 이익을 위해 행동한다고 비판받기도 했다.[41] 인종적 불평등과 저개발을 극복한 아름다운 무지개 나라는 그들에게 여전히 아득하게

전염병의 지리학

면 꿈이었다.

새로운 정권은 에이즈에 얽힌 딜레마 즉, 지식재산권에 관한 국제
규범과 공중 보건의 상충이라는 문제를 풀어갈 정책적 역량을 갖추지
못했다. 아프리카민족회의 정권은 에이즈 정책의 실행 과정에서 결정
적 시행착오를 범했다. 이전 백인 정권은 콜레라, 장티푸스, 천연두, 페
스트와 같은 전염병이 유행할 때마다 흑인을 병균 취급했고, 백인의 피
해를 막는다는 명분으로 아파르트헤이트를 정당화해 왔다. 그 반동으
로 새로운 정부는 자국의 문제를 스스로 해결할 수 있는 능력이 있음을
증명하고자 에이즈 프로그램을 자주적으로 운영했다. 에이즈 퇴치와
관련된 재정적·기술적 지원을 제공하겠다는 국제 사회의 제안도 거부
했다. 그러나 그 결과는 실패였다.

1996년에 에이즈 인식 개선을 위해 제작된 뮤지컬 공연 〈사라피나
(Sarafina) II〉는 남아공 보건부의 에이즈 정책 중 대표적인 실패 사례로
꼽힌다. 원작 〈사라피나〉는 1976년에 남아공의 소웨토에서 일어난 반
(反)아파르트헤이트 봉기를 배경으로 한 뮤지컬 영화로, 평범한 소녀
사라피나가 비극적 현실에 조금씩 눈을 떠가는 과정을 그렸다. 〈사라피
나 II〉에서 사라피나는 아파르트헤이트와 싸우는 소웨토의 어린 학생이
아니라 문맹자에게 안전하지 않은 성관계의 위험을 가르치는 어른 사
회복지사로 돌아왔다. 〈사라피나 II〉는 원작 〈사라피나〉와 달리 내용이
부정확하고 메시지도 모호했다. 공연은 금세 막을 내려야 했고 언론의
조롱거리가 되었다. 무엇보다도 유럽연합이 에이즈 인식 개선을 위해
남아공에게 지원한 1200만 달러의 3분의 1 이상이 〈사라피나 II〉 제작
에 들어간 것이 문제였다.[42] 사람들은 이 공연에 왜 그렇게 막대한 돈이
투입되었는지, 그 돈이 누구의 호주머니로 들어갔는지 의구심을 품었
다. 〈사라피나 II〉는 에이즈 대응 정책에 대한 신뢰성을 떨어뜨렸을 뿐

만 아니라 새로운 정부의 무능력과 부패를 드러낸 작품이기도 했다.

지식재산권 보호와 국민의 건강권 보호의 충돌

브라질은 에이즈의 예방과 치료에 성공한 대표적인 국가다. 브라질 정부는 1993년부터 항레트로바이러스 복제 의약품을 생산하여 환자에게 무상으로 제공함으로써 에이즈 치료에 성공할 수 있었다. 에이즈 치료에 필요한 열두 개의 의약품 중 에파비렌즈(efavirenz)와 넬피나비어(nelfinavir) 두 가지를 제외하고 열 가지는 브라질에서 특허를 획득하지 못했다. 브라질은 특허를 받지 못한 이들 의약품에 대한 복제약을 생산할 수 있었다.

두 거대 제약 기업 머크와 로슈가 생산하는 에파비렌즈와 넬피나비어는 정부나 환자가 구입하기에 가격이 너무 비싸 수입이 어려울 뿐만 아니라, 브라질에서 특허를 인정받고 있어 복제약 생산도 불가능했다. 브라질 정부는 이들 제약 기업이 약값을 적정한 수준으로 인하하지 않는다면 특허권자의 시장독점권을 폐지하겠다고 엄포를 놓았다. 그리고는 브라질 정부의 의약품기술연구소인 파르망기뉴스(Farmanguinhos)에 두 약의 생산 권한을 줄 것이라고 선언했다. 브라질 정부는 머크사와 협상 결과 2001년 3월 에파비렌즈 가격을 70퍼센트 인하하기로 합의했다.

그러나 머크사와 달리 로슈사는 넬피나비어 가격을 13퍼센트 이상 인하할 수 없다고 버텼다. 브라질 정부는 넬피나비어를 강제실시하기로 결정했다. 정부가 강제실시권을 발동하면 복제약 제조 업체가 그 대가로 특허 보유자에게 로열티를 지급하고 복제약을 생산할 수 있다. 그렇지만 비상 상황이라는 명목으로 국가가 강제실시권을 발동하여 약

제조를 허용한다고 하더라도 국제적인 무역 분쟁을 초래할 수 있고, 만약 분쟁에서 패소할 경우 강력한 무역 보복을 받을 수 있다. 힘의 논리가 작용하는 현실에서 힘없는 약소국이 원천 기술을 가진 선진국의 동의 없이 무턱대고 강제실시권을 발동하기 쉽지 않은 것이다. 그러나 브라질은 에이즈 치료가 시급하다고 판단해서 강제실시를 결정했다. 로슈사는 항복할 수밖에 없었다. 로슈사는 넬피나비어 가격을 40퍼센트 인하하고 브라질에서 생산하기로 합의했다. 이러한 과정으로 브라질 정부는 에이즈 치료제 구입 예산을 크게 절감하고 에이즈로 인한 사망률도 대폭 낮출 수 있었다.[43]

인도는 미국 다음으로 미국 식품의약처의 인증을 받은 의약품을 가장 많이 가진 나라로 복제약 생산으로 유명하다. 세계 대부분 국가는 에이즈 치료를 위해 인도산 복제약에 의존하고 있다. 세계보건기구가 115개국에 공급된 에이즈 치료제를 분석한 결과, 2006년 전체 공급량 중 인도의 복제 에이즈 치료제가 80퍼센트 이상을 차지했다. 2008년에는 87퍼센트까지 차지하기도 했다.[44] 태국, 브라질, 남아프리카공화국, 네팔처럼 정부 차원에서 공공 의료 기관에 공급하는 치료제까지 포함하면 인도산 에이즈 치료제 비중은 90퍼센트를 훨씬 넘었다. 인도는 2020년에도 전 세계 에이즈 치료제의 50퍼센트와 개발도상국의 에이즈 치료제 90퍼센트를 공급했다.[45]

인도는 필수 의약품의 자급자족을 달성하고 자국민에게 구매 가능한 가격으로 의약품을 제공하기 위해 1954년부터 여러 국영 제약사를 운영하기 시작했다. 국영 제약사는 외국의 거대 제약 기업이 독점하는 약들을 복제해 싼값에 팔았다. 1960년대까지만 해도 인도 역시 의약품 수요의 약 85퍼센트를 외국계 제약 회사의 물량으로 충당했다. 당시에는 약값도 비쌌다. 인도의 활동가들은 특허 독점의 폐해를 막기 위해 격렬한 특허 강화 반대 운동을 벌였다. 결국 정부는 1972년 의약품에 대한 물질 특허를 폐지하여 인도의 제약 회사들이 복제약을 쉽게 생산할 수 있도록 했다[46]

브라질과 인도의 경우 개발도상국으로서 받을 수 있는 TRIPs 협정의 경과 기간과 유연성 조문 덕분에 자국 생산 업체들로 하여금 항레트로바이러스 복제 의약품을 자유롭게 생산할 수 있게 하고 강제실시를 결정할 수 있었다.[47] 인도는 의무 경과 기간이 종료된 이후 TRIPs 협정에 따라 의약품에 대한 물질 특허 제도를 2005년에 재도입했다. 그러나 기존 약에 비해 상당한 임상적 효과가 입증된 경우로 제한하는 등 까다로운 특허 요건을 특허법에 명시한 인도는 여전히 세계의 약국 역할을 할 수 있었다.[48]

남아프리카공화국은 브라질이나 인도와 사정이 달랐다. 1990년대 중반 남아공 에이즈 정책의 시행착오는 흑인 정권의 미숙한 정책적 판단과 부족한 국가 재정 탓이 컸지만, 복제약 접근성이 낮았다는 점에도 크게 영향을 받았다. TRIPs 협정 발표 당시 선진국 지위에 있던 남아공은 브라질이나 인도와 달리 개발도상국에게 주어진 경과 기간과 유연성 조항을 활용할 수 없었다. 남아공은 에이즈 치료를 위한 복제약을 생산할 수도, 강제로 수입할 수도 없었다. 가진 돈이 없는 상황에서 값싼 약을 구할 수 있는 통로가 모두 막혔던 것이다.

세계무역기구 회원국으로서 남아공은 1996년에 발효된 TRIPs 협정 기준에 맞춰 국내 지식재산권 및 의약품 관련 국내 법령을 개정·도입해야 했다.* 에이즈 문제를 둘러싸고 지식재산권 국제 규범과 국민

---

* '산업재산권법'을 개정해야 하는 동시에 다른 한편으로는 세계보건기구의 필수 의약품에 대한 행동 프로그램을 국내적 맥락에 변용시킨 '국가의약품정책'을 도입해야 했다.

보건이라는 상반된 목적을 동시에 달성해야 하는 상황에서 정부가 발휘할 수 있는 정책적 영향력은 제한되었다.[49]

TRIPs 협정과 공공 보건이 충돌하는 상황에서 남아공은 국민을 위한 공공 보건의 편에 섰다. 남아공은 1996년에 국민의 보건권을 인정한 헌법을 새롭게 제정했다. 이 헌법에 따르면 보건 의료 서비스 접근에 대한 권리는 모두에게 보장되어야 하며 정부는 가용한 모든 자원을 이용해 이 권리가 국민에게 실현될 수 있도록 입법 및 기타 조치를 취해야 한다. 그리고 이듬해 '의약품 및 관련 물질 관리 개정법'을 제정하여 에이즈 관련 의약품의 강제실시와 병행수입에 대한 국내법적 근거를 마련했다.[50]

'의약품 및 관련 물질 관리 개정법'은 의약품의 지식재산권보다 환자의 생명권을 우선한 법으로, 복제약의 생산과 수입을 가능하게 했다. 이는 빈곤층의 의약품 접근성을 보장하기 위해 의약품 특허권의 보호 정책에 정면으로 반대한 것이다. 남아공은 HIV/에이즈 치료 약을 비(非)특허 약품으로 대체하고, 투명한 약품 가격을 강제하며, 인도, 브라질, 태국 등에서 생산된 값싼 복제약의 병행수입을 허용했다. 이를 통해 항레트로바이러스 의약품 가격을 70퍼센트까지 낮출 수 있었다.

이러한 조치들은 TRIPs 협정, 그리고 그 근저에 자리한 글로벌 제약 기업의 입장과 상충하는 것이었다.[51] 미국의 거대 제약 기업들은 '의약품 및 관련 물질 관리 개정법'을 특허 보호의 침해로 보고 미국 의회와 백악관에 적극적으로 로비하여 도움을 요청했다. 그러한 요청 중에는 남아공에 대한 원조 중단도 있었다.

글로벌 제약 회사의 압박을 받은 미국통상대표부는 '의약품 및 관련 물질 관리 개정법'이 지식재산권자의 권리를 해칠 확률이 높다라면서 남아공에게 경제 제재를 가하겠다고 엄포했다. 남아공은 통상법

301조*에 따라 감시대상국 목록에 포함되었다. 그뿐만 아니라 의약품 제조업자협회는 '의약품 및 관련 물질 관리 개정법'이 자신들의 재산권을 침해하고, TRIPs 협정 의무를 위배한다면서 남아공 프리토리아 고등법원에 위헌 소송을 제기했다. 의약품제조업자협회는 글로벌 제약 기업에게 라이선스를 받아 운영하던 39개의 남아공 제약 회사로 구성된 기관이다. 미국의 위협과 공격에도 불구하고, 심각한 에이즈 문제에 직면해 있던 남아공은 '의약품 및 관련 물질 관리 개정법' 폐기를 거부했다.

골리앗과의 싸움에서 승리한 다윗

미국이 남아공의 '의약품 및 관련 물질 관리 개정법'에 대한 압박 수위를 높이자 인간의 생명보다 빅 파마의 이익을 보호하는 미국의 역할을 비판하는 목소리가 강해졌고 사하라 이남 아프리카의 에이즈 치료제 접근권을 보장해야 한다는 여론도 형성되기 시작했다.

1998년에 조직된 남아프리카공화국의 시민 사회단체인 치료행동캠페인(Treatment Action Campaign) 일명 TAC은 에이즈 치료제 접근권 운동에서 선도적 역할을 했다. 이 조직은 소수 인원이 거리에서 에이즈 치료제에 대한 팸플릿을 나눠 주는 것으로 활동을 시작했다. 이후 풀뿌리 단체들을 조직화하여 점차 네트워크를 확장해 나갔다. TAC는 특허권보다 건강권이 더 본질적인 가치로 인정받을 수 있도록 투쟁했다. 이들은 건강권이 국내법적 판단을 받을 수 있도록 노력하였고, HIV/에이

---

* 슈퍼 301조라고도 하는데, 이는 교역상대국의 불공정한 무역 행위로 미국이 무역에 제약을 받을 경우 광범위한 영역에서 보복할 수 있도록 허용한 미국 통상법을 말한다.

즈 문제에 대한 남아공의 해결 노력이 사법적 판단에 따라 축소되거나 공동화되는 것을 경계했다.[52]

액트업(AIDS Coalition To Unleash Power: ACT UP), 국경없는의사회와 같은 초국적 시민 단체는 남아공의 시민 단체와 연대하여 여론을 움직이기 시작했다. 초국적 시민 단체는 TRIPs 협정이 에이즈 치료를 방해하고 있다고 격렬하게 비난하면서 '의약품 접근권 확보 운동'을 전개했다. 항레트로바이러스 복제 의약품을 활용하여 에이즈 치료에 성공한 브라질의 성공 경험은 이들 주장을 뒷받침해 주는 결정적 근거였다. 1999년 초국적 시민 단체의 '의약품 접근권 확보 운동'은 드라마처럼 전개되었다. 초국적 시민 단체는 TRIPs 조항의 엄격한 적용을 저지하고 TRIPs 조항에 들어 있는 '유연성' 부분을 명료화하여 강제실시와 병행수입의 근거를 분명하게 규정해야 한다고 주장했다.

액트업의 활동은 주목할 만하다. 액트업은 인종, 젠더, 섹슈얼리티 등의 경계를 망라한 에이즈 활동가들이 1987년에 결성한 시민 단체다. 이들은 1980~1990년대 동성애자에 대한 적대적인 분위기 속에서도 생존을 위한 투쟁을 지속해 왔다.[53]

1987년 3월 24일, 액트업 뉴욕 본부의 첫 번째 시위가 월스트리트에서 열렸다. 당시 유일한 에이즈 치료제였던 AZT의 비싼 약값에 항의하며 300명이 넘는 시위대가 뉴욕 증권거래소를 둘러쌌다. 액트업은 에이즈 환자의 의약품 접근권을 개선하기 위해 정부와 제약 기업을 압박하고, 끊임없이 항의 시위를 벌였다. 그 결과 1989년에 AZT의 연간 약값을 8000달러에서 6400달러로 낮췄고, AZT 부작용에 시달리는 환자에게 다른 항레트로바이러스 의약품인 DDI를 제공하도록 하는 등의 성과를 거뒀다.[54] 뉴욕에서 시작된 액트업은 미국 전역은 물론 전 세계에 지부를 만들며 퍼져 나갔다.[55] 액트업은 1999년에 남아공에 대한 미국 정부의 입장을 지지한 민주당 대통령 후보였던 앨 고어의 선거 캠페인 장소에서 고어의 탐욕이 에이즈로 고통받는 사람들을 죽이고 있다는 구호를 외쳤다. 이러한 퍼포먼스를 통해 남아공 사람 수백만 명의 생명보다 제약 회사의 이익을 보호하는 고어의 역할에 항의했다.*

국경없는의사회는 1999년에 노벨평화상을 받았는데, 96만 달러의 상금을 '의약품 접근권 확보 운동'에 기부했다. 2000년 10월에는 영국의 옥스팜(Oxfam)도 의약품 접근권 확보 운동에 가세했다. 초국적 시민 단체의 의약품 접근권 확보 운동은 에이즈로 부끄러워해야 할 사람은 감염인이 아니라, 에이즈 치료제로 제 욕심 차리기에 급급한 제약 회사와 감염인에 대한 차별을 일삼는 사람들이라는 것을 보여 주었다.

사하라 이남 지역의 에이즈 치료제 접근권을 확보해야 한다는 여론이 우세해지면서 국제 사회의 변화가 감지되었다. 앨 고어는 1999년 6월 18일 "미국과 전 세계가 아프리카의 에이즈 위기에 관심을 가져야 한다. 미국은 이 전염병을 너무 오랫동안 무시해 왔다. 미국이 이에 대해 뭔가를 시도하기 위해 앞장서는 것이 자랑스럽다"라고 말하며 바뀐 태도를 보여 주었다.[56]

미국 정부는 1999년 9월 17일에 통상법 301조 감시대상국 목록에서 남아공을 삭제했고, 그해 12월 1일에 필수 의약품에 대한 접근성을

---

* 앨 고어는 남아공의 타보 음베키 대통령과의 회담에서 만약 남아공 정부가 미국 제약 기업의 매출을 감소시킬 더 저렴한 복제약의 광범위한 판매를 허용한다면 무역 제재를 하겠다고 공개적으로 위협했다. 시민 단체의 항의를 받은 고어는 1999년 9월에 그의 입장을 철회하고 남아공을 지식재산권 감시대상국 목록에서 제외했다(자세한 내용은 다음을 참고하라. 조현석, 「국제 보건 문제와 지적재산권 제도의 세계정치」, 『세계지역연구논총』, 29(3), 2011, 63~86쪽).

높이는 방향으로 무역 정책을 변경할 것이라고 천명했다.[57] 이듬해 5월에 클린턴 대통령은 사하라 이남 아프리카 국가들이 에이즈 치료 약 접근성을 높이기 위해 강제실시나 병행수입 전략을 행사할 수 있다고 발표했다.[58]

2000년 남아공 더반에서 열린 유엔에이즈계획 총회 개막 연설은 11살 소년 은코시 존슨이 맡았다. 그는 에이즈 보균자인 어머니로부터 수직 감염*돼 에이즈 환자로 세상에 태어났다. 은코시 존슨은 에이즈로 여윈 몸에 커다란 검은 양복을 입고 다음과 같이 호소했다. "저는 정부

그림 10. 2000년 유엔에이즈계획 총회
개막 연설을 하는 은코시 존슨

가 의약품 AZT를 임신한 엄마들에게 주길 바라요. 그러면 HIV가 엄마에게서 아기한테로 넘어가는 걸 막을 수 있어요. 아기들이 너무 빨리 죽어 갑니다. 저는 동생들이 죽는 걸 바라지 않기 때문에 정부가 꼭 도와줘야 한다고 생각해요." 그의 개막 연설은 세계인의 심금을 울렸다. 존슨의 호소가 끝날 무렵, 회의장 안팎에서 "이윤보다 생명(Life not Profit)"이라는 구호가 터져 나왔다.

* 수직 감염은 바이러스에 감염된 모체의 임신, 출산, 모유 수유를 통해 태어나 신생아가 감염되는 것을 말한다.

마침내 2001년 4월 19일, 39개 제약 회사는 자신들이 제기한 프리
토리아 소송을 철회했다. 이러한 성과가 쌓여 남아공 정부는 에이즈 치
료 약을 싼값에 수입할 수 있었고 강제실시권을 갖게 되었다.

개발도상국과 글로벌 제약 기업을 대변하는 선진국 간의 의약품
특허를 둘러싼 갈등은 'TRIPs 협정과 공중 건강에 대한 도하 선언(이하
2001년 도하 선언)'의 채택으로* 일단 봉합되었다. 2001년 도하 선언에
는 개발도상국의 국민 보건을 고려하여 TRIPs를 유연하고 탄력적으로
운영할 수 있도록 하는 내용이 담겼다. 구체적으로는 에이즈와 같은 치
명적인 전염병 확산으로 국가 위기에 처한 국가의 선택권 보장과 유연
성의 구체적 내용 및 강제실시 관련 내용이 포함되었다.[59]

2001년 도하 선언은 지식재산권 보호라는 TRIPs 원칙의 예외를
천명했다는 점에서 다국적 제약 기업의 패배였다. 그것은 글로벌 빅
파마라는 골리앗을 상대로 다윗인 개발도상국과 초국적 시민 단체가
협력하여 거둔 보기 드문 역사적 승리였다. 국제 사회의 압력은 특허
에 관한 무역 규범을 변화시켰고, 결국 의약품 가격의 판도를 바꿨다.
2001년 도하 선언 덕분에 개발도상국의 HIV 보균자 대부분은 인도산
복제약을 사용해 항레트로바이러스 치료를 받고 있다.

---

* 2001년 11월 카타르의 도하에서 열린 세계무역기구의 각료회의에서 채택하였다.

전염병의 지리학

에이즈 환자 차별에 맞선 바워스

제프리 F. 바워스는 1984년에 베이커앤드매켄지(Baker & McKenzie) 법률 회사의 변호사로 입사했다. 이 회사는 당시 전 세계에 사무소를 두고 있는 세계 굴지의 법률 회사였다. 그는 미국 뉴욕 사무소에서 출입국 문제를 다루는 엘리트 변호사였다. 그런데 1986년에 카포시육종이 발견되어 HIV 검사를 받은 결과 양성 판정을 받았다. 양성 판정을 받은 지 얼마 지나지 않아 얼굴과 몸 전체에 반점이 생겼다. 같은 해 10월에 회사는 바워스의 업무 능력이 낮다는 이유로 해고를 통지했다. 바워스는 자신이 에이즈 환자여서 해고되었다고 주장하면서 뉴욕주 인권국에 베이커앤드매켄지 법률 회사를 제소했다. 1987년 7월에 사건에 대한 변론이 시작되었다. 그렇지만 그는 두 달 후에 사망했다.

그가 사망한 후에도 변론이 계속되었다. 오랫동안 뉴욕주 인권국은 결정을 내리지 못하다가 1993년 12월에 베이커앤드매켄지 법률 회사에게 원고의 유족에게 50만 달러의 손해 배상액과 그가 해고되지 않았더라면 받을 수 있었던 급료를 지급하라는 원고 승소 판결을 내렸다. 바워스 사건은 에이즈에 대한 비이성적 공포와 차별의 시대였던 1980년대에 에이즈 환자가 자신을 부당하게 해고한 회사를 상대로 침해된 권리 회복을 청구한 대표적 사례다. 바워스의 승소는 사회적으로 차별받는 에이즈 환자를 법적으로 실효성 있게 보호하도록 촉발한 사건이었다.

제9장

코로나19, 실패한 시장 그리고 소환된 국가

코로나19는 지역을 가리지 않고 퍼져 갔지만, 국가마다 피해 정도는 달랐다. 바이러스에 적절하고 신속히 대처한 국가는 피해 정도를 최소한으로 관리하고 통제했다. 반면, 시장만능주의, 작은 정부, 긴축 재정을 표방하며 공공 서비스와 사회 안전망을 축소해 온 국가들은 최악의 재난 상황으로 치달았다. 코로나19 위기에서 각국의 대응 정책이 달랐지만 기업과 시장에 방역을 맡기는 국가는 어디에도 없었다. 방역 관련 정보를 정확히 전달하고 의료 자원을 생산·분배하는 데 시장은 실패했고, 정부의 중요성이 다시금 드러났다. 코로나19로 분명해진 것은 지난 40년 동안 사회의 통제를 벗어난 시장이 사회를 위험에 빠뜨렸다는 것이다. 9장에서는 미국, 영국, 이탈리아, 스웨덴, 한국의 코로나19 대응 정책과 의료 시스템을 비교하고, 이것이 코로나19의 피해 수준에 미친 영향을 분석한다. 이를 통해 공공 의료와 같은 사회 안전망의 중요성을 느끼고 공공성을 재발견할 기회를 제공한다.

1. 코로나19 앞에서 맥없이 무너진 선진국의 영광

경제 활성화를 핑계로 소극적으로 대응한 미국

코로나바이러스의 유행은 총성 없는 전쟁에 비유될 만한 위력으로 전 세계를 강타했다. 첫 확진자가 발생한 지 약 2년 만인 2022년 1월 30일 기준 전 세계에서 약 570만 명이 코로나19로 사망했다. 국가마다 코로나19에 대한 대응 방식이 달랐고 그 피해 정도도 달랐다. 과거와 현재의 패권국 지위를 자랑하는 선진국들도 큰 피해를 면하지 못했다.

특히, 미국은 전 세계에서 가장 큰 규모의 코로나 피해를 입었다. 미국에서 전 세계 확진자 수의 약 20퍼센트, 사망자 수의 16퍼센트가 나왔다. 첫 번째 코로나19 확진자는 2020년 1월 20일 워싱턴주 스노호미시카운티에서 발생했다.

미국 행정부는 코로나19 발생 책임 추궁에 적극적으로 나섰다. 당시 미국 대통령이었던 도널드 트럼프는 2020년 11월 대선을 앞두고 있었다. 이러한 상황에서 트럼프는 자신의 지지층을 결집하기 위해 코로나19 확산의 중국 책임론을 끊임없이 제기했다. 바이러스의 진원지로 중국을 지목하면서 코로나19를 정치적 프로파간다로 활용한 것이

(단위 : 명)

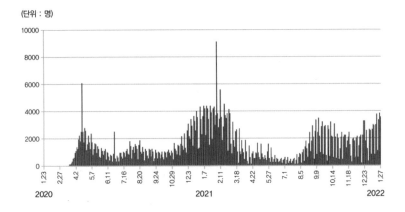

그림 1. 미국의 일별 사망자 발생 추이(2020.1.31~2022.1.30)
coronaboard 자료를 토대로 작성

다. 또한 그는 코로나19를 '중국 독감(China flu)', '우한 바이러스(Wuhan virus)', '중국 바이러스(China virus)', '쿵 플루(Kung flu)'* 라고 부르며 중국 혐오를 부추겼다. 심지어 중국이 미국의 무역 압박에 대한 일종의 보복으로 코로나바이러스를 고의로 퍼트렸을 것이라고 주장했다.[1]

적극적인 책임 추궁과 달리 미국의 코로나19 대응은 소극적이었다. 한국의 경우 코로나19 검사와 격리, 치료 등에 드는 비용을 정부가 전액 부담했다. 반면 미국에서는 질병통제예방센터에서 하는 코로나19 검사 비용만 정부가 지불했다. 일반인이 검사하고 치료하는 데 드는 비용은 개인이 부담해야 했다. 미국에서 코로나19 진단비와 치료비는 매우 비쌌다. 진단 비용만 약 3270달러(약 400만 원)에 달했다. 미국에

* 쿵푸와 플루(flu)의 합성어.

전염병의 지리학

서 의료 보험 없이 코로나19 치료를 받으려면 적어도 4만 2500달러(약 5200만 원)에서 많게는 7만 5000달러(약 9000만 원)까지 소요되었다.[2] 코로나19 증세가 있어도 비싼 진단비가 부담되어 검진받지 못하고, 감염되었어도 격리되지 않은 채 생활하는 사람이 많았다. 코로나바이러스는 미국 사회로 빠르게 확산했다.

이에 대한 비판 여론이 일자 미국연방정부는 3월 18일부터 코로나 검사 비용을 지원하기로 결정했다. 그러나 여전히 대량 검사와 격리 조치를 취하지 않았고, 군중이 모이는 공개 행사도 막지 않았다. 마스크 착용도 주(州)의 자율적 판단에 맡기겠다면서 의무화하지 않았다. 미국 질병 통제예방센터는 초기에 건강한 사람의 경우 마스크를 쓸 필요가 없다고 말했고 도널드 트럼프 대통령과 고위 당국자도 공식 석상에 마스크를 쓰지 않은 채 참석했다. 자유주의를 지향하는 공화당은 마스크의 효과에 대해 회의감을 나타내며 개인의 선택권 침해를 이유로 마스크 착용 의무를 반대했다. 백악관이 '코로나19 브리핑'을 재선 유세장으로 활용한다는 비판과 함께 방역 당국자와의 불협화음, 코로나19 사태에 대한 늑장 대처, 살균제 인체 주입 등의 논란도 계속 불거졌다.[3]

2020년 4월부터 영안실, 장례식장, 화장장이 포화 상태에 달했다. 코로나19로 밀려드는 시신을 보관하기 위해 강력한 에어컨을 가동한 임시 영안실이나 냉동 트럭을 사용했다. 그러나 그마저도 부족했다. 트럭에 쌓아 둔 시신이 썩어 가고 있다는 비극적 소식이 세계 경제의 중심 도시인 뉴욕에서 나오기 시작했다.

세계 1위의 확진자와 사망자 수를 기록하고 있는 상황에서도 트럼프 대통령은 무사태평하게 코로나19의 위험성을 무시했다. 그는 날씨가 풀리면 코로나바이러스가 기적처럼 사라질 것이라고 기대했다. "부활절(4월 12일)까지는 경제를 재가동하고 싶다. 미국은 문 닫으려고 세운 나라가 아니다"라며 비현실적인 전망을 밝히기도 했다. 심지어 트럼프는 6월 20일 오클라호마주 털사에서 대규모 대선 유세를 열었다. 유세가 끝난 후 털사를 중심으로 확진자가 급증했다. 그럼에도 그는 계속 대규모 유세를 강행했고, 심지어 수천 명이 모이는 실내 유세도 했다. 마스크를 쓰지 않은 채 트럼프는 연설했고, 지지자들은 환호했다. 결국 트럼프는 2020년 10월 2일에 코로나19 양성 판정을 받고 입원했다.

미국이 코로나19 대응에 소극적인 태도를 보인 명분은 경제 활성화였다. 그러나 시장 상황은 최악으로 치달았다. 2020년 2월 27일, 미국 주식 시장은 2008년 글로벌 금융 위기 이후 가장 큰 폭의 주가 하락을 경험했다. 트럼프 대통령이 부랴부랴 경기 부양책을 발표했지만 이러한 조치는 바이러스 확산이 경제에 미칠 영향을 우려하는 투자자를 달래지 못했다. 3월 12일에는 미국 역사상 최대 폭의 주가 하락이 기록되었고, 그 기록은 며칠 만에 갱신되었다. 국제통화기금(IMF)의 수석 이코노미스트였던 케네스 로고프는 한 언론사와의 인터뷰에서 당시 상황에 대해 "외계인의 침공을 받아 점령당한 느낌"이라고 표현했다.

미국 의회는 2020년과 2021년에만 총 5조 달러에 달하는 경기 부양 예산을 지출했다. 다른 선진국보다 월등히 많은 액수였다.[4] 그러나 정작 코로나19 대처를 위한 예산 배정에는 매우 인색했다. 2020년에 책정된 경기 부양 자금 3조 달러 중 일부를 코로나19 검사와 추적에 배정하자는 의견은 무시되었다. 질병통제예방센터의 코로나19 검사를 위한 100억 달러 예산 배정 요청에도 소극적인 태도를 보였다.[*] 심지어

---

[*]   미국은 질병통제예방센터가 전담하는 코로나19 검사를 제외하고는 검진비와 치료비를 환자 개인이 내야 했다(《한겨레》, 하루 확진자 7만명인데…백악관, 검진·추적 예산 거부, [2020.07.19.]).

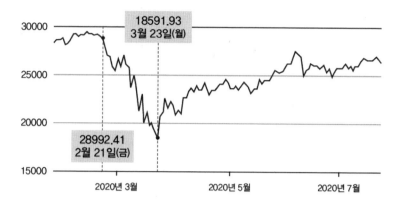

그림 2. 미국 다우존스 산업평균지수 변동(2020.1~2020.7)

질병통제예방센터의 인력을 감축했다.[5]

코로나19 유행이 수그러들지 않았음에도 플로리다, 텍사스 등의 주는 2020년 5월 1일부터 경제 활성화를 명분으로 봉쇄 조치를 완화하기 시작했다. 보름 후에 전체 주의 절반 정도가, 5월 말에는 거의 모든 주가 방역을 완화했다. 봉쇄 조치를 빠르게 해제한 주들에서 확진자가 급증했고, 중증 환자가 쇄도했다. 병원 침상, 집중치료실, 의료진, 장비와 물자가 바닥나기 시작했다. 세계에서 가장 부유하다는 미국에서 방호복이 없어 쓰레기 봉지를 쓴 채 환자를 돌보는 간호사가 나왔다.[6]

여전히 슈퍼맨인 줄 안 영국

영국 역시 코로나19 앞에서 맥을 못 추었다. 2022년 1월 30일 기준 영국은 미국, 인도, 브라질, 프랑스 다음으로 많은 확진자를 기록했다. 영국은 미국과 마찬가지로 코로나19를 감기 정도로 여기면서 소극적으로 대처해 희생을 키웠다. 국민보건서비스는 코로나19에 걸리면 인체의 면역 체계가 스스로 질병을 치료하도록 집에서 쉬는 것이 가장 효과적이라고 권고했다. 사람들은 2월 내내 코로나19가 독감과 같다고 믿었다. 정부는 손 씻기 혹은 사회적 거리두기 등 개인의 위생 수칙만을 강조했을 뿐, 바이러스 확산을 통제하기 위한 국가 차원의 확진자 추적 조사와 격리 조치를 실시하지 않았다. 코로나19 확산이 빠르게 이루어지고 있던 3월 12일까지도 영국의 코로나19 위험 경고는 적극적으로 대처할 필요가 없다는 의미의 '보통' 수준에 머물러 있었다.

　미국의 트럼프와 마찬가지로 보리스 존슨 영국 총리는 안일한 자신감에 빠져 있었다. 런던 그리니치에서 연설하던 존슨 총리는 코로나19에 대해 언급하면서 "클라크 켄트*가 안경을 벗고 공중전화 부스에 뛰어들 준비가 되어 있듯이 영국은 잘 준비되어 있다. 국민보건서비스와 진단 시스템을 갖추고 질병 확산을 환상적으로 감시하고 있다"며 자신감을 드러냈다.[7] 코로나19 환자를 포함한 모든 사람과 악수하고 있다는 농담까지 했다.[8] 이처럼 영국 정부는 코로나19가 일반 감기 정도의 증세를 보이는 전염병이며, 쉽게 통제할 수 있다는 신호를 보냈다.

　영국의 유명 의학 저널인《랜싯》의 편집장은 정부가 국민을 대상으로 룰렛 게임을 한다고 비판하며, 철저한 봉쇄 조치를 긴급히 실행해야 한다고 주장했다.[9] 2월 말에서 3월 초, 최악의 경우 코로나바이러스로 영국인 50만 명이 사망할 수 있다는 경고음이 여기저기서 들려왔다.[10] 세계보건기구가 팬데믹을 선언한 바로 다음 날인 2020년 3월 12일, 영국 정부는 코로나19의 위험 정도를 '보통'에서 '높음'으로 상향했다. 그

＊　만화〈슈퍼맨〉에서 주인공 슈퍼맨의 극 중 이름.

러나 밀접 접촉자 추적은 중단했다. 코로나19의 확산을 늦추는 데 별 효과가 없다며 사회적 거리두기 행정명령도 내리지 않았다. 잉글랜드 프리미어리그도 중단 없이 계속되었고 학생들은 여전히 학교에 갔다.

영국 정부는 그때까지도 많은 사람이 바이러스에 약하게 감염되어 집단 면역이 생기면 바이러스의 확산이 멈추게 될 것이라고 믿은 듯했다.[11] 즉, 인구의 60퍼센트 이상에게 항체가 형성되어 코로나19가 더는 전파되지 않게 되는 상황[12]에 자연스럽게 도달할 것이라는 예측이었다. 영국 정부는 이러한 집단 면역 정책을 3월 23일까지도 옹호했다. 그러나 얼마 지나지 않아 이는 오판으로 밝혀졌다. 정부가 좀 더 적극적으로 대응했다면 죽지 않았을 사망자가 계속해서 발생했다.

영국 정부가 소극적인 집단 면역 정책으로 코로나에 대응한 이유는 국민 건강보다 경제 활성화를 더 중시했기 때문이었다. 그러나 유사한 전략을 취한 미국의 경우와 마찬가지로 영국 시장은 매우 부정적인 신호를 보냈다. 세계보건기구가 팬데믹 선언을 한 다음 날 영국의 주식 시장을 대표하는 지수인 파이낸셜타임스스톡익스체인지(Financial Times Stock Exchange: FTSE) 100*은 1987년 이후 가장 큰 폭으로 폭락했다. 파운드화의 가치도 1985년 이후 최저치로 떨어졌다.

코로나19 환자와 사망자 수가 치솟자 존슨 총리는 3월 23일 부랴부랴 집단 면역 정책을 철회했다. 그리고 최소 3주간 예외적인 상황을 제외하고 집에 머물러야 한다는 이동제한령을 발동했다. 이는 거의 전시 체제에 달하는 수준이었다. 영국 정부는 국가의료제도를 보호하고 인명을 구하기 위해 집에 머물러 달라고 국민에게 호소했다. 아이러니

---

* FTSE 100 지수는 런던 증권 거래소에 상장되어 있는 주식 중, 시가 총액 순서대로 100개 기업의 주가를 지수화한 종합 주가 지수이다. 영국 주식 시장의 대표 지수이다.

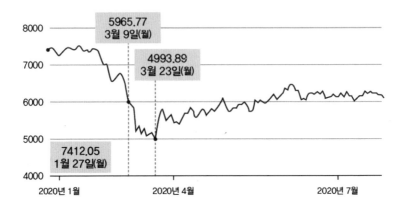

그림 3. 영국 FTSE 100 지수 변동(2020.1~2020.7)

하게도 이동제한령을 발동한 지 3일 후 존슨 총리 자신이 세계 정상 가운데 가장 먼저 코로나19 확진 후 입원 치료를 받아야 하는 신세가 되었다. 슈퍼맨의 몰락이었다.

또한 영국 정부는 제대로 검증되지 않은 제품을 민간 기업으로부터 급히 조달했다. 안전성보다 이윤을 중시하는 민간 기업은 성급하게 조달권을 따내어 안전 검사를 꼼꼼히 거치지 않은 제품을 납품했다.[13] 제품에 대한 전문성을 갖추지 못한, 정부와 연줄이 있는 기업이 로비를 통해 조달권을 따내기도 했다. 이는 코로나19를 완전한 재앙으로 바꾸는 데 일조했다.[14]

의료 용품 조달 과정에서 영국 정부의 소극성도 두드러졌다. 런던 외곽에 본부를 둔 세계적인 의료용 인공호흡기 회사인 인터서지컬(Intersurgical)은 프랑스, 뉴질랜드, 인도네시아 등 10여 개 정부로부터 인공호흡기 공급을 요청받았지만, 영국 정부로부터는 아무런 연락도

전염병의 지리학

(단위 : 명)

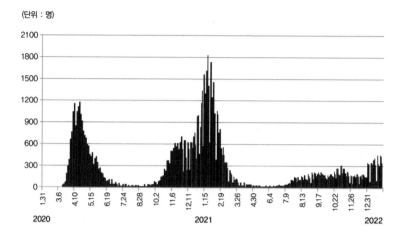

그림 4. 영국의 일별 사망자 발생 추이(2020.1.31~2022.1.30)
coronaboard 자료를 토대로 작성

없었다고 전했다.[15]

영국 정부는 2020년 3월 전면 봉쇄를 단행했다가 그해 7월을 기점으로 방역을 상당 부분 완화했다. 가을 이후 대유행을 예상한 과학 자문 기구가 모델링 결과를 바탕으로 2주간 '서킷브레이커'로 불리는 비상 계획 조치를 제안했지만 정부는 이를 수용하지 않았다. 그 결과, 2020년 7월 31일 기준 영국에서는 30만 명 이상의 확진자와 4만 5000명 이상의 사망자가 발생했다. 사망률은 약 15퍼센트로, 신뢰할 수 있는 데이터를 제공하는 국가 중에서 프랑스, 벨기에와 더불어 세계 최고 수준을 기록했다. 알파 변이 바이러스가 등장하고 크리스마스 휴가가 지난 2021년 1월에 최악의 유행이 찾아왔다. 당시 일일 확진자는 8만 명 이상, 하루 사망자는 1500명 이상에 이르렀다.

이탈리아 북부 지역을 강타한 코로나바이러스

2020년 2월 21일, 롬바르디아주의 작은 마을 코도뇨에서 이탈리아의 첫 번째 확진자가 나왔다.[16] 첫 확진자가 발생하자 이탈리아의 역학자와 공중 보건 전문가는 사회적 거리두기, 진단 검사, 접촉 추적 등을 촉구했다. 그러나 중앙정부는 보름 정도가 지나서야 표준 진단 검사 대상자 기준을 발표했다.[17] 상황은 악화일로로 치달았다. 2020년 3월 4일, 코로나19로 인한 사망자 수가 100명이 넘자 이탈리아 정부는 모든 초·중등학교와 대학교에 2주간 휴교령을 내렸다. 나흘 후 주세페 콘테 총리는 이탈리아 전체를 격리 지역으로 하는 전국 봉쇄령을 발표했다.

강력한 봉쇄 조치에도 이탈리아에서는 3월 20일 하루에만 427명이 숨졌다. 사망자 수가 중국보다 더 많아져, 이탈리아는 세계 최다의 사망자를 낸 국가가 되었다. 전국 봉쇄령이 연장되었지만 이러한 조치가 무색하게 확진자와 사망자 수는 급증했다. 3월 21일 콘테 총리는 비필수적인 생산 활동을 전면 중단하는 강화된 봉쇄 조치를 시행한다고 발표했다. 이에 따라 이탈리아의 경제 상황은 급속히 악화되기 시작했다. 기업들은 해고 절차에 돌입했고, 3월 초 전국에서 하루에 2000건의 해고가 발생했다. 문화, 예술, 관광, 스포츠 등의 분야에서 일하는 근로자들과 자영업자 또는 비정규직 근로자들도 일자리를 잃었다.[18]

이탈리아의 코로나19 피해는 지역별로 극명하게 다르게 나타났다. 코로나19는 롬바르디아, 베네토, 에밀리아로마냐, 피에몬테주가 속한 북부 지역을 중심으로 확산했다. 2020년 3월에 집계된 확진자 수 가운데 이들 4개 주의 확진자 수가 이탈리아 전체 확진자 수의 약 70퍼센트를 차지할 정도였다.[19] 이러한 지역별 격차는 각 지방정부가 취한 코로나19 대응 정책의 차이에 기인한다.

이탈리아는 준(準)연방제 국가로, 각 주(regione, 레조네)에 지방 행

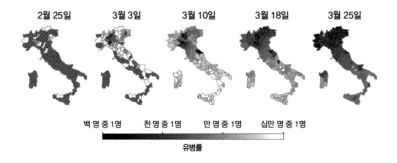

그림 5. 이탈리아 첫 확진자 발생 후 약 한 달 동안의 지역별 유병률 분포
Gatto, M. et al., 2020 자료를 토대로 재작성

정 권한을 부여한다. 특히, 주는 의료와 사회복지 부문 자치권을 지닌
다. 이탈리아의 지방 분권은 헌법에 명시되어 있지만, 1950~1960년
대까지는 전국적으로 적용되지 않았다. 1970년대 들어와서야 각 주가
독자성을 발휘하여 여러 정책을 시도하기 시작했다. 그리고 1990년대
이후 중앙정부에서 지방자치단체로 입법권 이양이 이루어지면서 주정
부의 자치 권한이 커졌다.[20]

1990년대에는 의료에 대한 상당 부분의 권한이 중앙에서 주정부
로 이양되어, 주정부는 실질적으로 의료 제도를 운영하고 의료 서비스
를 공급하는 주체가 되었다.[21] 의료에 필요한 재정도 지방세로 대체되
었으며[22] 중앙정부는 주정부의 정책을 감독하는 것 외에는 의료 서비스
공급에 유의미한 영향을 미칠 수 없게 되었다. 물론 코로나19와 같은
전국적 위기 상황에서 중앙정부는 전반적인 대응 방향을 제시한다. 그
러나 진단 검사의 방법과 대상, 확진자와 접촉자의 추적과 격리 방식과
같은 핵심 사항은 주정부가 독자적으로 결정한다. 그래서 주정부의 역
량과 정책에 따라 코로나19 유병률과 사망률은 큰 차이를 보였다.[23]

표 1. 롬바르디아와 베네토 지역 및 이탈리아 나머지 지역의 코로나19 관련 데이터

주	인구 (백만 명)	확진자	사망자	확진자 중 사망률(%)	인구 10만 명당 사망자 수
롬바르디아	10.08	62,153	11,377	18.3	112.9
베네토	4.90	14,624	940	6.4	19.2
나머지 지역	45.39	88,378	9,328	10.6	20.6

Civil Protection Department of the Italian Government(Odone, A. et al., 2020에서 재인용)

이탈리아에서 가장 심각한 피해를 겪은 롬바르디아의 주정부는 2020년 4월 중순까지도 심각한 폐렴 증상을 보인 환자만을 진단 검사 대상으로 지정했다. 격리 구역을 최소한으로 지정하였고, 민간 병원에서의 치료를 중심으로 하는 정책을 취했다. 그 결과는 최악이었다. 확진자와 사망자의 비율이 기록적으로 증가했다. 롬바르디아주에서 2020년 4월 15일 기준 이탈리아 코로나19 확진자의 37퍼센트, 사망자의 53퍼센트 이상이 나왔다. 이로 인해 롬바르디아는 이탈리아뿐 아니라 유럽 전체에서 코로나19의 확산 거점이라는 오명을 안았다.

롬바르디아주와 인접한 베네토주도 초기에 코로나바이러스가 빠르게 확산한 주 가운데 하나였다. 그러나 베네토주는 엄격한 격리 조치와 적극적인 진단 검사를 단행했다. 베네토의 진단 검사 비율은 이탈리아 전국 평균보다 높았다. 베네토주가 적극적 검진을 통해 확진자를 발견하고 빠르게 조치한 결과, 사망률을 롬바르디아주에 비해 낮게 유지할 수 있었다.[24]

느슨한 집단 면역 정책을 선택한 스웨덴

이탈리아의 사례와 유사하게, 스웨덴의 코로나19 대응에서도 지역 분권이 중요한 요소로 작용했다. 스웨덴은 헌법 1장 1절에 "스웨덴 민주주의는 지방자치를 통해 실현한다"라고 명시되어 있을 만큼 지방자치를 강조한다. 이는 조세에서 극명하게 드러난다. 중앙정부는 부가가치세와 담배세를 징수할 권한만을 갖고 있다. 그 외의 조세권은 광역지방정부와 기초지방정부가 가지고 있다. 지방정부인 광역지방정부와 기초지방정부도 서로 독립적으로 운영되고 있으며 명확히 구분되는 업무 영역을 갖고 있다.[25]

코로나19 확진자가 늘자 스웨덴 중앙정부는 여행 자제, 청결과 위생, 불필요한 접촉 자제 등 개인의 자율과 책임을 중시하는 권고 조치를 취했다. 학교나 유치원을 강제로 닫지 않았고, 사람들이 집에 머물도록 강제하지 않았다. 스웨덴 사람들은 코로나 위기 상황에서도 제약 없이 식당, 상점, 체육관에 갔다. 아이들은 평상시와 마찬가지로 학교에 갔다. 스톡홀름주의 경우, 다른 질환으로 이미 병원에 입원한 중증 고령 환자 중 코로나 관련 증상을 보이는 환자로 코로나19 검사 대상자를 제한했다.

이러한 소극적 대응은 전면적 규제가 오히려 부작용을 초래할 수 있다는 우려를 반영한 것이었다. 스웨덴의 방역 책임을 맡은 안데르스 텡넬은 스웨덴 보건 당국이 취하는 느슨한 방식이 단기간에 많은 확진자를 발생시킬 수 있다고 인정하면서도, 차후 2차 유행이 발생했을 때 스웨덴이 강력한 봉쇄 조치를 취한 국가들보다 적은 확진자를 기록할 것이라고 주장했다. 규제 중심 국가의 경우 규제를 해제하면 바이러스가 다시 퍼지기 시작할 것이라고, 즉 강력한 봉쇄 조치나 차단 관리 정책으로는 바이러스를 완전히 막을 수 없다는 것이 그의 판단이었다.[26]

2020년 4~5월에 스웨덴의 코로나19 감염자와 사망자 수가 크게 증가했다. 스웨덴의 사망자는 노르웨이, 핀란드, 덴마크를 합친 것보다 거의 4배나 많았다.[27] 그러나 스웨덴은 여전히 규제를 강화하지 않았고 소극적으로 대처했다. 개별 시설의 봉쇄 여부는 기관장이 자율적으로 판단하여 결정하도록 했다. 사회 필수 영역에 종사하는 부모를 위한 자녀 돌봄 시설도 계속 운영했다. 6월 휴가철이 되자 방역 지침이 일부 완화되었고 증상이 없는 이들에게는 국내 여행이 허용되었다.

스웨덴의 소극적 대응은 가족 구조와 지방분권적 의료 시스템을 고려했을 때 불가피한 선택이기도 했다. 스웨덴은 맞벌이 부부 비율이 80퍼센트에 달한다. 이러한 상황에서 학교를 폐쇄하면 아이들을 돌보기 위해 많은 사람이 직장에 가지 못하고, 공중 보건뿐만 아니라 경찰서, 소방서 등 다른 사회 안전 시스템도 제대로 작동하지 못한다. 따라서 스웨덴 중앙정부는 소극적 대응을 결정할 수밖에 없었다.

코로나19가 발생한 지 1년 정도 지난 시점에서 스웨덴의 소극적 대응은 실패한 정책이라는 평가를 받았다. 2021년 1월 31일 기준 스웨덴의 확진자는 56만 명을 넘어섰고 사망자도 1만 1000명 이상 발생했다. 이웃 국가인 덴마크, 노르웨이, 핀란드 등보다 많은 수치였다. 한국과 비교하면 그 수치는 훨씬 실망스러운 것이었다. 스웨덴의 인구는 한국의 5분의 1에 불과한데, 인구 100만 명당 발병률은 한국의 7배 이상이었다. 감염자와 사망자 수치를 보면 스웨덴의 대응이 성공했다고 말하기 어려운 것은 분명해 보인다. 칼 구스타프 국왕은 2020년 12월에 정부가 코로나19 대처에 실패했다고 시인하며 대국민 사과를 했다. 스테판 로프벤 스웨덴 총리도 코로나바이러스 대응에 오판이 있었다고 인정했다.

2. 국가의 의료서비스 공백을 덮친 팬데믹

국민 건강을 시장에 맡긴 미국

미국이 코로나19에 맥없이 무너진 이유를 설명하기 위해서는 미국의 건강 보험 제도로 시선을 돌려야 한다. 미국의 의료 보건 시스템은 민간 의료 보험이 중심이 되고, 사회 보장 프로그램이 이를 보완하는 방식이다. 의료에서 국가의 역할은 작고, 민간의 비중이 크다. 미국인 대부분은 민간 의료 보험으로 건강 문제를 해결하고 있다. 미국 의료 보건 시스템의 문제는 사회 보장 프로그램의 수급자도, 민간 의료 보험 가입자도 아닌 무보험자가 상당히 많다는 점이다.[28]

미국에서는 민간 의료 보험에 가입하기 어렵다. 가입 심사가 까다롭고 돈이 있다고 해서 무조건 가입이 되는 것도 아니다. 보험사는 수익성이 없다고 판단한 사람을 심사에서 탈락시킨다. 가입 심사를 통과하지 못해 민간 의료 보험에 가입하지 못하고, 빈곤선 이상의 소득이 있어 정부가 제공하는 사회 보장 프로그램의 수혜를 받지 못하는 차상위 계층*에 속하는 사람들은 무보험자가 되어 의료 서비스의 사각지대에 놓이게 된다. 2009년 버락 오바마 대통령 취임 당시 이와 같은 무보험자는 5000만 명에 달했다. 이는 한국 인구와 맞먹는 수준이다.

까다로운 심사를 통과해 민간 보험에 가입한 사람도 막상 의료 서비스를 받기 힘들다. 생사를 오가는 중에도 보험 회사와 연결된 병원을 찾아 헤매야 하고 보험 회사가 허락한 비용 내에서만 치료해야 한다. 그 과정에서 소중한 가족을 잃은 가슴 아픈 사연이 자주 보도되었

---

* 기초 생활 수급자 바로 위의 계층으로서 수급권자에 해당되지 않는다.

그림 6. 〈식코〉 포스터

다. 2007년에 개봉한 〈식코〉는 미국의 의료 현실을 비판한 다큐멘터리 영화다. 식코는 정부와 결탁하여 이윤만을 추구하는 민간 보험사의 횡포와 그에 무기력하게 당할 수밖에 없는 사람들의 사연을 스크린에 담았다. 의료 보험이 없어서 직접 상처를 꿰매거나 비싼 의료비 때문에 절단된 손가락 중 일부만 붙인 사람, 의료 보험이 있으나 수술비와 인상된 보험료로 생활고를 겪게 된 노인 등 미국 의료 보험을 둘러싼 각종 문제를 다뤘다.

무보험자에게 질병에 걸리거나 사고로 상해를 입는 것은 끔찍한 재앙이다. 병원에서 치료를 받으려면 고액의 진료비와 치료비를 지불해야 하기 때문이다. 이로 인해 무보험자 대부분은 치료를 포기한다. 미국에서 개인 파산의 절반은 의료비 지출에 의한 것이다.

오바마 대통령은 오바마케어로 약칭된 건강 보험 개혁을 공약했고 취임 후 약속대로 추진했다. 오바마케어의 핵심은 전 국민이 민간 의료 보험에 의무적으로 가입하고, 저소득층의 보험료 부담 경감을 위해 보조금을 지급하며, 사각지대에 놓인 차상위 계층 무보험자의 보험 가입을 지원하는 것이었다.

오바마케어로 불리는 '환자 보호 및 부담 적정 보험법(Patient Protection and Affordable Care Act: PPAC)' 법안은 2009년 미국 의회를 가

전염병의 지리학

까스로 통과해 2010년 3월에 승인되었다. 그렇지만 공화당은 건강 보험 의무 가입 조항을 둔 이 법안이 사회주의 의료 제도이며, 개인과 기업의 자유를 침해하고, 국가 재정을 축낸다고 비판했다. 공화당의 반대로 인해 법안은 2014년에서야 시행되기 시작했다. 이후 2015년 기준 민간 의료 보험 가입 비율은 약 70퍼센트 정도로 증가했고, 사회 보장 프로그램 수급자 비율도 36퍼센트에 이르렀다.* 저소득층과 중산층의 건강 보험 가입이 확대되어 무보험자 수는 점차 줄었다.

오바마 대통령의 후임자로 2017년에 취임한 트럼프 대통령은 트럼프케어**를 내세우며 오바마케어를 뒤집었다. 트럼프케어의 핵심은 '필요한 사람만 건강 보험에 가입하라'였다. 트럼프 대통령은 행령 명령을 통해 오바마케어의 핵심이었던 저소득층에 대한 의료 보험 보조금 지급을 중단했고 의무 가입 조항도 삭제했다. 그 결과 무보험자는 다시 증가했다.

코로나19가 대유행하던 2020년 기준, 전체 국민의 약 9퍼센트인 2700만 명이 의료 보험에 가입하지 못한 상태였다. 여기다 코로나19로 실직하면서 직장 연계 건강 보험까지 잃은 2600만 명이 더해져 무보험 상태의 인구는 5000만 명이 넘었다.[29] 사실상 오바마케어가 시행되기

---

* 사회 보장 프로그램 수급 36퍼센트는 65세 이상의 고령자와 장애인을 위한 의료 보험 프로그램인 메디케어(Medicare) 16퍼센트와 저소득층을 대상으로 한 의료 보험 프로그램인 메디케이드(Medicaid) 20퍼센트로 구성된다. 합계가 100퍼센트를 초과하는 이유는 중복 가입자 때문이다(US Census Bureau, "Health Insurance Coverage in the United States: 2014", 2015, Washington, D.C.: US Government Printing Office).

** 공식 명칭은 '건강 보험 개혁 법안(The American Health Care Act of 2017: AHCA)'이다.

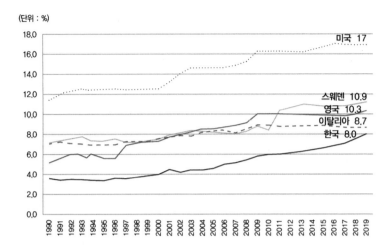

(단위 : %)

그림 7. GDP 대비 의료비 지출 비율
OECD, 2021 자료를 토대로 작성

전으로 돌아간 것이다. 5000만 명에 달하는 무보험자들은 비싼 코로나 19 치료 비용 때문에 검사를 받을 엄두조차 내지 못했다.

미국은 2008년 금융위기 이후 긴축 재정을 실시해서 공공 의료 예산을 지속적으로 감축했다. 응급 의료 영역은 축소되었고 공중 보건 인력은 5분의 1로 줄었다.[30] 주정부는 공공 의료 부서를 해체하여 그 기능의 상당 부분을 민간 비영리 단체에 넘겼다.[31] 미국의 GDP 대비 의료비는 2019년 기준 OECD 국가 중 17퍼센트로 가장 높았다. 1인당 의료비 지출액은 스웨덴의 약 두 배, 한국의 약 세 배 수준인 1만 1072달러(한화로 약 1300만 원)에 달했다. 의료비 지출 비율이 높지만 효율성은 크게 떨어져 미국의 기대 수명과 유아 사망률은 OECD 국가 중 꼴찌에 가까웠고, 의료 서비스에 대한 만족도는 형편없이 낮았다.[32] 병원 침상,

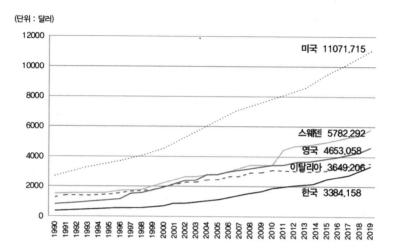

(단위 : 달러)

그림 8. 1인당 의료비 지출비
OECD, 2021 자료를 토대로 작성

집중치료실, 의료진, 의료 장비와 물자는 부족했다. 코로나19라는 파도를 막기에는 너무나 부실한 환경이었다. 쓰레기봉투를 뒤집어쓴 채 환자를 돌보는 간호사는 바로 이러한 환경에서 나왔다.

국민보건서비스 예산을 줄인 영국

영국이 코로나 19로 큰 타격을 입은 것은 의외의 일이었다. 영국은 세계 최초로 국민보건서비스(National Health Service)를 도입하여 전 국민에게 평등하고 포괄적인 의료 서비스를 제공한 국가로 유명하다. 영국의 국민보건서비스는 국민 건강에 영향을 주는 다양한 위기 상황에 대응할 책임이 국가에 있다는 것을 전제로 한다. 즉, 국가 주도형 의료 제공 시스템의 전형이다. 요람에서 무덤까지 영국인 곁에 있다는 국민보건서비스는 영국인의 자부심이자 자랑거리였다.

영국의 국민보건서비스는 의료 제공자(1차 의료, 2차 의료), 행정 지원 기관, 감시 및 규제 기관이라는 3개 요소로 구성된다. 1차 의료는 일상적이고 가벼운 상처나 질병 진단 및 치료뿐 아니라 예방 접종, 금연 보조 등 광범위한 보건 정책을 담당한다. 전문적인 진단과 치료를 요하는 환자는 2차 의료 기관으로 이송된다. 2차 의료는 병원 단위에서 제공되는데, 지역 병원에서 중앙 병원에 이르는 병원 간 네트워크가 구축되어 있다. 1, 2차 의료 기관은 대부분 중앙정부나 지방정부가 소유하고 운영하는 공영 기관이다. 의료 인력의 급여도 정부가 지급한다. 모든 의료 서비스는 거의 무상으로 제공된다. 전 국민이 의료 수급자인 영국의 국민보건서비스는 막대한 재정을 필요로 하는데, 이는 모두 조세로 조달된다.*

1980년대 초반 신자유주의의 기치를 내걸었던 보수당의 마거릿 대처 총리는 조세로 운영 자금을 충당하는 국민보건서비스의 구조를 바꾸는 방안을 검토했다. 그 사실이 알려지자 영국인들은 거세게 저항했다. 결국 대처 정부는 "국민보건서비스는 우리 손안에 안전하게 있다"며 사실상 항복 선언을 했다. 대처 정부는 국민보건서비스를 전면적으로 개편하는 대신 시장 원리를 슬그머니 끼워 넣어 의사들이 고객 확보를 위해 경쟁하도록 했다. 원래 의사의 수입은 자신이 관리하는 지역의 시민 수와 처방전 작성 비용, 왕진비 등에 따라 결정되었다. 그런

---

* 물론 국민보건서비스와 계약을 맺지 않은 민간 의료 영역도 존재한다. 별도의 민간 의료 보험에 가입한 사람은 보험료를 내고 그 보험 회사에서 운영하거나 지정한 병원을 이용할 수 있다. 민간 의료 보험에 가입한 비율이 약 20퍼센트 정도다.

전염병의 지리학

데 대처가 고객이 일반 의사를 선택할 수 있는 시스템을 도입하자 의사들이 경쟁하는 구조가 생긴 것이다.[*] 더 많은 환자를 받는 의사는 더 많은 수입을 올렸다.

2008년 글로벌 금융 위기 이후 2년이 지난 2010년, 보수당·자유민주당 연립정부가 노동당 정권을 밀어내고 집권에 성공했다. 연립정부의 데이비드 캐머런 총리는 금융 위기 동안 누적된 부채를 감축하기 위해 강도 높은 긴축 재정 정책을 펼쳤다. 2012년에는 건강사회복지법(Health and Social Care Act)을 제정하여 공중 보건 시스템을 구조 조정했는데, 그 과정에서 의료진 다수가 정리 해고되었다. 여러 보건 관련 조직을 폐지하거나 국민보건서비스 산하에서 지방정부 관할로 넘기는 정리 작업도 뒤따랐다. 2012년 이후 10여 년 동안 공중 보건 재정을 1000만 파운드 가까이 감축했고, 국민보건서비스 예산도 꾸준히 삭감했다.[33] 그 결과 코로나19가 발생하기 직전의 영국은 의료 인력과 장비가 매우 부족한 상태였다.

2019년 OECD 데이터를 보면 영국의 인구 1000명당 의사 수는 2.8명으로, 유럽 평균보다 적었다. 간호사 수도 2005년 9.2명에서 2017년 7.8명으로 감소했다. 병상 수 또한 인구 1000명당 2.46개로 유럽 국가 중에서 두 번째로 적었다. 확진자가 증가하기 시작한 2020년 3월 코로나19 검진과 추적에 필요한 장비와 개인 보호 장비는 턱없이 부족했다. 영국 의료진은 개인 보호 장비를 재사용해야 했고, 가운을 구할 수 없어 앞치마를 입기도 했다.[34]

---

[*]　일반 의사들은 2~3명이 공동으로 개업해서, 관리하는 시민 수를 늘리는 등의 방식으로 경쟁력을 확보하기도 했다.

의료민영화에 앞장선 이탈리아 롬바르디아주

롬바르디아가 유럽의 코로나19의 확산 거점이라는 오명을 안게 된 상황은 역설적으로 보였다. 일반적으로는 부유한 지역일수록 전염병에 대한 대응력이 좋을 것이라고 여겨진다. 그러나 롬바르디아는 이탈리아에서 가장 부유한 지역이면서도 코로나19로 인해 그 어느 주보다도 큰 피해를 입었다. 이러한 역설을 설명하기 위해서는 롬바르디아주 주정부 의료 시스템의 취약성에 주목해야 한다. 그 취약성 뒤에 자리한 정치적 배경 또한 빼놓을 수 없다.

롬바르디아는 1994~1995년, 2001~2006년, 2008~2011년 3차례 이탈리아 총리를 지낸 사업가 출신의 정치인 베를루스코니의 고향으로, 오랫동안 이탈리아 우파의 거점이었다. 베를루스코니는 이탈리아 최대의 미디어 그룹인 미디어셋의 소유주이자 유명 축구 구단인 AC 밀란의 구단주다. 그는 1994년에 우파 정당인 포르차 이탈리아를 창당한 후 네오파시스트 정당인 국민동맹과 배외주의적 지역주의 정당인 북부연맹과 연합했다. 그는 자신이 소유한 언론사를 동원해 지지자를 대거 확보했다. 그리고 성공한 기업가이자 구단주로서의 이미지를 활용하여 1994년 총선에서 집권에 성공했다. 이렇게 제2차 세계대전 이후 이탈리아에서 최초의 우파 정부가 탄생했다.[35]

하지만 집권 후 1년도 지나지 않아 베를루스코니는 북부연맹과의 불협화음으로 총리직에서 내려와야 했고, 1996년 총선에서 참패했다. 그렇지만 새로 집권한 좌파 정권도 그리 유능치 못하다는 평가를 받았다. 이후 베를루스코니는 감세나 출산 보조금 지급과 같은 인기 영합형 정책들을 공약했고, 소유한 미디어를 이용해 여론전을 펼쳐 2001년 총선에서 다시 승리했다.

그는 잦은 실언과 실정을 거듭했고 2006년 총선에서 좌파 연합 정

전염병의 지리학

권에게 패배했다. 그렇지만 득표율 차이가 1퍼센트도 나지 않아 영향력을 유지할 수 있었고, 언론을 통해 좌파 연합 정권을 공격하여 2008년 총선에서 재집권했다. 온갖 부패 스캔들에도 그가 총선에서 다시 승리할 수 있었던 이유는 방송사를 소유하면서 언론을 장악했기 때문이었다.* 베를루스코니는 지상파 방송과 신문, 인터넷을 장악하여 이탈리아인들이 보고, 읽고, 생각하는 것까지 조종한다는 평을 받았다.

베를루스코니는 첫 집권 때부터 이탈리아의 국영의료제도(Servizio Sanitario Nazionale)를 민영화해야 한다고 주장했다. 이탈리아는 1978년에 영국의 국민보건서비스 제도를 본떠서 전 국민을 대상으로 하는 국영의료제도를 도입했다. 재원은 주로 세금과 본인부담금으로 충당되었다. 국민은 소득의 6~7퍼센트에 해당하는 의료세를 납부했고, 의료 혜택을 받았다.[36] 그러나 1980년대에 들어서면서 이탈리아의 가파른 경제 성장이 끝났다. 저출산·고령화 현상이 뚜렷해졌고, 세계화가 빠르게 전개되었다. 공적 지출을 줄이기 위해 보편적 복지 체계를 개혁해야 한다는 목소리가 커졌다.[37]

베를루스코니는 민영화를 통해 의료 체계를 활성화해야 한다고 주장했다. 이를 위해서는 개인이나 민간 기관이 공공 기관과 동등하게 경쟁해야 한다고 보았다. 그렇지만 당시 의료 민영화를 실제로 추진한 주

---

* 2004년 이전까지 이탈리아의 방송 시장은 공영방송이었던 라이(RAI)가 45퍼센트, 베를루스코니가 소유한 3개 민영 채널이 44퍼센트를 점유했다. 그러나 방송 장악을 위해 베를루스코니가 공영방송인 라이 이사의 3분의 2를 정부와 여당이 선임하도록 규정한 2004년 '가스피리법'을 추진해 방송의 90퍼센트를 점유하게 되면서 여론을 통제했다. 이후 여론을 더욱 완벽하게 독점하기 위해 방송사업자가 점유율에 상관없이 신문사를 인수할 수 있도록 법을 개정했다.

는 극소수였다. 베를루스코니의 정치적 기반이자 우파 정치의 산실인 롬바르디아주는 적극적으로 의료 민영화에 앞장섰다. 주정부는 1998년부터 친시장·친기업 방향으로 의료 민영화를 추진했다. 롬바르디아주는 원래 주정부의 권역별 보건 의료 본부 조직 안에 있었던 병원들을 개별 사업체로 독립시켰다.* 모든 병원이 각자도생의 길에 들어섰고, 보건 의료 본부는 의료비 지불 기관으로 축소되었다.[38]

베를루스코니가 세 번째 집권을 시작한 2008년에 전 세계는 금융 위기에 시달렸다. 정부 부채 비율이 높은 이탈리아에서는 재정 위기 우려가 깊어졌다. 주정부들은 공공 의료 예산을 삭감했고, 재원 충당이 어려워진 공공 병원은 병상 규모와 의료 인력을 축소했다.[39]

1970년대 중반 이탈리아 인구 1000명당 10개였던 병상 수는 2010년에 이르러서는 3.7개로 급격히 줄었다. 공공 병원 의료진도 감소했으며, 의료 장비는 부실해져 갔다. 의료 서비스의 상품화와 민영화도 가속화되었다. 일례로, 그 결과 롬바르디아주는 민간 병원의 비중이 50퍼센트를 차지하게 되었다. 소위 '돈이 되는' 부문에만 투자한 민간 의료 기관들의 행태도 의료 시스템 부실에 일조했다.

감염병에 체계적으로 대응하기 위해서는 공공 병원과 의료 인력을 충분히 확보하고 국민 건강에 대한 국가 책임을 강화할 필요가 있다. 이탈리아는 의료 서비스의 상품화와 민영화를 추진하면서 공공 병원과 의료 인력을 축소한 결과 감염병 분야가 의료 사각지대로 방치되었다. 결국 이는 코로나19로 인한 막대한 인명 피해로 되돌아왔다. 의료 민영

---

* 원래 국영 의료 제도에서 병원은 주정부의 권역별 보건 의료 본부 조직 안에 있었다. 의사, 간호사를 비롯해 의료진은 모두 본부 직원이고 병원이 어디에 있든 본부가 통합 관리했다.

화에 앞장섰던 롬바르디아주는 코로나19의 피해도 가장 컸다. 롬바르디아주가 유럽의 코로나19 확산의 거점이라는 오명을 쓰게 된 것은 정부의 역할 축소와 국영의료제도의 민영화에 따른 필연적인 결과라고 할 수 있다.

스웨덴 의료 개혁 방향, 민영화와 결합한 지역 분권화

스웨덴의 의료 제도에서도 중앙정부-광역지방정부(21개)-기초지방정부(290개)의 역할과 기능이 구분되어 있다. 현재 스웨덴 중앙정부의 의료 조직으로는 전염병과 재난 관련 정치적 의사 결정을 담당하는 스웨덴공중보건청,* 비상기획청이 있다. 중앙정부는 지역 간 의료 수급의 불균형을 조정하기 위한 교부금을 제공하기도 한다. 광역지방정부는 자체적으로 소득세를 징수해 의료 서비스의 대부분을 책임지고 운영한다. 광역지방정부는 직영 병원, 보건소, 민간 병원을 통해서 관할 지역 주민에 대한 1차 의료, 입원 진료, 응급 의료, 약제 등 주요 의료 서비스를 제공한다. 기초지방정부는 노인 장기 요양 등 돌봄 서비스를 담당한다.

스웨덴의 의료 시스템은 1946년에 통과된 국민건강보험법(National Health Insurance Act)을 근간으로 성립되었다.[40] 1970년대 오일 쇼크라는 복병이 등장하자 복지 재원 마련에 빨간불이 켜졌고, 스웨덴의 공공복지도 개혁의 대상으로 공격받기 시작했다.[41] 게다가 1980년대에는 전 세계적으로 신자유주의 논리가 대중의 정서 속으로 파고들었다. 그러자 복지 국가를 근본적으로 축소하고 해체하자는 주장이 힘을 얻었

---

* 공중보건청은 보건사회부 산하 기관으로 의사와 의학자 등 전문가들로 구성되었다.

다. 스웨덴도 의료 개혁을 추진했다. 그러나 보편적 복지에 대한 스웨덴 국민의 지지도가 높았기 때문에 의료 복지를 급격하게 축소하지는 않았다.[42] 스웨덴은 이탈리아와 마찬가지로 의료 개혁의 방향으로 '민영화와 결합할 수 있는 지역 분권화'를 선택했다.

그리고 의료 부문의 공공 지출을 줄이기 위해 광역지방의회의 허가제로 운영되던 민간 의료 서비스를 공급자가 자유롭게 설립할 수 있도록 허가하여 의료 서비스를 민영화할 수 있는 기회를 제공했다. 나아가 건강 관리에서 개인과 가족의 책임과 역할을 강조하였고 병상과 의료진을 감축했다. 그 결과, 2018년 기준 스웨덴의 인구 1000명당 병상 수는 2.2개로, OECD 회원국 평균인 4.7개에 훨씬 못 미치는 수준이었다.* 스웨덴 전체 병원 내 중환자실 병상의 수는 500개가 되지 않았다.[43] 그림 9에서 볼 수 있듯이 인구 1000명당 병상 수는 1990년 12.44개에서 2018년 2.14개로 줄었다.

스웨덴의 지역 분권화된 의료 제도는 다양한 장점을 가진 것으로 평가받아 왔지만, 코로나19와 같은 팬데믹 상황에서는 취약성을 드러냈다. 중앙정부 조직인 공공보건청과 비상기획청은 개별 지역의 상황을 정확하게 파악하여 신속하게 대응 방안을 수립하는 데 실패했다. 이로 인해 전국 규모의 대응에 어려움이 많았다. 광역지방정부도 병상과 의료 인력이 부족한 가운데 보건 의료 체계의 전면 붕괴를 막아야 하는 과제에 직면했다. 각 광역지방정부는 봉쇄나 추적 검사와 같은 강력한 조치 대신 개인의 자율과 책임을 강조하고 중증 고령 환자 중심의 치료에 집중하는 방향을 택할 수밖에 없었다.[44]

---

* 우리나라의 인구 천 명당 병상 수는 12.43로 스웨덴의 약 6배에 달하는 병상 수를 확보하고 있다(http://data.oecd.org/healtheqt/hospital-beds.htm).

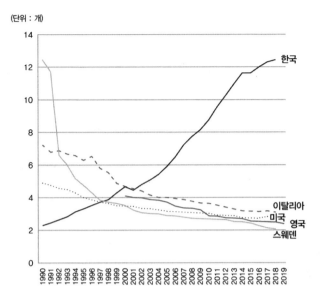

(단위 : 개)

그림 9. 주요국의 인구 1000명당 병상 수(1990~2019)
OECD Health Care Resources 자료를 토대로 작성

3. 코로나가 소환한 국가

방역과 민주주의라는 두 마리 토끼를 잡은 한국

코로나19는 국가의 복귀를 촉구했다. 시장만능주의, 작은 정부, 긴축
재정을 표방하며 공공 서비스와 사회 안전망을 축소해 온 국가들은 최
악의 재난 상황으로 치달았다. 중앙 정부가 바이러스에 적절하고 신속
히 대처한 국가는 피해 정도를 최소한으로 관리하고 통제했다.

국가의 복귀는 국가 위기관리를 우선시하며 언론을 통제하고 인권을 침해하는 권위주의 국가로의 퇴행을 의미하지 않는다. 실제로 코로나19 상황에서 국가의 역할 확대를 권위주의의 강화로 잘못 해석하는 국가도 있었다. 몇몇 나라에서 인권과 자유의 퇴행이 공공연하게 일어났다. 견제 없는 비상 조치권이 강화되었고, 언론의 자유는 심각하게 위축됐다. 방역을 명분으로 언론을 통제하고 권력을 남용한 사례가 빈발했다.[45]

신종 바이러스의 발생을 경고한 의사 리원량이 숨지고 인터넷 소셜미디어에서 슬픔과 분노가 확산하자 중국 정부는 검열을 강화했다. 어떤 뉴스가 머리기사로 올라가야 하는지, 어떤 머리기사를 굵은 글씨로 표시되어야 하는지를 시시콜콜 지시했다.[46] 필리핀의 로드리고 두테르테 대통령은 코로나19 특별 비상사태를 선포하면서 "정부 조치를 어긴 시민을 군인과 공무원이 사살해도 된다"는 명령을 내렸다. 실제로 4월 5일 필리핀 아구산델노르테주(州)에서는 마스크를 착용하지 않은 채 술 취해 걷던 주민을 경찰관이 총살한 사건이 발생했다.[47] 캄보디아의 훈 센 총리는 코로나19 확산을 막는다는 명목으로 과도한 구금과 감당 불가한 벌금을 앞세워 독재 강화에 골몰했다.[48]

코로나19 상황에서 권위주의로의 퇴행에 제동을 건 국가는 한국이었다. 코로나19로 인한 위기관리와 민주주의를 동시에 실현한 한국의 방역은 K-방역이라고 불리며 전 세계로부터 긍정적인 평가를 받았다. 한국 정부는 코로나19가 급속히 확산할 때도 전면적 지역 봉쇄나 이동 금지 조치 없이 코로나19를 비교적 잘 통제했다. 정부는 선별 진료소를 운영하여 환자들의 진단 검사 접근성을 높였고, 빠른 진단 검사를 대규모로 실시하여 감염 환자를 조기에 발견하고 확산을 차단했다. 확진자와 접촉자를 관리함으로써 백신 접종이 이루어지기 전까지 코로나바이러스를 효과적으로 제어했다.

전염병의 지리학

한국은 코로나19 상황에서 의료 자원을 효율적으로 동원할 수 있었다. 이는 한국의 국민건강보험 제도 덕분이었다. 한국은 모든 국민이 소득에 비례하여 건강보험료를 납부하고, 보험료 부담 수준과 상관없이 혜택을 동등하게 보장받는 사회 보험 방식의 의료 보험 제도를 실시하고 있다. 코로나19 검사와 격리, 치료 등에 드는 비용을 국민건강보험공단과 정부가 전액 부담한 덕분에* 사람들은 진단비와 치료비를 걱정하지 않고 검사에 응했다. 누구나 평등하게 의료 시스템과 의료 서비스에 접근할 수 있는 국가에서는 코로나19로 인한 사망률이 상대적으로 낮았다.[49]

물론 한국에서도 디지털 정보 기술을 활용한 역학 조사가 인권을 침해할 우려가 있다는 목소리가 나왔다. 한국 방역이 권위주의적 통제 문화에 바탕을 두고 있지 않은지 의심하는 견해가 국제 사회에서 제기되기도 했다. 감시와 통제 중심의 방역을 시행한 권위주의 국가들과 달리, 한국 정부는 국가·시민 사회 간 신뢰와 협업을 중심으로 하는 방역을 시행했다. 헌신적인 의료진, 더 나은 정책 산출을 맹렬히 압박하는 시민 사회, 정부 시책에 협조하는 시민과 공동체 의식, 그것이 한국 방역 성공의 비결이었다.[50] 이러한 것들이 다른 권위주의 국가와 결정적인 차이를 만들어 냈다.

그러나 한국은 방역에 성공했다는 평가를 받았지만, 시민의 경제적 삶을 지켜 내는 데는 한계를 보였다. 코로나19로 인해 세계 경제는 일명 대봉쇄(Great Lockdown)라 부르는 심각한 침체 국면에 돌입했다. 경제 침체에 대한 한국의 대응은, 코로나19 자체에 대한 조치와 다르게

---

* 코로나19 진단비와 치료비의 80퍼센트를 국민건강보험공단이, 20퍼센트를 정부가 부담했다.

미온적이었다. 물론 한국 정부도 코로나19 파급 영향 최소화와 조기 극복을 위해 고용 유지를 위한 재정 지원*을 대폭 확대했다. 한국 정부가 코로나19 대응을 위해 전국민재난지원금, 소상공인·취약계층지원금, 백신 구입비 등에 쓴 추가 재정 지출**은 국내총생산의 6.4퍼센트 정도였다. 그러나 한국의 추가 재정 지출 비중은 다른 선진국의 절반 수준에 불과했다.[51] 재난지원금은 재정 보수주의자들의 반대로 비정기적으로 지급되었고, 그 액수도 적어 개인의 삶을 안정시키는 데 명확한 한계를 보였다. 한국은 보편적 사회 보장 제도를 갖추고 있지 않으면서 위기 상황 지원에도 인색했다. 방역에 비교적 선방한 한국에서 경제적 위기에 내몰린 사람들은 늘어났고, 소득 격차도 커졌다.

방역을 놓쳤지만 국민의 삶을 지킨 스웨덴

한국의 상황과 상반되게, 스웨덴은 방역에 실패했지만 경제적 삶을 지켜 냈다는 평가를 받았다. 소극적인 코로나19 대응 전략으로 희생자를 양산했다는 비판을 받았었지만 시간이 지나자 평가가 긍정적으로 변하

---

* 2020년 4월 22일, 관계 부처 합동 '일자리 위기 극복을 위한 고용 및 기업 안정 대책' 중 고용노동부의 '코로나19 위기대응 고용안정 특별대책에는 ① 재직자 고용유지 강화: 고용유지지원금 요건 완화 및 저변 확대[0.9조 원(52만 명)], ② 코로나19 긴급 고용안정 지원금: 고용보험 사각지대 근로자 생활 안정 긴급지원[1.9조 원(113만 명)], ③ 공공 및 청년 일자리 창출: 저소득층 청년 등 취약계층 직접일자리 지원[3.6조 원(55만 명)], ④ 실업자 등 생계 및 재취업 지원: 구직 급여 직업 훈련 등 실업자 지원 확대[4.1조 원(86만 명)] 등이 있다.

** 사전에 편성해 놓은 예산 이외에 추가로 사용한 예산.

　　　　　　　　　　　　　　전염병의 지리학

기 시작했다. 스웨덴의 코로나19 대응은 감염과 사망을 효과적으로 억제하지는 못했어도, 경제 위기 극복에 도움이 된 것으로 평가받았다. 실제로 스웨덴의 코로나 이후 경제 활동 축소율은 유럽 국가 중 가장 낮은 수준을 보였다. 코로나19 위기 상황에서 스웨덴 정부는 보편적 복지 체계를 유지함으로써 위기 상황에서 시민의 삶을 안전하게 지키는 파수꾼 역할을 했다.

스웨덴이 일구어 놓았던 복지 국가는 고용 분야에서 빛을 발했다. 특히 스웨덴의 자영업자 비중이 작았던 점이 주효했다. 코로나19가 확산하는 상황에서는, 정부 시책에 의해서건 사람들의 소득 감소와 불안 심리에 의해서건 자영업자가 유독 큰 타격을 받는다. 따라서 자영업자 비중이 높을수록 코로나19로 인한 경제 전체의 피해가 커질 수밖에 없다. 그런데 스웨덴은 공공 부문의 고용 비중이 상대적으로 높고 노동 시장의 불안정을 나타내는 지표로 간주되는 자영업자 비율이 낮다.[*] 이는 정부의 지속적인 고용 창출 정책에 힘입은 것이다. 일례로, 스웨덴에서는 1960년대부터 1990년대까지 새롭게 만들어진 일자리의 90퍼센트가 지방정부가 만든 복지, 교육, 보건, 의료 관련 공공 부문 일자리였다.[52]

고용을 보장받는 안정된 일자리 비중이 높다 보니 코로나19 상황에서 실직하거나 폐업한 사람들의 소득 상실을 보전하기 위한 추가적 현금 지원의 필요성이 미국이나 영국과 같은 국가에 비해 덜했다. 공공 부문 일자리에 종사하는 시민들은 팬데믹 위기 속에서도 안정적으로

---

[*] OECD 통계에 따르면 스웨덴의 자영업자 비중은 2020년 기준 총고용의 9.9퍼센트다. 한국은 자영업자 비중이 24.6퍼센트로 OECD 국가 중 콜롬비아, 그리스, 멕시코, 터키, 코스타리카 다음인 여섯 번째로 높다.

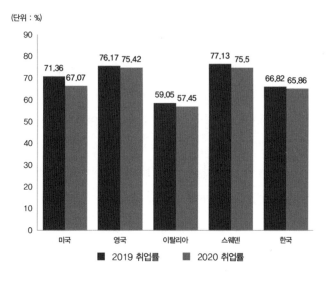

(단위 : %)

그림 10. 주요국의 2019년과 2020년 취업률
OECD Labour Force Statistics 자료를 토대로 작성

경제 활동을 영위하고 정부는 국가 부채를 크게 늘리지 않으면서 고용 유지 정책과 경기 회복 정책을 추진할 수 있었다.

게다가 코로나19 위기가 진행되던 중에도 스웨덴은 고용 유지를 위한 지원에 인색하지 않았다. 스웨덴 중앙정부와 중앙은행은 경기회복을 위한 정책을 추진하는 한편, 기업이 노동자를 해고하지 않고 고용을 유지할 수 있도록 적극적으로 지원했다. 노동자가 근무 시간을 줄일 경우 중앙정부가 임금의 75퍼센트를 부담했다.[53]

정부는 시장 불안정, 기업 활동 위축, 실업을 최소화하기 위해 대기업과 중소기업, 자영업자를 촘촘히 지원했다. 여기에 더해 단기 근로 제도 실행, 기업 보조금 지원, 노동·교육 분야 지원, 세금 감면 및 연

전염병의 지리학

기, 대출 보증을 포함하여 국민총생산의 12퍼센트에 해당하는 대규모 경기 부양책을 추진했다. 실업 기금 혜택을 받을 수 있는 자격을 확대해 사각지대를 줄이려 노력했고, 재취업 교육을 지원해 코로나19로 인해 실직한 근로자가 취업할 수 있도록 도왔다. 실업자를 위한 무상 대학 교육 지원책을 통해 업종 전환의 기회도 제공했다.[54]

정부 부채나 재정 적자도 다른 국가들에 비해 양호한 수준을 유지했다.[55] 2020년 스웨덴의 GDP 대비 국가 부채는 6.5퍼센트포인트 증가하는 데 그쳤다. 국제통화기금은 2020년 한 해 동안 스웨덴의 경제 운영을 다른 유럽 국가에 비해 높게 평가했다. 스웨덴은 코로나 위기 상황에서도 심각한 경기 침체에 시달리지 않았고 국민총생산의 하락도 마이너스 3퍼센트포인트 수준으로 저지했다. 같은 기간 유럽연합 전체의 국민총생산 하락 폭은 마이너스 7.2퍼센트포인트였다.[56]

스웨덴이 코로나19로부터 국민의 삶을 지킬 수 있었던 까닭은 스웨덴의 보편적 복지 체계 덕분이다. 그리고 스웨덴 복지 체계의 근원은 정부에 대한 국민의 높은 신뢰다. 스웨덴 국민은 정부에 대한 신뢰가 높은 편이다. 스웨덴이 근대 국가로 발전하는 과정에서 부패로부터 자유로운 관료제를 정립했고, 이후 사회민주주의적 정치 연합을 통해 정치 참여의 기회가 사회 구성원에게 공정하게 주어져 왔기 때문이다. 정부에 대한 신뢰는 사람들이 세금과 분배 정책에 대한 태도를 결정함에 있어 중요하게 작용한다. 사람들은 납부한 세금이 투명하고 효율적으로 사용된다는 신뢰가 있다면 정부의 복지 정책을 지지할 수 있다. 스웨덴 정부는 국민의 신뢰를 얻었고 그것을 기반으로 보편적 복지 국가로 발전할 수 있었다. 그렇게 구축된 복지 체제는 코로나19와 같은 위기 상황에서도 시민의 일상을 보호하는 보호막이 되었다.

코로나19 이후 팬데믹 상황에서 서구 민주주의 국가의 지도자들은 허둥댔고, 정치는 분열했으며, 정책은 무력했다.[57] 일반적으로 정부가 민간에 개입하는 범위가 넓고, 정책을 계획·집행할 수 있는 역량이 강한 국가는 그렇지 않은 국가에 비해 코로나19에 더 효과적으로 대응했다. 코로나19를 겪으면서 사회적 위험에 체계적으로 대응하고 개인의 삶을 보호하기 위한 정부의 역할이 확대될 필요가 있다는 목소리가 커졌다. 위기 상황에서 시민의 일자리를 보장하고 복지·의료 서비스를 제공하며 사회적 위험에 적극적으로 대응하는 것은 국가의 몫이지 결코 시장이 할 수 있는 일이 아니다. 코로나19가 종식된 이후에도 또 다른 전염병이 유행할 수 있고, 금융 위기, 기후 온난화, 국가 간 분쟁과 같이 일상의 삶을 뒤흔들 위기는 계속될 것이다. 세계의 많은 지역에서, 국가는 시장에 무대를 내주고 뒤로 물러나 있었다. 그러나 오늘날의 다양한 위기 상황은 국가가 장막 뒤에서 다시 나올 것을 요구한다. 국민의 생명과 일상을 지키기 위해서는 투명하면서 책임감 있는 좋은 정부가 돌아올 필요가 있다.

전염병의 지리학

참고 문헌

고강일 지음,「에이즈 정치학과 〈달라스 바이어스 클럽〉」,『문학과영상』, 18(1), 2017.

고길섶 지음,「문화와 질병」,『문화과학』, 8, 1995.

구정은 · 정유진 · 김태권,『10년 후 세계사: 미래 역사를 결정할 19가지 어젠다』, 추수밭, 2015.

김건우 · 이화준 · 육숙희, 2016,「UN의 시에라리온 분쟁관리와 라이베리아의 개입」,『한국군사
학논집』, 72(3), 2016.

김경일,「근대 이행기 한국인의 가치와 성격론」,『한국사회학회 심포지움 논문집』, 2017.

김금동,「독일 위생영화를 통해 본 조선 콜레라위생영화(1920)와 천연두위생영화(1922)의 특
징과 한계」,『영화연구』, 55, 2013.

김남순 · 송은솔 · 박은자 · 전진아 · 변지혜 · 문주현,「유럽 국가 보건의료체계가 코로나19 대응
에 미치는 영향 비교 · 분석」, 한국보건사회연구원, 2020,

김남현,「미국 광산과 철도에서의 중국인 노동 상황」,『세계 역사와 문화 연구』, 2, 1999.

김문조 · 김철규 · 최은정,「미국 동성애 운동의 역사, 현황 및 사회적 의의」,『한국사회』, 1999.

김상률,「사스의 병인과 오리엔탈리즘」,『문학과경계』, 3(3), 2003.

김서형,「생체권력(Bio-Power)과 1918년 인플루엔자」,『미국학논집』, 42(2), 2010.

김서형,「전염병과 소수집단 배제의 담론: 1918년 인플루엔자를 중심으로」,『대구사학』, 115,
2014.

김서형,「19세기의 유행성 콜레라와 미국사회 개혁운동」,『의사학』, 24(3), 2015.

김서형,「18~19세기 아일랜드 재난: 기근과 전염병, 그리고 이민」,『서양사론』, 130, 2016.

김서형,「질서유지 권력과 공중보건 권력」,『미국사연구』, 47, 2018.

김신희,「1821년 콜레라 창궐과 조선 정부 및 민간의 대응 양상」, 서울대학교 석사학위논문,
2014.

김연진,「미국 유대인의 인종적 오디세이: 백인, '백인 타자,' 그리고 코케이지언」,『미국사연구』,
21, 2005.

김원근,「인수공통감염병(Zoonosis) 발생 동향 및 향후 전망」, BRIC View, 2019.

김정현,「오리엔탈리즘과 동아시아」,『중국사연구』, 39, 2005.

김철주,「1969년 스웨덴 헌법 개정이후 의료체계의 민영화에 대한 연구」,『유럽헌법연구』, 21,
2016.

김택중,「찰스 디킨스의 도시화에 대한 인식의 변화」,『문학과환경』, 10(1), 2011,

김택중, 「1918년 독감과 조선총독부 방역정책」, 『인문논총』, 74(1), 2017.

김호연, 「인종주의와 코로나 바이러스: 미국사에서의 연구 동향을 중심으로」, 『동국사학』, 68, 2020,

나종석, 「헤겔에서의 오리엔탈리즘을 넘어서: 아시아에 대한 새로운 상상을 위한 불충분한 성찰」, 『헤겔연구』, 28, 2010,

남궁곤·이서영, 이서영, 「1950년대 미국 대외원조 확대론 연구」, 『국제정치논총』, 51(4), 2011.

남궁석, 남궁석의 신약연구사, 최초 AIDS 환자와 원인 찾기, 《바이오위클리》, 94, [2019. 7. 25.].

남영우, 『땅의 문명』, 문학사상, 2018.

남영우·박선미·손승호·김걸·임은진 지음, 『아주 쓸모있는 세계 이야기』, 푸른길, 2019.

대런 애쓰모글루, 제임스 A. 로빈슨 지음, 최완규 옮김, 장경덕 감수, 『국가는 왜 실패하는가』, 시공사, 2012.

로버트 데소비츠 지음, 정준호 옮김, 『말라리아의 씨앗』, 후마니타스, 2014.

류광렬 지음, 『아프리카를 말한다』, 세창미디어, 2016.

류찬열, 「혐오와 공포의 재현을 넘어 공감과 연대의 재현으로」, 『다문화콘텐츠연구』, 27, 2018.

리오넬 아스트뤽 지음, 배영란 옮김, 『빌 게이츠는 왜 아프리카에 갔을까?』, 소소의책, 2021.

마릴리 피터스 지음, 지여울 옮김, 『탐정이 된 과학자들: 전염병의 비밀을 푸는 열쇠, 페이션트 제로를 찾아라』, 다른, 2015.

마쓰다 교코, 「세기 전환기 식민지 표상과 인간 전시 제국 '일본'의 박람회를 중심으로」, 『역사와 문화』, 26, 2013.

마이크 데이비스 지음, 김정아 옮김, 『슬럼, 지구를 뒤덮다: 신자유주의 이후 세계 도시의 빈곤화』, 돌베개, 2007.

마이크 데이비스·알렉스 캘리니코스·마이클 로버츠·우석균·장호중 지음, 『코로나19 자본주의의 모순이 낳은 재난』, 책갈피, 2020.

마이클 비디스, 프레더릭 F. 카트라이트 지음, 김훈 옮김, 『질병의 역사』, 가람기획, 2004.

맛시모 몬타나리 지음, 주경철 옮김, 『유럽의 음식문화』, 새물결, 2001.

미셸리 지음, 『런던이야기』, 추수밭, 2015.

미셸 푸코 지음, 오생근 옮김, 『감시와 처벌』, 나남, 2016.

미켈 보쉬 야콥슨 지음, 전혜영 옮김, 『의약에서 독약으로』, 율리시즈, 2016.

민정훈, "2020, 코로나19 사태와 미국 대통령 선거", 2020.

박선미, 「신지역지리학의 관점으로 읽는 러시아 톰스크 지역의 결핵 문제」, 『한국지리환경교육학회지』, 27(3), 2019.

박선미, 「코로나바이러스에서 오리엔탈리즘을 읽다」, 『문화교류와 다문화교육』, 9(4), 2020.

박선미, 「사회적으로 구성된 편견과 차별 : 아일랜드 이주여성 메리 맬런 사례」, 『문화교류와 다
　　문화교육』, 10(5), 2021.

박선미 · 김희순 지음, 『빈곤의 연대기』, 갈라파고스, 2015.

박정만, 「뉴욕의 아일랜드인」, 『현대영미드라마』, 24(2), 2011.

박정완, 「외젠 들라크루아의 작품에 나타난 오리엔탈리즘」, 영남대학교 석사학위논문, 2010.

박지향 지음, 『슬픈 아일랜드』, 기파랑, 2008.

박현수, 「식민지 조선에서 결핵의 표상」, 『반교어문연구』, 34, 2013,

방재욱, 「바이러스 이야기」, 『과학과 기술』, 2015년 7월호, 2015.

백승란, 「『연인』과 오리엔탈리즘」, 『문예시학』, 16, 2005.

샤를르 달레 지음, 안응렬 · 최석우 옮김, 『한국천주교회사 中』, 분도출판사, 1980.

서상현, 「아프리카에 있어 천연자원과 무력 분쟁」, 『한국아프리카학회지』, 28, 2008.

서의석, 「할리우드 영화에서 표현된 동아시아 오리엔탈리즘의 변화 그리고 탈식민주의」, 『영화
　　연구』, 62, 2014.

송지원, 「스웨덴의 코로나19 대응」, 『국제노동브리프』, 2020년 5월호, 2020.

수전 손택 지음, 이재원 옮김, 『은유로서의 질병』, 이후, 2010,

수전 캠벨 바톨레티 지음, 곽명단 옮김, 『위험한 요리사 메리』, 돌베개, 2015.

슈테판 카우프만 지음, 최강석 옮김, 『전염병의 위협, 두려워만 할 일인가』, 길, 2012.

스탠리 브룬 · 모린 헤이스-미첼 지음, 한국도시지리학회 옮김, 『세계의 도시』, 푸른길, 2013.

신수정, 「이탈리아의 사회보장제도」, 『사회보장법연구』, 2(2), 2013.

신수정, 「코로나19로 인한 경제위기 대응 노동정책」, 『사회법연구』, 43, 2021.

아서 클라인먼 · 폴 파머 · 김용 · 매슈 바실리코 지음, 김아림 옮김, 『국제보건 실태의 재조명』,
　　생각과 사람들, 2014.

안상훈 · 김병연 · 장덕진 · 한규섭 · 강원택 지음, 『복지정치의 두 얼굴』, 21세기북스, 2016.

안종화, 『한국영화측면비사』, 현대미학사, 1998.

에드워드 W. 사이드 지음, 박홍규 옮김, 『오리엔탈리즘』, 교보문고, 2008.

염운옥, 「19세기말 20세기 초 영국 열대의학과 식민지 도시위생」, 『도시연구』, 18, 2017.

예병일 지음, 『세상을 바꾼 전염병: 세균과 바이러스에 맞선 인간의 생존 투쟁』, 2016, 다른.

오승렬, 「21세기 오리엔탈리즘으로 본 중국, 왜 중국은 서구를 위협할 수 없나」, 『성균차이나브
　　리프』, 1(1), 2013,

오영인, 「미국 1870년 민권법(Civil Rights Act of 1870)과 이민자들: 19세기 중국인 쿨리
　　(Coolie)를 중심으로」, 『역사와 세계』, 56, 2019.

윌리엄 H. 맥닐 지음, 허정 옮김, 『전염병과 인류의 역사』, 한울, 1998.

윤홍식, 「코로나19 팬데믹과 복지국가: 북유럽 복지국가는 왜 지원에 인색했을까?」, 『사회과학
연구』, 28(2), 2021.

이강은, 「막심 고리키와 오리엔탈리즘」, 『러시아어문학연구논집』, 40, 2012.

이상준, 「러시아 경제 위기의 정치적 원인」, 『슬라브연구』, 32(3), 2016.

이수영, 「의약품 특허와 강제실시권」, 『정보인권』, 29, 2013.

이영효, 「남북전쟁 이전 미국 흑인들의 국외 이주 운동」. 『미국사연구』, 44, 2016.

이종찬, 「의료지리학: 개념적 역사와 역사적 전망」, 『대한지리학회지』, 48(2), 2013.

이지연, 「동아시아 영화의 서구에서의 순환과 오리엔탈리즘에 관련된 문제들」, 『문학과영상』,
(1), 2007.

이홍균, 「몽테스키외와 볼테르의 오리엔탈리즘에 대한 비교」, 『담론 201』, 7(1), 2004.

장문석, 「이탈리아의 정상 국가 담론과 포퓰리즘」, 『역사비평』, 2013.

장선화, 「코로나19 팬데믹과 위기 거버넌스: 독일, 대만, 한국, 영국, 스웨덴 초기 대응사례를 중
심으로」, 『국제지역연구』, 24(4), 2020.

정구연, 「미국의 밀레니엄 도전 계정과 아프리카 거버넌스 발전 연구」, 『국제정치논총』, 53(3),
2013.

정민수, 「의약품 접근권과 특허권의 충돌 문제에서 나타나는 건강권의 비용과 법적 고찰」, 『한국
의료법학회지』, 23(1), 2015.

정보배 · 김희강, 「국제원조정책, 무엇이 문제인가?: 토마스 포기(Thomas Pogge)의 논의를 중심
으로」, 『오토피아』, 27(1), 2012.

정재환 · 이봉수, 「TRIPS 협정의 성립 과정과 진전에 관한 연구」, 『무역학회지』, 38(1), 2013.

정희원, 「도시 속의 낯선 이들」, 『19세기 영어권 문학』, 19(2), 2015.

제임스 포사이스 지음, 정재겸 옮김, 『시베리아 원주민의 역사』, 솔, 2009.

조경숙, 「우리나라 결핵 실태 및 국가 결핵관리 현황」, 『보건사회연구』, 37(4), 2017.

조병희, 「SARS와 아시아의 타자화」, 『황해문화』, 43, 2004.

조영민, 「의약품의 지적재산권 강화는 의약품 접근권을 훼손한다!」, 사회진보연대, 2003.

조영훈, 「복지국가의 몰락?」, 『한국사회학』, 34(WIN), 2000.

조은섭, 「조은섭이 엿보는 문호들의 성과 문학(9)/ 에르베 기베르, 연인들의 무덤, 에이즈를 위
하여」. 『월간말』, 2002.

조한승, 「코로나19와 글로벌 보건 거버넌스 그리고 미국」, 『민족연구』, 76, 2020.

조한승, 「코로나 백신 불평등과 글로벌 보건 거버넌스의 과제」, 『생명, 윤리와 정책』, 5(2), 2021.

조현석, 「국제 보건 문제와 지적재산권 제도의 세계정치」, 『세계지역연구논총』, 29(3), 2011.

주경철 지음, 『문화로 읽는 세계사』, 사계절, 2005.

전염병의 지리학

진구섭 지음, 『누가 백인인가?』, 푸른역사, 2020.

질병관리본부, 「예방접종 대상 감염병의 역학과 관리」, 2017.

최민경, 「국제개발원조와 Public Private Partnership(PPP)」, 『국제개발협력』, 2008(1).

최용준, 「일차보건의료의 개념과 발전 방향」, 서울대학교 의과대학 의료관리학 교실 세미나 자료, 2009.

타일러 J. 모리슨 지음, 홍유진 옮김, 『코로나19』, 열린책들, 2020.

폴 파머 지음, 김주연 · 리병도 옮김, 『권력의 병리학』, 후마니타스, 2010.

표도르 도스토옙스키 지음, 김학수 옮김, 『죄와 벌 2』, 문예출판사, 2013.

P. D. 스미스 지음, 엄성수 옮김, 『도시의 탄생』, 옥당, 2012.

한양대학교 유럽-아프리카연구소, 「아프리카 대도시 특성비교 연구: 라고스(나이지리아), 아크라(가나), 아비장(코트디부아르)의 현황과 발전전망」, 외교부 연구용역 결과보고서, 2016.

홍영진 · 박형우, 「말라리아 예방과 치료」, 『소아감염』, 6(2), 1999.

황예은, 「글로벌 보건 안보 위협과 개도국의 대응」, 『세계정치』, 21, 2014.

杨海燕 · 段广才, 「新型冠状病毒肺炎流行有关影响因素分析. 新型冠状病毒肺炎防控」, 『中华预防医学杂志』, 2020.

Adida, C. L & Dionne, K. Y. · M. R. Platas, "Ebola, elections, and immigration: how politicizing an epidemic can shape public attitudes", *Politics, Groups, and Identities*, 8(3), 2018.

Aerts, A. & Hauer, B. · M. Wanlin · J. Veen, "Tuberculosis and Tuberculosis Control in European Prisons", *International Journal Tuberculosis and Lung Disease*, 10(11), 2006.

Amorosa, L. F. & Corbellinic, G. · M. Coluzzi, "Lessons learned from malaria: Italy's pastand sub-Sahara's future", *Health & Place*, 11, 2005.

Arnold, D., *Colonizing the body: state medicine and epidemic disease in nineteenth-century India*, Berkeley: University of California Press, 1993.

Barr, D. A., Introduction to U.S. Health Policy: The Organization, Financing, and Delivery of Health Care in America, *JHU Press*, 2011.

Bergman, T., "Sweden: From Separation of Power to Parliamentary Supremacy: and Back again?" in K. Strøm, W.C. Müller & T. Bergman, *Delegation and Accountability in Parliamentary Democracies*, Oxford University Press, 2006.

Bhattacharjee, M., *Chemistry of Antibiotics and Related Drugs*, Springer, 2016.

Birn, A. E., "Philanthrocapitalism, past and present: The Rockefeller Foundation, the Gates Foundation, and the setting(s) of the international/global health agenda", *Hypothesis*, 12(1),

2014.

Bishop, M., & Green, M., *Philanthrocapitalism: How the Rich Can Save the World*, New York: Bloomsbury Press, 2008.

Bodington, G., *An Essay on the Treatment and Cure of Pulmonary Consumption: On Principles Natural, Rational, and Successful with Suggestions for an Improved Plan of Treatment of the Disease among the Lower Classes of Society*, London: Longman, 1840.

Bond, P., *Elite Transition: From Apartheid to Neo-liberalism in South Africa*, London: Pluto, 2000.

Boone, C., "Politics and AIDS in Africa: Research Agendas in Political Science and International Relations", *Africa Today*, 48(2), 2001.

Bourke, P. M. A., "The Use of the Potato Crop in Pre-Famine Ireland", *Journal of the Statistical and Social Inquiry Society of Ireland*, 21(6), 1968.

Bronski, M., *A Queer History of the United States*, Boston: Beacon Press, 2011.

Brown, T. M. & Cueto, M. · E. Fee, "The World Health Organization and the transition from 'international' to 'global' public health", *American Journal of Public Health*, 96(1), 2006.

Byock, I., *The Best Care Possible: A Physician's Quest to Transform Care through the End of Life*, New York: Avery Publishing Group, 2012.

Byrne, J. P., *Encyclopedia of pestilence, pandemics, and plagues*, Westport, Conn.: Greenwood Press, 2008.

Carter R, & Mendis K. N., "Evolutionary and historical aspects of the burden of malaria", *Clin Microbiol Rev*, 15(4), 2002.

Celli, A., *Malaria: According to the New Researchs*, New York: Longmans, Green, 1990.

Centers for Disease Control (CDC)., "Kaposi's sarcoma and Pneumocystis pneumonia among homosexual men New York City and California", MMWR, 30(25), 1981.

Charlotte, E. H., *Disease, health care and government in late Imperial Russia: life and death on the Volga, 1823-1914*, Milton Park, Abingdon, Oxon; New York: Routledge, 20.

Chaves, F. & Dronda, F. · M. D. Cave · M. Alonso-Sanz · A. Gonzalez-Lopez · K. D. Eisenach · A. Ortega · L. Lopez-Cubero · I. Fernandez-Martin · S. Catalan · J. H. Bates, "A Longitudinal Study of Transmission of Tuberculosis in a Large Prison Population", *American Journal of Respiratory and Critical Care Medicine*, 155(2), 1997.

Clift, C., *What's the World Health Organization For?*, Chatham House Report, 2014.

Coker R. J. & Dimitrova, B. · F. Drobniewski · Y. Samyshkin · Y. Balabanova · S. Kuznetsov · I. Fedorin · A. Melentsiev · G. Marchenko · S. Zakharova · R. Atun, "Tuberculosis control in

Samara Oblast, Russia: institutional and regulatory environment", *Int J Tuberc Lung Dis*, 7(10), 2003.

Coker, R. & McKee, M. · R. Atun · B. Dimitrova · E. Dodonova · S. Kuznetsov, "Risk factors for pulmonary tuberculosis in Russia: case-control study", BMJ, 332(7533), 2006.

Coluzzi, M., "Morphological divergences in the Anopheles gambiae complex", *Rivista di Malariologia*, 43, 1964.

Coluzzi, M., "The clay feet of the malaria giant and its African roots: hypotheses and inferences about origin, spread and control of Plasmodium falciparum", *Parassitologia*, 41(1-3), 1999.

Comaroff, J., & Comaroff, J. L., *Theory from the south: Or, how Euro-America is evolving toward Africa*, New York: Routledge, 2011.

Coninx, R. & Eshaya-Chauvin, B. · H. Reyes, *Tuberculosis in Prisons*, Lancet, 1995.

Corbellini, G. & Merzagora, L., *La malaria tra passato e presente: storia e luoghi della malattia in Italia*, Rome: Università di Roma, 1998.

Cotter, J. V., & Patrick, L. L., "Disease and Ethnicity in An Urban Environment", *Annals of the Association of American Geographers*, 71(1), 1981.

Crimp, D., "AIDS: Cultural Analysis / Cultural Activism", Crimp, D.(ed.), *AIDS: Cultural Analysis/ Cultual Activism*, Cambridge: MIT Press, 1993.

Cromley, E. K., "Pandemic Disease in Russia: From Black Death to AIDS", *Eurasian Geography and Economics*, 51(2), 2010.

Crosby, A. W., *America's forgotten pandemic: the influenza of 1918*, Cambridge, MA: Cambridge University Press, 1989.

Cueto M., "The origins of primary health care and selective primary health care", *American Journal of Public Health*, 94(11), 2004.

Daku, M., & Dionne, K. Y., " 'The Isis of Biological Agents': Media Coverage of Ebola in the United States", Paper presented at the International Conference on Public Policy, Milan, Italy. [July.02.2015].

Dara, M. & Grzemska, M. · M. E. Kimerling · Reyes, H. · A. Zagorskiy, "Guidelines for control of tuberculosis in prisons", USAID · TBCTA · ICRC, Washington(DC), 2009.

Delaney, T., *American Street Gangs*, Pearson Prentice Hall, 2006.

Dempere, J., A recipe to control the first wave of COVID-19: More or less democracy?" *Transforming Government: People, Process and Policy*, 2020.

Doggett, J., "Doggett's New York City Directory for 1850 - 51, New York". 1850.

Eckl, J., "The power of private foundations: Rockefeller and Gates in the struggle against malaria", *Global Social Policy*, 14(1), 2014.

Evansa, D. K. & Goldstein, M · A. Popova, "Health-care worker mortality and the legacy of the Ebola epidemic", *The Lancet Global Health*, 3(8), 2015.

Faria, N. R., et al., "The early spread and epidemic ignition of HIV-1 in human populations", *Science*, 346(6205), 2014.

Farmer, P., 2005, *Pathologies of Power: Health, Human Rights and the New War on the Poor*, , Berkeley: University of California Press.

Ferguson, J., *The Anti-Politics Machine: 'Development', Depoliticization and Bureaucratic Power in Lesotho*, New York: Cambridge University Press, 1990.

Ferrera, M., "Dal welfare state alle welfare regions: la riconfigurazione spaziale della protezione sociale in Europa", *Rivista delle Politiche Sociali*, 3, 2008.

Flanders, J., *The Victorian City: Everyday Life in Dickens' London*, New York: St. Martin's, 2012.

Fleras, A., & Elliott. L. J., *Multiculturalism in Canada: The Challenge of Diversity*, Toronto: Oxford University Press, 1992.

Fogelson, R. M., *Downtown: Its rise and fall, 1880-1950*, New Haven: Yale University Press, 2001.

Freeman, R., *The Politics of Health in Europe*, Manchester: Manchester University Press, 2000.

Frenkel, S. & Western, J., "Pretext or prophylaxis? Racial segregation and malarial mosquitos in a British tropical colony: Sierra Leone", *Ann Assoc Am Geogr*, 78(2), 1988.

Gagliano, A., et al., "COVID-19 Epidemic in the Middle Province of Northern Italy: Impact, Logistics, and Strategy in the First Line Hospital, Disaster Medicine and Public Health Preparedness", 2020.

Gates, B., "Prepared remarks to the 2005 World Health Assembly", 2005.

Gatto, M., et al., "Spread and dynamics of the COVID-19 epidemic in Italy: Effects of emergency containment measures", *Proceedings of the National Academy of Sciences*, 117(19),2020.

Gay, G., & Kirkland, K., "Developing cultural critical consciousness and self-reflection in preservice teacher education", *Theory into Practice*, 42(3), 2003.

Gelmanova, I. Y., et al., "Barriers to successful tuberculosis treatment in Tomsk, Russian Federation: non-adherence, default and the acquisition of multidrug resistance", *Bulletin of the World Health Organization*, 85(9), 2017.

Gibbins, L. N., "Mary Mallon: disease, denial, and detention", *Journal of Biological Education*, 32(2), 1998.

Global Fund, "The Global Fund Adds Force to Global Scale-up Against Diseases", 2005.

Gráda, C. & Boyle, P. P., "Fertility trends, excess mortality, and the Great Irish Famine", *Demography*, 23(4), 1986.

Gráda, C. Ó., *Black '47 and Beyond: The Great Irish Famine in History, Economy, and Memory*, Princeton: Princeton University Press, 1999.

Grasselli, G. & Presenti, A · M. Cecconi, "Critical Care Utilization for the COVID-19 Outbreak in Lombardi, Italy: Early Experience and Forecast during an Emergency Response", JAMA, [March.13.2020].

Greene, W., "India's pharmaceutical industry and implications for US generic drug market", U.S. International Trade Commission, 2007.

Greifinger, R. B & Heywood, N. J. · J. B. Glaser, "Tuberculosis in prison: balancing justice and public health", *J Law Med Ethics*, 21(3-4), 1993.

Grey, S., MacAskill, A., "Special Report: Johnson Listened to His Scientists about Coronavirus - but They Were Slow to Sound the Alarm", Reuters, [April.07.2020].

Hall, D. & Lister, J. · C. Hobbs · P. Robinson · C. Jarvis, "Privatised and Unprepared: The NHS Supply Chain", Co-published by the University of Greenwich and We Own It, 2020.

Harrison, G., *Mosquitoes, malaria and man: a history of the hostilities since 1880*, London: Tohn Murray, 1978.

Hensvik, L. & Skans, O. N., "IZA COVID-19 Crisis Response Monitoring: Sweden", Institute of Labor Economics, 2020.

Hoen, E., " 'Public health and international law: TRIPs, pharmaceutical patents, and access to essential medicines: A long way from Seattle to Doha'", *Chicago Journal of International Law*, 3(Spring), 2002.

Hoffman, S. J., "Progressive Public Health Administration in the Jim Crow South: A Case Study of Richmond, Virginia, 1907-1920", Journal of Social History, 35, 2001.

Hosking, G. A., *Russia and the Russians : A history*, Belknap, Cambridge, MA: Press of Harvard University Press, 2001.

Humprhies, M., "Paths of infection: the first world war and the origins of the 1918 influenza pandemic", *War Hist*, 21, 2013.

Hymes, K., et al., Kaposi's sarcoma in homosexual men—a report of eight cases", *The Lancet*, 19(318), 1981.

Ingram, A., " 'HIV/AIDS, Security and the Geopolitics of US-Nigerian Relations'", *Review of*

International Political Economy, 14(3), 2007.

Jarrett, H. R., "Some Aspects of the Urban Geography of Freetown, Sierra Leone", *Geographical Review*, 46(3), 1956.

Jewab, R., "Why Is African Urbanization Different? Evidence from Resource Exports in Ghana and Ivory Coast", University of Colorado-Boulder Economics Seminar Series, 2013.

Joffe, H., & Haarhoff, G., "Representations of Far-Flung Illnesses: The Case of Ebola in Britain", *Social Science* & *Medicine*, 54(6), 2002.

Johnson, K., "Globalization, Social Policy and the State: An Analysis of HIV/AIDS in South Africa", *New Political Science*, 27(3), 2005.

Kaner, J., Schaak, S., "Understanding Ebola: the 2014 Epidemic", *Globalization and Health*, 12(53), 2016.

Kehr, J., "The Precariousness of Public Health: On Tuberculosis Control in Contemporary France", *Medical Anthropology*, 35(5), 2016.

Kehr, J., " 'Exotic no more': Tuberculosis, public debt and global health in Berlin", *Global Public Health*, 13(3), 2018.

Kieran, J., *Natural History of New York*, Houghton Mifflin, 1959.

Kiple, K. F., *Plague, Pox, and Pestilence*, New York: Phoenix, 1999.

Kiros, G. E., & Hogan, D. P., "War, famine and excess child mortality in Africa: the role of parental education", *Int J Epidemiol*, 30(3), 2001.

Klug, H., "Access to Medicines and the Transformation of the South African State", *Law* & *Social Inquiry*, 37 (2), 2012.

Kott, A., & Limaye, R. J., "Delivering Risk Information in a Dynamic Information Environment: Framing and Authoritative Voice in Centers for Disease Control (CDC) and Primetime Broadcast News Media Communications during the 2014 Ebola Outbreak", *Social Science* & *Medicine*, 169, 2016.

Langer, W. L., "Europe's Initial Population Explosion", *The American Historical Review*, 69(1), 1963.

Ledingham, J. C. G., & Arkwright, J. A., *The carrier problem in infectious diseases in International Medical Monographs*, London: Edward Arnold, 1912.

Lee, M. M., "Covid-19: agnotology, inequality, and leadership", *Human Resource Development International*, 239(4), 2020.

Lee, N., "South Africa's AIDS play provokes controversy", *The Lancet*, 2(347), 1996.

Levenson, K. G., 2008. "The rise and (potential) fall of philanthrocapitalism", *Slate Magazine*, 2008. http://www.slate.com/id/2204525/

Litsios S., "The long and difficult road to Alma-Ata: a personal reflection", *Int J Health Serv*, 32(4), 2002.

Longmate, N., *King Cholera: The Biography of a Disease*, London: Hamish Hamilton, 1966.

Lupandin, V., & Ye. Gayer, "Chernobyl na Chukotke: narody Severa rasplachivayutsya za yadernye ispytaniya", *Moskovskiye novosti*, 34, 1989.

Machault, V., et al., "The use of remotely sensed environmental data in the study of malaria", *Geospatial Health*, 5(2), 2011.

Magubane, Z., "Globalization and the South African Transformation: The Impact on Social Policy", *Africa Today*, 49(4), 2002.

Mahler, H., "A Social Revolution in Public Health", *WHO Chronicles*, 30, 1976.

Majori, G., "Short History of Malaria and Its Eradication in Italy With Short Note on the Fight Against the Infection in the Mediterranean Basin", *Mediterr J Hematol Infect Dis*, 4(1), e2012016, DOI 10.4084/MJHID.2012.016, 2012. http://www.mjhid.org/article/view/9990

Marten, R., "How states exerted power to create the Millennium Development Goals and how this shaped the global health agenda: Lessons for the sustainable development goals and the future of global health", *Glob Public Health*, 14(4), 2019.

Mathew, T. A., et al., "Knowledge, Attitudes, and Practices of Physicians in Tomsk Oblast Tuberculosis Services Regarding Alcohol Use Among Tuberculosis Patients in Tomsk, Russia", *Cult Med Psychiatry*, 33(4), 2009.

Mayer, J. D., "Geography, Ecology and Emerging Infectious Diseases", *Social Science & Medicine*, 50(7-8), 2000.

McGoey, L., *No such thing as a free gift: The Gates foundation and the price of philanthropy*, London: Verso, 2015.

Michelozzi, P., et al., "Mortality impacts of the coronavirus disease (COVID-19) outbreak by sex and age: rapid mortality surveillance system", Italy, 1 February to 18 April 2020, Eurosurveillance, 25(19), 2020. 2000620, doi: 10.2807/1560-7917.ES.2020.25.19.2000620.

Miller, D. T., "Immigration and Social Stratification in Pre-Civil War New York", *New York History*, 49(2), 1968.

Moody, T. W., & Martin, F. X., *The course of Irish history*, Cork: Cork University Press, 1967..

Mukerjee, M., *Churchill's Secret War: The British Empire and the Ravaging of India during World*

War II, New York: Basic Books, 2011.

Mwenesi, H., Harpham, T., & Snow, R. W., "Child malaria treatment practices among mothers in Kenya", *Social Science & Medicine*, 40(9), 1995.

Nateniyom, S., et al., 2004, "Implementation of Directly Observed Treatment, Short-Course (DOTS) in Prisons at Provincial Levels, Thailand", *International Journal of Tuberculosis and Lung Disease*, 8(7), 2004.

National Institute on Drug Abuse, "Research Report Series: Drug Abuse and HIV", 2012.

Newman, R. D., "Learning to outwit malaria", *Bulleting of the World Health Organization*, 89(1), 2011.

Nguyen, V. K., *The republic of therapy: Triage and sovereignty in West Africa's time of AIDS*, Durham, NC: Duke University Press, 2010.

Nicholson, K. G. & Hay, A. J., Webster, R. B.(eds), *Textbook of influenza*, Oxford: Blackwell Science, 1998.

Nickol, M. E., & Kindrachuk, J., "A year of terror and a century of reflection: perspectives on the great influenza pandemic of 1918 – 1919", *BMC Infectious Diseases*, 19(1), 2019.

Odone, A. & Delmonte, D. 、 T. Scognamiglio 、 C. Signorelli, COVID-19 deaths in Lombardy, Italy: data in context, *The Lancet Public Health*, 5:310, 2020. https://doi.org/10.1016/s2468-2667(20)30099-2

OECD, Health expenditure and financing: Health expenditure indicators, 2021. https://data.oecd.org/healthres/health-spending.htm

Offit, P. A., *The Cutter Incident: How America's First Polio Vaccine Led to the Growing Vaccine Crisis*, Yale University Press, 2005.

Ollila, E., 2005, "Global health priorities – priorities of the wealthy?", *Global Health*, 1(6), 2005.

Omi, M, & Winant, H., 2015, Racial Formation in the United States, Routledge, New York.

Otis, E. O., 1909, The Great White Plague, Crowell, New York.

Packard, R. M., *The making of a tropical disease: A short history of malaria*, Baltimore, MD: Johns Hopkins University Press, 2007.

Parpia, A. S. & Ndeffo-Mbah, M. L. 、 N. S. Wenzel 、 A. P. Galvani, "Effects of Response to 2014-2015 Ebola Outbreak on Deaths from Malaria, HIV/AIDS, and Tuberculosis, West Africa", *Emerging Infectious Diseases*, 22(3), 2016.

Patterson, K. D., & Pyle, G. F., "The geography and mortality of the 1918 influenza pandemic", *Bulletin of the History of Medicine*, 65, 1991.

Radusin M., "The Spanish flu--part II: the second and third wave", *Vojnosanit Pregl*, 69(10), 2012(b).

Radusin, M., ""The Spanish flu--part I: the first wave", *Vojnosanit Pregl*, 69(9), 2012(a).

Razvodovskii Iu. E., "Alcohol Sales and Mortality Due to Pulmonary Tuberculosis: Relationships at a Populational Level", *Problemy Tuberkuleza*, 9, 2004.

Remuzzi, A., & Giussepe, R., "COVID-19 and Italy: what next?", *The Lancet*, 395, 2020.

Reynolds, G. W. M., *The Mysteries of London*, London: George Vickers, 1846.

Rhoads, E. J. M., " 'White Labor' vs. 'Coolie Labor': The 'Chinese Question' in Pennsylvania in the 1870s", *Journal of American Ethnic History*, 12(2), 2002.

Ricci, J., "Global health governance and the state: Premature claims of a post-international framework", *Globalization and Health*, 3(1), 2009.

Richard, P., *Fighting for the Rain Forest: war youth and resources in Sierra Leone*, Oxford: James Currey, 1996.

Richie, T. L., & Saul. A., "Progress and challenges for malaria vaccines", *Nature*, 415, 2002.

Rieder, H.& Zellweger, J. 、 M. Raviglione 、 S. Keizer 、 G. Migliori, "Tuberculosis control in Europe and international migration", *European Respiratory Journal*, 7(8), 1994.

Rodiger, D., *Working Toward Whiteness: How America's Immigrants Became White*, New York: Basic Book, 2005.

Rosen, G., & Rosen, G., *A History of Public Health*, Johns Hopkins University Press, 1993.

Rosen, S., "Public employment, taxes, and the welfare state in Sweden", Freeman, R., Topel,R, & Swedenbo, B.(eds.), *The welfare state in transition: Reforming the Swedish Model*, Chicago: University of Chicago Press, 1997.

Saul, J., "For Fear of Being Condemned as Old Fashioned: Liberal Democracy versus Popular Democracy in subSaharan Africa", in Mengisteab, K., & C. Daddieh(ed.), *State Building and Democratization in Africa: Faith, Hope, and Realities*, Westport, CT: Praeger Press, 1999.

Saunders-Hastings, P. R., & Krewski, D., "Reviewing the history of pandemic influenza: understanding patterns of emergence and transmission", *Pathogens*, 5(4), 2016.

Sell, S. K., *Private Power, Public Law: The Globalization of Intellectual Property Rights*, Cambridge: Cambridge University Press, 2003.

Sesay, M. A., "Civil War and Collective Intervention in Liberia", *Review of African Political Economy*, 23(67), 1996.

Shah, S., *The fever: how malaria has ruled humankind for 500,000 years*, New York: Farrar, Straus and Giroux Publishing, 2010.

Sharp, P. M., & Hahn, B. H., 2011, "Origins of HIV and the AIDS pandemic, Cold Spring Harbor Perspectives in Medicine, 1(1), a006841, doi: 10.1101/cshperspect.a006841, 2011.

Shultz, J. M. & Espinel, Z. · M. Espinola · A. Rechkemmerd, "Distinguishing epidemiological features of the 2013 – 2016 West Africa Ebola virus disease outbreak", Disaster Health, 3(3), 2016.

Snowden, F. M., Snowden, F. M., The conquest of malaria: Italy(1900 – 1962), New Haven CT: Yale University Press, 2006.

Solanke, I., "Putting race and gender together: A new approach to intersectionality", Modern Law Review, 72(5), 2009.

Soper, G. A., "The curious career of Typhoid Mary", Bulletin of the New York Academy of Medicine, 15, 1939.

Spinney, L., Pale Rider: The Spanish Flu of 1918 and How It Changed the World, New York: PublicAffairs, 2017.

Starrels, J., The World Health Organization: Resisting Third World Ideological Pressures, Wahington, DC: Heritage Foundation, 1985.

Stern, V., "The House of the Dead Revisited: Prisons, Tuberculosis and Public Health in the Former Soviet Bloc", in M. Gandy & A. Zumla(eds.), The Return of the White Plague, London: Verso, 2003.

Stuckler, David & Basu, Sanjay · Martin McKee, Global Health Philanthropy and Institutional Relationships: How Should Conflicts of Interest Be Addressed?. PLoS Med, 8(4), 2011.

Taubenberger, J. K. & Reid, A. H. ﹅ A. E. Kraft ﹅ K. E. Bijwaard · T. G. Fanning, "Initial genetic characterization of the 1918 'Spanish' influenza virus", Science, 275, 1997.

Toungoussova, O. S. & Bjune, G. · D. A. Caugant, "Epidemic of tuberculosis in the former Soviet Union: social and biological reasons", Tuberculosis, 86, 2006.

UNAIDS, "2020 Global AIDS Update: Seizing the moment", 2020.

UNAIDS, "UNAIDS DATA 2020", 2021.

UNDP, "Assessing the socio-economic impacts of Ebola Virus Disease in Guinea, Liberia and Sierra Leone: The Road to Recovery", 2014.

US Census Bureau, "Health Insurance Coverage in the United States: 2014", Washington, DC: US Government Printing Office, 2015.

Vadlamannati, K. C. & Cooray, A. · I. de Soysa, "Health-system equity, egalitarian democracy and COVID-19 outcomes: An empirical analysis", *Scandinavian Journal of Public Health*, 49(1), 2021.

Vaid, U., *Virtual Equality: The Mainstreaming of Gay and Lesbian Liberation*, Anchor Books, 1995.

Valencius, C. B., *The Health of the Country: How American Settlers Understood Themselves and Their Land*, New York: Basic Books, 2002.

Valway, S. E. et al., "Multi-drug-Resistant Tuberculosis in the New York State Prison System, 1990 - 91", *Journal of Infectious Diseases*, 170(1), 1994.

Vuori H. "The role of the schools of public health in the development of primary health care", *Health Policy*, 4(3), 1985.

Wanning, W. & Diedrichsen, E. ` S. Moon, "A lifeline to treatment: the role of Indian generic manufacturers in supplying antiretroviral medicines to developing countries", *Journal of the International Aids Society*, 13(35), 2000. doi: 10.1186/1758-2652-13-35

Wares, D. F., & Clowes. C. I., "Tuberculosis in Russia", *Lancet*, 350, 1997.

Wever, P. C., & van Bergen, L., "Death from 1918 pandemic influenza during the first world war: a perspective from personal and anecdotal evidence", *Influenza Other Respir Viruses*, 8(5), 2014.

World Bank, "Summary on the Ebola Recovery Plan: Guinea", 2015.

World Bank, "Summary on the Ebola Recovery Plan: Liberia - Economic Stabilization and Recovery Plan(ESRP)", 2015.

World Bank, "Summary on the Ebola Recovery Plan: Sierra Leone", 2015.

World Bank, "World Bank Open Data: Guinea", 2021(a).

World Bank, "World Bank Open Data: Russian Federation", 2021(b).

WTO, "Doha Ministerial Conference Declaration on the TRIPs Agreement And Public Health", 2001.

WHO, "WHO Report on Global Surveillance of Epidemic-prone Infectious Disease", Geneva: World Health Organization, 2000.

WHO, "Questions and Answers on Health and Human Rights, World Health Organization", Geneva: World Health Organization, 2002.

WHO, "Ebola Response Roadmap Situation Report Update", WHO, 2014(a).

WHO, "Ebola virus disease, West Africa", WHO: Outbreak news. [2014.05.26.].

WHO, "Estimated number of people (all ages) living with HIV", 2022.

WHO, "2015 Global Tuberculosis Report", Geneva: World Health Organization, 2016.

WHO, "2016 Global Tuberculosis Report", Geneva: World Health Organization, 2017.

WHO, "2017 Global Tuberculosis Report", Geneva: World Health Organization, 2018.

WHO, "2020 Global Tuberculosis Report", Geneva: World Health Organization, 2020.

WHO, "Novel Coronavirus (2019-nCoV). situation report – 13", 2020.

WHO, "World Malaria Report 2020: 20 years of global progress and challenges", Geneva: World Health Organization, 2021.

Young, K. G., "Securing health through rights", in Pogge T, et al.(eds.), *Incentives for Global Public Health: Patent law and access to essential medicines*, Cambridge University Press, 2010,

Zhamborov, K., "Analysis of Mortality Rates among Patients with Pulmonary Tuberculosis", *Problemy Tuberkuleza*, 4, 1999.

제1장 제국주의와 함께 온 콜레라, 콜레라가 만든 근대 도시

1. 《중앙일보》, 콜레라 퍼지는데 가면무도회…1832년 파리의 비극, [2020.4.24.].

2. 윌리엄 H. 맥닐 지음, 허정 옮김, 『전염병과 인류의 역사』, 한울, 1998, 286쪽.

3. P. D. 스미스 지음, 엄성수 옮김, 『도시의 탄생』, 옥당, 2012, 71쪽; 442쪽.

4. 남영우 지음, 『땅의 문명』, 문학사상, 2018, 265쪽.

5. 아노 카렌 지음, 권복규 옮김, 『전염병의 문화사』, 사이언스북스, 1995, 202쪽.

6. 윌리엄 H. 맥닐 지음, 앞의 책, 109쪽.

7. Longmate, N, *King Cholera: The Biography of a Disease*, London: Hamish Hamilton, 1966, p. 237.

8. WHO, "WHO Report on Global Surveillance of Epidemic-prone Infectious Disease", World Health Organization, 2000, p. 39.

9. Kiple, K. F., *Plague, Pox, and Pestilence*, New York: Phoenix, 1999, p.142.

10. 윌리엄 H. 맥닐 지음, 앞의 책, p. 288.

11. 같은 책, p. 288.

12. 김신희, 「1821년 콜레라 창궐과 조선 정부 및 민간의 대응 양상」, 서울대학교 석사학위 논문, 2014.

13. 샤를르 달레 지음, 안응렬 · 최석우 옮김, 『한국천주교회사 中』, 분도출판사, 1980, 101~102쪽. 괄호는 인용자 추가.

14. Charlotte, E. H., *Disease, health care and government in late Imperial Russia: life and death on the Volga, 1823-1914*, Milton Park, Abingdon, Oxon; New York: Routledge, 2011.

15. 윌리엄 H. 맥닐 지음, 앞의 책, 288쪽.

16. 아노 카렌 지음, 앞의 책, 207쪽.

17. 같은 책, 207쪽.

18. 윌리엄 H. 맥닐 지음, 앞의 책, 80쪽.

19. Miller, D. T., 1968, "Immigration and Social Stratification in Pre-Civil War New York", *New York History*, 49(2), p. 157.

20. Cotter, J. V. & Patrick, L. L., "Disease and Ethnicity in An Urban Environment", *Annals of the Association of American Geographers*, 71(1), 40 - 49, 1981, p.44.

21. 김서형, 「19세기의 유행성 콜레라와 미국사회 개혁운동」, 『의사학』, 24(3), 2015, 787쪽.

22. 같은 글, 792쪽.

23. Hosking, G. A., *Russia and the Russians: a history*, Belknap, Cambridge, MA: Press of Harvard University Press, 2001.

24. Byrne, J. P., *Encyclopedia of pestilence, pandemics, and plagues*, Westport, Conn.: Greenwood Press, 2008.

25. Arnold, D., *Colonizing the body: state medicine and epidemic disease in nineteenth-century India*, Berkeley: University of California Press, 1993.

26. 도스토옙스키 지음, 김학수 옮김, 『죄와 벌2』, 문예출판사, 2013, 414~415쪽.

27. 토마스 만 지음, 박종대 옮김, 『토마스 만: 베네치아에서의 죽음 외 11편』, 현대문학, 2013, 296쪽.

28. 이종찬, 「의료지리학: 개념적 역사와 역사적 전망」, 『대한지리학회지』, 48(2), 2013, 228쪽.

29. P. D. 스미스 지음, 앞의 책, 71쪽; 443쪽.

30. 같은 책, 71쪽; 215쪽.

31. Fogelson, R. M., *Downtown: Its rise and fall, 1880-1950*, New Haven: Yale University Press, 2001, p. 322.

32. 김택중, 「1918년 독감과 조선총독부 방역정책」, 『인문논총』, 74(1), 2011, 65~66쪽.

33. Dickens, C., *Oliver Twist*, Lonon: Oxford University, 1966, p.49.

34. Dickens, C, *Bleak House*, Lonon: Oxford University, 1991, p.1.

35. 예병일, 『세상을 바꾼 전염병: 세균과 바이러스에 맞선 인간의 생존 투쟁』, 다른, 2016.

36. 이종찬, 앞의 글, 224쪽.

37. 마이클 비디스 · 프레더릭 F · 카트라이트 지음, 김훈 옮김, 『질병의 역사』, 가람기획, 2004, 221쪽.

38. P. D. 스미스 지음, 앞의 책, 71쪽; 445쪽.

39. Valencius, C. B., *The Health of the Country: How American Settlers Understood Themselves and Their Land*, Basic Books, New York. 2002, pp.115~117.

40. 김서형, 앞의 글, 794쪽.

41. 윌리엄 H. 맥닐 지음, 앞의 책, 298쪽.

42. 아노 카렌 지음, 앞의 책, 208쪽.

43. 미셸리 지음, 『런던이야기: 천 가지 역사를 품은 살아 있는 도시』, 추수밭, 2015, 479쪽.

44. 《아틀라스뉴스》, 잘못된 인식이 만든 걸작, 런던 하수도. [2019.06.01].

45. 《중앙일보》, 7대 불가사의 런던 하수도 "140년간 잘 썼어." 보강 착수. [2015.08.26.].

46. 김금동, 「독일 위생영화를 통해 본 조선 콜레라위생영화(1920)와 천연두위생영화(1922)의 특징과 한계」, 『영화연구』, 55, 2013, 35~82쪽.

제2장 장티푸스보다 빠르게 번지는 혐오

1. 마릴리 피터스 지음, 지여울 옮김, 『탐정이 된 과학자들: 전염병의 비밀을 푸는 열쇠, 페이션트 제로를 찾아라』, 다른, 2015, 110~111쪽.

2. 같은 책.

3. 맛시모 몬타나리 지음, 주경철 옮김, 『유럽의 음식문화』, 새물결, 2001.

4. 주경철 지음, 『문화로 읽는 세계사』, 사계절, 2005, 295쪽.

5. Bourke, P. M. A., "The Use of the Potato Crop in Pre-Famine Ireland", *Journal of the Statistical and Social Inquiry Society of Ireland*, 21(6), 1968, p. 78.

6. 김서형, 「18~19세기 아일랜드 재난: 기근과 전염병, 그리고 이민」, 『서양사론』, 130, 2016, 54쪽.

7. Gráda, C. Ó., *Black '47 and Beyond: The Great Irish Famine in History, Economy, and Memory*, Princeton: Princeton University Press, 1999, p. 24.

8. Gráda, C. & Boyle, P. P., "Fertility trends, excess mortality, and the Great Irish Famine", *Demography*, 23(4), 1986, pp. 543~562.

9. Moody, T. W. & Martin, F. X., *The course of Irish history*, Cork: Cork University Press,

1967.

10. 같은 책.

11. 박지향 지음, 『슬픈 아일랜드』, 기파랑, 2008.

12. Mukerjee, M., *Churchill's Secret War: The British Empire and the Ravaging of India during World War II*, New York: Basic Books, 2011.

13. 김서형, 앞의 글, 60쪽.

14. Doggett, J., "Doggett's New York City Directory for 1850 – 51, New York". 1850, p. 230.

15. 진구섭 지음, 『누가 백인인가?』, 푸른역사, 2020.

16. 스탠리 브룬 · 모린 헤이스-미첼 지음, 한국도시지리학회 옮김, 『세계의 도시』, 푸른길, 2013, 129쪽.

17. 박선미 · 김희순, 『빈곤의 연대기』, 갈라파고스, 2015, 287쪽

18. 같은 책, 287~288쪽.

19. 박정만, 「뉴욕의 아일랜드인」, 『현대영미드라마』, 24(2), 2011, p. 98.

20. 마릴리 피터스 지음, 앞의 책, p.118.

21. Delaney, T., "A recipe to control the first wave of COVID-19: More or less democracy?", *Transforming Government: People, Process and Policy*. https://doi.org/10.1108/TG-08-2020-0206, 2006, p. 39; p. 290.

22. 박정만, 앞의 글, p. 80.

23. 김호연, 「인종주의와 코로나 바이러스: 미국사에서의 연구 동향을 중심으로」, 『동국사학』, 68, 2020, 427~428쪽.

24. 김연진, 「미국 유대인의 인종적 오디세이: 백인, '백인 타자,' 그리고 코케이지언」, 『미국사연구』, 21, 2005, 175~204쪽.

25. Fleras, A., & Elliott. L. J., *Multiculturalism in Canada: The Challenge of Diversity*, Toronto: Oxford University Press, 1992.

26. Gay, G. & Kirkland, K., "Developing cultural critical consciousness and self-reflection in preservice teacher education", *Theory into Practice*, 42(3), 2003, pp.181~187.

27. Bourke, P. M. A., 앞의 글.

28. Rodiger, D., *Working Toward Whiteness: How America's Immigrants Became White*, New York: Basic Book, 2005, pp. 143~144.

29. 진구섭, 앞의 책, 41쪽.

30. 마릴리 피터스 지음, 앞의 책, 105~106쪽.

31. Soper, G. A., "The curious career of Typhoid Mary", *Bulletin of the New York Academy of Medicine*, 15, 1939, p. 699.

32. 서울아산병원, 질환백과-장티푸스. http://www.amc.seoul.kr/asan/healthinfo/disease/diseaseDetail.do?contentId=32167

33. *The New York Times*, Healthy disease spreaders, [July.01.1909].

34. *The New York American*, Typhoid Mary, [June.20.1909].

35. 조병희, 「SARS와 아시아의 타자화」, 『황해문화』, 43, 2004, 207쪽.

36. 미셸 푸코 지음, 오생근 옮김, 『감시와 처벌』, 나남, 2016.

37. *The New York Times*, Typhoid Mary must stay, [July.17.1909].

38. *The New York Times*, Typhoid carriers tied to epidemic, [August.15.1912].

39. 수전 캠벨 바톨레티 지음, 곽명단 옮김, 『위험한 요리사 메리』, 돌베개, 2015.

40. Soper, G. A., "The curious career of Typhoid Mary", *Bulletin of the New York Academy of Medicine*, 15, 1939, pp. 698~712.

41. Gibbins, L. N., "Mary Mallon: disease, denial, and detention", *Journal of Biological Education*, 32(2), 1998, pp. 127~132.

42. Soper, G. A., 앞의 글.

43. Solanke, I., "Putting race and gender together: A new approach to intersectionality", *Modern Law Review*, 72(5), 2009, pp. 731~732.

44. Gibbins, L. N., 앞의 글.

45. Ledingham, J. C. G., & Arkwright, J. A., *The carrier problem in infectious diseases in International Medical Monographs*, London: Edward Arnold, 1912.

46. O'Toole, K., "What's in the News: Typhoid Mary's infamy recalled with each new epidemic", *Penn State News*, [May.09.2003].

47. 진구섭, 앞의 책, 44쪽.

48. Maye, B., An Irishman's Diary on 'Typhoid Mary': Mary Mallon – villain or scapegoat?. *The Irish Times*, [Feb.10.2015].

49. 김호연, 앞의 글, 455쪽.

제3장 코로나바이러스에서 오리엔탈리즘을 읽다

1. 타일러 J. 모리슨 지음, 홍유진 옮김, 『코로나19』, 열린책들, 2020, 14쪽.

2. 杨海燕, 段广才, 2020, 新型冠状病毒肺炎流行有关影响因素分析. 新型冠状病毒肺炎防控, 中华预防医学杂志, p. 54.

3. 연합뉴스, 2020, 한국이 옳았다..伊 · 英연구진 "40% 무증상 감염..검사가 답", [2020.07.02.].

4. http://www.kotra.or.kr

5. https://edition.cnn.com/interactive/2020/health/coronavirus-maps-and-cases/

6. https://www.yna.co.kr

7. 남영우 · 박선미 · 손승호 · 김걸 · 임은진, 『아주 쓸모있는 세계 이야기』, 푸른길, 2019, 283~285쪽.

8. 서의석, 「할리우드 영화에서 표현된 동아시아 오리엔탈리즘의 변화 그리고 탈식민주의」, 『영화연구』, 62, 2014, 134쪽.

9. 박정완, 「외젠 들라크루아의 작품에 나타난 오리엔탈리즘」, 영남대학교 석사학위논문, 2010, 24~28쪽.

10. 이홍균, 「몽테스키외와 볼테르의 오리엔탈리즘에 대한 비교」, 『담론 201』, 7(1), 2004, 226~247쪽.

11. 샤를 드 몽테스키외 지음, 소두영 옮김, 『페르시아인의 편지』, 삼성, 1990, 231쪽.

12. 나종석, 「헤겔에서의 오리엔탈리즘을 넘어서: 아시아에 대한 새로운 상상을 위한 불충분한 성찰」, 『헤겔연구』, 28, 2010, 87~88쪽.

13. 같은 책, 88쪽.

14. 이강은, 「막심 고리키와 오리엔탈리즘」, 『러시아어문학연구논집』, 40, 2012, 80쪽.

15. 에드워드 W. 사이드 지음, 박홍규 옮김, 『오리엔탈리즘』, 교보문고, 2008, 569쪽.

16. 김남현,「미국 광산과 철도에서의 중국인 노동 상황」,『세계 역사와 문화 연구』, 2, 1999, 49~78쪽.

17. 오영인,「미국 1870년 민권법(Civil Rights Act of 1870)과 이민자들: 19세기 중국인 쿨리(Coolie)를 중심으로」,『역사와 세계』, 56, 2019, 261~294쪽.

18. Rhoads, E. J. M., " 'White Labor' vs. 'Coolie Labor': The 'Chinese Question' in Pennsylvania in the 1870s", *Journal of American Ethnic History*, 12(2), 2002, 22쪽.

19. 김상률,「사스의 병인과 오리엔탈리즘」,『문학과경계』, 3(3), 2003, 40쪽.

20. Duras, M., *L' Amant*, Paris: Minuit, 1984, p. 43.

21. 백승란,「『연인』과 오리엔탈리즘」,『문예시학』, 16, 2005, 99~115쪽.

22. 김경일,「근대 이행기 한국인의 가치와 성격론」,『한국사회학회 심포지움 논문집』, 2017, 105~126쪽.

23. 김정현,「오리엔탈리즘과 동아시아」,『중국사연구』, 39, 2005, 165쪽.

24. 마쓰다 교코,「세기 전환기 식민지 표상과 인간 전시 제국 '일본'의 박람회를 중심으로」,『역사와 문화』, 26, 2013, 185쪽.

25. 이지연,「동아시아 영화의 서구에서의 순환과 오리엔탈리즘에 관련된 문제들」,『문학과 영상』, (1), 2007, 242쪽.

26. Mayer, J. D., "Geography, Ecology and Emerging Infectious Diseases", *Social Science & Medicine*, 50(7 - 8), 2000, pp.937~952.

27. WHO, "Novel Coronavirus (2019-nCoV). situation report" 13, Accessed 10 April 2020, 2020. https://www.who.int/docs/default-source/coronaviruse/situation-reports/20200202-sitrep-13-ncov-v3.pdf.

28. Frenkel, S., Alba, D. & Zhong, R., Surge of virus misinformation stumps Facebook and Twitter, *New York Times*, [March.03.2020].

29. Waldrop, T., Alsup, D. & McLaughlin, E., Fearing coronavirus, Arizona man dies after taking a form of chloroquine used to treat aquariums, CNN, [March.25.2020].

30. 오승렬,「21세기 오리엔탈리즘으로 본 중국, 왜 중국은 서구를 위협할 수 없나」,『성균 차이나브리프』, 1(1), 2013, 175~176쪽.

31. http://www.asianpacificpolicyandplanningcouncil.org/wp

32.《한겨레》, 중국 검색하면 감염 · 공포 ··· '짱깨' 혐오 표현 사흘 만에 31배, [2020.03.10.].

33. 류찬열, 「혐오와 공포의 재현을 넘어 공감과 연대의 재현으로」, 『다문화콘텐츠연구』, 27, 2018, 136~137쪽.

34. 같은 책, 130쪽.

35. Byock, I., *The Best Care Possible: A Physician's Quest to Transform Care through the End of Life*, New York: Avery Publishing Group, 2012.

제4장 공포만큼 크지 않았던 혐오, 스페인독감

1.《의협신문》, 신의 저주와 질병, [2011.12.30.].

2. 방재욱, 「바이러스 이야기」, 『과학과 기술』, 2015년 7월호, 2015, 82쪽.

3. 건강보험심사평가원, "단순 기침에서 인류의 생존을 위협하는 괴물로 변신했던 스페인독감", [2020.03.11.].

4. Nickol, M. E., & Kindrachuk, J., "A year of terror and a century of reflection: perspectives on the great influenza pandemic of 1918 – 1919", *BMC Infectious Diseases*, 19(1), 2019, p. 3.

5. 같은 책, p. 2

6. 김택중, 「1918년 독감과 조선총독부 방역정책」, 『인문논총』, 74(1), 2017, 165쪽.

7. 지성용, 전염병과 함께 기록되는 교회사, 《가톨릭 프레스》, [2020.06.20.]

8. Crosby, A. W., *America's forgotten pandemic: the influenza of 1918*, Cambridge, MA: Cambridge University Press, 1991; Patterson, K. D. & Pyle, G. F., "The geography and mortality of the 1918 influenza pandemic", *Bulletin of the History of Medicine*, 65, 1989, pp. 5~21.

9. Nickol, M. E., & Kindrachuk, J., 앞의 글, p. 4.

10. 박선미 · 김희순, 『빈곤의 연대기』, 갈라파고스, 2015, 148쪽.

11. Spinney, L., *Pale Rider: The Spanish Flu of 1918 and How It Changed the World*, New York: PublicAffairs, 2017.

12. Wever, P. C., & van Bergen, L., "Death from 1918 pandemic influenza during the first

world war: a perspective from personal and anecdotal evidence", *Influenza Other Respir Viruses*, 8(5), 2014, pp.538~546.

13. Radusin, M., "The Spanish flu--part I: the first wave", *Vojnosanit Pregl*, 69(9), 2012, pp. 812~817.

14. 김서형, 「생체권력(Bio-Power)과 1918년 인플루엔자」, 『미국학논집』, 42(2), 2010, 75 쪽.

15. Radusin, M., 앞의 글.

16. Saunders-Hastings, P. R., & Krewski, D., "Reviewing the history of pandemic influenza: understanding patterns of emergence and transmission", *Pathogens*, 5(4), 2016, pp. 1~19.

17. Radusin, M., 앞의 글.

18. 《VOA》, [호기심으로 배우는 역사] 인류의 역사를 바꾼 전염병: 인플루엔자 편, [2009.10.27.]. https://www.voakorea.com/archive/35-2009-10-27-voa25-91381529

19. 지성용, 앞의 글.

20. Spinney, L., 앞의 책.

21. Saunders-Hastings P. R., & Krewski D., 앞의 글.

22. Philadelphia Inquirer. Philadelphia Inquirer, September 28 1918.(김서형, 앞의 글에서 재인용)

23. 《VOA》, 앞의 글.

24. Radusin. M., "The Spanish flu-part II: the second and third wave", *Vojnosanit Pregl*, 69(10), 2012, pp. 917~927.

25. 마이크 데이비스 · 알렉스 캘리니코스 · 마이클 로버츠 · 우석균 · 장호종 지음, 『코로나 19 자본주의의 모순이 낳은 재난』, 책갈피, 2020, 19쪽.

26. 김서형, 2014, 「전염병과 소수집단 배제의 담론: 1918년 인플루엔자를 중심으로」, 『대구사학』, 115, 2020, 394쪽.

27. Humprhies, M., "Paths of infection: the first world war and the origins of the 1918 influenza pandemic", *War Hist*, 21, 2013, pp. 55~81.

28. Humprhies, M. 2013, 전게서.

29. Radusin, M., 앞의 글; Wever, P. C., & van Bergen, L., 앞의 글.

30. 김서형(2014), 앞의 글.

제5장 전 지구적 질병에서 열대 풍토병으로 변한 말라리아

1. 로버트 데소비츠 지음, 정준호 올김, 『말라리아의 씨앗』, 후마니타스, 2014.

2. Coluzzi, M., "Morphological divergences in the Anopheles gambiae complex", *Rivista di Malariologia*, 43, 1964, pp. 197~232.

3. Richie, T. L., & Saul. A., "Progress and challenges for malaria vaccines", *Nature*, 415, 2002, pp. 694~701.

4. Frenkel, S., & Western, J., "Pretext or prophylaxis? Racial segregation and malarial mosquitos in a British tropical colony: Sierra Leone", *Ann Assoc Am Geogr*, 78(2), 1988, pp. 211~228.

5. Bhattacharjee, M., *Chemistry of Antibiotics and Related Drugs*, Springer, 2016.

6. Majori, G., "Short History of Malaria and Its Eradication in Italy With Short Note on the Fight Against the Infection in the Mediterranean Basin", *Mediterr J Hematol Infect Dis*, 4(1), e2012016, DOI 10.4084/MJHID.2012.016, 2012. http://www.mjhid.org/article/view/9990

7. Snowden, F. M., *The conquest of malaria: Italy(1900 - 1962)*, New Haven CT: Yale University Press, 2006.

8. Amorosa, L. F. & Corbellinic, G. · M. Coluzzi, "Lessons learned from malaria: Italy's past and sub-Sahara's future", *Health & Place*, 11, 2005, pp. 67~73.

9. Corbellini, G., & Merzagora, L., *La malaria tra passato e presente: storia e luoghi della malattia in Italia*, Rome: Universitàdi Roma, 1998, p. 68.

10. Packard, R. M., *The making of a tropical disease: A short history of malaria*, Baltimore MD: Johns Hopkins University Press, 2007.

11. 《조선일보》, [김명환의 시간여행] 이 · 벼룩 잡으려고 온몸 "DDT 목욕" … 맹독 물질인 줄 모르고 부엌까지 뿌려, [2017.08.23.].

12. Alessandrini. M., *Dai pipistrellai al DDT, Un ventennio di lotta antimalarica in provincia di Latina*, Tipografia Artigiana Moderna. 1960, p. 243.

14. 홍영진 · 박형우, 1999, 말라리아 예방과 치료, 소아감염, 6(2), pp. 165~171.

15. Packard, R. M., 앞의 책.

16. Litsios, S., "The long and difficult road to Alma-Ata: a personal reflection", *Int J Health Serv*, 32(4), 2002, pp. 709~732.

17. 조한승, 「코로나 백신 불평등과 글로벌 보건 거버넌스의 과제」, 『생명, 윤리와 정책』, 5(2), 1-28, 2020, 20쪽.

18. Mahler, H., "A Social Revolution in Public Health", *WHO Chronicles*, 30, 1976, pp. 475~480.

19. Cueto. M., "The origins of primary health care and selective primary health care", *American Journal of Public Health*, 94(11), 2004, pp. 1864~1874.

20. Vuori H., "The role of the schools of public health in the development of primary health care", *Health Policy*, 4(3), 1985, pp. 221~230.

21. 최용준, 「일차보건의료의 개념과 발전 방향」, 서울대학교 의과대학 의료관리학 교실 세미나 자료, 2009.

22. Starrels, J., *The World Health Organization: Resisting Third World Ideological Pressures*, Wahington, DC: Heritage Foundation, 1985.

23. Brown, T. M. & Cueto, Marcos · Elizabeth Fee, "The World Health Organization and the transition from "international" to "global" public health", *American Journal of Public Health*, 96(1), 2006, pp. 62~72.

24. 남궁곤, 이서영, 「1950년대 미국 대외원조 확대론 연구」, 『국제정치논총』, 51(4), 2011, 61~84쪽.

25. Ollila, E., "Global health priorities - priorities of the wealthy?", *Global Health*, 1(6), 2005, pp. 1~5.

26. 정보배 · 김희강, 「국제원조정책, 무엇이 문제인가?: 토마스 포기(Thomas Pogge)의 논의를 중심으로」, 『오토피아』, 27(1), 2012, pp. 67~100.

27. 정구연, 「미국의 밀레니엄 도전 계정과 아프리카 거버넌스 발전 연구」, 『국제정치논총』,

53(3), 2013, pp. 289~325.

28. 슈테판 카우프만 지음, 최강석 옮김, 『전염병의 위험, 두려워만 할 일인가』, 길, 2012, p. 182.

29. WHO, "World Malaria Report 2020: 20 years of global progress and challenges," World Health Organization, 2021.

30. https://nothingbutnets.net/about-malaria/

31. Levenson, K. G., "The rise and (potential) fall of philanthrocapitalism", *Slate Magazine*, 2008. http://www.slate.com/id/2204525/

32. Marten, R., "How states exerted power to create the Millennium Development Goals and how this shaped the global health agenda: Lessons for the sustainable development goals and the future of global health", *Glob Public Health*, 14(4), 2019, pp. 584~599.

33. Newman, R. D., "Learning to outwit malaria", *Bulleting of the World Health Organization*, 89(1), 2011, pp. 10~11.

34. 최민경, 「국제개발원조와 Public Private Partnership(PPP)」, 『국제개발협력』, 2008(1), 50~66쪽.

35. The Global Fund, "The Global Fund Adds Force to Global Scale-up Against Diseases", 2005.

36. Eckl, J., "The power of private foundations: Rockefeller and Gates in the struggle against malaria", *Global Social Policy*, 14(1), 2014, pp. 91~116.

37. WHO, 앞의 글.

38. 같은 글.

39. 같은 글.

40. Ferguson, J., *The Anti-Politics Machine: 'Development', Depoliticization and Bureaucratic Power in Lesotho*, 1990, New York: Cambridge University Press.

41. Ricci, J., "Global health governance and the state: Premature claims of a post-international framework", *Globalization and Health*, 3(1), 2009, pp. 1~18.

42. Nguyen, V. K., *The republic of therapy: Triage and sovereignty in West Africa's time of AIDS*, 2010, Durham, NC: Duke University Press.

43. McGoey, L., *No such thing as a free gift: The Gates foundation and the price of philanthropy*, London: Verso, 2015.

44. Bishop, M., & Green, M., *Philanthrocapitalism: How the Rich Can Save the World*, New York: Bloomsbury Press, 2008.

45. Clift, C., *What's the World Health Organization For?*, Chatham House Report, 2014.

46. McGoey, L., 앞의 책.

47. 같은 책.

48. Stuckler, David & Basu, Sanjay · Martin McKee, Global Health Philanthropy and Institutional Relationships: How Should Conflicts of Interest Be Addressed?. PLoS Med, 8(4), 2011.

49. McGoey, L., 앞의 책.

50. Birn, A. E., "Philanthrocapitalism, past and present: The Rockefeller Foundation, the Gates Foundation, and the setting(s) of the international/global health agenda", *Hypothesis*, 12(1), 2014, pp. 1~27.

51. 리오넬 아스트뤽 지음, 배영란 옮김, 『빌 게이츠는 왜 아프리카에 갔을까?』, 소소의책, 2021.

52. McNeil, D. G., Gates Foundation's Influence Criticized, *New York Times*, [Feb.16.2008.].

53. Machault, V. et al., "The use of remotely sensed environmental data in the study of malaria", *Geospatial Health*, 5(2), 2011, pp. 151~168.

54. Shah, S., *The fever: how malaria has ruled humankind for 500,000 years*, New York: Farrar, Straus and Giroux Publishing, 2010.

55. Corbellini, G., & Merzagora, L., 앞의 책.

56. Coluzzi, M., "The clay feet of the malaria giant and its African roots: hypotheses and inferences about origin, spread and control of Plasmodium falciparum", *Parassitologia*, 41(1-3), 1999, pp. 277~283.

57. Kiros, G. E., & Hogan, D. P., "War, famine and excess child mortality in Africa: the role of parental education", *Int J Epidemiol*, 30(3), 2001, pp. 447~455.

58. Mwenesi, H & T Harpham · R W Snow, "Child malaria treatment practices among

mothers in Kenya", *Social Science & Medicine*, 40(9), 1995, pp. 1271~1277.

59. Amorosa, L. F. & Corbellinic, G. · M. Coluzzi, 앞의 글.

60. Corbellini, G., & Merzagora, L., 앞의 책.

61. 같은 책.

62. Harrison, G., *Mosquitoes, malaria and man: a history of the hostilities since 1880*, London: Tohn Murray, 1978.

63. Celli, A., *Malaria: According to the New Researchs*, New York: Longmans, Green, 1990.

제6장 구소련과 함께 붕괴된 결핵 방어선

1. WHO, "Global Tuberculosis Report", Word Health Organization, 2017; 2016.

2. 마이클 비디스, 프레더릭 F. 카트라이트 지음, 김훈 옮김, 『질병의 역사』, 가람기획, 2004.

3. 고길섶, 「문화와 질병」, 『문화과학』, 8, 1995, 219~234쪽.

4. 박현수, 「식민지 조선에서 결핵의 표상」, 『반교어문연구』, 34, 2013, 255~282쪽.

5. Flanders, J., *The Victorian City: Everyday Life in Dickens' London*, New York: St. Martin's, 2012.

6. 마이크 데이비스 지음, 김정아 옮김, 『슬럼, 지구를 뒤덮다: 신자유주의 이후 세계 도시의 빈곤화』, 돌베개, 2007.

7. 정희원, 「도시 속의 낯선 이들」, 『19세기 영어권 문학』, 19(2), 2015, pp. 159~183.

8. Dickens, C., *Sketches by Boz*, Walder, D.(ed.), London: Penguin, 1995.

9. 정희원, 앞의 글.

10. Reynolds, G. W. M., *The Mysteries of London*, London: George Vickers, 1846.(정희원, 앞의 글에서 재인용).

11. Otis, E. O., *The Great White Plague*, New York: Crowell, 1909.

12. Bodington, G., *An Essay on the Treatment and Cure of Pulmonary Consumption: On Principles Natural, Rational, and Successful with Suggestions for an Improved Plan of Treatment of the Disease among the Lower Classes of Society*, London: Longman, 1840.(김서형, 「질서유지 권력과 공중보건 권력」, 『미국사연구』, 47, 2018, 111~145쪽에서 재인

용).

13. Hoffman, S. J., "Progressive Public Health Administration in the Jim Crow South: A Case Study of Richmond, Virginia, 1907-1920", *Journal of Social History*, 35, 2001, pp. 175~194.

14. 김서형, 앞의 글.

15. 같은 글.

16. 박현수, 「식민지 조선에서 결핵의 표상: 나도향의 경우」, 『반교어문연구』, 34, 2013, 255~282쪽.

17. 《오마이뉴스》, 성장하는 인도, 결핵으로 죽는 사람들, [2008.01.13.].

18. 같은 글.

19. 같은 글.

20. 이상준, 「러시아 경제 위기의 정치적 원인」, 『슬라브연구』, 32(3), 2016, 1~29쪽.

21. 같은 글.

22. 박춘식, 세계의 의료제도 : 러시아의 의료보장제도, 《최신복지뉴스》, [2005.10.20.].

23. Cromley, E. K., "Pandemic Disease in Russia: From Black Death to AIDS", *Eurasian Geography and Economics*, 51(2), 2010, pp. 184~202.

24. WHO, "Global Tuberculosis Report, Word Health Organization", Word Health Organization, 2018; 2017

25. Gelmanova, I. Y. & Keshavjee, S · V. T. Golubchikova · V. I. Berezina · A. K. Strelis · G. V. Yanova · S. Atwood · M. Murray, "Barriers to successful tuberculosis treatment in Tomsk, Russian Federation: non-adherence, default and the acquisition of multidrug resistance", *Bulletin of the World Health Organization*, 85 (9), 2007, p. 704.

26. Farmer, P., *Pathologies of Power: Health, Human Rights and the New War on the Poor*, Berkeley: University of California Press, 2005.

27. Aerts, A. & Hauer, B. · M. Wanlin · J. Veen, "Tuberculosis and Tuberculosis Control in European Prisons", *International Journal Tuberculosis and Lung Disease*, 10(11), 2006, pp. 1215~1223.; Chaves, F. et al., "A Longitudinal Study of Transmission of Tuberculosis in a Large Prison Population", *American Journal of Respiratory and Critical*

Care Medicine, 155(2), 1997, pp. 719~725.

28. Stern, V., "The House of the Dead Revisited: Prisons, Tuberculosis and Public Health in the Former Soviet Bloc", in M. Gandy & A. Zumla(eds.), *The Return of the White Plague*, London: Verso, 2003, pp. 178~191.

29.《뉴스투데이》, 미국은 왜 다시 마리화나 '합법화'를 추진하는가, [2015.11.23.].

30. Greifinger, R. B. & Heywood, N. J. · J. B. Glaser, "Tuberculosis in prison: balancing justice and public health", *J Law Med Ethics*, 21(3-4), 1993, pp. 332~341.

31. 폴 파머 지음, 김주연, 리병도 옮김, 『권력의 병리학』, 후마니타스, 2010, 281쪽.

32. Farmer, P., 앞의 책.

33. Dara, M. et al., "Guidelines for control of tuberculosis in prisons", USAID · TBCTA · ICRC, 2009.

34. 제임스 포사이스 지음, 정재겸 옮김, 『시베리아 원주민의 역사』, 솔, 2009.

35. 같은 책.

36. Lupandin, V., & Ye. Gayer, "Chernobyl na Chukotke: narody Severa rasplachivayutsya za yadernye ispytaniya", *Moskovskiye novosti*, 34, 1989, pp. 1~10.

37. Mathew, T. A. et al., "Knowledge, Attitudes, and Practices of Physicians in Tomsk Oblast Tuberculosis Services Regarding Alcohol Use Among Tuberculosis Patients in Tomsk", *Russia, Cult Med Psychiatry*, 33(4), 2009, pp. 523~537.

38. Razvodovskii Iu. E., "Alcohol Sales and Mortality Due to Pulmonary Tuberculosis: Relationships at a Populational Level", *Problemy Tuberkuleza*, 9, 2004, pp. 53~55.; Zhamborov, K., "Analysis of Mortality Rates among Patients with Pulmonary Tuberculosis", *Problemy Tuberkuleza*, 4, 1999, pp. 12~13.

39. Coker, R. et al., "Risk factors for pulmonary tuberculosis in Russia: case-control study", BMJ, 332(7533), 2006, pp. 85~87.; Dara, M. et al., 앞의 글.

40. 폴 파머, 앞의 책.

41. Rieder, H. & Zellweger, J. P. · M. C. Raviglione · S. T. Keizer · G. B. Migliori, "Tuberculosis control in Europe and international migration", *European Respiratory Journal*, 7(8), 1994, pp. 1545~1553.

42. 질병관리본부, 「예방접종 대상 감염병의 역학과 관리」, 2017.

43. Kehr, J., " 'Exotic no more': Tuberculosis, public debt and global health in Berlin", *Global Public Health*, 13(3), 2018, pp. 369~382.

44. Comaroff, J., & Comaroff, J. L., *Theory from the south: Or, how Euro-America is evolving toward Africa*, Boulder, CO: Paradigm, 2011.

45. Kehr, J., "The Precariousness of Public Health: On Tuberculosis Control in Contemporary France", *Medical Anthropology*, 35(5), 2016, pp. 377~389.

제7장 에볼라 비상 버튼을 누른 세계

1. 유엔세계식량계획, "[에볼라 바이러스] 모든 것이 시작된 근원지를 찾아서". https://ko.wfp.org/news/ebolla-baileoseu-modeun-geosi-sijagdoen-geunwonjileul-chajaseo

2. Kehr, J., "The Precariousness of Public Health: On Tuberculosis Control in Contemporary France", , 35(5), 2016.

3. Shultz, J. M. & Espinel, Z. · M. Espinola · A. Rechkemmerd, "Distinguishing epidemiological features of the 2013 – 2016 West Africa Ebola virus disease outbreak", *Disaster Health*, 3(3), 2016, p. 83.

4. WHO, "Ebola Response Roadmap Situation Report Update", Accessed 31 October 2014, 2014(a).

5. 류광철 지음, 「아프리카를 말한다」, 세창미디어, 2016.

6. 같은 책.

7. World Bank, "Summary on the Ebola Recovery Plan: Sierra Leone", April.15.2015; The World Bank, "Summary on the Ebola Recovery Plan: Guinea", April.16.2015; The World Bank, "Summary on the Ebola Recovery Plan: Liberia – Economic Stabilization and Recovery Plan(ESRP)", April.15.2015.

8. Parpia, A. S. & Ndeffo-Mbah, M. L. · N. S. Wenzel · A. P. Galvani, "Effects of Response to 2014-2015 Ebola Outbreak on Deaths from Malaria, HIV/AIDS, and Tuberculosis, West Africa", *Emerging Infectious Diseases*, 22(3), 2016, pp. 433~441. ·

9. UNDP, "Assessing the socio-economic impacts of Ebola Virus Disease in Guinea, Liberia and Sierra Leone: The Road to Recovery", 2014; Kaner J, Schaak S., "Understanding Ebola: the 2014 Epidemic", *Globalization and Health*, 12(53), 2016. https://doi.org/10.1186/s12992-016-0194-4.

10. 이영효, 「남북전쟁 이전 미국 흑인들의 국외 이주 운동」, 『미국사연구』, 44, 2016, 247~287쪽; p. 248.

11. 같은 글, p. 257.

12. 《시사저널》, 살육의 땅으로 변한 '자유의 땅' 라이베리아, [2020.03.07.].

13. Richard, P., *Fighting for the Rain Forest: war youth and resources in Sierra Leone*, Oxford: James Currey, 1996.

14. Sesay, M. A., "Civil War and Collective Intervention in Liberia", *Review of African Political Economy*, 23(67), 1996, pp. 35~52.

15. 서상현, 「아프리카에 있어 천연자원과 무력 분쟁」, 『한국아프리카학회지』, 28, 2008, 116쪽.

16. 《조선일보》, 노벨상까지 받은 라이베리아 대통령 "부정부패로 에볼라 키워" 안팎서 비난, [2014.11.05.].

17. 같은 글.

18. Evansa, D. K. & Goldstein, M · A. Popova, "Health-care worker mortality and the legacy of the Ebola epidemic", *The Lancet Global Health*, 3(8), 2015, pp. e439~e440.

19. Jarrett, H. R., "Some Aspects of the Urban Geography of Freetown, Sierra Leone", *Geographical Review*, 46(3), 1956, p. 347.

20. 참여연대, 시에라리온리포트 : 해방된 노예들과 원주민들의 땅: 시에라리온. https://www.peoplepower21.org/Peace/562761

21. 염운옥, 「19세기말 20세기 초 영국 열대의학과 식민지 도시위생」, 『도시연구』, 18, 2017, p. 105.

22. 대런 애쓰모글루, 제임스 A. 로빈슨 지음, 최완규 옮김, 장경덕 감수, 『국가는 왜 실패하는가』, 시공사, 2012, p. 480.

23. 같은 책, p. 479.

전염병의 지리학

24. 같은 책, pp. 482~485.

25. 같은 책, pp. 485~487.

26. 같은 책, p. 489.

27. 김건우 외, 「UN의 시에라리온 분쟁관리와 라이베리아의 개입」, 『한국군사학논집』, 72(3), 2016, p. 158.

28. 서상현, 「아프리카에 있어 천연자원과 무력 분쟁」, 『한국아프리카학회지』, 28, 2008, p. 122.

29. 앞의 글, p. 116.

30. WHO, Ebola virus disease, West Africa, WHO: Outbreak news. [2014.05.26.].

31. 같은 글.

32. Ebola outbreak: Sierra Leone escaped patient dies, BBC News. [2014.07.27.].

33. Jewab, R., "Why Is African Urbanization Different? Evidence from Resource Exports in Ghana and Ivory Coast", University of Colorado-Boulder Economics Seminar Series, May.2013.

34. 한양대학교 유럽-아프리카연구소, 「아프리카 대도시 특성비교 연구: 라고스(나이지리아), 아크라(가나), 아비장(코트디부아르)의 현황과 발전전망」, 외교부 연구용역 결과보고서, 2016, 24~25쪽.

35. 톰 오닐, 나이저 삼각주의 희망과 분노, 《내셔널지오그래픽》, 2007년 2월호.

36. 박노자, 박노자의 세계와 한국-쉘의 피비린내 나는 기름, 《한겨레21》, 365호, [2001. 06.27.].

37. http://jjy0501.blogspot.com/2014/08/First-Ebola-Case-in-the-US.html

38. 구정은, 정유진, 김태권 지음, 『10년 후 세계사: 미래 역사를 결정할 19가지 어젠다』, 추수밭, 2015.

39. Kott, A., & Limaye, R. J., "Delivering Risk Information in a Dynamic Information Environment: Framing and Authoritative Voice in Centers for Disease Control (CDC) and Primetime Broadcast News Media Communications during the 2014 Ebola Outbreak", Social Science & Medicine, 169, 2016, pp. 42~49.

40. Joffe, H., & Haarhoff, G., "Representations of Far-Flung Illnesses: The Case of Ebola in

Britain ", *Social Science & Medicine*, 54(6), 2002, pp. 955~969.

41. Daku, M., & Dionne, K. Y., 'The Isis of Biological Agents': Media Coverage of Ebola in the United States., Paper presented at the International Conference on Public Policy, Milan, Italy. [July.02.2015].

42. Adida, C. L & Dionne, K. Y. · M. R. Platas, "Ebola, elections, and immigration: how politicizing an epidemic can shape public attitudes", *Politics, Groups, and Identities*, 8(3), 2018.

43. 구정은, 정유진, 김태권, 앞의 책.

44. 이경화, 「'공중보건' 문제에 대한 국제법적 대응: WHO 및 UN에서의 논의를 중심으로」, 『환경법연구』, 37(2), 27~53쪽.

45. 《라포르시안》, 국제사회, 뒤늦게 서아프리카 에볼라 확산 저지에 뛰어들다. [2014. 09.26.].

46. 《CBS 노컷뉴스》, '에볼라 퇴치' 한 줄기 희망···나이지리아 청정국 선언, [2014.10.21.].

47. 김영미, 공포의 에볼라, '인재'인 까닭, 《시사인》, 364호, 2014.

제8장 에이즈와 치료받을 권리

1. Hymes K. et al., "Kaposi's sarcoma in homosexual men—a report of eight cases", *The Lancet*, 19(318), 1981, pp. 598~600.

2. Centers for Disease Control, "Kaposi's sarcoma and Pneumocystis pneumonia among homosexual men—New York City and California", MMWR, 30(25), 1981, p. 305.

3. 남궁석, 남궁석의 신약연구史, 최초 AIDS 환자와 원인 찾기, 《바이오위클리》. [2019. 7. 25].

4. 수전 손택 지음, 이재원 옮김, 『은유로서의 질병』, 이후, 2010, 152쪽.

5. 《연합뉴스》, 2011, 에이즈 전쟁 30년, ① 재앙의 시작과 도전, [2011.05.30.].

6. 김문조, 김철규, 최은정, 「미국 동성애 운동의 역사, 현황 및 사회적 의의」, 『한국사회』, 2, 1999, 269쪽.

7. 성지현, 스톤월 항쟁 50주년: 성소수자 운동이 기억해야 할 급진적 전통, 《노동자연대》,

[2019.05.30.].

8. Crimp, D., "AIDS: Cultural Analysis / Cultural Activism", Crimp, D.(ed.), *AIDS: Cultural Analysis/ Cultual Activism*, Cambridge: MIT Press, 1993, p. 8.

9. 고강일, 2017, 「에이즈 정치학과 〈달라스 바이어스 클럽〉」, 『문학과영상』, 18(1), 84쪽.

10. 김문조, 김철규, 최은정, 앞의 글, p. 273.

11. Bronski, M., *A Queer History of the United States*, Boston: Beacon Press, 2011, p. 230.

12. 같은 책, p. 225.

13. Vaid, U., *Virtual Equality: The Mainstreaming of Gay and Lesbian Liberation*, Anchor Books, 1995.

14.《동아사이언스》, 혈우병치료제 에이즈감염 충격: 외국의 집단 감염 사례. [2002.09.13.].

15. 조은섭, 「조은섭이 엿보는 문호들의 성과 문학(9)/ 에르베 기베르, 연인들의 무덤, 에이즈를 위하여」. 『월간말』, 2002, 189쪽.

16. https://www.scienceall.com/

17. UNAIDS, "UNAIDS DATA 2020", 2021.

18. Sharp, P. M., & Hahn, B. H., "Origins of HIV and the AIDS pandemic, Cold Spring *Harbor Perspectives in Medicine*, 1(1), a006841, doi: 10.1101/cshperspect.a006841, 2011.

19. Faria, N. R. et al., "The early spread and epidemic ignition of HIV-1 in human populations", *Science*, 346(6205), 2014, pp.56~61.

20.《동아일보》, 1998, EU, 헌혈자에 '아프리카서 性경험 밝혀라' 요구, [1998.04.07.].

21. Boone, C., "Politics and AIDS in Africa: Research Agendas in Political Science and International Relations", *Africa Today*, 48(2), 2001, pp. 3~33.

22. UNAIDS, 앞의 글.

23. 대한결핵협회, 「에이즈와 결핵의 상관관계」. [2013.12.27.].

24. 정준호, 에이즈 왜 아프리카에서 확산하나? 기생충의 역할, 사이언스온, [2010.11.22.].

25. Ingram, A., "HIV/AIDS, Security and the Geopolitics of US-Nigerian Relations", *Review of International Political Economy*, 14(3), 2007, pp. 510~534.

26. UNAIDS, 앞의 글.

27. 조한승, 「코로나 백신 불평등과 글로벌 보건 거버넌스의 과제」, 『생명, 윤리와 정책』, 5(2), 2021, 4쪽.

28. 미켈 보쉬 야콥슨 지음, 전혜영 옮김, 『의약에서 독약으로』, 율리시즈, 2016, 134쪽.

29. 같은 책, 85~86쪽.

30. 같은 책, 89쪽.

31. 정재환, 이봉수, 「TRIPS 협정의 성립 과정과 진전에 관한 연구」, 『무역학회지』, 38(1), 2013, p. 50.

32. Offit, P. A., *The Cutter Incident: How America's First Polio Vaccine Led to the Growing Vaccine Crisis*, Yale University Press, 2005.

33. Sell, S. K., *Private Power, Public Law: The Globalization of Intellectual Property Rights*, Cambridge: Cambridge University Press, 2003.

34. 조영민, 「의약품의 지적재산권 강화는 의약품 접근권을 훼손한다!」, 사회진보연대, [2003.1.40] http://www.pssp.org/bbs/view.php?board=journal&category1=41&nid=1358

35. WHO, "Questions and Answers on Health and Human Rights", World Health Organization, 2002.

36. 황예은, 「글로벌 보건 안보 위협과 개도국의 대응」, 『세계정치』, 21, 2014, 258쪽.

37. Klug, H., "Access to Medicines and the Transformation of the South African State", *Law & Social Inquiry*, 37 (2), 2012, p. 305.

38. Saul, J., "For Fear of Being Condemned as Old Fashioned: Liberal Democracy versus Popular Democracy in subSaharan Africa", in Mengisteab, K., & C. Daddieh(ed.), *State Building and Democratization in Africa: Faith, Hope, and Realities*, Westport, CT: Praeger Press, 1999.

39. Johnson, K., "Globalization, Social Policy and the State: An Analysis of HIV/AIDS in South Africa", *New Political Science*, 27(3), 2005, p. 315.

40. Magubane, Z., "Globalization and the South African Transformation: The Impact on Social Policy", *Africa Today*, 49(4), 2002, p. 96.

41. Bond, P., *Elite Transition: From Apartheid to Neo-liberalism in South Africa*, London:

Pluto, 2000.

42. Lee, N., "South Africa's AIDS play provokes controversy", *The Lancet*, 2(347), 1996, p. 610.

43. 좀 더 자세한 내용은 다음을 참고할 것. 이수영, 「의약품 특허와 강제실시권」, 『정보인권』, 29, 2013.

44. Wanning, B. & Diedrichsen, E. · S. Moon, "A lifeline to treatment: the role of Indian generic manufacturers in supplying antiretroviral medicines to developing countries", *Journal of the International Aids Society*, 13(35), 2000. doi: 10.1186/1758-2652-13-35.

45. 코트라, 인도 의약품 산업 정보, https://news.kotra.or.kr/

46. 권미란, "'세계의 약국' 인도가 무너지면, 우리도 다친다", 《프레시안》, 2011.

47. Greene, W., "India's pharmaceutical industry and implications for US generic drug market", U.S. International Trade Commission, 2007.

48. 권미란, 같은 글.

49. 황예은, 앞의 글, 265쪽.

50. Young, K. G., "Securing health through rights", in Pogge T, et al.(eds.), *Incentives for Global Public Health: Patent law and access to essential medicines*, Cambridge University Press, 2010.

51. Hoen, E., "Public health and international law: TRIPs, pharmaceutical patents, and access to essential medicines: A long way from Seattle to Doha", *Chicago Journal of International Law*, 3(Spring), 2002. pp. 27~46.

52. 정민수, 「의약품 접근권과 특허권의 충돌 문제에서 나타나는 건강권의 비용과 법적 고찰」, 『한국의료법학회지』, 23(1), 2015, 71쪽.

53. Bronski, M., *A Queer History of the United States*, Boston: Beacon Press, 2011, p. 232.

54. https://actupny.org/documents/capsule-home.html

55. ACT UP NY, https://actupny.org/

56. Charles R. Babcock & Ceci Connolly, AIDS Activists Badger Gore Again, *Wahington Post*, [June.18.1999]

57. ACT UP NY, https://actupny.org/actions/gorezaps.html

58. 조현석, 국제 보건 문제와 지적재산권 제도의 세계정치, 세계지역연구논총, 29(3), 2011, 74쪽.

59. WTO, "Doha Ministerial Conference Declaration on the TRIPs Agreement And Public Health", 2001.

제9장 코로나19, 실패한 시장 그리고 소환된 국가

1. 《중앙일보》, 트럼프 또 "中, 경쟁국 망치려 코로나 퍼뜨렸다"…EU도 가세, [2020.06.19.].

2. *CNBC*, Uninsured Americans could be facing nearly $75,000 in medical bills if hospitalized for coronavirus, [2020.04.01.].

3. 민정훈, "2020, 코로나19 사태와 미국 대통령 선거", IF 2020-09K, 2쪽.

4. 《매일경제》, 40년만의 최고 미 인플레 누구 탓…코로나? 바이든 정부?, [2022.01.23.].

5. 조한승, 「2020, 코로나19와 글로벌 보건 거버넌스 그리고 미국」, 『민족연구』, 76, 20쪽.

6. Sanders, B., & Jayapal, P. The pandemic has made the US healthcare crisis far more dire. We must fix the system, *The Guardian*, [May.02.2020]

7. Lee, M. M., Covid-19: agnotology, inequality, and leadership, Human Resource Development International, DOI: 10.1080/13678868.2020.1779544. 2020, p. 4.

8. Grey, S. & MacAskill, A., Special Report: Johnson Listened to His Scientists about Coronavirus - but They Were Slow to Sound the Alarm, *Reuters*, [April.07.2020].

9. Gregory, A., Main Events Cancelled in UK and around the World, *Independent*, [March.15. 2020].

10. Kitching, C., Coronavirus 'Could Kill 500,000 Brits and Infect 80%' as Thousands Face Mass GP Testing, *Mirror*, [February.26.2020].

11. Grey, S. & MacAskill, A., 앞의 글.

12. 송지원, 「스웨덴의 코로나19 대응」, 『국제노동브리프』, 2020년 5월호, 2020, 73쪽.

13. Hall, D. & Lister, J., "Privatised and Unprepared: The NHS Supply Chain", Co-published by the University of Greenwich and We Own It, 2020.

14. 같은 글.

전염병의 지리학

15. Grey, S. & MacAskill, A., 앞의 글.

16. Gagliano, A. et al., "COVID-19 Epidemic in the Middle Province of Northern Italy: Impact, Logistics, and Strategy in the First Line Hospital, Disaster Medicine and Public Health Preparedness", 2020. doi:10.1017/dmp.2020.51

17. Remuzzi, A., & Giussepe, R., "COVID-19 and Italy: what next?", *The Lancet*, 395, 2020, pp. 1225~1228. doi:10.1016/S0140-6736(20)30627-9

18. 신수정, 「코로나19로 인한 경제위기 대응 노동정책」, 『사회법연구』, 43, 2021, 5쪽.

19. Michelozzi, P. et al., "Mortality impacts of the coronavirus disease (COVID-19) outbreak by sex and age: rapid mortality surveillance system, Italy, 1 February to 18 April 2020", *Eurosurveillance*, 25(19), 2020. doi: 10.2807/1560-7917. ES.2020.25.19.2000620.

20. 신수정, 「이탈리아의 사회보장제도」, 『사회보장법연구』, 2(2), 2013, 143쪽.

21. 김남순 외, 「유럽 국가 보건의료체계가 코로나19 대응에 미치는 영향 비교·분석」, 한국보건사회연구원, 연구보고서(수시) 2020-02, 2020, 17쪽.

22. Bergman, T., "Sweden: From Separation of Power to Parliamentary Supremacy: and Back again?" in K. Strøm, W.C. Müller & T. Bergman, *Delegation and Accountability in Parliamentary Democracies*, Oxford University Press, 2006, pp. 594~619.

23.《동아일보》, '집단면역 실험' 스웨덴 사망자 5000명 넘어서, [2020.06.18.].

24.《하이닥》, 코로나19 팩트체크㊹ 스웨덴의 집단 면역 실험 실패, [2021.04.11.].

25. Barr, D. A., Introduction to U.S. Health Policy: The Organization, Financing, and Delivery of Health Care in America, *JHU Press*, 2011.

26.〈CBS 노컷뉴스〉, 지금이 방위비나 올려달라고 할 때인가, [2020.04.28.].

27. 마이크 데이비스·알렉스 캘리니코스·마이클 로버츠·우석균·장호종 지음, 『코로나19 자본주의의 모순이 낳은 재난』, 책갈피, 2020. 21쪽.

28.〈CBS 노컷뉴스〉, 앞의 글.

29. OECD, Health expenditure and financing: Health expenditure indicators. https://data.oecd.org/healthres/health-spending.htm

30. 장선화, 「코로나19 팬데믹과 위기 거버넌스: 독일, 대만, 한국, 영국, 스웨덴 초기 대응

사례를 중심으로」, 『국제지역연구』, 24(4), 2020, 294~295쪽.

31. Donnelly, L., & Gardner, B., NHS Medics Told to Reuse PPE and Wear Aprons if Gowns Not Available as Stocks Fall, *Telegraph*, [April.17.2020].

32. 김남순 외, 앞의 글, 22쪽.

33. Ferrera, M., "Dal welfare state alle welfare regions: la riconfigurazione spaziale della protezione sociale in Europa", *Rivista delle Politiche Sociali*, 3, 2008, pp. 17~49.

34. Odone, A. & Delmonte, D. · T. Scognamiglio · C. Signorelli, COVID-19 deaths in Lombardy, Italy: data in context, *The Lancet Public Health*, 5:310, 2020. https://doi.org/10.1016/s2468-2667(20)30099-2

35. 장문석, 「이탈리아의 정상 국가 담론과 포퓰리즘」, 『역사비평』, 2013, 168쪽.

36. 신수정, 앞의 글, 149쪽.

37. 신수정, 같은 책, 138~139쪽.

38. 《시사인》, 이탈리아 의료 비극은 작은 정부 큰 시장 탓, [2021.11.29.].

39. Grasselli, G. & Pesenti, A. · M. Cecconi, Critical Care Utilization for the COVID-19 Outbreak in Lombardi, Italy: Early Experience and Forecast during an Emergency Response, JAMA, [March.13.2020].

40. Freeman, R., *The Politics of Health in Europe*, Manchester: Manchester University Press, 2000, p. 35.

41. 안상훈 · 김병연 · 장덕진 · 한규섭 · 강원택 지음, 『복지정치의 두 얼굴』, 21세기북스, 2016, 38~39쪽.

42. 조영훈, 「복지국가의 몰락?」, 『한국사회학』, 34(WIN), 2000, 934쪽.

43. 송지원, 「스웨덴의 코로나19 대응」, 『국제노동브리프』, 2020년 5월호, 2020, 73쪽.

44. Hensvik, L., & Skans, O. N., "IZA COVID-19 Crisis Response Monitoring: Sweden", Institute of Labor Economics, 2020, p.2.

45. Dempere, J., "A recipe to control the first wave of COVID-19: More or less democracy?", *Transforming Government: People, Process and Policy*, 2020. https://doi.org/10.1108/TG-08-2020-0206

46. 《뉴시스》, 2020, 중국, 코로나19 부정적 여론 방지 위해 통제 나서, [2020.12.21.].

전염병의 지리학

47. 《한국일보》, 2020, 필리핀 두테르테 "마스크 사기범들 강물에 던져버려라", [2020.
06.07.].

48. 《한국일보》, 2021, 방역 위반시 20년 옥살이... 코로나 핑계로 '독재' 강화하는 캄보디아
훈센, [2021.04.20.].

49. Vadlamannati, K. C. et al., "Health-system equity, egalitarian democracy and
COVID-19 outcomes: An empirical analysis", *Scandinavian Journal of Public Health*,
49(1), 2021, pp.104~113.

50. 《중앙일보》, 코로나 방역 한국모델 핵심은 국가 · 시민사회 간 신뢰 · 협업…정치권 각
성해야, [2020.06.29].

51. 《한겨레》, 한국 코로나 대응 재정지출, G20 선진국 절반에도 못 미쳐, [2021.11.09.].

52. Rosen, S., "Public employment, taxes, and the welfare state in Sweden", Freeman, R.,
Topel,R, & Swedenbo, B.(eds.), *The welfare state in transition: Reforming the Swedish
Model*, Chicago: University of Chicago Press, 1997, p. 84.

53. 윤홍식, 「코로나19 팬데믹과 복지국가: 북유럽 복지국가는 왜 지원에 인색했을까?」, 『사
회과학연구』, 28(2), 2021, 108쪽.

54. 최연혁, 스웨덴 코로나 방역 모델을 세계가 주목하는 이유, 《중앙일보》, [2020.10.16.].

55. 주스웨덴 대한민국 대사관, IMF, 스웨덴 정부의 코로나 위기 관련 경제 운영 평가 결과
발표, 2021.02.15.

56. 같은 글.

57. 《중앙일보》, 코로나 방역 한국 모델 핵심은 국가 · 시민사회 간 신뢰 · 협업…정치권 각
성해야, [2020.06.29.].

전염병의 지리학

병은 어떻게 세계를 습격하는가

1판 1쇄 인쇄 2022년 8월 16일

1판 1쇄 발행 2022년 8월 23일

지은이 박선미

책임편집 김지하 | 편집부 김지은 | 표지 디자인 채홍디자인

펴낸이 임병삼 | 펴낸곳 갈라파고스

등록 2002년 10월 29일 제2003-000147호

주소 03938 서울시 마포구 월드컵로 196 대명비첸시티오피스텔 801호

전화 02-3142-3797 | 전송 02-3142-2408

전자우편 books.galapagos@gmail.com

ISBN 979-11-87038-89-4 (93300)

갈라파고스 자연과 인간, 인간과 인간의 공존을 희망하며, 함께 읽으면 좋은 책들을 만듭니다.

이 저서는 2020년 정부(교육부)의 재원으로 한국연구재단의 지원을 받아 수행된 연구임(NRF-2020S1A6A4045361).

이 저서는 인하대학교의 지원에 의하여 연구되었음.